Religion, Colonization and Decolonization in Congo, 1885-1960

Religion, colonisation et décolonisation au Congo, 1885-1960

I0895499

LEUVEN UNIVERSITY PRESS

RELIGION, COLONIZATION AND DECOLONIZATION IN CONGO 1885-1960

RELIGION, COLONISATION ET DÉCOLONISATION AU CONGO 1885-1960

EDITED BY
VINCENT VIAENE
BRAM CLEYS
JAN DE MAEYER

This book appears in the peer-reviewed series
KADOC Studies on Religion, Culture & Society

EDITORIAL BOARD

Timothy Brittain-Catlin, University of Cambridge
James Chappel, Duke University
Kim Christiaens, KADOC - KU Leuven
Wilhelm Damberg, Ruhr-Universität Bochum
Jean-Dominique Durand, Université Lyon
James C. Kennedy, University College Utrecht
Rupert Klieber, Universität Wien
Mathijs Lamberigts, KU Leuven
Peter Jan Margry, Meertens Instituut / Universiteit van Amsterdam
Francisca Metzger, Pädagogische Hochschule Luzern
Madalena Meyer-Resende, Universidade Nova de Lisboa
Anne Morelli, Université Libre de Bruxelles
Silvia Mostaccio, Université catholique de Louvain
Patrick Pasture, KU Leuven
Isabelle Saint-Martin, EPHE Sorbonne I Paris
Joachim Schmiedl, Philosophisch-Theologische Hochschule Vallendar
J.T. (Thijl) Sunier, VU Amsterdam
Steven Van Hecke, KU Leuven

© 2020 Leuven University Press/Presses universitaires de Louvain/Universitaire Pers Leuven,
Minderbroedersstraat 4, B-3000 Leuven (Belgium)

All rights reserved. Except in those cases expressly determined by law, no part of this publication may be multiplied, saved in an automated data file or made public in any way whatsoever without the express prior written consent of the publishers.

ISBN 978 94 6270 142 7
eISBN 978 94 6166 294 1
D/2020/1869/69
https:/doi.org/10.11116/9789461662941
NUR: 694

GPRC
Guaranteed
Peer Reviewed
Content
www.gprc.be

CONTENTS / TABLE DES MATIÈRES

INTRODUCTION

RELIGION, COLONIZATION AND DECOLONIZATION IN CONGO, 1885-1960

VINCENT VIAENE, BRAM CLEYS & JAN DE MAEYER

Religion in the Democratic Republic of Congo has many faces, from the overflowing seminaries and Marian shrines of the Catholic Church to Islamic brotherhoods, from the Jewish community of Lubumbashi to the "African" churches of the Congolese diaspora in Brussels or Paris, from the healers of Kimbanguism to the televangelism of the booming Pentecostalist churches in the great cities, from the Orthodox communities of Kasai to "invisible" Mai Mai warriors in the brousse of Kivu. During the colonial period, religion was no less central to people's lives than today. More surprisingly, behind the seemingly smooth façade of missions tied closely to imperial power, it too was marked by diversity and dynamism, tying the Congo into broader African and global movements.

To say that a lot of good work remains to be done on religion and colonization in the Congo is an understatement. The subject was long considered synonymous with 'mission history', and as such it attracted above all the attention of fellow missionaries who wanted to serve God rather than Clio. Anticlerical 'debunking', inevitably, followed in the 1980s. More recently, scholars like Jean-Luc Vellut, Ruth Kinet and Guy Vanthemsche have produced more balanced and insightful studies. In his celebrated *Congo. A history,* David Van Reybrouck took a fresh look at bottom-up dynamics in the colonial and post-colonial periods, including the role of religion. At the same time, a number of monographs produced in Congo, Belgium and elsewhere – such as David Maxwell's research on the Luba - offered new perspectives on processes of evangelization among specific ethnic groups and on metropolitan missionary culture. Kevin Grant, for his part, has added depth to our knowledge of missionaries' roles in the 'Red Rubber' campaign of the early 20th century.

While the historiography is far from being a wasteland, then, it has been marked by an overly strong, sometimes polemical focus on the Congo Free

State. For the fifty-odd years of the Belgian colony after 1908, the only comprehensive account of religion and colonization remains the study of Marvin Markowitz from ... 1973. With the notable exception of Jean-Luc Vellut, David Van Reybrouck and some of the monographs alluded to above, it is also fair to say that for both the periods before and after 1908, attention has been concentrated on relations between Christian missionaries and colonial officials, and less on African converts. Africans figured as protagonists mostly in the separate niche of the study of 'prophetic movements' and their role in resistance to colonisation. In the last twenty-five years, the most innovative insights into the place of religion in Congolese colonial society have often come, obliquely, from work that was primarily concerned with language, gender, medicine, architecture and education, such as that of Johannes Fabian, Nancy Hunt, Bambi Ceuppens, Johan Lagae, or the group around Marc Depaepe.

In the meantime, the subject of religion and colonization itself has become a 'hot topic' elsewhere, especially in the English-speaking world. The influence of anthropology and the establishment of African history as a respectable academic subject prompted a fresh look at the 'transcultural space' created by the interaction between world religions and indigenous creeds in the colonial period, one in which Africans moved centre stage. The trail-blazing study by anthropologists Jean and John Comaroff on South Africa triggered a broader, ongoing debate on the entanglement of missions in the 'hegemonic' modernizing project of imperialism, and the degree of agency this left to Africans in accepting and appropriating the Christian message. At the same time, there is a growing awareness that, if missionaries were bent on exporting their model of religion, their overseas experiences played a critical role in reshaping metropolitan Churches. The rise of global and transnational history has added depth to perspectives on such surprising mechanics of cultural transfer in "contact zones".

In November 2010, on the occasion of the 50th anniversary of Congolese independence, KADOC, KU Leuven's Centre for the Study of Religion, Culture and Society, organized a three-day international conference in order to take a fresh look at religion, colonization and decolonization in the Congo between 1885 and 1960. The conference was also facilitated by a Marie Curie fellowship the principal convener enjoyed at the time. This international conference was a stimulating encounter, and our hope is that this volume will serve as a springboard to connect the history of religion, colonization and decolonization in the Congo to the main trends of historiographical debate.[1] What it endeavours is to provide a richer understanding of manifestations of religion

1 All authors have updated their bibliography and some have adapted their contributions where the progress of scientific debate required to do so. Others have made only small or no changes to their article, even when they would not write it exactly the same way if they were to do this today. The editors have considered that their contributions, nevertheless, are a significant addition to the existing historiography.

in the Congo's history. The picture is one of vivid colours. It is not yet high definition, but it is no longer monochrome.

In approaching the subject, the book proceeds from the political to the socio-cultural and the personal, respecting a rough chronological order. The first section reassesses the relationship between missions and the colonial order, less as a straightforward partnership than as a complex game involving transnational movements and, increasingly, African converts as actors in their own right. The issue of slavery and forced labor, and the moral dilemmas they entailed, are a recurrent theme, in particular under the Congo Free State but also after the Belgian take-over of 1908. As missions took hold in the African landscape, intermediaries emerged as essential nodes in a web of exchanges. They are the subject of the middle part of the book, in which the focus shifts squarely to African religious agency. This theme is explored through the family history of three generations of catechists and mission teachers in the Kasai, and through case studies of medical assistants in the missions of the Lower Congo. A contribution on music approaches the "contact zone" through another angle, that of the cultural interface created by the missionary encounter. The final section of the book is concerned with the crisis of the missions at the end of the colonial period and the transition to independence. Contributions range from the fears instilled by prophetic Africanized religions like Kimbanguism and Kitawala, over the reaction of Catholic missionaries to the decline of the colonial order, to post-independence secularized salvation movements like Mulelism.

The "scene-setting" in the following pages is inspired by the authors' contributions in the different sections of the volume.

The manifestations of religion laid bare in this book unfolded in a colonial order. Christianity and Islam were introduced in the footsteps of conquerors. African religious traditions (and Islam after the consolidation of Belgian rule) were looked down upon or marginalised. Christianity and the colonial state joined in the common project of a civilizing mission. Christian missions, and Catholic missions in particular, justified colonial rule in Congo. They were implicated in disciplining colonial subjects through labour regimes, biopolitics and - more simply - policing. They were complicit in naked acts of persecution like the imprisonment of Simon Kimbangu or the banishment of prophets to remote provinces, and in countless small acts of daily oppression.

Nonetheless, the colonial state was ever a "nervous state" (Nancy Hunt). On all levels, manifestations of religion tended to escape its control. For one thing, the colonial state could not manage to police its religious borders and seal itself off from the outside world. The Congo colony could never quite shake off its internationalist origins in the Berlin and Brussels Conferences of 1885 and 1890. Christian missionaries came from many countries. They connected the Congo to global currents of religious revival and to transnational humanitarian watchdogs. Islam tied Congolese converts into religious and diaspora networks of the Great Lakes area, and beyond, of the Indian Ocean world. Congolese spirit cults belonged to broader regional and panafrican repertoires of religious expression, undergoing influences from Angola and Western Africa in particular.

Colonial hegemony was not a single bloc, then. Instead of the classical "colonial trinity" state-mission-capital, this volume rather uncovers a colonial pantheon. The relationship between missions and the state was often one of tension, or at times of open conflict. Catholic and Protestant missionaries were bitter rivals for African converts. The colonial administration itself was divided between different currents in its religious policy: between the central and the local levels, between Catholics and anticlericals or between reformists and conservatives. Nor can the colonial state be reduced to a single continued saga of oppression, with the soft power of developmental strategies gaining importance over time.

The ultimately porous and fractious nature of colonial rule left a large place for (or provoked) bottom-up religious initiatives. Christian missionaries affirmed their independence, responding to the imperatives of the economy of salvation rather than to those of the capitalist economy. Different manifestations of religion, above all, proved key sites of African agency throughout colonial rule.

The vitality of African religious traditions expressed itself in the power of charms to protect those resisting the colonizer, and above all in an irrepressible succession of prophetic movements sometimes led or initiated by women, which combined healing practices with apocalyptic visions of an end to Belgian rule. Some of these movements like Kitawala and Kimbanguism or its offshoots were translations of Christianity into a shared idiom with African expressions of religion like faith-healing, trembling, divination, and the exorcism of evil spirits or witchcraft.

In Christian missions, a class of African intermediaries rapidly became key players: evangelists or catechists (followed by the contingent of *abbés* towards the end of the colonial period) and medical auxiliaries. Christianity appealed to different underprivileged or less rooted groups in African society: slaves, women and young men. Several of the articles presented here underscore that African converts fully appropriated Christianity as literate subjects "navigating" the colonial order and improving their rights within it. They could be spearheads of Christian militancy, destroying fetishes, but also - and perhaps more often in the long run - they threw a bridge towards African manifestations of religion in liturgy (music) and ritual (healing, exorcism). In a more general sense, converts integrated Christianity into an African cycle of religious renewal or the search for "the good life" (David Maxwell).

Catechists sometimes established a close personal relationship with white missionaries. Until the end of the colonial period, many missionaries remained convinced of the superiority of Western culture and obsessed with introducing the work ethic, if need be through corporal punishment. Initiatives to broaden middle and higher education were limited and belated. This does not mean that missionaries were not genuinely concerned about African well-being in two ways. First, they were modernizers and aid-workers avant la lettre: this volume is replete with instances of the missionary-geographer, the missionary-architect, the missionary-agronomist or the missionary-pedagogue. Second, and more specifically, some missionaries were advocates of African human rights against colonial atrocities and excessive forced labour imposed by the State.

Above all, the ingrained missionary paternalism was counterbalanced by the "uncontrollable dynamics of acculturation" (Claude Prudhomme). In their effort to convert Africans, missionaries learned African languages. They lovingly recorded African proverbs, legends and folkways. The evolution of missionary architecture and music underscores the change. In architecture, the utopia of the new Christian landscape made way for networking within the African landscape. In music, African instruments claimed their place in religious services before more ambitious amalgamations were tried.

This warming up to African culture contributed to the crisis of the missionary conscience at the end of colonial rule, of which Placide Tempels is only the best known example. However, Tempels and others encountered determined resistance from the missionary hierarchy, which remained, in the eyes of most Congolese, closely tied to the colonial establishment. It is one of the background factors for the extraordinary outburst of anti-missionary violence in the civil war of the 1960s.

Cycles of colonial and anti-colonial violence did not succeed in breaking the exuberant diversity of Congolese religious experiences. It is reaffirming itself today as never before.

INTRODUCTION

RÉLIGION, COLONISATION ET DÉCOLONISATION AU CONGO, 1885-1960

VINCENT VIAENE, BRAM CLEYS & JAN DE MAEYER

En République démocratique du Congo, la religion présente une multitude de visages : cela va des séminaires et sanctuaires mariaux surpeuplés de l'Église catholique aux fraternités islamiques, de la communauté juive de Lubumbashi aux Églises « africaines » de la diaspora congolaise de Bruxelles ou de Paris, des guérisseurs kimbanguistes aux télévangélistes des Églises pentecôtistes, en pleine explosion dans les grandes villes, ou encore des communautés orthodoxes du Kasaï aux guerriers maï maï « invisibles » dans la brousse du Kivu. Durant la période coloniale, le rôle de la religion n'était pas moins central qu'aujourd'hui dans la vie des gens. Plus surprenant, derrière la façade lisse de missions étroitement liées au pouvoir, la religion, déjà caractérisée à l'époque par sa diversité et son dynamisme, connectait le Congo à des mouvements africains et mondiaux plus larges.

Dire qu'il reste encore de nombreuses études de fond à effectuer dans le domaine de la religion et de la colonisation au Congo est un euphémisme. Le sujet ayant longtemps été assimilé à l'« histoire des missions », il attirait surtout des missionnaires, plus soucieux de servir Dieu que Clio. Inévitablement, une « démystification » anticléricale a suivi, dans les années 1980. Plus récemment, des chercheurs comme Jean-Luc Vellut, Ruth Kinet et Guy Vanthemsche ont livré des études plus équilibrées et plus perspicaces. Dans un livre acclamé intitulé *Congo. Une histoire,* David Van Reybrouck a porté un regard nouveau sur les dynamiques ascendantes, y compris religieuses, des époques coloniale et post-coloniale. Parallèlement, une série de monographies produites au Congo, en Belgique et ailleurs – comme les recherches de David Maxwell sur les Luba – ont ouvert de nouvelles perspectives sur les processus d'évangélisation au sein de certains groupes ethniques et sur la culture missionnaire métropolitaine. Kevin Grant, pour sa part, a approfondi nos connaissances sur le rôle des missionnaires dans la campagne du « caoutchouc rouge » au début du XXe siècle.

Bien que la recherche historiographique soit loin d'être inexistante dans ce domaine, elle s'est longtemps focalisée, avec force et de manière parfois polémique, sur l'État libre du Congo. S'agissant de la cinquantaine d'années de la colonie belge après 1908, la seule contribution d'ensemble sur la religion et la colonisation reste l'étude de Marvin Markowitz, publiée en ... 1973. À l'exception notoire de Jean-Luc Vellut, de David Van Reybrouck et de certaines des monographies évoquées plus haut, il est également légitime d'affirmer à propos des périodes qui ont précédé et suivi 1908 que l'attention s'est davantage concentrée sur les relations entre missionnaires chrétiens et officiels coloniaux plutôt que sur les convertis africains. Quand les Africains apparaissent comme des protagonistes, c'est le plus souvent dans la niche bien particulière de l'étude des « mouvements prophétiques » et de leur rôle dans la résistance à la colonisation. Les visions les plus innovantes de ces quinze dernières années sur la place de la religion dans la société coloniale congolaise sont souvent venues, de manière indirecte, de travaux consacrés aux langues, à la problématique du genre, à la médecine, à l'architecture et à l'éducation, dus à des auteurs comme Johannes Fabian, Nancy Hunt, Bambi Ceuppens, Johan Lagae et le groupe réuni autour de Marc Depaepe.

Dans l'intervalle, les rapports entre religion et colonisation sont devenus un thème très prisé ailleurs, en particulier dans le monde anglophone. L'influence de l'anthropologie et la consécration de l'histoire africaine en tant que sujet académique respectable ont induit sur l'« espace transculturel » créé par l'interaction entre religions mondiales et croyances indigènes à la période coloniale une nouvelle façon de voir, qui a propulsé les Africains au devant de la scène. L'étude pionnière des anthropologues Jean et John Comaroff sur l'Afrique du Sud a inspiré un débat plus large, toujours en cours, sur l'implication des missions dans le projet de modernisation « hégémonique » de l'impérialisme et la marge de manœuvre que celui-ci laissait aux Africains dans l'acceptation et l'appropriation du message chrétien. Parallèlement, on prend de plus en plus conscience que, si les missionnaires avaient pour objectif d'exporter leur modèle religieux, leurs expériences d'outre-mer ont aussi joué un rôle important dans la reconfiguration des Églises métropolitaines. L'essor de l'histoire globale et transnationale nous a permis de mieux comprendre de surprenants mécanismes de transferts culturels ayant eu lieu dans les « zones de contact ».

En novembre 2010, le KADOC, Centre de documentation et de recherche sur la religion, la culture et la société de la KU Leuven, a organisé à l'occasion du 50e anniversaire de l'indépendance congolaise, un colloque de trois jours afin d'offrir un regard neuf sur les liens entre religion, colonisation et décolonisation au Congo entre 1885 et 1960. Le colloque a également été soutenu par le Marie Curie fellowship, dont bénéficiait son principal initiateur à l'époque. Ce colloque international a donné lieu à des rencontres stimulantes, qui sont elles-mêmes à l'origine du présent volume. Nous espérons que celui-ci pourra servir de tremplin à tous ceux qui veulent lier l'intégration de l'histoire de la religion, de la colonisation et de la décolonisation au Congo aux grandes tendances du débat historiographique[1]. Son but consiste à offrir un tableau plus précis des manifestations de la religion dans l'histoire du Congo. L'image obtenue est pour le moins bigarrée. Elle n'est pas encore donnée en haute définition, mais elle a en tout cas cessé d'être monochrome.

Dans son approche, l'ouvrage évolue du registre politique vers le socioculturel et le personnel en suivant une trame chronologique approximative. La première partie réévalue la relation entre les missions et l'État colonial, dans laquelle nous préférons désormais voir, plutôt qu'un partenariat linéaire, un jeu complexe impliquant des mouvements transnationaux et, de plus en plus souvent, les convertis africains comme acteurs à part entière. La question de l'esclavage et du travail forcé, et les dilemmes moraux qu'elle impliquait, sont un thème récurrent, en particulier sous l'Etat Indépendant du Congo mais aussi après la reprise belge de 1908. À mesure que les missions s'ancraient dans le paysage africain, les intermédiaires s'affirmaient comme des maillons essentiels dans un dense réseau d'échanges. Ils sont le sujet de la partie centrale du livre, qui met résolument l'accent sur l'initiative religieuse africaine. Le thème est exploré à travers l'histoire familiale de trois générations de catéchistes et enseignants de missions au Kasaï, et une série d'études de cas relatives aux assistants médicaux dans les missions du Bas-Congo. Une contribution consacrée à la musique envisage la « zone de contact » sous un angle différent, celui de l'interface culturelle créée par la rencontre missionnaire. La dernière partie de l'ouvrage est consacrée à la crise religieuse à la fin de l'époque coloniale et à la transition vers l'indépendance. Les contributions traitent de thèmes comme les peurs provoquées par les religions prophétiques « africanisées » telles le Kimbanguisme et Kitawala, la réaction de missionnaires catholiques face au déclin de l'ordre colonial, ou encore la montée de mouvements de salut post-indépendantistes sécularisés comme le Mulelisme.

La « mise en scène » des pages qui suivent s'inspire directement des contributions des auteurs dans les différentes parties du volume.

Les manifestations religieuses révélées dans ce livre se sont déployées dans un régime colonial. Le christianisme et l'islam ont été introduits dans le sillage de conquérants. Les traditions religieuses africaines (et l'islam après la consolidation de la domination belge) ont été méprisées ou marginalisées.

1 Tous les auteurs ont mis à jour leur bibliographie et certains ont adapté leurs contributions lorsque les progrès du débat scientifique l'exigeaient. D'autres n'ont apporté que de petites modifications, voire aucune, à leur article, même s'ils ne l'écriraient pas exactement de la même manière s'ils devaient le faire aujourd'hui. Les rédacteurs ont considéré que leurs contributions constituent néanmoins un ajout important à l'historiographie existante.

Christianisme et État colonial se rejoignaient dans un projet commun de mission civilisatrice. Les missions chrétiennes, en particulier catholiques, justifiaient le pouvoir colonial au Congo. Elles étaient impliquées dans l'institution disciplinaire visant le « dressage » de sujets coloniaux par le biais des régimes de travail, de la biopolitique et, plus simplement, de la police. Elles ont été complices de purs actes de persécution, comme l'emprisonnement de Simon Kimbangu ou le bannissement de prophètes dans des provinces reculées, ainsi que d'innombrables faits mineurs d'oppression quotidienne.

Néanmoins, l'État colonial était déjà un « État nerveux » (Nancy Hunt). À tous les niveaux, les manifestations de religion tendaient à échapper à son contrôle. D'une part, l'État colonial ne parvenait pas à gérer ses frontières religieuses et à les rendre étanches au monde extérieur. L'État du Congo n'a jamais réussi à se débarrasser complètement de ses origines internationalistes, en l'occurrence les conférences de Berlin et de Bruxelles de 1885 et de 1890. Les missionnaires chrétiens étaient originaires d'un grand nombre de pays. Ils connectaient le Congo aux courants globaux de renouveau religieux et aux mouvements humanitaires transnationaux. L'islam liait les convertis congolais aux réseaux religieux et à la diaspora de la zone des Grands Lacs et, au-delà, de l'Océan Indien. Les cultes des esprits congolais s'inscrivaient dans des répertoires régionaux et panafricains d'expression religieuse plus larges, soumis à des influences venues d'Angola et d'Afrique de l'Ouest en particulier.

L'hégémonie coloniale, d'autre part, n'était pas non plus un bloc homogène. À la place de la trinité classique – État, mission, capital – ce volume dévoile une sorte de panthéon colonial. La relation entre missions et État était souvent faite de tensions, quelquefois de conflits ouverts. Les missionnaires catholiques et protestants rivalisaient farouchement dans l'œuvre de conversion des Africains. L'administration coloniale elle-même était partagée entre différentes tendances en ce qui concerne sa politique religieuse : niveaux central et locaux, catholiques et anticléricaux, ou encore réformistes et conservateurs. L'État colonial ne peut pas non plus être réduit à une saga d'oppression continue, la « puissance douce » des stratégies développementales gagnant en importance au fil du temps.

La nature finalement poreuse et fragmentée du pouvoir colonial laissait une large place aux initiatives religieuses partant de la base (quand elle ne les suscitait pas). Les missionnaires chrétiens affirmaient leur indépendance, obéissant aux impératifs de l'économie du salut plutôt qu'à ceux de l'économie capitaliste. Et, surtout, diverses manifestations religieuses se sont, tout au long de la domination, avérées être des marqueurs fondamentaux de l'identité africaine.

La vitalité des traditions religieuses africaines s'est exprimée dans le pouvoir des charmes destinés à protéger ceux qui résistaient au colonisateur et, plus encore, dans une irrépressible succession de mouvements prophétiques parfois menés ou initiés par des femmes, qui associaient pratiques de guérison et vision apocalyptique d'une fin de la domination belge. Certains de ces mouvements, comme le Kitawala ou le Kimbanguisme et ses dérivés n'étaient que la traduction du christianisme dans un idiome partagé avec des expressions religieuses africaines comme la guérison par la foi, la transe, la divination et l'exorcisme des esprits du mal ou de la sorcellerie.

Dans les missions chrétiennes, une classe d'intermédiaires africains n'ont pas tardé à devenir des acteurs clés : évangélistes ou catéchistes (suivis vers la fin de la période coloniale par le contingent des abbés) et assistants médicaux. Le christianisme s'adressait à différents groupes défavorisés ou moins bien intégrés de la société africaine : esclaves, femmes et jeunes hommes. Plusieurs des essais présentés ici montrent que les convertis africains se sont pleinement approprié le christianisme en tant que sujets lettrés naviguant dans l'ordre colonial et améliorant leurs droits au sein de celui-ci. Ils ont parfois été des fers de lance du militantisme chrétien, qui détruisaient des fétiches, mais par ailleurs, et peut-être de plus en plus souvent avec le temps, ils ont également jeté un pont vers les expressions religieuses africaines à travers la liturgie (musique) et les rites (guérisons, exorcismes). Plus généralement, les convertis ont intégré le christianisme dans un cycle africain de renouveau religieux, autrement dit, dans la recherche de la « bonne vie » (David Maxwell).

Certains catéchistes ont noué une relation personnelle étroite avec des missionnaires blancs. Jusqu'à la fin de la période coloniale, beaucoup de ces derniers sont restés convaincus de la supériorité de la culture occidentale et obsédés par l'idée d'introduire l'éthique du travail, au besoin par les châtiments corporels. Les initiatives visant à développer l'enseignement moyen et supérieur ont été limitées et tardives. Cela ne signifie pas que les missionnaires ne se préoccupaient pas du bien-être des Africains. Ce souci s'est manifesté de deux façons. D'abord, ils ont été des modernisateurs et des agents de la coopération avant la lettre : ce volume regorge d'exemples de missionnaires-géographes, architectes, agronomes ou pédagogues. Ensuite, plus spécifiquement, certains se sont faits les avocats des droits humains africains en luttant contre les atrocités coloniales et les excès de la mise au travail forcée imposée par l'État.

Et, par-dessus tout, le paternalisme missionnaire, tout enraciné qu'il soit, était contrebalancé par l'« incontrôlable dynamique d'acculturation » (Claude Prudhomme). Dans leurs efforts pour convertir les Africains, les missionnaires ont appris les langues locales. Ils ont consigné avec amour les proverbes, les légendes et les traditions folkloriques africaines. L'évolution de l'architecture et de la musique missionnaire souligne cette évolution. En architecture, l'utopie du nouveau paysage chrétien a fait place à une mise en réseau de la présence missionnaire au sein du territoire africain. Dans le domaine musical, les instruments africains ont conquis une place dans les services religieux avant que des amalgames plus ambitieux ne soient expérimentés.

Cet épanouissement de la culture africaine a nourri la crise de conscience missionnaire qui a marqué la fin de l'époque coloniale et dont Placide Tempels n'est que le meilleur exemple connu. Pourtant, Tempels et d'autres se sont heurtés à une résistance résolue de la part de leur hiérarchie, qui est dès lors restée pour la plupart des Congolais indissociable de l'establishment colonial. C'est là l'un des principaux facteurs expliquant l'extraordinaire explosion de violence anti-missionnaire durant la guerre civile des années 1960.

Les cycles de violence coloniale et anticoloniale n'ont pas réussi à briser l'exubérante diversité des expériences religieuses congolaises. Celle-ci se réaffirme aujourd'hui comme jamais auparavant.

WORKS CITED / ŒUVRES CITÉES

Ceuppens, Bambi. *Congo Made in Flanders? Koloniale Vlaamse visies op blank en zwart in Belgisch Congo.* Gand-Ghent: Academia, 2003.

Comaroff, John & Jean. *Of Revelation and Revolution. Vol. 1: Christianity, Colonialism, and Consciousness in South Africa.* Chicago: University of Chicago Press, 1991.

Depaepe, Marc, Briffaerts, Jan, Kita Kyankenge Masandi & Vinck, Honoré. *Manuels et chansons scolaires au Congo Belge.* Leuven: Leuven University Press, 2003.

Fabian, Johannes. *Time and the Other. How Anthropology Makes its Object.* New York: Columbia University Press, 1983.

Grant, Kevin. *A Civilised Savagery: Britain and the New Slaveries in Africa 1884-1926.* New York: Routledge, 2005.

Green, Abigail & Viaene, Vincent, eds. *Religious Internationals in the Modern World. Globalization and Faith Communities since 1750.* Basingstoke: Palgrave Macmillan, 2012.

Hunt, Nancy Rose. *A Colonial Lexicon of Birth Ritual, Medicalization, and Mobility in the Congo.* Durham: Duke University Press, 1999

Hunt, Nancy Rose. *A Nervous State. Violence, Remedies and Reverie in Colonial Congo.* Durham: Duke University Press, 2016.

Kinet, Ruth. *'Licht in die Finsternis'. Kolonisation und Mission im Kongo 1876-1908. Kolonialer Staat und nationale Mission zwischen Kooperation und Konfrontation.* Münster: LIT, 2005.

Lagae, Johan. *Kongo zoals het is: Drie architectuurverhalen uit de Belgische kolonisatiegeschiedenis (1920-1960).* Gand-Ghent: UGent, 2002.

Markowitz, Marvin D. *Cross and Sword: The Political Role of Christian Missions in the Belgian Congo, 1908-1960.* Stanford: Hoover Institution Press, 1973.

Maxwell, David. "Continuity and change in the Luba Christian movement, Katanga, Belgian Congo, c. 1915-50". *Journal of Ecclesiastical History*, 69 (2017), 2, 1-19.

Prudhomme, Claude. *Missions chrétiennes et colonisation XVIe-XXe siècles.* Paris: Cerf, 2004.

Van Reybrouck, David. *Congo: een geschiedenis.* Amsterdam: Bezige Bij, 2010.

Vanthemsche, Guy. "De verhouding tussen de kerk en de staat in koloniaal Congo (1885-1960)". In Dave De ruysscher e.a., eds. *Een leven van inzet: liber amicorum Michel Magits.* Mechelen: Kluwer, 2012, 197-242.

Vellut, Jean-Luc. *Congo. Ambitions et désenchantements 1880-1960.* Paris: Karthala, 2017.

RELIGIONS AND THE COLONIAL STATE

LES RELIGIONS ET L'ÉTAT COLONIAL

PREMIÈRES ÉVANGÉLISATIONS DE L'AFRIQUE CENTRALE ET ÉTHIQUE SOCIALE, 1500-1900

ENTRE MORALE DE CONVICTION ET MORALE DE RESPONSABILITÉ

JEAN-LUC VELLUT

Le fil de l'éthique sociale fut toujours présent dans l'histoire des premières évangélisations de l'Afrique, sans qu'il ait pour autant occupé la place de premier plan que l'opinion chrétienne accorde aujourd'hui aux liens entre christianisme et justice sociale. C'est en effet une tragédie de l'histoire de l'Afrique que l'annonce de l'Évangile y ait été inextricablement mêlée à des désastres sociaux et humanitaires, soit qu'elle ait servi de couverture à de multiples compromissions au nom d'une vision de la discipline sociale à sauvegarder à tout prix, soit qu'elle ait inspiré réquisitoires et réformes au nom de la charité. Les pages qui suivent proposent quelques réflexions sur cet itinéraire qui s'étend sur plusieurs siècles et qui vérifie l'observation de Max Weber que la morale de conviction et la pureté des principes n'ont jamais évité le recours à des moyens malhonnêtes et n'ont jamais protégé de conséquences fâcheuses[1]. Nous adopterons ici la perspective du temps long et nous passerons outre aux clivages nationaux ou confessionnels qui fragmentent artificiellement l'histoire du christianisme en Afrique centrale.

Le recours à la longue durée s'impose donc. Le problème des relations entre christianisme et éthique sociale s'est en effet vérifié au cours des deux mouvements d'évangélisation qu'ont connus au moins certaines régions d'Afrique centrale, le premier s'étendant sur une période de trois siècles à partir des années 1500, le deuxième débutant avec la fin du XIXe siècle. L'étude des premières étapes du christianisme en Afrique centrale souffre certes de la pauvreté des témoignages matériels ou archéologiques, mais elle a le privilège

1 Weber, *Le Savant et le Politique*.

de disposer d'un vaste corpus écrit, patiemment mis à jour par des générations d'érudits, tout au long du dernier siècle. En partie d'origine africaine, cette documentation fait une large place au problème moral qui s'est posé dans le sillage de la traite des esclaves. Un autre corpus documentaire, massif, témoigne de la plaie du travail forcé qui a hanté les premières générations de l'âge colonial moderne.

La première fondation en termes chronologiques nous entraîne au tournant des XVe et XVIe siècles et dans les deux siècles et demi qui suivirent. En effet, tout comme le commerce des épices et du sucre, le commerce des hommes accompagna dès ses débuts l'hégémonie portugaise qui s'affirma au XVIe siècle sur les communications maritimes entre Asie, Afrique et Brésil. Durant la période de fondation de cet empire, l'idéologie officielle de la monarchie portugaise ne resta pas indifférente au problème éthique que soulevait la traite. En témoignent les justifications qu'elle jugea nécessaire d'avancer en arguant de la nécessité de couvrir les frais encourus par l'évangélisation. Ce malaise affleure d'ailleurs dès les premières rencontres entre les navigateurs portugais et l'Afrique sub-saharienne. Dans sa *Chronique de Guinée*, texte fondateur de ces découvertes, Gomes Eanes de Zurara montrait l'esclavage comme faisant partie intégrante de l'économie musulmane au sud du Sahara. Il posait la question : faut-il y voir la conséquence de la malédiction frappant un fils de Noé[2] ?

Peut-on trouver une position de principe dans les protestations élevées par le roi du Kongo, Afonso (Mbemba Nzinga, règne 1506-1543), auprès de son « frère » le roi du Portugal ? Dans sa correspondance, il dénonça effectivement les puissantes bandes armées constituées par des sujets portugais résidant alors dans le royaume et qui, en toute illégalité et au prix de mille violences, capturaient des sujets du roi pour les vendre comme esclaves[3]. Ces protestations semblent avoir toutefois moins visé le principe lui-même de la traite que les dérives « illégitimes » du commerce des esclaves, au mépris des monopoles auxquels le royaume kongo prétendait. En effet, pour peu que la situation ancienne puisse être reconstituée, il semble bien que le commerce d'esclaves

2 « Il convient de noter que ces Noirs, bien qu'ils soient Maures comme les autres, sont pourtant leurs esclaves, en vertu d'une antique coutume que je crois provenir de la malédiction lancée par Noé après le déluge sur son fils Cham et en vertu de laquelle sa race, dont descendent ces Maures, doit être soumise à toutes les autres races du monde ». Zurara, *Chronique de Guinée*, 74. Dans son essai classique, « Les noirs, fils de Cham le maudit », 728, Pierre Charles avait cru pouvoir affirmer que jamais aucun des récits portugais des découvertes « ne fait allusion à la prétendue malédiction de Cham ».

3 Plusieurs correspondances du roi vont dans ce sens. Jadin et Dicorato, *Correspondance de Dom Afonso*. Relevons que Ndaywel è Nziem, *Nouvelle histoire du Congo*, 140, voit en Afonso un adversaire « farouche » de la traite.

s'était jusqu'alors limité aux marchés (*pumbos*) communiquant avec les régions voisines du royaume, « Anziques » du Pool et peuples du Kwango[4].

Avec l'implantation portugaise, ce commerce prit une telle ampleur qu'il ravagea désormais le Kongo lui-même : là était le problème et il fut porté à son comble lorsque les razzias sous direction portugaise furent bientôt relayées par des bandes africaines connues dans la documentation écrite sous le nom générique de *Jagas*. La destruction par les *Jagas* de la capitale du royaume, São Salvador (aujourd'hui, Mbanza Kongo), et le rôle que leurs bandes jouèrent dans l'économie de guerre des siècles suivants, les firent définitivement entrer dans l'histoire de la région[5]. Pénible à reconnaître, le paradoxe de cette histoire tragique voulut que le commerce des esclaves à grande échelle fût une denrée d'importation en Afrique centrale, mais aussi qu'il ne rencontrât pas d'opposition organisée au plan local. Cette dernière constatation ne date pas d'aujourd'hui : elle frappait déjà d'étonnement des contemporains de l'économie esclavagiste de l'Angola[6].

Dans le même temps que la traite prenait son essor, le Kongo du XVIe siècle se taillait une place reconnue dans l'apprentissage d'une première mondialisation à laquelle se trouvait confronté l'ordre international chrétien de l'époque. En témoignent les correspondances étendues sur plus d'un siècle qu'échangèrent ses rois et les cours de Lisbonne et de Rome[7]. Lettres et ambassades du Kongo furent parmi les premiers témoignages d'une Afrique chrétienne qui eussent été reçus et reconnus au cœur du système international de l'époque[8].

À Lisbonne d'abord, à Rome ensuite, le projet d'une liaison transcontinentale entre les deux royaumes chrétiens d'Afrique, Kongo et Abyssinie,

4 Les royaumes chrétiens d'Europe avaient suivi le même itinéraire : avant les grandes découvertes et, dans une moindre mesure après celles-ci, ils s'alimentaient en esclaves dans des régions contiguës « extérieures », slaves ou barbaresques.

5 La question des *Jagas* est centrale dans l'histoire du Kongo et de l'Angola et elle a fait l'objet de discussions nourries. Retenons ici que le caractère cosmopolite de ces bandes s'impose aujourd'hui aux historiens, aux dépens des hypothétiques identifications ethniques (Jaga-Yaka) qui eurent leur moment de succès.

6 L'auteur de la *Pratique Missionnaire* (1747), 57, s'étonnait que, soumises au régime esclavagiste, les populations ne se révoltaient pas. Relevons que les fortifications de Luanda, capitale de l'Angola esclavagiste, étaient dirigées contre les ennemis venus de la mer et non contre ceux de l'intérieur.

7 Balandier, *La Vie quotidienne au royaume de Kongo*, 42, avait cru pouvoir dénier toute valeur à cette documentation capitale, au prétexte qu'elle s'adaptait « aux usages et au langage de l'interlocuteur européen ». C'était ignorer une constante des relations internationales où, effectivement, les périphéries adoptent le langage et les usages prévalant dans les centres. Il n'en va pas autrement aujourd'hui. Les textes essentiels ont été publiés par Filesi, *Le relazioni tra il regno del Congo e la Sede Apostolica* et *Roma e Congo all'inizio del 1600*.

8 Le concile de Florence (1439-1441) fut sans doute la première réunion internationale européenne qui reçût une délégation africaine, composée en l'occurrence de deux religieux éthiopiens de Jérusalem. Tamrat, *Church and State in Ethiopia*, 265.

inspira la vision d'une géopolitique mondiale qui serait placée sous le signe de l'Église. Dans l'histoire du christianisme en Afrique centrale, ces utopies furent les premières et non les dernières qui sombrèrent dans le chaos. Paradoxalement en effet, la reconnaissance de cette région dans l'ordre mondial s'effectuait dans le contexte du grand désordre international que constitua la traite des esclaves.

Dans le volet africain de cette tragédie, la participation de l'Église a rarement été abordée de front par les historiens de la traite. À titre d'exemple, citons un livre pionnier publié en 1929 par un religieux capucin belge, Dieudonné (Eugène) Rinchon[9]. Publié « chez l'auteur », *La Traite et l'Esclavage des Congolais par les Européens. Histoire de la Déportation de 13 Millions 250.000 Noirs en Amérique* apparaît aujourd'hui comme un travail émotif, brouillon, scientifiquement incertain en dépit d'une grosse recherche bibliographique. Cette publication paraissait toutefois avoir le mérite de rompre hardiment avec la tradition coloniale belge pour qui l'histoire de l'esclavage africain se limitait aux chapitres des « guerres arabes ». À y regarder de plus près, ce livre, moins iconoclaste qu'il y paraît, s'inscrivait en effet dans une démarche doublement apologétique.

Apologie coloniale en premier lieu. La publication du livre fut en effet subventionnée par les principales compagnies coloniales belges en réponse tacite aux enquêtes alors encouragées par la Société des Nations sur les survivances du travail forcé dans les dépendances coloniales. Pour le milieu colonial, il s'agissait de souligner la rupture que représentait la colonisation moderne par rapport au passé esclavagiste de l'Afrique ancienne.

Apologie cléricale en second lieu, et c'est celle qui nous intéresse davantage ici. Le livre se présentait en effet comme un plaidoyer, exonérant l'Église d'une responsabilité qu'elle eût pu avoir dans les barbaries d'un passé esclavagiste. Suivant Rinchon, les hommes d'Église avaient certes reconnu l'esclavage, mais c'est qu'ils « étaient des hommes de leur temps, imbus des idées de l'époque où ils vivaient ». Cependant ils avaient traité leurs esclaves avec bonté et suivant les règles morales du temps. Une formule prudente précisait toutefois que « l'Église n'est pas responsable des crimes et des fautes de ses membres »[10].

9 L'Académie royale des Sciences d'Outre-Mer de Bruxelles publia des travaux de D. Rinchon mais elle ne lui consacra ni notice nécrologique ni article biographique dans la *Biographie belge d'Outre-Mer* (8 vols parus).

10 « Si les négriers avaient mis en pratique la loi de la charité chrétienne, les esclaves n'auraient pas été victimes de la barbarie intéressée des Blancs civilisés. De maîtres bons, doux, justes et chastes, les esclaves n'avaient rien à craindre. » Rinchon, *La Traite et l'esclavage des Congolais*, 163. La thèse que l'opposition à l'esclavage n'existait pas dans l'outillage intellectuel de l'époque fut sévèrement contestée dans le compte rendu détaillé qu'un historien de la traite française, L. Vignols, consacra au livre de D. Rinchon dans *Annales d'histoire économique et sociale*, 3-9 (1931), 123-125.

Cette ligne de défense négligeait la participation de l'Église comme acteur de l'économie esclavagiste, un sujet qui, jusqu'il y a peu, ne retint d'ailleurs guère l'attention des historiens de la traite[11]. La participation active de l'Église fut certes plus souvent indirecte que directe. Il n'est toutefois pas inutile de relever quelques éléments de son implication. Celle-ci a laissé plus de traces écrites dans le domaine angolais que dans celui, plus informel, du Kongo voisin. On retiendra ici l'existence d'importantes plantations esclavagistes jésuites, indispensables à l'approvisionnement des concentrations d'esclaves en cours d'acheminement vers le Nouveau Monde. Relevons encore la participation directe de membres du clergé séculier, et, plus rarement, régulier au commerce intérieur et extérieur des esclaves. Avant tout, il existait une dimension structurelle, liée à la situation de l'Église comme institution officielle que ce fût au Kongo et ensuite en Angola. Les subventions assurées à l'Église dans l'un et l'autre cas ne pouvaient en effet être dissociées de l'économie esclavagiste, dès lors que la survie matérielle de l'institution ecclésiastique dépendait de droits perçus d'une manière ou d'une autre à partir de l'exportation d'esclaves, auxquels s'ajoutaient les exemptions fiscales dont bénéficiaient des exportations effectuées pour le compte de religieux[12].

L'ambiguïté de la situation de l'Église dans ce commerce a nourri des légendes. C'est ainsi que la littérature protestante a évoqué un siège de pierre sur les quais de Luanda d'où l'évêque, contre perception d'un droit, aurait béni et baptisé les esclaves en partance pour le Brésil[13]. Il s'agit là, non d'une réalité historique, mais d'un cliché polémique. Cependant, comme toujours, clichés et stéréotypes caricaturent des éléments de la réalité, ils grossissent le trait. Ils ne créent pas pour autant une réalité de toutes pièces, *ex nihilo*. C'est encore le cas ici et sa charge symbolique nous invite à nous y arrêter un instant.

Au plan des principes défendus par l'Église, la réduction d'« infidèles » à l'esclavage trouvait une certaine justification dans la possibilité qui s'offrait au captif d'accéder au baptême et donc au salut. Dans la ligne de cette théorie, un

11 Dans un essai impertinent, resté peu cité, Boxer, *The Church Militant and Iberian Expansion*, rompit avec cette tradition du déni. Les travaux de l'historien capucin Saccardo, *Congo e Angola*, ont abordé le problème sans faux-fuyants. L'important colloque de Nantes consacré en 1985 à l'histoire de la traite n'a retenu qu'une contribution consacrée au rôle du clergé dans la traite : Cabrera, « El clero y la trata en los siglos XVI y XVII ».

12 La participation directe d'ordres religieux est établie, mais elle semble n'avoir été que marginale. À titre d'exemple, vers la fin du XVIIe siècle, les jésuites expédiaient chaque année une cargaison d'esclaves vers le Brésil. Gray, *Black Christians and White Missionaries*, 33. Voir également Heintze, « Traite de 'pièces' en Angola » et les articles « Angola » et « Esclavitud negra en América » dans : O'Neill et Dominguez, éds, *Diccionario Histórico de la Compañía de Jesús*, I et II.

13 Déjà Bastian, *Ein Besuch in San Salvador der Hauptstadt des Königreichs Kongo*, 98, s'en était fait l'écho lors de son voyage en Angola et au Kongo en 1857. Il présentait le siège de pierre de l'évêque comme existant encore sur les embarcadères du port de Luanda.

« catéchiseur » (*cathequizador*) percevait un droit modeste pour le compte de la paroisse des Remédios à Luanda, sur le modèle d'un droit semblable perçu par une paroisse de Lisbonne pour les entrées d'esclaves au Portugal[14]. À leur embarquement, sans instruction préalable et éventuellement en masse, les esclaves étaient « baptisés » par le *cathequizador* au prix d'une redevance par « pièce » (*peça*), suivant l'euphémisme en usage. À Luanda, à partir de la fin du XVIIIe siècle, un évêque réformateur « régularisa » les choses en imposant à la fois quelques bribes d'instruction accompagnant le baptême et surtout l'apposition d'une marque au fer rouge, de manière à prévenir un deuxième baptême à l'arrivée dans le Nouveau Monde. Le signe du baptême devint ainsi la troisième marque douloureuse infligée aux esclaves[15].

L'énoncé de ces pratiques est incomplet. Il s'inscrit en fait dans l'histoire plus générale des clergés coloniaux dans des contextes d'Ancien Régime. Ceci ne doit pas nous conduire à la conclusion que, sur le plan théorique comme en pratique, l'Église n'éleva aucune objection à l'institution esclavagiste. Il est plus exact de parler d'une mauvaise conscience récurrente, longtemps étouffée par des considérations d'opportunité politique. Il importe ici de dissiper les confusions, parfois voulues, qui ont longtemps encombré le sujet.

Une observation préliminaire s'impose : durant l'essentiel des deux millénaires de son histoire, le christianisme s'est répandu au sein de sociétés qui reconnaissaient et pratiquaient l'esclavage comme système de production. Il s'agit là d'une situation de fait devant laquelle le christianisme institutionnel a poursuivi un cours incertain. D'une part, il a constamment reconnu la légitimité de l'esclavage, jetant l'interdit jusqu'au XIXe siècle sur la contestation

14 Lisbonne : en 1513, le pape Léon X octroya au curé d'une paroisse de l'Ordre du Christ, Nossa Senhora da Conceição, le privilège de conférer le baptême aux esclaves débarqués à Lisbonne. Ce privilège fut bientôt matérialisé par une nouvelle bulle imposant aux propriétaires d'esclaves d'acquitter un droit à la même paroisse, à percevoir pour le baptême de chaque esclave en leur possession. Streit et Dindinger, *Bibliotheca Missionum*, XV, 253 et 274. Luanda : Gabriel, *Angola*, 162-163, 236.

15 Les esclaves étaient successivement marqués par l'acheteur et, une fois rendus à la côte, par l'agent percepteur d'une taxe au nom de l'État. En 1526 déjà, une lettre du roi Afonso faisait état de cet usage barbare : « dès que les captifs sont au pouvoir des hommes blancs, ils sont aussitôt marqués au fer rouge ». Jadin et Dicorato, *Correspondance de Dom Afonso*, 167. Troisième marque au fer : Corrêa, *História de Angola*, I, 90. Il est remarquable que des Européens réfugiés auprès d'un chef africain se faisaient marquer comme esclaves lui appartenant, de manière à ne pouvoir être saisis et ramenés à la côte. Matos, *Compêndio Histórico das Possessões de Portugal na África*, 245. Dans les années 1870, après l'abolition de l'esclavage, la marque *liberto* était apposée au fer rouge sur les esclaves émancipés, mais toujours astreints à certaines obligations. Lux, *Von Loanda nach Kimbundu*, reproduit cette marque, 26-28.

violente de ce droit de propriété[16], mais reconnaissant à l'esclave la dignité d'une personnalité humaine entière et complète[17]. Des hésitations sont toutefois apparues lorsque l'esclavage, à partir du XVe siècle, fut massivement imposé à des peuples jusque-là inconnus de l'Europe et avec qui se nouaient des relations nouvelles. Cette mise en servitude de peuples « païens » fut l'objet de discussions passionnées dans le contexte de l'empire espagnol en Amérique. En Afrique par contre, la question fut moins directement abordée, la traite y étant présentée sous l'euphémisme d'un « rachat » (*resgate*) d'individus qui se trouvaient déjà dans une situation servile ou qui avaient été capturés dans une « guerre juste ».

Certes, des textes nous rappellent que l'expansion de l'esclavage ne fut pas sans entraîner des malaises au sein de l'Église institutionnelle. Ce fut le cas d'une pétition déposée auprès du pape Innocent XI par Lourenço da Silva, Brésilien originaire d'Afrique centrale, afin que l'Église interdise la situation d'esclavage perpétuel imposée à des esclaves catholiques baptisés et à leurs descendants. Cette démarche n'eut guère de conséquences pratiques. Il en alla de même de discussions au sein de l'ordre jésuite. À plusieurs reprises, le général de l'ordre interdit à ses religieux toute participation à la traite mais, « sur le terrain », ces instructions furent contestées et restèrent sans effet. À la même époque, Rome recueillit des témoignages bouleversants sur les mauvais traitements infligés aux esclaves. C'est ainsi que Rome réserva un accueil favorable à une pétition de capucins du Kongo qui dénonçaient, non pas l'esclavage proprement dit, mais les captures d'esclaves hors de toute considération pour les limites imposées par la notion de « guerre juste ». Il s'agissait davantage de dénoncer des crimes que de mettre l'institution même en question. Il convient d'ailleurs de manipuler avec précaution ces dénonciations, les clichés et poncifs faisant partie des polémiques autour de l'esclavage[18].

Nouvelle source de confusion : la question de l'alimentation des économies esclavagistes par un commerce spécifique, la traite des Noirs. Dans un premier temps, l'Église se limita à encadrer ce commerce, par exemple, en interdisant à des catholiques de fournir des acheteurs hérétiques. L'histoire nous enseigne que ce n'est qu'au XIXe siècle que la traite fut considérée comme un crime et que la papauté se rallia à cette position, encore que ce ne fut que timidement et en réponse à des pressions anglaises. L'encyclique *In Supremo*

16 Ceci fut rappelé en 1888 par l'encyclique *In plurimis maximisque* : « si, dans la multitude des esclaves qu'elle admettait au nombre de ses enfants, il s'en trouvait qui, séduits par quelque espoir de liberté, eussent recours à la violence et à la sédition, l'Église blâma toujours et réprima ces coupables tentatives et employa par le moyen de ses ministres le remède de la patience ». Traduction française dans : Lavigerie, *Documents sur la fondation de l'Œuvre antiesclavagiste*, 12.

17 Un esclave affranchi, Calixte, figure parmi les premiers papes de l'Église romaine (217-222). Legrain, « Éthique chrétienne et esclavagisme », 56.

18 Gray, *Black Christians and White Missionaries*, 11-34. Poncifs sur l'esclavage : Heintze, « Traite de 'pièces' en Angola », 151-153.

promulguée à cet effet par le pape Grégoire XVI en 1839 condamnait certes la participation de catholiques à la fois à la réduction de captifs à l'état d'esclaves et à la participation au commerce des hommes. En ceci, elle marquait un pas en avant. Le texte entretenait toutefois les confusions sur la question de l'esclavage lui-même en insistant sur une problématique continuité avec les prises de position des papes précédents. Ceux-ci, on l'a dit, s'en tenaient à réaffirmer la qualité entièrement humaine de l'esclave[19].

Les temps changeaient cependant. Une faille profonde sépare en effet l'ancienne évangélisation de la nouvelle : nouveaux contextes économiques, politiques, culturels, nouveaux horizons moraux. Parmi ceux-ci, on retiendra le nouveau regard qui, progressivement, se portait sur l'esclavage. En 1870, un missionnaire pionnier du Soudan, Daniele Comboni, réussit à obtenir 70 signatures de participants au concile du Vatican en soutien à une déclaration en faveur des Noirs d'Afrique centrale. Le concile fut toutefois levé avant que ce texte fût mis en délibération. Détail intéressant, la déclaration reprenait la même interrogation sur la « malédiction » pesant sur l'Afrique que celle que la *Crónica de Guiné* de Zurara avait posée plus de quatre siècles auparavant[20].

Les historiens de Vatican I n'ont guère retenu cet épisode qui nous paraît sans doute plus significatif aujourd'hui qu'il ne le fut à l'époque. Quelques années plus tard cependant, en 1888, un nouveau pas fut franchi avec l'encyclique *In plurimis maximisque* de Léon XIII. Celle-ci salua l'abolition de l'esclavage au Brésil et, à cette occasion, elle rallia l'Église à la cause abolitionniste. Toute confusion ne disparut pas pour autant car l'encyclique maintenait la fiction d'une continuité avec un passé que l'on aurait voulu antiesclavagiste de l'Église catholique[21].

En réalité, à partir de la fin du XVIIIe et au cours du XIXe siècle, l'abolitionnisme chrétien s'était développé ailleurs, loin des conseils romains. Au terme d'une histoire de plusieurs siècles où les nations tant catholiques que protestantes avaient donné une grande expansion au commerce des esclaves

19 Les historiens n'ont pas retenu *In Supremo* comme une étape marquante de ce pontificat. Aubert n'en fait pas mention dans son article « Grégoire XVI ».

20 Adressé au concile, le *Postulatum pro nigris Africæ centralis* appelait « la Nouvelle Alliance » à effacer les malédictions de « L'Ancienne Alliance » : « sur la tête accablée de misères des fils de Cham pèse encore cette malédiction, la plus ancienne qui ait jamais été prononcée contre un peuple ». Lécuyer, « Le Père Libermann et la malédiction de Cham », 607. Daniele Comboni a été canonisé en 2003 par le pape Jean-Paul II.

21 Voir les travaux de Prudhomme, « La papauté face à l'esclavage » et « L'expérience et la conviction contre la tradition ». Des considérations de diplomatie internationale pesèrent sur l'encyclique *In plurimis maximisque* tout comme elles avaient pesé sur la promulgation de *In Supremo*. Viaene, *The Papacy and the New World Order*. Il fallut attendre le concile de Vatican II (1962-1965) pour que l'Église rompe définitivement avec les ambiguïtés qu'elle avait maintenues vis-à-vis de l'institution esclavagiste qui l'avait accompagnée tout au long de son histoire. Dans la même ligne, voir aussi le « Discours aux intellectuels africains » de Jean-Paul II, Yaoundé, 1985.

africains, l'antiesclavagisme chrétien prit en effet son essor sous l'influence du piétisme germanique et de mouvements évangéliques anglais, parfois portés par des courants messianiques. Des confessions protestantes se mobilisèrent pour l'abolition de la traite d'abord, de l'esclavage ensuite et, bientôt, pour l'évangélisation des esclaves libérés. Une dernière étape fut celle de l'annonce de la Bonne Nouvelle auprès des sociétés esclavagistes africaines elles-mêmes. Cet abolitionnisme prit très tôt un caractère international. Sur le continent, s'appuyant souvent sur des encouragements anglais, des mouvements abolitionnistes se dessinèrent au sein des différentes confessions chrétiennes. Dans tous les cas, protestants et catholiques, l'antiesclavagisme servit d'enseigne à de nouveaux mouvements d'expansion missionnaire. On peut y voir le résultat d'une convergence entre dynamiques au sein de *lobbies* d'inspiration religieuse ou libérale opérant dans les centres de l'ordre international mais renforcés bientôt par des impulsions provenant des périphéries.

Ces dernières jouèrent un rôle important. Les spiritains français ayant inauguré la nouvelle évangélisation de la région Congo-Angola, nous évoquerons brièvement la préhistoire de leur démarche qui vérifie l'influence exercée par les périphéries sur le centre. Notons dès l'abord que, parmi les précurseurs de l'abolitionnisme en France, il convient d'inclure des mouvements animés par des hommes libres « de couleur », actifs aux Antilles et dans la métropole elle-même[22]. Dans la présente discussion, notre attention est toutefois avant tout retenue par les vents du changement qui se firent sentir au sein de l'Église catholique de France, la seule qui, depuis l'Ancien Régime, eût été autorisée à exercer son ministère dans les colonies. Jusqu'aux années 1830-1840, l'antiesclavagisme français était resté confiné à des cercles restreints, le plus souvent d'inspiration protestante ou libérale, mais qui comptaient dans leurs rangs quelques têtes de file du mouvement catholique libéral.

Cette présence n'était toutefois pas représentative d'une Église traumatisée par la Révolution et qui, dans sa majorité, restait méfiante vis-à-vis d'un mouvement que l'on savait uni dans l'opposition au gouvernement de la Restauration. Les réserves ne se limitaient d'ailleurs pas à des questions d'opportunité politique. On a fait justement remarquer qu'au plan théorique même, les manuels de théologie en usage jusqu'à la moitié du siècle dans les séminaires français se gardaient de condamner l'esclavage et la traite. Après tout, c'est à un franc-maçon, Victor Schoelcher, qu'il appartint d'abolir l'esclavage dans les colonies françaises.

Des voix issues du clergé colonial « de base » exerçant dans les colonies esclavagistes des Antilles s'étaient toutefois fait entendre pour que la page esclavagiste soit définitivement tournée et que la chrétienté universelle s'ouvre aux économies post-esclavagistes, que ce fût dans les Antilles ou sur les côtes

22 Les principaux animateurs du mouvement avaient été marqués au fer rouge pour subversion. Jennings, *La France et L'Abolition de l'esclavage*, 43-45.

d'Afrique, et qu'elle se prépare à y répandre l'Évangile. L'écho en parvint en Europe. En dépit de sa timidité, l'encyclique *In Supremo* avait amené l'opinion catholique avertie à prêter l'oreille aux témoignages venant d'Outre-Mer et à considérer l'esclavage comme un système condamné par l'Histoire[23]. Sous l'inspiration de François Libermann, juif converti, ouvert à des témoignages provenant des Antilles, les missions spiritaines jouèrent un rôle d'avant-garde dans un projet d'évangélisation du Nouveau Monde noir, un monde désormais libre. Ce n'est pas pour autant que les missionnaires se rapprochèrent de la mouvance abolitionniste proprement dite qui leur resta étrangère[24]. Derrière l'attribution aux spiritains du nouveau vicariat apostolique des Deux-Guinées se dessinait toutefois l'objectif d'une transition vers une société post-esclavagiste, en Afrique même et non plus seulement dans les diasporas africaines issues de la traite[25]. Cette juridiction ecclésiastique fut l'ancêtre directe du futur réveil chrétien dans la région du Congo.

Le jeune David Livingstone ne fut pas un contemporain exact de François Libermann qui était de onze ans son aîné. Le missionnaire écossais appartenait toutefois, lui aussi, à une génération qui envisageait la disparition progressive de l'esclavage et de la traite, au fur et à mesure qu'une civilisation nouvelle prendrait la place de l'économie esclavagiste. Peu à peu en effet, l'expansion du christianisme apparut comme devant aller de pair avec une « civilisation chrétienne ». Ce fut ce message de progrès graduel que Livingstone rapporta de son voyage en Angola en 1854[26]. Son ton modéré tranche avec les traits fort durs qu'il avait auparavant dirigés contre les raids esclavagistes conduits par des Boers en Afrique australe.

Bientôt cependant, dans le dernier tiers du XIXe siècle, les témoignages accablants qui provenaient du Soudan et de la côte orientale d'Afrique, et spécialement les appels lancés par de grandes voix comme celles de Comboni dans la vallée du Nil ou de Livingstone lui-même au Maniema, créèrent un climat de répulsion qui dépassa les clivages confessionnels et politiques. Dorénavant, l'attention se porta sur la traite musulmane, négligeant jusque dans

23 Brasseur, « Les campagnes abolitionnistes en France », a toutefois relevé que l'antiesclavagisme resta un mouvement essentiellement européen. L'absence de répondants africains explique la persistance, parmi les abolitionnistes et plus tard parmi les missionnaires, des poncifs les plus éculés concernant les populations africaines.

24 Brasseur, « L'esclavage, les campagnes abolitionnistes et la naissance de l'œuvre de Libermann ».

25 Vicariat apostolique « Guinea superior atque inferior », sans limites précises, érigé le 3 octobre 1842.

26 « The natives of Central Africa are very desirous of trading, but their only traffic at present is in slaves, of which the poorer people have an unmitigated horror (...). Those two pioneers of civilization – Christianity and commerce – should ever be inseparable (...). By trading with Africa, we should at length be independent of slave-labour (...) ». Livingstone, *Dr Livingstone's Cambridge Lectures, 1858*, 21.

les années 1900 la traite en Afrique centrale de l'Ouest, pourtant encore en pleine activité aux confins de l'Angola et du bassin du Congo[27].

Dirigée contre la traite « arabe » ou, plus exactement, afro-arabe, la cause antiesclavagiste prit alors un nouvel élan. Alors que se dessinaient de nouveaux projets coloniaux, et notamment en Belgique et en France, l'antiesclavagisme prit un tour militant, dépassant cette fois encore les clivages entre milieux chrétiens ou entre chrétiens et libéraux. Dans le présent contexte, nous nous tournons avant tout vers les milieux touchés par le catholicisme social. Alors que, en France, dans les années 1820-1870, ce mouvement ne s'était pas davantage intéressé à la cause antiesclavagiste qu'aux questions coloniales, le climat changea dans les années suivantes. Le cas de la Belgique fut exemplaire[28]. C'est en effet dans la mouvance catholique sociale que l'appel lancé à la Belgique par Mgr Lavigerie trouva ses principaux appuis. Le ton enflammé de celui qui avait été le véritable inspirateur de l'encyclique *In plurimis maximisque* donna à l'antiesclavagisme le tour militant d'une croisade. En témoignent les associations entre « La Croix et l'Épée » qui fleurirent dans les publications belges consacrées au Congo des années 1890[29]. Le thème des affrontements entre islam et chrétienté sur le terrain congolais s'alimenta d'une conception de l'histoire de la civilisation chrétienne alors illustrée par Godefroid Kurth, figure de proue du mouvement social catholique en Belgique[30]. On a justement montré combien ce mouvement de réveil missionnaire avait, en Belgique, reçu l'appui du « peuple chrétien »[31]. Dans le milieu catholique, il convient d'ajouter à ce mouvement *bottom up* la conception *top down* qui se manifesta par une confiance aveugle dans un système colonial conquérant : béni par la papauté, le nouvel État du Congo accorda à l'Église catholique le statut d'une quasi-Église d'État. Héritières d'une plus grande tradition de réserve vis-à-vis des pouvoirs politiques, les missions évangéliques anglaises n'échappèrent pas à ce moment d'ivresse[32].

Les illusions de l'époque nous touchent aujourd'hui par leur naïveté[33]. Marquées d'un caractère utopique, elles étaient toutefois destinées à mar-

27 Le tournant des années 1900 dans : Vellut, « Garenganze/Katanga – Bié - Benguela and Beyond ». Réticences des évêchés d'Angola et de Mozambique à s'engager dans le mouvement antiesclavagiste dans : Clarence-Smith, « Église, nation et esclavage ».

28 De Maeyer, *De rode baron*, 462-477 ; Viaene, « King Leopold's Imperialism ».

29 Voir, par exemple, « La Croix et l'Épée », contribution du directeur de la revue missionnaire jésuite, Vincent Baesten : « c'est un beau et grand spectacle que de voir cette noble alliance de la croix et de l'épée pour l'introduction de la civilisation chrétienne chez les peuples barbares et pour le succès de cette œuvre gigantesque qui doit achever la transformation morale de l'Afrique centrale ». *Précis Historiques*, 43 (1894), 538.

30 Kurth, *La Croix et le Croissant*. Affrontement historique entre chrétienté et islam chez Kurth : De Becker, « La représentation anti-musulmane ». Antiesclavagisme et État du Congo : Kinet, « *Licht in die Finsternis* ».

31 Pirotte, « Refaire la Chrétienté Outre-Mer », 377.

32 Porter, *Religion versus Empire*, 279.

quer durablement l'imagination coloniale belge. Ce militantisme contrastait avec une voie plus conciliante, répandue notamment par les spiritains français, instruits par l'expérience. Redoutant le chaos qui résulterait d'affrontements violents, ils préféraient envisager une extinction progressive de l'esclavagisme, au fur et à mesure des progrès de la civilisation nouvelle.

On ne pouvait voir plus clair. L'antiesclavagisme était un mouvement d'inspiration européenne, il s'inscrivait dans une vague de confiance dans l'avènement d'une ère de progrès universel. Parmi d'autres exemples, on pense ici à Elisée Reclus, géographe libertaire qui vit dans la création de l'État du Congo « ce fait capital de l'ouverture de tout un continent et de l'entrée de toute une race d'hommes, jadis inconnus, dans le monde de l'histoire »[34]. Par un paradoxe de plus, le mouvement missionnaire catholique combinait ces visions émancipatrices modernes avec une nostalgie profondément ancrée des sociétés d'Ancien Régime[35].

Quels que fussent leurs ancrages dans l'histoire sociale et culturelle de l'Europe, ces idéaux ne pouvaient se concrétiser que dans les contextes esclavagistes de l'Afrique du temps. Ce sont en effet deux composantes, l'une européenne, l'autre africaine, qui doivent être prises en compte pour tenter de comprendre le chaos qu'entraîna, par une cruelle contradiction, la mise en œuvre d'un idéal d'émancipation. Les composantes européennes furent celles, souvent mises au pilori, de la cupidité, de l'ivresse d'un sentiment de supériorité raciale, de l'inexpérience et de la désorganisation. La composante africaine ne doit pas être négligée. Elle fut avant tout celle des bandes armées au recrutement cosmopolite, ce cancer dont, on l'a vu, les premiers symptômes connus remontent au XVIe siècle et qui, jusqu'aujourd'hui, hante l'histoire de l'Afrique centrale.

La prise de conscience d'un chaos social se fit progressivement, au fur et à mesure que se répandirent dans la région et en Europe des rumeurs de violences et de barbaries. Murmurés, démentis, resurgissant, les échos des atrocités qui avaient accompagné l'expédition de secours de Henri Morton Stanley à Mehmed Emin Pacha, les horreurs du cycle de l'ivoire dans les régions forestières, les atrocités infligées à l'expédition Hodister, les barbaries commises au cours des guerres arabes et qui se perpétuèrent quelque temps dans la région, les rapts d'enfants « libérés » : autant d'épisodes isolés qui, par leur répétition, alimentèrent le désenchantement de ceux qui avaient fait leur l'utopie antiesclavagiste des débuts. Ce fut sur cette base que se développa une campagne humanitaire qui figure en prééminence dans l'histoire

33 « Il y a 19 siècles, à Bethléem, une étoile brillant dans l'azur conduisit dans (*sic*) la crèche les rois venus d'au-delà les déserts. L'un d'eux, selon la tradition, était nègre (...). Puisse l'étoile d'or qui brille sur le bleu drapeau de l'État congolais être aussi messagère de la délivrance de la race africaine (...) », dans : Eucher, *Le Congo*, 256.

34 Nicolaï, « Elisée Reclus et L'Afrique », 106.

35 Pirotte, « Refaire la Chrétienté Outre-Mer », 371-377.

du christianisme en Afrique centrale. L'élément déclencheur fut l'introduction de fait d'un régime de travail forcé plus ou moins improvisé sur le tas, mais bientôt généralisé dans les concessions accordées par l'État à des entreprises privées commercialisant le caoutchouc de cueillette.

Les communautés chrétiennes protestantes établies dans ces régions furent à la source des témoignages les plus décisifs portés contre les barbaries commises sous le « système du caoutchouc ». C'est par leurs témoignages que ces chrétientés imposèrent une reconnaissance des droits des populations africaines. Ce fut une coalition de groupes humanitaires, d'inspiration tant libérale que chrétienne, qui, à partir de l'Europe et des États-Unis, porta ces témoignages sur la scène internationale.

En marge de cette morale de conviction, certains missionnaires protestants et en particulier ceux qui étaient issus de la première génération restèrent longtemps acquis à une morale de responsabilité. Leur expérience de la barbarie des régimes esclavagistes anciens les conduisait en effet à ne pas reconnaître leur erreur d'avoir misé sur les États coloniaux pour faire éventuellement triompher la cause abolitionniste. Dans le milieu missionnaire protestant, le caractère volontairement unilatéral de la campagne organisée par Edmund D. Morel ne fit pas d'emblée l'unanimité : il est vrai, ce pionnier d'une guerre de propagande tenait compte, lui aussi, de préoccupations tactiques qui l'amenaient à sélectionner ses adversaires et à ne pas s'embarrasser de nuances.

Les plaidoyers en faveur d'une attitude « responsable » ne résistèrent toutefois pas longtemps au caractère irrécusable des accusations portées par les victimes du « système ». Cependant, en dépit de tout, les considérations politiques inspirées par une morale de responsabilité l'emportèrent dans les rangs catholiques. Les missions belges, en particulier, furent encouragées par le Vatican à privilégier les intérêts de l'Église dans un pays de tradition catholique, quitte à les laisser intervenir en coulisses pour qu'il soit mis un terme, non au « système », mais à ce qui passait sous le terme « d'abus »[36]. Ces considérations d'opportunité, qu'elles fussent politiques, nationales, confessionnelles, l'emportèrent donc dans les deux Congos, belge et français, et ceci d'autant plus aisément que la confusion régnait dans les questions de morale sociale. Pour de nombreux religieux de l'époque, les questions de morale privée dans les colonies présentaient en effet plus d'urgence que les problèmes humanitaires.

Ce fut à nouveau un courant social au sein du mouvement catholique qui, en Belgique et en France, amena des catholiques à franchir des clivages traditionnels et à dénoncer les violences coloniales, aux côtés de publicistes

36 Gijs, « Émile Van Hencxthoven », 683 et contribution dans ce volume. Les limites du rôle d'« avocat » des Africains joué par les missions dans les domaines coloniaux ont été soulignées par Gründer, *Christliche Mission und deutscher Imperialismus*, 347-373.

issus d'autres confessions ou d'autres milieux idéologiques. Au moment même, ces mouvements furent minoritaires. En France, on pense à Charles Péguy et aux interventions des *Cahiers de la Quinzaine* dans la campagne humanitaire. En Belgique, un religieux jésuite, Arthur Vermeersch, à la fois connu comme moraliste et comme sociologue actif dans les rangs de la démocratie chrétienne, fut isolé au sein même de son ordre pour avoir publié un réquisitoire bien informé contre le régime du caoutchouc. L'essentiel de son information avait pourtant été obtenu auprès de ses confrères actifs au Congo[37]. Il est remarquable que Godefroid Kurth ait confessé la détresse et la honte qu'il avait ressenties à la lecture des révélations de Vermeersch : « oui, l'entreprise du Congo était en principe une grande et noble chose, mais livrée aux spéculateurs et aux francs-maçons par un prince que les intérêts supérieurs de la civilisation semblent laisser indifférent, elle finira par être pour tout patriote belge un objet d'épouvante et d'horreur »[38]. Il est aussi remarquable que cet aveu n'interrompit pas la publication de manuels scolaires où le même Kurth présentait le Congo léopoldien sous un jour radieux. Ces éloges se répétèrent dans des éditions successives et ceci encore après sa mort, survenue en 1916[39].

Ces révisions déchirantes furent répandues à l'époque. Nous avons cité Reclus et les espoirs qu'il mettait dans le projet colonial de Léopold II. Contemporain de Kurth, il connut aussi ce retour sur soi : « de tous les méfaits commis en Afrique par les blancs, ceux qui depuis vingt ans ont été commis dans l'État Indépendant du Congo sont peut-être les plus horribles : ils sont les plus récents, les plus scientifiquement organisés (...) »[40].

37 La publication par Vermeersch, *La Question Congolaise*, fut passée sous silence dans la revue missionnaire des jésuites belges, mais elle amena un de ses confrères, lui aussi à la fois jésuite, moraliste et sociologue, à publier une réfutation des attaques contre le régime léopoldien. Castelein, *L'État du Congo*. Sans faire référence au livre de Vermeersch, une première version de ce plaidoyer sans nuances fut publiée en 1906 dans la *Revue Générale* : cet influent mensuel catholique de Bruxelles ne signala d'ailleurs pas la parution du livre de Vermeersch. Prévenant une conspiration du silence en Belgique, celui-ci se rendit lui-même à Rome et obtint que la *Civiltá Cattolica*, organe de l'ordre jésuite, présentât sa *Question congolaise*. Viaene, « La religion du Prince », 187-188, relève en outre que Vermeersch bénéficia de l'appui discret du secrétaire d'État, Merry del Val. Il n'est toutefois pas établi que l'opinion catholique belge ait eu connaissance des réserves du Vatican devant les sanglantes dérives du régime léopoldien.

38 Leuven, KADOC, Archives de la Province belge et de la Province belge septentrionale de la Compagnie de Jésus (APBS), Fonds Arthur Vermeersch, 21229 : G. Kurth à A. Vermeersch, 13 mai 1906.

39 « Dans ce pays débarrassé des féroces chasseurs d'hommes, les missionnaires accoururent (...) et désormais, gouverné par nos officiers et civilisé par notre clergé, le Congo se développa rapidement. (...) La population noire de ce pays, se multipliant en toute liberté sous la protection de l'épée belge et de la religion chrétienne, formera une nation libre et prospère (...) » : Kurth, *Manuel d'histoire de Belgique*, 181-182. La première édition date de 1905.

40 Nicolaï, « Elisée Reclus et l'Afrique », 106.

Cette mauvaise conscience et ces clivages laissèrent des traces. En 1924 paraissait la première histoire scientifique des missions catholiques. Auteur de ce parcours encyclopédique, Josef Schmidlin traitait du christianisme en Afrique tout en gardant le silence sur l'esclavage et sur le travail forcé. Il exprimait toutefois son regret de la trop grande proximité qui avait compromis les Églises missionnaires dans ce qu'il appelait les « excès et catastrophes » induits par les politiques coloniales[41].

Nous étions alors, on l'a vu, à une époque de dénonciation du travail forcé dans les colonies d'Afrique. C'est dans ce contexte que, en 1928, la réunion des supérieurs des missions belges du Congo entendit Mgr Victor Roelens, le participant le plus âgé et le plus prestigieux d'une rencontre qu'il présidait. Pionnier survivant du catholicisme social antiesclavagiste de l'époque héroïque, Roelens insista auprès d'une audience peu convaincue pour qu'elle fasse connaître son opposition aux recrutements forcés de main-d'œuvre. La lettre ouverte que la conférence envoya sur ce sujet à trois journaux catholiques belges ne fut publiée que par l'un d'entre eux, *La Libre Belgique*, tranchant sur le silence observé par *De Standaard* et *Le Vingtième Siècle*. À titre privé, Roelens devait revenir sur les reproches faits aux missionnaires « d'avoir trahi les populations indigènes qui leur étaient confiées et de s'être tus pour ne pas s'aliéner la bienveillance du gouvernement et pour continuer à jouir de ses subsides. Nous ne pouvons pas nous exposer à voir se renouveler contre nous pareil reproche. L'honneur des missions catholiques est en jeu ici. Aucune considération de personne ou d'intérêt ne peut nous porter à le sacrifier. »[42]

« Trahison des populations indigènes » : Roelens paraphrasait les accusations portées en 1906 par Félicien Cattier, critique libéral dont l'*Étude sur la situation de l'État Indépendant du Congo* annonça la chute du régime léopoldien. À l'époque cependant, le même Roelens avait animé une vigoureuse protestation des missionnaires du Congo contre les accusations portées à leur égard. Il avait avancé à cette occasion n'avoir observé, en 14 ans de présence au Congo, « qu'un abus » qu'il avait signalé au roi et qui avait été immédiatement redressé[43]. Roelens mourut en 1947. La publication en 1948 de ses sou-

41 Schmidlin, *Katholische Missionsgeschichte*, 375. Voir aussi Dujardin et Prudhomme, éds, *Mission & Science*, sur les débuts de la missiologie catholique dont Josef Schmidlin est reconnu comme un père fondateur.

42 Leuven, KADOC, Archives scheutistes (CICM), « Committee Religious Superiors in Congo », 4849 et 4910 : Lettre de Mgr Roelens au P. J. Van Wing, secrétaire de la conférence, 25 janvier 1929. La position des supérieurs fut adoptée dans un climat difficile. Elle eut des échos à Rome, venant après les articles peu conventionnels d'un religieux rédemptoriste, G. Dufonteny, qui dénonçait des recrutements forcés de catéchistes dans le Bas-Congo. Bruxelles, Archives générales du Royaume, Papiers O. Louwers, 140.

43 Cette déclaration fut reprise comme un argument de poids par Castelein, *L'État du Congo*, 29, dans son plaidoyer pour l'État léopoldien.

venirs de « Notre Vieux Congo » garda le silence sur le remords qui l'avait tourmenté vingt ans auparavant.

Concluons ici ces quelques réflexions. Les contradictions historiques du christianisme en Afrique centrale sont saisissantes. Elles couvrent un large spectre d'illusions et d'utopies, de désenchantements et de compromis politiques. Ces contradictions n'apparaissent nulle part mieux que dans le domaine de l'éthique sociale et dans les prolégomènes d'une éthique mondiale. Associé peu ou prou aux désastres humanitaires que furent la traite des esclaves au cours de la première évangélisation et le recours à grande échelle au travail forcé dans la période de deuxième évangélisation, le christianisme contribua aussi à la dénonciation de ces fléaux. La permanence de ces voix chrétiennes au long de quatre siècles d'histoire s'impose à notre attention. Par leurs témoignages, les chrétientés africaines des deux époques conquirent leur droit à être reconnues sur la scène des premiers ordres internationaux qui fonctionnèrent à l'échelle mondiale. Leurs témoignages jalonnent les itinéraires tortueux d'une conscience universelle toujours en devenir. Ils nous invitent à donner toute sa place à l'Afrique dans l'histoire universelle du christianisme et, en retour, à retrouver celui-ci comme une clé du passé de l'Afrique et de ses relations avec le large monde.

BIBLIOGRAPHIE

Archives

Bruxelles, Archives générales du Royaume, Papiers O. Louwers.

Leuven, KADOC-KU Leuven, Archives de la Province belge et de la Province belge septentrionale de la Compagnie de Jésus (APBS), Fonds Arthur Vermeersch.

Leuven, KADOC-KU Leuven, Archives scheutistes (CICM).

Sources et travaux

Actes du colloque international sur la traite des Noirs, Nantes 1985. Paris : Société française d'histoire d'outre-mer, 1988, 2 vols.

Aubert, Roger. « Grégoire XVI » dans : *Dictionnaire d'histoire et de géographie ecclésiastiques*, 21 (1986), 1445-1452.

Balandier, Georges. *La Vie quotidienne au royaume de Kongo du XVIe au XVIIIe siècle*. Paris : Hachette, 1965.

Bastian, Adolf. *Ein Besuch in San Salvador der Hauptstadt des Königreichs Kongo*. Brême : Heinrich Strack, 1859.

Boxer, Charles R. *The Church Militant and Iberian Expansion, 1440-1770*. Baltimore-Londres : Johns Hopkins University Press, 1978.

Brasseur, Paule. « Les campagnes abolitionnistes en France (1815-1848) : l'Afrique sans l'Afrique » dans : *Actes du colloque international sur la traite des Noirs, Nantes 1985*. Paris : Société française d'histoire d'outre-mer, 1988, vol. 2, 333-341.

Brasseur, Paule. « L'esclavage, les campagnes abolitionnistes et la naissance de l'œuvre de Libermann » dans : Paul Coulon, Paule Brasseur et autres. *Libermann, 1802-1852. Une pensée et une mystique missionnaires*. Paris : Cerf, 1988, 319-332.

Cabrera, Manuel Lobo. « El clero y la trata en los siglos XVI y XVII : el ejemplo de Canarias » dans : *Actes du colloque international sur la traite des Noirs, Nantes 1985*. Paris : Société française d'histoire d'outre-mer, 1988, vol. 1, 481-496.

Castelein, Auguste. *L'État du Congo*. Bruxelles : Goemaere, 1907.

Cattier, Félicien. *Étude sur la situation de l'État Indépendant du Congo*. Bruxelles : Larcier, 1906.

Charles, Pierre. « Les noirs, fils de Cham le maudit ». *Nouvelle revue théologique*, 55 (1928), 721-739.

Clarence-Smith, William. « Église, nation et esclavage : Angola et Mozambique portugais, 1878-1913 » dans : Olivier Pétré-Grenouilleau, éd. *Abolir l'esclavage. Un réformisme* à *l'épreuve (France, Portugal, Suisse, XVIe-XIXe siècles)*. Rennes : Presses universitaires, 2008, 149-167.

Corrêa, Elias Alexandre da Silva. *História de Angola*. Lisbonne : Editorial Ática, 1937 (1799[1]), 2 vols.

Coulon, Paul et autres. *Libermann, 1802-1852. Une pensée et une mystique missionnaires*. Paris : Cerf, 1988.

De Becker, Quentin. « La représentation anti-musulmane des swahilis d'Afrique centrale par Godefroid Kurth ». *Annales Æquatoria*, 30 (2009), 611-637.

De Maeyer, Jan. *De rode baron. Arthur Verhaegen, 1847-1917*. Leuven : Universitaire Pers Leuven, 1994.

Dujardin, Carine et Prudhomme, Claude, éds. *Mission & Science. Missiology Revised / Missiologie revisitée 1840-1940*. KADOC Studies on Religion, Culture and Society 16. Leuven : Leuven University Press, 2015.

Eucher, F. (Eucher de Roy). *Le Congo. Essai sur l'histoire religieuse de ce pays*. Huy : Charpentier et Emond, 1894.

Filesi, Teobaldo. *Le relazioni tra il regno del Congo e la Sede Apostolica nel XVI secolo*. Côme : Pietro Cairoli, 1968.

Filesi, Teobaldo. *Roma e Congo all'inizio del 1600. Nuove testimonianze*. Côme : Pietro Cairoli, 1970.

Gabriel, Manuel Nunes. *Angola. Cinco séculos de Cristianismo*. Queluz : Literal, 1978.

Gijs, Anne-Sophie. « Émile Van Hencxthoven, un jésuite entre Congo et Congolais ». *Revue d'histoire ecclésiastique*, 105 (2010) 3/4, 652-687.

Gray, Richard. *Black Christians and White Missionaries*. New Haven – Londres : Yale University Press, 1990.

Gründer, Horst. *Christliche Mission und deutscher Imperialismus, 1884-1914*. Paderborn : Ferdinand Schöningh, 1982.

Heintze, Beatrix. « Traite de 'pièces' en Angola : ce qui n'est pas dit dans nos sources » dans : *Actes du colloque international sur la traite des Noirs, Nantes 1985*. Paris : Société française d'histoire d'outre-mer, 1988, vol. 1, 147-172.

Jadin, Louis et Dicorato, Mireille. *Correspondance de Dom Afonso, roi du Congo, 1506-1543*. Bruxelles : Académie royale des Sciences d'Outre-Mer, 1974.

Jennings, Lawrence C. *La France et l'abolition de l'esclavage, 1802-1848*. Bruxelles : André Versaille, 2010 (édition originale : Cambridge University Press, 2000).

Kinet, Ruth. « *Licht in die Finsternis* ». *Kolonisation und Mission im Kongo, 1876-1908*. Münster : Lit Verlag, 2005.

Kurth, Godefroid. *La Croix et le Croissant*. Gand : Leliaert, Siffer, 1889.

Kurth, Godefroid. *Manuel d'histoire de Belgique*. Namur, 1910 (1905).

Lavigerie, Charles. *Documents sur la fondation de l'Œuvre antiesclavagiste*. Saint-Cloud : Vve Eugène Belin & Fils, 1889.

Lécuyer, Joseph. « Le Père Libermann et la malédiction de Cham » dans : Paul Coulon et autres. *Libermann, 1802-1852. Une pensée et une mystique missionnaires*. Paris : Cerf, 1988, 595-607.

Legrain, Michel. « Éthique chrétienne et esclavagisme ». *Mémoire Spiritaine*, 9/1 (1999), 50-79.

Livingstone, David. *Dr Livingstone's Cambridge Lectures, 1858*. Cambridge : Cambridge Library Collection, 2009.

Lux, Anton E. *Von Loanda nach Kimbundu*. Vienne : Eduard Hölzel, 1880.

Matos, Raimundo José da Cunha. *Compêndio Histórico das Possessões de Portugal na África*. Rio de Janeiro, 1963 (1836).

Ndaywel è Nziem, Isidore. *Nouvelle histoire du Congo. Des origines à la République Démocratique*. Bruxelles : Le Cri édition, 2009.

Nicolaï, Henri. « Elisée Reclus et l'Afrique ». *Revue belge de géographie*, 110 (1986) 1, 96-107.

O'Neill, Charles E. et Domínguez, Joaquin Maria, éds. *Diccionario histórico de la Compañía de Jesús. Biográfico-Temático*. Rome : Institutum Historicum, S.I. – Madrid : Universidad Pontificia Comillas, 2001.

Pétré-Grenouilleau, Olivier, éd. *Abolir l'esclavage. Un réformisme à l'épreuve (France, Portugal, Suisse, XVIe-XIXe siècles)*. Rennes : Presses universitaires, 2008.

Pirotte, Jean. « Refaire la Chrétienté Outre-Mer. Les métamorphoses d'un projet de conquête (XIXe-milieu du XXe siècle) » dans : Laurence van Ypersele et Anne-Dolorès Marcelis, éds. *Rêves de Chrétienté. Réalités du monde*. Louvain-la-Neuve : Presses universitaires de Louvain (UCL) – Paris : Cerf, 2001, 371-389.

Porter, Andrew. *Religion versus Empire: British Protestant Missionaries and Overseas Expansion, 1700-1914*. Manchester : Manchester University Press, 2004.
Pratique missionnaire (La) des PP. Capucins Italiens dans les royaumes de Congo, Angola et contrées adjacentes : brièvement exposée pour éclairer et guider les missionnaires destinés à ces saintes missions. Leuven : Éditions de l'AUCAM, 1931 (1747).
Prudhomme, Claude. « La papauté face à l'esclavage : quelle condamnation ? ». *Mémoire Spiritaine*, 9/1 (1999), 135-160.
Prudhomme, Claude. « L'expérience et la conviction contre la tradition : les Églises chrétiennes et la critique de l'esclavage, 1780-1888 » dans : Olivier Pétré-Grenouilleau, éd. *Abolir l'esclavage. Un réformisme à l'épreuve (France, Portugal, Suisse, XVIe-XIXe siècles)*. Rennes : Presses universitaires, 2008, 57-78.
Rinchon, Dieudonné (Eugène). *La Traite et l'esclavage des Congolais par les Européens. Histoire de la déportation de 13 Millions 250.000 Noirs en Amérique*. S.l. : chez l'auteur, 1929.
Saccardo, Graziano. *Congo e Angola, con la storia dell'antica missione dei Cappuccini*. Venise-Mestre : Curia Provinciale dei Cappuccini, 1982-1983, 3 vols.
Schmidlin, Josef. *Katholische Missionsgeschichte*. Steyl : Missionsdruckerei, 1926.
Streit, Robert et Dindinger, Johannes. *Bibliotheca Missionum*. Vol. 15 : *Afrikanische Missionsliteratur, 1053-1599*. Fribourg : Verlag Herder, 1951.
Tamrat, Taddesse. *Church and State in Ethiopia, 1270-1527*. Oxford : Clarendon Press, 1972.
van Yperseele, Laurence et Marcelis, Anne-Dolorès, éds. *Rêves de chrétienté. Réalités du monde*. Louvain-la-Neuve : Presses universitaires de Louvain (UCL) – Paris : Cerf, 2001.
Vellut, Jean-Luc. « Garenganze/Katanga – Bié – Benguela and Beyond : The Cycle of Rubber and Slaves at the Turn of the 19th Century ». *Portuguese Studies Review*, 19 (2011) 1-2, 133-152.
Vermeersch, Arthur. *La Question Congolaise*. Bruxelles : Charles Bulens, 1906.
Viaene, Vincent, éd. *The Papacy and the New World Order / La papauté et le nouvel ordre mondial, 1878-1903*. Leuven : Leuven University Press, 2005.
Viaene, Vincent. « King Leopold's Imperialism and the Origins of the Belgian Colonial Party ». *Journal of Modern History*, 80 (2008) 4, 741-790.
Viaene, Vincent. « La religion du Prince : Léopold, le Vatican, la Belgique et le Congo (1855-1909) » dans : Vincent Dujardin et autres. *Léopold II. Entre génie et gêne*. Bruxelles : Racine, 2009, 163-189.
Weber, Max. *Le Savant et le Politique*. Trad. J. Freund. Paris : Plon, 1959 (1919).
Zurara, Gomes Eanes de. *Chronique de Guinée*. Paris : Chandeigne, 1994 (1453).

INTERNATIONALISM, RELIGION AND THE CONGO QUESTION

AN INTRODUCTION, 1875-1905*

VINCENT VIAENE

Listen to the yell of Leopold's ghost
Burning in Hell for his hand-maimed host
Hear how the demons chuckle and yell
Cutting his hands off, down in Hell

These lines from the song "The Congo" by the American 'prairie-poet' Vachel Lindsay were first recited to me many years ago, in 1997. I was a graduate student and had been invited to a Harvard dinner, where I was seated next to an older scientist. When I told him about my interest in Leopold's Congo, Vachel Lindsay was the first thing that came to his mind. He said he had learned the poem at school, a powerful celebration of the Christian missionary's triumph over the terror of savagery: the primitive savagery of the pagan African and the modern savagery of King Leopold's predatory colonialism.

* This essay is the result of a presentation first delivered in 2010 at the Congo conference of which this volume contains the proceedings. Between 2010 and 2014, the presentation was repeated, and refined, at different seminars and workshops in the UK (notably at the conference "The Dilemmas of International Humanitarian Aid in the 20th century" at the German Historical Institute in London in 2011), Germany, Switzerland and Kenya. I have left the text basically unchanged: the evolution of the historiography does not seem to impose a substantial revision. The most important contribution on this subject since the drafting of the essay is by Dean Pavlakis, *British humanitarianism and the Congo Reform Movement 1896-1913* (2015). The research underpinning the essay was made possible by a Marie Curie Fellowship and by the warm hospitality of Brasenose College at the University of Oxford.

Imperialism and internationalism

As a schoolboy in Belgium, my first impressions of Leopold were of course quite different. He was easily the most arresting figure in the gallery of royal portraits casting their benevolent gaze over us from above the chalk board. With his majestic white beard, he looked like the God-the-Father of this monarchic pantheon. Judging by our schoolbooks, he seemed also the most exciting King of them all: an explorer and empire-builder who extended Belgian horizons and bequeathed an African colony to his country. This idea was captured in another famous picture of the King, in which we look over his shoulders into the distance.

By the time I was a graduate student, I had of course heard about the atrocities perpetrated in the Congo Free State; but to have Vachel Lindsay's stark lines thrown into my face at the mere mention of Leopold was still a confronting experience. It drove home to me the deep resonance of the massive humanitarian campaign against Congo abuses at the beginning of the twentieth century, on both sides of the Atlantic. Vachel Lindsay's poem, in fact, was part of a transnational campaign that had started in Britain, where Grey famously said that no question had roused the country as much since the Bulgarian horrors of the mid-1870s. The Congo horrors as an international cause célèbre came to be symbolized by photographs – portraits, these too, but of Africans with severed hands. The hands were supposedly cut off by colonial soldiers to prove to their white superiors that they had not wasted bullets when punishing Africans who tried to escape the dreaded 'rubber tax', the forced collection of wild rubber. I will return to these photos at the end of this article. Until then, my aim is to outline the chain of transnational humanitarian mobilizations around the Congo Question, with particular reference to the role of religion: from the campaign leading to the creation of the Congo State in the late 1870s and early 1880s, through the anti-slavery crusade of the late 1880s and early 1890s, to the successive protests against abuses culminating in the more formidable outcry after the turn of the century.

The campaign against 'Red Rubber' was not the last time the Congo played a pivotal role in the history of internationalism. The country became once more a litmus test for the international community in the civil war following independence in 1960, when it was the scene of the largest ever deployment of United Nations troops. It moved a third time to the top of the human rights agenda in the wake of the far more destructive wars around the turn of the millennium. As we speak, it is the subject of the longest and most costly peace-keeping mission in the history of the United Nations.

It was on the eve of that catastrophe, in 1998, that the American writer and human rights-activist Adam Hochschild published his best-selling history of the earlier Congo atrocities and the campaign to stop them, *King Leopold's*

Ghost. As the subtitle says, it is *A Story of Greed, Terror and Heroism in Colonial Africa*, with Leopold a Shakespearian villain and E.D. Morel, the leader of the Congo Reform Association, the inspiring hero. At a time when international NGOs were rapidly expanding and hopes for a 'new world order' still ran high, Hochschild thus resurrected the Congo campaign as a founding story of human rights, a "vital link" in the chain from abolitionism to Amnesty International and the anti-apartheid movement. I do not wish to belittle the merits of Hochschild's work. The story needed to be retold for our times, and he did so with verve, based on extensive research and a deft marshalling of source material. However, since the 1990s we have learned a great deal more about the limitations of humanitarian NGOs and the "dark sides of virtue". My aim, correspondingly, is to contextualize and to problematize.

Human rights are the flagship of that "global community" of which Akira Iriye is no doubt the most respected academic historian.[1] For Iriye, global community reflects and fosters a sense of "global consciousness", or "the idea that nations and peoples should cooperate instead of preoccupying themselves with their respective national interests". Animating international organizations, global consciousness is at the core of an "alternative world" to that of sovereign nation-states and their power politics. This classical liberal understanding of internationalism tends to exclude religion and imperialism: religion erects barriers between peoples and imperialism subordinates them to each other. Both are essentially non-voluntary forces in Iriye's eyes. Adam Hochschild, likewise, puts colonialism personified in Leopold on one side, and the secular humanitarian E.D. Morel on the other.

Underlying this article is a more pragmatic understanding of internationalism, as not mutually exclusive with either religion or empire. From the nineteenth century onwards, religions increasingly tapped into voluntary energies and reinvented themselves as transnational mass movements.[2] Indeed, they were the channel through which many persons first entered a communicative space between the system of states and national societies – not least Africans, as we will see. As for imperialism, global civil society can hardly be conceived of as a power-free zone. Humanitarian activists required the assistance of nation-states or empires to achieve their aims. They played the power game, and often with great gusto. This contribution, in consequence, sees internationalism and imperialism as Siamese twins rather than polar opposites.

1 Iriye, *Global Community*, 2 ff.
2 Green and Viaene, *Religious Internationals*.

Moral capital

The interdependence was probably nowhere more marked than in the Congo, an empire for which internationalism served as midwife. In essence, Leopold's imperialism was an atavistic national project, aiming to remedy the internal divisions of a rapidly modernizing country through a project of outward expansion under the leadership of the dynasty.[3] But because Leopold could not rely on 'official', neutral Belgium for the realization of his plan, he had to be creative in the means through which he pursued it. After experimenting with international commercial formulas, the King stumbled upon philanthropy in 1875. At this time, Belgian diplomacy was discovering internationalism as a way to put the country on the map, a "back-door to power".[4] Franco-Prussian enmity after 1870 increased the attraction of a neutral meeting-ground: the country was the scene of large international congresses, such as those of geography in 1871 and of international law in 1872; it was the seat of several international associations. A first attempt at more strictly governmental internationalism followed in 1874, with an abortive peace congress. Two years later, the King, with the help of key officials in the Foreign Ministry, was more successful in calling the famous International Geographical Conference at his palace to further African exploration.[5] At the Conference, the International African Association (AIA) was founded. Modelled after the Red Cross, it was a textbook case of internationalism. Under the supervision of a central Committee in Brussels presided by the King, national committees were to organize expeditions into the African interior. In order to sensitize the public, they had to create a broad support base through provincial committees. Leopold aimed for nothing less than a mass movement. In Africa, the expeditions would serve the cause of science, civilization and humanity by putting in place a chain of stations to carry out observations, provide hospitality to travellers, harbour fugitive slaves and further legitimate trade.

Typical of the Association's early years was a well-publicized scheme to solve the problem of porterage through elephants, a curious mix of philanthropy, business and early conservationism.[6] A pack of Asian elephants and their drivers were brought over from India. With the help of these "decoy elephants" and the native expertise of hunters, African elephants would be tamed and herded on large farms. Disease and bad luck put an untimely end to this peculiar plan. It was not the only disappointment. The Central Committee of the Association met only once more, in 1877. It had to concede the virtual independence of the national committees, in so far as these led more than

3 Viaene, "King Leopold's Imperialism".
4 Herren, *Hintertüren zur Macht*, 83-118; Laqua, *The Age of Internationalism.*
5 Vandersmissen, *Koningen van de wereld.*
6 SOAS, PP MS 1, Corr. 1/56 (Strauch).

a paper existence. The mass movement originally envisaged never materialized. Nevertheless, expeditions did take place, largely financed by the King. After the "Royal Belgian Elephant Expedition" that I just mentioned, there were other, less unfortunate expeditions from the East Coast mounted by the Belgian committee. At the same time, from the West, offshoots of the Association set up a chain of posts along the Congo river, under Stanley's leadership.

In Europe, the enterprise was underpinned by a web of contacts first established at the time of the Geographical Conference. It was credible because it accumulated a moral capital tapping into a variety of at least six overlapping transnational networks and discursive configurations. The first (and most obvious) of these was "royal cosmopolitanism"[7]: as a king and a Coburg, Leopold was fully part of the travelling circus of European ruling dynasties. This provided him with uniquely attractive ways of staging internationalism, eliciting concrete support and displaying patronage. Second, there were scientific organizations of geographers, international lawyers and economists in which Belgians played key roles. A related but distinct phenomenon was the borderless charisma of the explorer, a nineteenth-century equivalent of the rock star. Leopold's big catch was Stanley, of course, but at one time or another he also tried to enlist other international 'stars' like Cameron, Gordon, Brazza, Schweinfurth or Wissmann; and even if he could not recruit them, he was often successful in gaining their moral support. Fourth, there was freemasonry: the programme of the Association and its symbols contained some winks for the initiated, and freemasons were overrepresented in the early Congo State administration.[8] A quite different, and key moral-political 'complex' underpinning Leopold's venture was the anti-slavery movement: as a universally respected sentiment offering a ready set of keywords to unlock support, and as a humanitarian lobby under the form of the British and Foreign Anti-Slavery Society (BFASS), with which the AIA cultivated ties from the start. Last but certainly not least was the evangelical missionary movement: represented in Congo by the Baptist Missionary Society (BMS) and the Livingstone Inland Mission (also largely Baptist), both directed from Britain but also including non-British missionaries. Leopold took a strong interest in their work and supported the BMS.

The conspicuous absence among the sources of Leopold's moral capital at this time was of course the Catholic Church. As a Catholic King, inviting Belgian Catholic missionaries to work in the Congo was the obvious thing for Leopold, and he did so repeatedly after 1876, without result. At the height of Belgium's culture wars, many Catholics disliked Leopold's centrist domestic policy. The French Catholic missionaries active in the Congo were equally suspicious of the 'neutral' AIA with its philo-liberal discourse. It was only

7 Paulmann, "Searching for a Royal International", 146.
8 Viaene, "King Leopold's Imperialism", 773.

after the Berlin Conference that the Church would openly support Leopold, under Vatican impetus.[9]

If the King's moral capital was concentrated in any particular place, it was not in Belgium but in Britain. Likewise, the material realization of his projects depended heavily on British imperial networks and know-how – for recruiting agents and even more so non-white personnel like Zanzibaris and Haussas, for shipping, for communication... In the early years, Leopold sometimes looked like a subcontractor of British imperialism. The privileged relationship with William Mackinnon, the imperial Scottish businessman-philanthropist, symbolized this orientation.[10]

Creating the Congo State: the clockwork of humanitarianism

Although headed by a ruling monarch, the AIA was an international organization appealing to networks in civil society and invoking internationalist ideals. Its campaign to obtain sovereign rights over the Congo in 1882-1884 is therefore a first flash-point of interest. Against the claims of Portugal and France, the Association played the internationalist card, presenting itself as the champion of free trade, civilization and the protection of native rights against Portuguese slaving and French imperialism. These high ideals were to be realized through a confederacy of free African states under the supervision of an International Commission presided by Leopold. The Association mobilized support through the networks I have outlined above. Depending on the country targeted, Leopold had additional trump cards up his sleeve. In the United States, the theme of returning freed slaves to Africa proved of great publicity value.[11] In France and Germany, classic press policy by *chevaliers de plume* on Leopold's payroll was essential in canvassing the Association's case.[12] In Belgium, the King's position as head of state gave him additional leverage over the conservatives in government, who had only just returned to power.[13]

But it was in Britain, where Leopold's moral capital was concentrated, that the campaign was most sophisticated. Some leading organizations and much of the repertoire that would continue to be prominent in later phases of the Congo Question entered the limelight for the first time here. The principal chambers of commerce, the missionary societies and the anti-slavery lobby gave the impetus for memorials and petitions to the government, town

9 Viaene, "La religion du prince".

10 ARP, Cabinet Léopold II, 82; and Mackinnon's papers in SOAS, PP MS 1, Correspondence (in particular boxes 1-2 and 57).

11 Bontinck, *Aux origines de l'Etat Indépendant du Congo.*

12 Thomson, *Fondation.*

13 Stengers, *Congo.*

meetings (in which Stanley was the top of the bill), public letters to newspapers like *The Times* and parliamentary questions or motions. The two key figures were Mackinnon and James Long of the Anti-Slavery Society. Mackinnon lobbied the Foreign Office and forged a bipartisan parliamentary coalition around the Congo Question. The Quaker Long, a hero of humanitarian relief during the Franco-Prussian war and the Bulgarian atrocities, coordinated the anti-slavery and missionary agitation to great effect.[14] The outspoken support by Baptist missionaries, well mediatized thanks to Long's efforts, was critical. Although well aware that the Association was already monopolizing the trade in ivory and luring Congo chiefs into signing away their lands, the Baptists decided that the Association was the providential instrument for opening up the interior to Christianity.[15] Their testimony as men on the spot neutralized the embarrassing revelations of Harry Johnston on the Association's doings after a visit to the Congo,[16] and a potentially even more lethal African counter-initiative against Leopold's campaign. Gathering at the French Catholic mission, the Kings of Boma on the Lower Congo and some of the European (mostly Dutch and Portuguese) traders on the river issued a public protest against the Association's treaty policy.[17] But unlike the letters of the Baptist missionaries, this document did not make the headlines.

Without the campaign I have just sketched, the Association could not have morphed into an independent colonial power recognized by other states in the run-up to and in the margins of the Berlin Conference at the end of 1884. At Berlin, the signatory powers committed themselves to respect free trade, protect native peoples and take measures against slavery and the slave trade in particular. If the Congo Free State was constituted as a sovereign state, the Berlin Act was understood to be its Magna Charta. This was all the more so as some of the King's collaborators, in glosses on the Berlin Act, were at pains to emphasize that the Congo was an "international colony".[18]

The Berlin Congress is the subject of a tenacious misunderstanding: it is considered as a triumph of naked imperialism, where the Great Powers carved up the African continent and declared its heart to be the private property of one white man. In reality, Berlin was also a triumph of internationalism. It defined international legal standards by which the colonial powers, and the Congo State in particular, could be held accountable: this would prove an absolutely crucial lever for future human rights campaigns.[19]

While the Association's invocation of internationalism was surely instrumental, the Free State could not conjure it out of existence after 1884, having

14 See his correspondence with Mackinnon, SOAS, PP MS 1, Corr. 31-32.
15 Archives BMS, A/31: Bentley-Baynes, 12 August 1882.
16 Johnston, *Congo*; SOAS, PP MS 1, Corr. 32: Long-Mackinnon, 20 December 1884.
17 SOAS, PP MS 1, Corr. 31: Long-Mackinnon, 4 August 1884.
18 Vandersmissen, "The king's most eloquent campaigner".
19 Since the 2010 conference, this has been well emphasized by Plasman, *Léopold II*.

done so much to promote it. At the time of the Free State's creation, the white personnel and the missionaries consisted of a motley crew of British, Scandinavians, Italians, Americans and other assorted nationalities, next to a minority of Belgians. In this sense, until well into the 1890s, the Free State was in fact an international colony, one in which international public opinion disposed of more potential eyes and ears than in any other colony. And in its campaign to obtain recognition, the AIA had helped to foster the machinery that would eventually be brought to bear against it.

African reactions, Christian and Islamic

Outside of Portugal, the petition by the Kings of Boma was the only African protest to be voiced directly in Western Europe against the high-handed proceedings of the AIA on the ground. It no less faithfully reflected, for that matter, a broader canvas of reaction in the Lower Congo at the time of the founding of the Free State. These included attempts by the old, historic Catholic King of Congo in San Salvador (across the border with Angola after 1884) to play off Catholic and Protestant missionaries through diplomacy – including autograph letters in Portuguese; local revolts against the white man's culture and his encroachments upon the ivory trade (one chief friendly to the Baptist missionaries only narrowly escaped lynching by his people through throwing off all European dress); and the first modern explosion of African Christian sentiment escaping Western control – a bushfire of faith-healing and spirit revelations lit inadvertently by American missionaries.[20]

These expressions of dissent were smothered by 'palavers' in Congo – the euphemism current among Free State officials for punitive expeditions. At the same time, Leopold paraded a counterfeit Congo king (in reality a 'lingister', or interpreter/intermediary, in the service of the State) at the Antwerp world fair of 1885.[21] Among the State's allies, voices confidently claiming to speak for the African contributed to take the angle out of protest in Congo. The missionaries, whom I have already mentioned, were convinced that they were "thinking black". Stanley, at crowded meetings of the BFASS in 1884-1885, claimed, with characteristic exaggeration, that he had met millions of Africans and spoken with hundreds of thousands of them.[22]

At the same time, however, a more formidable African reaction was gathering pace at the other end of the new Congo State, inspired by Islam. By the early 1880s, the Egyptian imperialism in the African interior, which had attempted to adopt the anti-slavery mantle before the AIA took over, badly

20 See the correspondence of Bentley with Baynes in the BMS Archives.
21 Zana Etambala, "Carnet de route".
22 *Anti-Slavery Reporter*, November 1884.

backfired. In Egypt itself, expansionism ended in bankruptcy, revolution and the virtual take-over of the country by Britain; in the Sudan, it provoked the revolt of the Mahdi and his followers, ending in a radical Islamic secession. Neo-sufism allied itself here with an anti-European reaction, the defence of slavery as a legal institution and the protection of the ivory trade. On the eve of the Mahdist rebellion, the Sultanate of Zanzibar, too, attempted to forestall the European advance in the interior, and notably that of the AIA. The island's most notorious ivory- and slave-trader, Hamed bin Mohammed nicknamed Tippo Tip, planted the Zanzibari flag – the Crescent on a scarlet field – in the regions of the Upper Congo.[23] In a sense, Tippo Tip returned to his roots, for he was the grandson of a slave woman from Nyangwe. His conquest rested not only on the massive destruction and enslavement of pagans in 'the realm of war' outside the Islamic *umma*, but also on an intricate network of local alliances and an embryonic form of state-building: a model of expansion closer to the classical empire-builder than to the contemporary warlord. Zanzibaris like Tippo Tip were above all concerned about their trading emporium in ivory, slaves and copper. Their pragmatic Muslim faith had little to do with Mahdism. Islam nevertheless spread in their wake, connecting the Upper Congo to transnational networks in which religion, kinship and trade were closely linked. After the Berlin Conference marked the end of Zanzibar's political ambitions, Tippo Tip remained de facto master of the Upper Congo. With the Sultan's agreement, he accepted Leopold's offer to serve as a governor of the Free State – a controversial tactical move by the King creating a stir in European opinion.

Since the 1870s, bodies like the BFASS and European (pro-)consuls had neglected no opportunity to impress the reality and power of public opinion on sultans and pashas. The BFASS attempted to foster anti-slavery opinion in Cairo, with some success, and more modestly among the Indian diaspora of Zanzibar (most of whom remained happy to finance men like Tippo Tip). Conversely, Muslim rulers occasionally attempted to use or influence public opinion in the West. Tippo Tip, too, was fascinated by Europe and took great care to cultivate his relations with explorers. Successfully projecting the image of a refined Arab prince, he became for a while the darling of those secular liberals who were well represented in the Free State administration.[24] Gender was for something in this sympathy, Arab patriarchy appealing to liberal machismo. More fundamentally, liberals argued that once brought around to legitimate trade, the Swahili Arabs were natural intermediaries in spreading civilization and that their type of Islam was preferable to Christianity, or at any rate to missionary "clericalism".

23 Bontinck, *L'autobiographie*.
24 Becker, *Vie en Afrique* offers a good example (vol. II, 34 ff.).

Missionaries and their friends, in contrast, made the issue of slavery, more than ever, a battering ram against Islam. The horrors of the slave trade were an existential threat for the missions in the Great Lakes-area, such as those of the White Fathers on Lake Tanganyika. But there was also a deeper insecurity. In the conversion of Africa, Islam could rely on inherent advantages. Favourable to polygamy and easily integrated into the web of kinship networks, Islam could expand through osmosis. In contrast, Christian missions were introduced as foreign bodies and required a far greater cultural leap from converts. And, as the Liberian consul in London Edward Blyden pointed out in a much-discussed book, a lot could be said about Islam but not that it was paternalistic towards Africans like Christian missionaries.[25] The essential weakness of Christianity was underscored by military and moral defeat in the Sudan: the death of General Gordon, the visionary British Evangelical in the service of Egypt, or the rumoured apostasy of the Italian missionaries of Khartoum, the fathers being circumcised and the sisters married off to the Mahdi's lieutenants.

Two faces of the anti-slavery movement: mobilization and expertise

This is the context for a second flashpoint of interest, the brief but intense resurgence of anti-slavery fervour in 1888-1890. It was the Catholic Church that took the initiative here, and the campaign was not least a conscious bid to put Catholicism and the papacy on the humanitarian map. In the spring of 1888, Pope Leo XIII had solemnly condemned slavery in the name of "human dignity", on the occasion of its abolition in Brazil.[26] A few months later, Cardinal Lavigerie of the White Fathers embarked on a tour of Europe to preach the new crusade. If the campaign concerned all of Africa, the Upper Congo was a particular focus as an area ravaged by the slave trade and a stronghold of Swahili Arab power.

What Lavigerie had in mind was the kind of passionate mass mobilization in defiance of governments that had become the hallmark of the Catholic International in the Roman Question. The aim was not just public pressure, but also 'direct action' in the form of a chivalrous multinational order of military volunteers to relieve beleaguered missions. The cause did not lack romantic appeal, and the initial public response was definitely on the scale of other great humanitarian campaigns of the nineteenth century. Lavigerie's rousing oratory and striking appearance – a bearded fez-wearing patriarch in a black

25 Blyden, *Christianity, Islam and the Negro Race*.

26 The text of the encyclical *In plurimis* is in *Acta Sanctae Sedis* 20 (1888), 545-599. English translation: www.vatican.va/content/leo-xiii/en/encyclicals/documents/hf_l-xiii_enc_05051888_in-plurimis.html.

1. Slavetrade. Engraving published in Brieven van een Vlaamschen missionaris in Midden-Afrika *(Letters from a Flemish missionary in Central Africa), written by the White Father Amaat Vyncke (1898-1899). [Leuven, KADOC: KB12113]*

and red robe, with twinkling eyes and the melodious accent of the French *Midi* – drew crowds of five to ten thousand at meetings throughout Europe. These were followed by the creation of anti-slavery societies, often for the first time. Many of these organizations had a limited membership, but through their periodicals and anti-slavery events they reached hundreds of thousands of people. In the first years, the funds raised by the movement neared the cape of one million francs a year – to put this in perspective, Morel's Congo Reform Association, at its peak, would raise 80,000 francs a year. Moreover, from 1891 onwards, these funds were collected globally: hearts were moved in Boston, Haiti, Cairo, Calcutta or Adelaide no less than in Paris, Haarlem, Milan or Cologne.[27]

The movement was 'ecumenical' in two other respects as well. The pope addressed "all people of good will", and his appeal did lead to some remarkable instances of cooperation across confessional divides. Thus, in Britain, Lavigerie received a royal welcome, Catholics and Protestants shared the platform on several meetings, and the pope decided to support the existing nonsectarian anti-slavery society. In Germany, Catholics and Protestants founded separate societies but organized a joint mass meeting: it was the first time

27 Detailed reports of the funds raised in ACPF, 1893, vol. 20 (for the years up to 1892), 1894 vol. 44, 1895 vol. 66, 1896 vol. 90.

they cooperated since the Kulturkampf.[28] The new anti-slavery movement spoke both to men and women of good will: indeed, more than his Protestant (British) predecessors of the early- to mid-nineteenth century, Lavigerie put a premium on the creation of female branches, which were to be the pivot of fund-raising. He cultivated ties with a couple of strong women, very active in sensitizing the public.[29]

The mobilization of empathy by the movement reflected an increased emphasis on "humanity" as a key battle cry. From being contrary to "the laws of nature and the law of nations" (as the Congress of Vienna had put it in 1815), slavery became a "crime against humanity".[30] In shrill colours, Lavigerie asserted that the African slave trade claimed two million lives a year and entailed the deliberate physical destruction of whole peoples. Vastly inflated victim counts and charges of genocide were to become fixtures of the humanitarian debates on Africa, and on the Congo Question in particular, during the twentieth century. In other respects, the campaign remained more 'Victorian'. Its repertoire was above all rhetorical and dramatic. Oratory, theatre and romance were key levers for eliciting sentiment, supported by action-packed engravings and material exhibits like slave-yokes or other "instruments of torture". Sometimes African victims were wheeled in at events as life-exhibits, but they remained generally silent, even nameless. They played their part in pre-arranged scripts derived from European history: the Congo Question as the last crusade, or (a bit later) the civil war in Uganda as a replay of the wars of religion. The Africans the anti-slavery public was most likely to remember were fictional characters: the innocent slave girl Zaïda, heroine of a popular play by the Polish countess Ledochowska, or the brave prince Zelio, hero of the Belgian baron Descamps' prize-winning play 'Africa'.[31] It is rather ironic (and sad) that the African voice coming through most clearly in the Western media at this time was that of a perpetrator, Tippo Tip.

The anti-slavery movement had other limitations as well, which would increasingly cripple it from the mid-1890s onwards. It became divisive. From the start, it carried strong anti-Islamic overtones, of course, mobilizing religious hatred as much as humanitarian sympathy. But it could not durably overcome Europe's own divisions either in a time of culture wars. Lavigerie's

28 Anti-slavery papers, Mss. British Empire S18, C 56: F. Fabri-Allen, letters of 21 October 1888 and 30 October 1888.

29 Lavigerie-Allen, 20 August 1889, on the Œuvre des Dames Patronesses. Among the principal noble ladies supporting the Cardinal were the Polish Countess Ledochowska, who presided the Œuvre, and the Belgian Countess Stainlein: A.G.M.Afr., L.OR. A17, 203 and 170-172.

30 As Charles Allen, the secretary of the BFASS, put it in a gloss on Lavigerie's London address of July 1888, to Salisbury, 10 august 1888, calling on the British PM to convene a conference of the powers (Anti-slavery papers, Mss. British Empire S20, C3/7). Lavigerie's address is reprinted in Gochet, *Barbarie*, 21-49.

31 Ledochowska, *Zaïda*; Descamps, *Africa*.

transparent efforts to ensure exclusive Catholic control of anti-slavery societies outside Britain were not helpful, in this respect. The Cardinal's advocacy of an intimate alliance between humanitarian and military interventions became a sticking point. It was not followed by all Catholics (German and English Catholics, notably, as well as some other missionary congregations, took exception) and it led to more open polemics with non-Catholics.[32] Secular liberals were the first to fall away, preferring moderate Muslims as secular missionaries by default above Catholic fundamentalists. A bit later, civil war in Uganda between Catholic and Protestant converts soured relations with Protestants. By the death of Lavigerie at the end of 1892, the anti-slavery campaign had shrivelled into a Catholic weapon in the scramble for African souls.

A final major handicap was the movement's subjection to the national interests of Western imperial powers. Lavigerie wanted the national anti-slavery societies to be autonomous, with each society being more particularly responsible for action in the African territories belonging to its country. This, he hoped, would stimulate patriotic emulation between societies and prevent the movement as a whole from becoming a battleground for imperial rivalries.[33] It was set up as an inter-national rather than a properly transnational movement. The problem was that this made it also more easy for national governments to integrate anti-slavery societies in imperial strategies. Such dynamics were particularly clear in the Congo case. Lavigerie rapidly realized that anti-slavery expeditions would be so costly and hazardous that the assistance of the Free State was absolutely indispensable. In consequence, he enjoined the Belgian anti-slavery society that Leopold was "the master".[34] Pope Leo XIII, whose map of Africa (like that of Bismarck) lay in Europe, also wanted to humour the King of the Belgians, whose support was vital to uphold Europe's only parliamentary Catholic government. The pope and Lavigerie therefore made little or no effort to counter the infiltration of the Belgian anti-slavery society by Free State cronies, in the teeth of resistance by more militant Catholics. They helped to channel popular enthusiasm for the cause so as to bolster Leopold's profile as an anti-slavery champion and a suitable host for the great international conference on the issue in 1890. Afterwards, they were unable to prevent the instrumentalization of Catholic anti-slavery expeditions, in the service of Free State consolidation and expansion towards the Nile.

But the important thing remains, perhaps, that the anti-slavery movement got the Powers to act at all and hastened the end of accommodationist policies towards slave-traders (as exemplified by Leopold's appointment of Tippo Tip as Free State governor). On the British Prime Minister Salisbury's

32 On the history of the movement, see Renault, *Lavigerie*; Laqua, "The tensions of internationalism".

33 Anti-slavery papers, Mss. British Empire S18, C61: Lavigerie-Allen, 25 April 1889 and s.d. (May 1889).

34 ARP, arch. Goffinet: Lambermont-Leopold II, 24 August 1888.

initiative, eagerly welcomed by Leopold and the governmental internationalists in the Belgian Foreign Ministry, an international conference was called in Brussels at the end of 1889.[35] Now that Lavigerie had made slavery once more a burning issue, Salisbury and Leopold were intent on getting the abolitionist 'kudos'. They also wanted to forestall private 'wild' anti-slavery expeditions because they greatly feared a spark in the African powder keg likely to provoke a generalized Islamic jihad.

In launching his initiative, Salisbury acted in close concert with the BFASS, which had first aired the idea of a conference and would prove the key link between the enthusiasm generated by Lavigerie and the decisions reached by the Powers in Brussels. Like its new siblings on the continent, the BFASS was animated by religious conviction. Although insisting on its non-sectarian character, almost all of the few hundred members were Quakers or Evangelicals. In the Committee, a few Quaker dynasties dominated and its funds generally came from Friends. It was a proud body, very self-conscious about being the heir to Britain's great anti-slavery tradition – figuratively and literally: four Committee members, among whom the secretary and the treasurer, were cousins of Richard Allen, the famous Irish abolitionist; the secretary, Charles Allen, was the son-in-law of William Sturge, the aging president, himself the son of Joseph Sturge, another of the anti-slavery heroes of the mid-nineteenth century. It was as the custodian of historical abolitionism that the BFASS carried a moral authority out of all proportion to its size or financial means. If the leadership of the Society was exclusively British, it made good on its claim to represent "the public conscience of all civilized nations" by a global network of correspondence and by a pro-active role in encouraging anti-slavery initiatives abroad.[36] The origins of Lavigerie's campaign may in fact partly be traced to the Society, through the intermediary of Cardinal Manning (a Committee member) and of the Brazilian anti-slavery leader Nabucco (a corresponding member).[37]

The French Cardinal's initiative still took the Society a bit by surprise. There was a good deal of irritation about the "imposter" and his "piratical" military scheme, which ran counter to the Society's ingrained tradition of

35 On the history of the conference, see Miers, *Britain and the Ending of the Slave Trade*.

36 *Anti-slavery Reporter*, January 1885; Anti-slavery papers, Mss. British Empire S20, Letter books C. Allen, C3/7: Allen-Prince of Wales, 13 May 1887.

37 Anti-slavery papers, Mss. British Empire S18: Committee Meetings of the BFASS, vol. 6, 7 December 1888; Manning-Leo XIII, 5 August 1888, copy in ASV, AAEESS, Sessioni, 9 September 1888.

(Quaker) pacifism.[38] But Allen realized that this was a unique opportunity to give the Society a much needed boost and strengthen its international contacts. By ensuring a prestigious platform for the Cardinal in London, it contributed to his success – but it did so on its own terms, making clear its preference for non-violent means of abolishing the slave trade, notably legitimate trade. If violence was necessary, it had to be the monopoly of colonial governments.[39]

The Society was rewarded for the splendid welcome to Lavigerie by a gift of 2,000 pounds from the pope – an unexpected bonanza, two to three times more than the total donations in an average year (and five times more than the Quaker contribution).[40] It was this money that paid for the Society's impressive lobby work in the run up to and in the corridors of the Brussels Conference, outshining the Cardinal's anti-slavery movement. The Society was so much more effective because it presented itself as an altogether different body of opinion than the Cardinal's, trading in rational argument rather than sentiment. Allen was convinced that the public understood little about public opinion. It was not necessarily about setting many people in motion, as long as they were the right people – in parliament, in the press and in the Foreign Office.[41] With them, the Society based its reputation on trustworthy expertise gathered from its unique network of private correspondence with people in the field, whether explorers, consuls or missionaries. The 'embassy' the Society sent to Brussels kept in close touch with the British delegation. It presented all Conference delegates with a file of documentation and a valuable map of slave trade routes, which compared favourably with the pathos of a long address by Lavigerie on the eve of the Conference.[42]

In Leopold, the Society found an ally to pursue a 'strong' ban against the slave trade, coupled with restrictions on the arms and liquor traffic. In return, it sang the King's praises and supported his demand for import duties (an exception on the Berlin Act) to finance his mandate as Europe's policeman

38 Anti-slavery papers, Mss. Empire S18, C55: R. Cust-Allen, 29 December 1888; Ibid., G113: Kirk-Allen, 1 June 1889: "No real good can arrive out of a private military expedition... No scheme of the sort can be carried out unless directly under the government of the nation whose claim to the district is acknowledged... an irresponsible band of crusaders let loose on Africa would only be so many filibusters..." Kirk, a corresponding member of the BFASS, was the British Consul-General in Zanzibar. In the margin of the letter, Allen commented "Good".

39 Anti-slavery papers, Mss. British Empire S20, Letter books C. Allen, C3/8: Allen-Cameron, 15 December 1888.

40 Ibid.: Allen-Fox Bourne, 22 August 1894.

41 Anti-slavery papers, Mss. British Empire S18, G113: Allen-L. Delmer, 3 January 1891; see also , Ibid., C 69: Waller-Allen, 19 December 1889.

42 The lobbying by the Society during the Conference and afterwards (for the ratification of the Act) is detailed in Anti-slavery papers, Mss. British Empire S18, Committee meetings of the BFASS, vol. 6, in particular 2 May 1890, 7 November 1890, 5 December 1890. See also the press file, Ibid., G 117.

in Central Africa. In the battle for the ratification of the Brussels Act, Leopold successfully asked Allen to mobilize British civil society on the Congo State's behalf, just as he got Lavigerie to lobby the French parliament and the pope to put pressure on Dutch and American Catholics. His moral capital was never greater than in 1890.

From 'old' to 'new' slavery: early humanitarian protests against Congo rule

And yet, it was also at this time that serious humanitarian charges were first levelled against the Congo State. They already focused on the use of slaves and forced labour, an issue on which the State was particularly vulnerable now that it adopted such a high profile as an anti-slavery champion. The best-known early critic is undoubtedly the African-American George Washington Williams, who published a couple of soaring indictments after travelling to the Congo in 1890. But Williams was not the first nor the most important 'heretic'. And his testimony was suspect because of his patronage by the *Nieuwe Afrikaansche Handels-Vennootschap* (New African Trade Society),[43] the largest trading company on the river and the soul of Dutch resistance against the Brussels treaty: Williams was clearly being instrumentalized to recruit American allies for the Dutch.

In October 1889, the African-American had been preceded by the British explorer Verney Cameron and a few months later by the more militant elements of the Belgian anti-slavery society.[44] In 1891, he was followed by the Rev. Horace Waller, the former companion and spiritual heir of Livingstone.[45] Waller published his pamphlet in his own name, but he was also a very active Committee member of the BFASS. Together with the old president Sturge, he advocated a major reorientation of the Society after the Brussels Conference.[46] Now that the slave trade was abolished, it had to focus on the issue of forced labour imposed by the colonial Powers, and above all the Congo State. At the same time, the Society had to become more of a popular movement again, notably by working closely together with the missionary societies. However, 'conservatives' led by Allen were largely successful in blocking reform. True,

43 Ibid. C 70: G.W. Williams-Allen, 12 April 1890 and 19 May 1890. Hochschild has highlighted the role of Williams in *King Leopold's Ghost*.

44 Cameron held a series of critical lectures on Free State "maladministration" and "use of forced labour", cf. the report in the *London Herald* of 25 November 1889, Anti-slavery papers, Mss. British Empire S18, G 117. Allen was instrumental in making him tone down. On the first Catholic criticism, see the letters of Countess Stainlein to Lavigerie, A.G.M.Afr., L.OR. A17, 170-172.

45 Waller, *Ivory, Apes and Peacocks*.

46 Anti-slavery papers, Mss. British Empire S18, Committee meetings of the BFASS, vol. 6, 1 May 1891 and 6 December 1895, in particular.

the Society did protest against the use of forced labour, first privately as the Brussels Conference was still sitting, then publicly, with the help of vocal African opinion in Lagos and Sierra Leone, two key recruiting grounds for the Congo State. But these protests tended to be strictly limited to safeguarding the rights of subjects of the British Empire. The principal motive for restraint was the fear of an Islamic tide-wave: if the Congo State collapsed under criticism, what then? In addition, Allen felt that the question of Congo abuses was "too political", now that the Free State was a British ally in the Great Lakes area and on the Nile.[47] More generally, the secretary was concerned to align the Society closely with British imperial expansion, and this made the question of forced labour an unwelcome one. The Society rather remained fixated on the symbolic issue of full abolition in Zanzibar and further whistle-blowing against clandestine (Islamic) slave trade in North Africa. It also failed to reconnect with the masses, and was ever more reduced to an anaemic body of mandarins. The new role Waller and Sturge had dreamt for the BFASS would rather be taken up a bit later on by its little sister, the Aborigines Protection Society (APS).

Catholics, too, initially looked the other way in the Congo after 1890. Again, the fear of Islam was paramount, followed by rivalry with Protestantism: the geopolitics of spirituality made Leopold a much too valuable ally to antagonize. And the Catholic missions benefited directly from the 'freeing' of 'slave children' by the State's forces as these turned against the Swahili Arabs. If the anti-slavery movement brought the Catholic Church into the humanitarian picture, in the Congo Question it did so under conditions ensuring that Catholics would long remain the most faithful ally of the State. This *renversement des alliances* was bound to put Leopold's relations with the initial suppliers of his moral credit under strain, especially as human rights abuses in the Congo escalated.

The Berlin Conference had defined the matrix of the Congo Question, and the Brussels Conference made anti slavery its linchpin. "The Congo State is a slave state" would become a deadly refrain, leading ultimately to the break-up of Leopold's moral capital. After the first wave of criticism in 1890-1891, I would briefly like to consider two further waves in conclusion to this article, those of 1895-1897 and 1902-1905.

47 Anti-slavery papers, Mss. British Empire S20, Letter books C. Allen, C3/8: Allen-Waller, 25 March 1891; see also Ibid. S18, C 56: J.V. Crawford-Allen, 14 November 1890.

'Red Rubber' and the origins of twentieth-century humanitarianism

From 1895 onwards, abuses on a whole new scale were revealed, including proper atrocities in the imposition of State rule and of forced labour, cannibalism by auxiliary troops in the campaigns against the Arab-Swahili slave traders and dismemberment in the frantic pillage of 'Red Rubber'. Denunciations came both from former State agents and, more credibly, from missionaries, whether French Catholics or American and Swedish Protestants. The charismatic secretary of the APS, Fox Bourne, took up the cause and set in motion the clockwork of British humanitarianism. This culminated in 1897 with a debate provoked by his point-man in parliament, the liberal politician and publicist Charles Dilke. However, Dilke's motion was defeated and the Congo State given a new leash of life. In 1902-1905, on first sight, there was continuity: same charges, same leaders. Most of the gruesome facts had been on the table in 1895. Fox Bourne and Dilke returned to the charge. But this time the parliamentary motion was carried, leading to Consul Roger Casement's tour of the Congo in 1903. After the publication of his damning report and on his plea, E.D. Morel founded the Congo Reform Association (CRA). The public pressure made chorus for Britain's bid to re-internationalize the Congo Question, through an appeal to the Powers in 1904.

What were the differences with the earlier, abortive wave of criticism? While a full treatment is beyond the scope of this article, I would like to highlight six key drivers. They testify to the changing dynamics of the interaction between internationalism and religion in Congo after the turn of the century. One of the step changes was that, after the unsuccessful protests of 1884-1885, a new class of African intermediaries came to play an important role in the campaign against the Free State.

1) The *political context* in Africa had changed. With the annihilation of the Mahdists and the end of the race for the Nile in 1898, Islam stopped being a threat and the Congo State was no longer a valuable British ally.

2) There was a step change in *organizational acumen*. The tandem of APS and CRA overcame the dilemma between expertise and mobilization that had plagued the anti-slavery campaign of 1888-1890. Offering expertise, the APS concentrated on parliament, the 'quality press' and the Foreign Office. The CRA concentrated on mobilizing empathy among the public at large, in collaboration with missionary societies.

3) What one might call *sublime simplifications*, something Morel was particularly good at, were leveraged to greater effect than before. The perverse but complex dynamics of Congo rule were condensed into a catch phrase: "the system" (a bit like the "military-industrial complex" in more recent days). Invented by the humanitarian critics, "the system" has generally been adopted

by historians. In reality, one may doubt its existence. The Congo State was much too thin on the ground to impose uniform conditions of oppression. Incentives from the top went in different directions, and local alliances were everywhere indispensable. While the vast majority of Congolese undoubtedly suffered or died, some actually succeeded in turning this 'anarchic' oppression to their advantage, whether as auxiliaries to the Force Publique or as small-scale traders. Conversely, while many colonialists perpetrated or condoned horrible misdeeds, others formed a sort of internal opposition denouncing abuses in reports to their superiors in Brussels. The wide variety of atrocities perpetrated in this non-system were summed up in the powerful image of severed hands. If only Congo abuse had remained limited to the cutting off of dead people's hands... Much indicates that this particular practice was not generalized; sources rather indicate a panoply of abuse, in which sexual violence occupies an important place – the graphic details not fit for print were largely auto-censured in the publications of the CRA and of missionary critics.[48]

4) *New means of communication* were harnessed for the cause: a sensationalist mass press catering to a much enlarged reading public, and photography as an instrument of mass communication. Morel's CRA was consciously engaged in 'breaking news', feeding a "continuous stream" of small but sensational revelations to the public.[49] The "incorruptible Kodak" (in Mark Twain's phrase) multiplied the force of atrocity news. In 1902 already, Morel had wanted to use photography but Dilke had reservations, pointing out (quite rightly) that "a photograph is no evidence".[50] As late as 1903, it looked as if cannibalism rather than severed hands would be the signal horror associated with the Congo State. But following upon the Casement report, the missionary photographs of Alice Harris powerfully imprinted themselves on the public conscience. Harris' images were careful mises-en-scène, generally realized after the fact.[51] In some cases, there was more to a photographic cliché than meets the eye. The CRA was happy to keep captions short and let sublime simplifications speak for themselves.[52]

48 Hunt, "Acoustic register"; Grant, "Limits of exposure". In a letter to Janssens (the president of the Commission d'Enquête) of 5 January 1905 detailing some of the sexual atrocities (like penetration with a pointed stake, and forced incest in public), John Harris explained that he had withheld the information "because people in Europe would absolutely refuse to believe [it]".

49 As W.T. Stead wrote to Morel, 25 September 1903, Morel papers, F8/133. Casement also repeatedly insisted on the need to keep agitation going by "sensational meetings" and "amok": to Morel, s.d. (1905) and 21 April 1905.

50 Dilke papers, BL Ms. 43897: Dilke-Morel, 22 May 1902.

51 Grant, "Christian Critics of Empire".

52 The story of the photograph included here as an illustration, related by John Harris to Grattan Guinness immediately after its taking is as follows: "Two men with Nsongo markings appeared before me 'What do you think of this white man? This is the hand of Bolengu a lad of not more than 16 who was killed the day before yesterday by the sentry Loteli. This is the hand of Lingomo who was shot by the sentry Elisi. We brought these

2. *"British missionaries with men holding hands severed from victims named Bolenge and Lingomo by A.B.I.R. militiamen, 1904", published in Edouard Morel's* King Leopold's Rule in Africa *(1904), p. 48-49. See footnote 52.*
[Leuven, KU Leuven, 2 Bergen Campus Arenberg]

5) Photography was integral to a *new, 'modernist' repertoire of humanitarianism.* Oratory and drama made way for prose and plasticity. Victims' narratives were privileged, if not their undiluted testimony. It was a direct confrontation with the bodily suffering of individual Africans – persons with a face and a name, sometimes speaking in their own words. Missionaries like the Harrises painstakingly recorded the names of victims (and perpetrators), and let their voices, where possible, come through in letters they sent home for publication.[53] This was the closest one could get to the immediacy of 'live cov-

hands in to prove to you that they have been killed. We would have done the same with the corpse of the woman Balengola but the sentries ate the whole of her'. A few minutes sufficed to get 2 photos which are good..." (19 May 1904, Mss. British Empire S19 D5/9). Harris's letter to Guinness was "not written for publication". In the letter of his colleague Stannard which was published with the photograph (notably in Morel's *King Leopold's rule in Africa* , 442 ff.) the particular that the hands were cut off by the plaintiffs was edited out. It might have undercut the power of the image, and by association also that of Alice Harris's most famous photograph, the "horribly unique" image of Nsala looking at the severed hand and foot of his small daughter, who (the father said) had been killed and eaten by sentries. Both photos were taken only four days apart and they were described by Stannard in the same letter. The men who brought the hands, Bompenju and Lofiko, claimed they were brothers of Nsala. Harris commented to Guinness on 25 May 1904 that the men cut off the hand of the victims because they believed that it was "the only proof the white man will accept. If a native wants to bring a charge of murder against a sentry he knows he must have most undeniable evidence" (Mss. British Empire S19 D5/9).

53 There are many good examples in the letters Harris and other missionaries like Stannard sent home in 1904 and 1905, Mss. British Empire S19 D5/8, D5/9, D5/10 and D5/11. The

erage' before the advent of television. In a characteristic episode, John Harris showed Ingidina, the chief of a village the missionaries tried to protect, photos of mission founder Grattan Guinness and other champions of their rights in Britain; in turn, he took a photo of Ingidina and sent it to Guinness.[54] The chain of communication linking Africans to opinion-makers in Europe thus came full circle.

6) To achieve this immediacy, the *rise of a self-conscious, literate class of African catechists* was essential. If they were not witnesses or victims themselves, they translated testimony and convinced victims to speak out at all. In this respect, it is no coincidence that Baptists and other non-conformists led the way. The first to introduce printing presses in Congo, they put a premium on literacy and considerable training before baptism. Casement, of course, was a former Baptist lay worker on the Congo, and most of his witnesses were obtained through the Baptist missions.[55] In the Congo Balolo mission of the Harrises, 'Red Rubber' helped to create new dynamics. The escalating conflict with the concession companies and the State, against the backdrop of the Casement report, sharply reduced the flock missionaries had to cater to. The "natives" became "people", as closer relationships grew with a small number of converts and (candidate) evangelists.[56] These were instrumental in reaching out to victims of atrocities and in making possible missionaries' identification with them. If Protestants led the way, it was not long before Catholic orders like the White Fathers and the Jesuits were catching up, relying on well-trained catechists to reach Africans.[57]

The rise of the catechists was one of the reasons making it impossible to uphold the missionary 'law of silence' (allowing only 'indoors' complaints against the State). This would have caused a crisis of confidence between missionaries and their converts. As a result, now it was no longer the *missionary* periphery but also the *mainstream*, the British Baptists, who *started to speak out publicly*.

With all the Congo reform lobby had going for it, it had one great flaw. In 1903, Casement and Morel had made a conscious choice for mobilizing

names were often also published in missionary and CRA print, e.g. Morel, *King Leopold's rule*, 375-382 and 415-452. However, the fear for reprisals by the State against victims or witnesses imposed caution.

54 Mss. British Empire S19 D5/9: Harris to Grattan Guinness, 26 March 1904.

55 O Síocháin and O'Sullivan (eds.), *Eyes of Another Race*.

56 Mss. British Empire S19 D5/8: Harris to Grattan Guinness, 15 January 1905 (not 1904, as Harris wrote by mistake).

57 See, for instance, the (retrospective) letter of V. Roelens of the White Fathers, the apostolic vicar of the Haut-Congo, to his superior general Livinhac, 28 March 1907, as he observed the success of the Protestant missions along the Congo river. Not coincidentally, Roelens formulated his insights right after he started speaking out against the State. (A.G.M.Afr., Livinhac 5).

through a national rather than an international body.[58] This paid off in so far as it allowed them to bring pressure to bear more rapidly and more single-mindedly on their own government – but not elsewhere, even not in the US and certainly not in Belgium, where the campaign was rather counter-productive. Its exclusively British nature and its reliance on British missionaries made it vulnerable to the charge of being an imperialist and Protestant ploy to "steal" the Congo. Belgian patriotism and the Catholic International stepped in to defend the Free State.

By the autumn of 1905, the Congo reform movement seemed to have run its course. The Powers had turned a deaf ear to the call of the Foreign Office for international action, and public agitation in Britain fell flat. All that Leopold had conceded was a Commission of Inquiry appointed by the Free State itself. Congo reformers in Britain did their utmost to discredit the Commission's work in advance. As it was, the Commission surprised friend and foe with a devastating report published at the end of 1905. This was the turning point. It reflected the growth of a 'tiers parti', a reform party, in Belgium and in the Congo State itself. In its wake, the last line of defence for Leopold's moral capital, the Catholic missions, was in large part broken.[59] And Congo reform could at last become a truly international movement, bringing the full force of mobilisation partly underpinned by religious networks to bear against the Congo State – with the Belgian "reprise" of 1908 as result.

ABBREVIATIONS

AIA: International African Association
APS: Aborigines Protection Society
BFASS: British and Foreign Anti-Slavery Society
BMS: Baptist Missionary Society
CRA: Congo Reform Association

BIBLIOGRAPHY

Archival sources

Brussels, Ministry of Foreign Affairs, African Archives (AA).
Brussels, Royal Palace, Royal Archives (ARP).
London, British Library, Dilke correspondence.
London, London School of Economics, Morel papers.
London, School of Oriental and African Studies, Mackinnon papers (SOAS PP MS 1).
Oxford, Regent's Park College, Archives of the Baptist Missionary Society.
Oxford, Rhodes House, Anti-slavery papers.
Rome, Archives of the Congregation Propaganda Fide (ACPF).
Rome, Archives of the White Fathers (A.G.M. Afr.).
Rome, Archivio Segreto Vaticano, fund Affari Ecclesiastici Straordinari (ASV, AAEESS).

Journals and pamphlets

Acta Apostolicae Sedis.
Anti-slavery reporter.
Becker, Jerôme. *La vie en Afrique ou trois ans dans l'Afrique centrale.* Brussels, 1887, 2 vols.

58 Morel papers F4/3: Morel-Dilke, 29 January 1904; Mss. British Empire S22, G 261 (vol. 2): Casement-Dilke, 1 February 1904.
59 Viaene, "Religion du prince"; Id., "Reprise remise".

Blyden, Edward Wilmot. *Christianity, Islam and the Negro Race*. London, 1887.
Bourne, Henry Richard Fox. *Civilisation in Congoland: A Story of International Wrong-Doing*. London, 1903.
Bulletin de la société anti-esclavagiste de France.
Descamps, Edouard. *Africa. Drame en cinq actes, en vers*. Brussels, 1893.
Gochet, Alexis-Marie. *La barbarie africaine et l'action civilisatrice des missions catholiques au Congo*. Liège, 1889.
Johnston, Harry Hamilton. *The River Congo*. London, 1884.
Ledochowska, Maria Teresa. *Zaïda das Negermädchen: Volksdrama in fünf Aufzügen*. Salzburg, 1889.
Morel, Edmond D. *King Leopold's Rule in Africa*. London, 1904.
Mouvement anti-esclavagiste.
Waller, Horace. *Ivory, Apes and Peacocks: An African Contemplation*. London, 1891.
West African mail: Official Organ of the Congo Reform Association.
Williams, George W. *A Report Upon the Congo State*. London, 1890.

Studies and critical editions

Anstey, Roger. *Britain and the Congo in the 19th Century*. Oxford: Clarendon, 1962.
Bontinck, François, ed. *Aux origines de l'État Indépendant du Congo. Documents tirés d'archives américaines*. Louvain-Paris: Nauwelaerts, 1966.
Bontinck, François, ed. *L'autobiographie de Hamed ben Mohammed el-Murjebi Tippo Tip (ca. 1840-1905)*. Brussels: ARSOM, 1974.
Cookey, Sylvanus John Sodienye. *Britain and the Congo Question 1885-1913*. London: Longmans, 1968.
Drescher, Seymour. *Abolition: A History of Slavery and Anti-Slavery*. Cambridge: Cambridge University Press, 2009.
Etambala, Zana. "Carnet de route d'un voyageur congolais: Masala à l'exposition universelle d'Anvers en 1885". *Afrika Focus*, 9 (1993), 215-237; 10 (1994), 3-28.
Etambala, Zana. *Veroverd. Bezet. Gekoloniseerd. Congo 1876-1914*. Gorredijk: Sterck & De Vreese, 2020.
Grant, Kevin. "Christan critics of empire: missionaries, lantern lectures and the Congo Reform campaign in Britain". *Journal of Imperial and Commonwealth History*, 29 (2001), 27-58.
Grant, Kevin. *A Civilised Savagery: Britain and the New Slaveries in Africa 1884-1926*. New York: Routledge, 2005.
Grant, Kevin. "The limits of exposure: atrocity photographs in the Congo Reform Campaign". In: Heide Fehrenbach and Davide Rodogno, eds. *Humanitarian Photography: A History*. Cambridge, 2015, 64-88.
Green, Abigail and Viaene, Vincent, eds. *Religious Internationals in the Modern World. Globalization and Faith Communities since 1750*. Basingstoke: Palgrave Macmillan, 2012.
Herren, Madeleine. *Hintertüren zur Macht: Internationalismus und modernisierungsorientierte Aussenpolitik in Belgien, der Schweiz und den USA 1865-1914*. Munich: Oldenbourg, 2000.
Hochschild, Adam. *King Leopold's Ghost: A Story of Greed, Terror and Heroism in Colonial Africa*. Boston: Houghton Mifflin, 1998.
Hunt, Nancy Rose. "An Acoustic Register, Tenacious Images and Congolese Scenes of Rape and Ruination". *Cultural Anthropology*, 23 (2008), 220-253.
Hunt, Nancy Rose. *A Nervous State: Violence, Remedies and Reverie in Colonial Congo*. Durham: Duke University Press, 2016.
Iriye, Akira. *Global Community: The Role of International Organisations in the Making of the Contemporary World*. Berkeley: University of California Press, 2002.
Jeal, Tim. *Stanley: The Impossible Life of Africa's Greatest Explorer*. London: Faber and Faber, 2007.
Kinet, Ruth. *'Licht in die Finsternis'. Kolonisation und Mission im Kongo 1876-1908. Kolonialer Staat und nationale Mission zwischen Kooperation und Konfrontation*. Münster: LIT, 2005.
Lagergren, David. *Mission and State in the Congo: A Study of the Relations between Protestant Missions and the Congo Independent State Authorities with Special Reference to the Equator District 1885-1903*. Uppsala: Gleerup, 1970.
Laqua, Daniel. "The tensions of internationalism: transnational anti-slavery in the 1880s and 1890s". *International Historical Review*, 33 (2011), 705-726.
Laqua, Daniel. *The Age of Internationalism and Belgium 1880-1930. Peace, progress and prestige*. Manchester: Mancherster University Press, 2013.
Louis, William Roger and Stengers, Jean, eds. *E.D. Morel's history of the Congo Reform Movement*. Oxford: Clarendon, 1968.
Maxwell, David. "Continuity and change in the Luba Christian movement, Katanga, Belgian Congo c. 1915-50". *Journal of Ecclesiastical History*, August 2017, 1-19.

Miers, Suzanne. *Britain and the Ending of the Slave Trade*. London: Longman, 1975.
O Siochain, Seamas and O'Sullivan, Michael, eds. *The Eyes of Another Race: Roger Casement's Congo Report and 1903 Diary*. Dublin: University College Dublin Press, 2004.
Paulmann, Johannes. "Searching for a 'Royal International': the mechanics of monarchical relations in nineteenth-century Europe." In: Martin H. Geyer and Johannes Paulmann, eds. *The Mechanics of Internationalism: Culture, Society and Politics from the 1840s to the First World War.* Oxford, 2001, 145-176.
Paulmann, Johannes, ed. *Dilemmas of Humanitarian Aid in the Twentieth Century.* Oxford: Oxford University Press, 2016.
Pavlakis, Dean. *British Humanitarianism and the Congo Reform Movement 1896-1913*. Farnham: Ashgate, 2015.
Plasman, Pierre-Luc. *Léopold II, Potentat Congolais. L'action royale face à la violence coloniale*. Brussels: Racine, 2017.
Porter, Andrew. *Religion versus Empire? British Protestant Missionaries and Overseas Expansion 1700-1914*. Manchester: Manchester University Press, 2004.
Renault, François. *Lavigerie, l'esclavage africain et l'Europe*. Paris: de Boccard, 1971.
Roberts, Allen F. "History, Ethnicity and Change in the 'Christian Kingdom' of Southeastern Zaire". In: Leroy Vail, ed. *The Creation of Tribalism in Southern Africa*. Berkeley, 1989, 193-208.
Shorter, Aylward. *The Cross and Flag in Africa: The White Fathers during the Colonial Scramble 1892-1914*. Maryknoll: Orbis Books, 2006.
Simms, Brendan and Trim, David, eds. *Humanitarian Intervention: A History*. Cambridge: Cambridge University Press, 2011.
Slade, Ruth M. *English-Speaking Missions in the Congo Independent State*. Brussels: ARSC, 1959.
Stengers, Jean. *Congo, mythes et réalités: cent ans d'histoire*. Gembloux: Duculot, 1989.
Thomson, Robert Stanley. *Fondation de l'Etat Indépendant du Congo: un chapitre de l'histoire du partage de l'Afrique*. Brussels: Office de publicité, 1933.
Van Reybrouck, David. *Congo: een geschiedenis*. Amsterdam: Bezige Bij, 2010.
Vandersmissen, Jan. *Koningen van de wereld. Leopold II en de aardrijkskundige beweging.* Leuven: Acco, 2009.
Vandersmissen, Jan. "The King's most eloquent campaigner: Emile de Laveleye, Leopold II and the creation of the Congo Free State". *Belgisch Tijdschrift voor Nieuwste Geschiedenis*, 41 (2011), 7-57.
Vansina, Jan. *Being Colonized: The Kuba Experience in Rural Congo 1880-1960*. Madison: The University of Wisconsin Press, 2010.
Vanthemsche, Guy. 'De verhouding tussen de kerk en de staat in koloniaal Congo (1885-1960)'. In D. De ruysscher e.a., eds. *Een leven van inzet: liber amicorum Michel Magits.* Mechelen: Kluwer, 2012, 197-242.
Vellut, Jean-Luc. "Émeri Cambier (1865-1943), fondateur de la Mission du Kasai. La production d'un missionnaire de légende". In: Pierre Halen and János Riesz, eds. *Images de l'Afrique et du Congo/Zaïre dans les lettres belges de langue française et alentour*. Brussels: Textyles, 1993, 39-74.
Vellut, Jean-Luc, ed. *Simon Kimbangu. 1921: de la prédication à la déportation. Les sources.* Vol. 1: *Fonds missionnaires protestants. (1) Alliance missionnaire suédoise (Svenska Missionsförbundet, SMF)*. Brussels: ARSOM, 2005.
Vellut, Jean-Luc, ed. *Simon Kimbangu. 1921: de la prédication à la déportation. Les sources.* Vol. 2: *Fonds missionnaires catholiques*. Brussels: ARS, 2017.
Vellut, Jean-Luc. *Congo. Ambitions et désenchantements 1880-1960*. Paris: Karthala, 2017.
Viaene, Vincent. "King Leopold's imperialism and the origins of the Belgian colonial party 1860-1905". *The Journal of Modern History*, 80 (2008), 741-790.
Viaene, Vincent. "La religion du prince. Léopold II, le Vatican, la Belgique et le Congo 1855-1909)". In: Vincent Dujardin, Pierre-Luc Plasman e.a. *Léopold II, entre génie et gêne: politique étrangère et colonisation*. Brussels: Racine, 2009, 163-189.
Viaene, Vincent. "Reprise-remise. De Congolese identiteitscrisis van België rond 1908". In: Vincent Viaene, David Van Reybrouck, Bambi Ceuppens, eds. *Congo in België. Koloniale cultuur in de metropool*. Leuven: UPL, 2009.
Wesseling, Hendrik Lodewijk. *Verdeel en heers: de deling van Afrika 1880-1914*. Amsterdam: Bakker, 1991.
Wilson, Richard Ashby and Brown, Richard D., eds. *Humanitarianism and Suffering: The Mobilisation of Empathy.* New York: Cambridge University Press, 2009.

RELIGION AND POLITICS IN THE 'CONGO'

PORTUGAL AND THE EUROPEAN INTER-IMPERIAL COMPETITION, c. 1865-1890*

MIGUEL BANDEIRA JERÓNIMO

Facing a "spoliation": the Portuguese and the Padroado Africano[1]

On 9 September 1865, after years of unsuccessful efforts to restore the *missione di Congo*, the Propaganda Fide decided to entrust the ecclesiastical jurisdiction of the Congo Prefecture to the French Congregation of the Holy Spirit, under its direct dependence.[2] The state of religious and missionary neglect in the Congo, considered to be the result of the abolition of religious orders in Portugal (1834), helped to unanimously reach the verdict.[3] Although absent from the decree, other reasons included the longstanding disputes between the Propaganda Fide and the Portuguese authorities about the jurisdictions of the Oriental Religious Patronage, the *Padroado Oriental*.[4] The so-called "1854 initiative", in which the Portuguese government, the Holy See and the Spiritans debated the provision of foreign ecclesiastics to the dio-

* This article is further developed in Jerónimo, *A Diplomacia do Imperialismo*.

1 The agreement between Portugal and the Holy See regarding the rights and duties of an ecclesiastical jurisdiction over several regions of Africa. This was first established by Pope Nicholas V's bull *Romanus Pontifex* (8 January 1455). The bull that created the Congo and Angola Diocese dates 20 May 1596. Printed in Brásio, *Spiritana*, I, 3-8.

2 Koren, *The Spiritans*, 185-217; Brasseur, "Les premiers Spiritains de l'Angola au Congo".

3 The decree *Saeculo XV Labente* was issued on 9 September. A permanent focus of ecclesiastical conflicts, the Prefecture of the Congo was created in 1640. Storme, "Engagement de la Propagande", 256-260; Brásio, *Spiritana*, I, 182-192.

4 See Pope Gregory XVI's *Multa Praeclara* of 24 April 1838.

cese of Angola and Congo, ended with no agreement.[5] The lack of ecclesiastics available to the vast diocese was a reality in Portugal, but was also felt in the Propaganda Fide, despite the Roman noticeable labours to rejuvenate its evangelical global outlooks. The Spiritans were the only solution. Although cautious regarding the prospects of an untroubled Catholic missionary expansion in Africa, Ignace Schwindenhammer, the Spiritans' superior, soon changed his perspective. The next decades saw two significant changes in the direction of the congregation: first, the revival of the foundational principles of the congregation's establishment; second, the definition of an ecclesiastical and missionary expansionist impetus.[6]

The Spiritans clearly aimed to participate in the "new Catholic missionary assault upon Africa", a movement that started in the 1840s and was certainly an outcome of Gregory XVI's former position as Prefect of the Propaganda Fide.[7] The stabilization of missionary work in Senegambia, Sierra Leone and Gabon released a surplus of evangelical forces that could be directed to the Congo and contribute to the formation of indigenous clergy, an imperative set out by Gregory XVI (and later embraced by Pius IX). As Schwindenhammer wrote to Barnabò, one obstacle was expected, although downplayed: the attitude of the Portuguese political and religious authorities. The potential problem was devalued on the grounds that, during two centuries, the Propaganda Fide had "benefited from a total independence in the administration of that mission" and this was "never" questioned. Portugal could only exercise ecclesiastical jurisdictions within the limits of its political sovereignty. Moreover, according to a work of Castelo-Branco e Torres, misread by Schwindenhammer, the northern limits of Angola were far south of the Congo: no claims regarding the political and ecclesiastical jurisdictions of the area could therefore be made by the Portuguese. This historical and geographical assessment was soon to be contradicted, becoming the focus of many political and ecclesiastical disputes until the late nineteenth century. The potential tribulations arising from divergent appreciations of the nature and the scope of ecclesiastical jurisdictions and from conflicting perspectives about the relation between political and religious rationales were scarcely measured.[8]

Communicated to Pius IX on 10 August, the decision echoed the motives included in Schwindenhammer's appraisal. Presenting a brief historical summary of the evangelical presence in the Congo since the fifteenth century in order to demonstrate its progressive decay, the decree also mentioned the unsuccessful 1854 initiative and the continuous wishes expressed by the King of Congo. The mission was "under the immediate dependence of the Holy

5 Jerónimo, *Religion*, 54-57.
6 Koren, *The Spiritans*, 185, 191.
7 Hastings, *The Church in Africa*, 249.
8 ASCEP/SRC/Angola-Congo/8, 763-768: Schwindenhammer to Barnabò, 17 March 1865; Torres, *Memoria*, 326.

See, safeguarding the jurisdiction to the Bishop of Angola" accordingly to the terms of the 1726's Instruction, a set of ten regulatory dispositions that defined the boundaries of the missionaries' activities. Although the Holy See was considered the main authority (second disposition), the evangelical work required the formal acquiescence of the diocesan prelate (sixth disposition).[9] On 12 September 1865, the Propaganda Fide communicated the decision to the bishop of Angola and Congo and to the apostolic nuncio in Lisbon, Monsignor Ferrieri, but did not inform the Portuguese government.[10] After breaching one of the agreed principles of the *Padroado*, placing the Congo Prefecture under its direct authority, the Propaganda Fide doubled the infringement: the decision lacked the patron's consent. The Portuguese government was notified by a message sent in January by the French Legation in Lisbon. The governor of Angola was instructed to assist the French missionaries.[11]

After his own proposal, Schwindenhammer was offered the elevated post of apostolic prefect of the Congo Mission in November 1865. His suggestion, made in September, aimed to prevent future troubles with the Portuguese government, "vis-à-vis whom [he] couldn't easily cooperate as General Superior of the congregation", due to "prejudices that are unfortunately embedded in that nation vis-à-vis religious institutes". The Propaganda promptly accepted.[12] Following Barnabò's advice, Schwindenhammer wrote to the French Ministry of Foreign Affairs, asking for official support and financial help. He emphasized the "advantages" that the French government could get from the circumstances. The mission comprised "for the most part" the coastal areas under Portuguese sovereignty, which were however "independent". The congregation received substantial logistical assistance from the Propaganda to hasten the process.[13]

As many predicted but underestimated, difficulties would arise from this decision. For Ferrieri, the Portuguese government would certainly raise objections to the new ecclesiastical arrangements, invoking the ecclesiastical and territorial rights stipulated in the *Padroado* agreement with the Holy See. Nonetheless, he wrongly assumed that the reasons behind any Portuguese opposition would essentially derive from a strict ecclesiastical reasoning. In his view, the exposure of the deplorable state of moral and religious abandonment of the Congo should suffice to neutralize the objections, and the *progressive* ideas in Portugal should minimize the magnitude of the protest. As we shall

9 Brásio, *Spiritana*, I, 16-21, at 19.

10 ASCEP/Lettere/356, 420, 421-421v, 422v-423: Barnabò to Ferrieri, 12 September 1865; Barnabò to Oliveira, 12 September 1865.

11 Sayves to Castro, 19 January 1866 and Castro to Grande, 31 January 1866, in Brásio, *Spiritana*, I, 225-228.

12 ASCEP/SRC/Angola-Congo/8, 284-285: Schwindenhammer to Barnabò, 19 September 1865; ASCEP/Lettere/356, 566v-567: Barnabò to Schwindenhammer, 25 November 1865.

13 AMAE/MD-Afrique/58-I: Schwindenhammer to Faugère, 4 November 1865; ASV/ANL/Diocesi/(1859-1868): Schwindenhammer to Ferrieri, 18 January 1866.

see he was unable to understand the extremely important political resonances that the *Padroado* had for the Portuguese political elites, whether liberal or conservative. Its political and territorial significance was as momentous as its religious relevance, especially because it entailed changes at the imperial project of the *new Brazil*.[14] Despite the 1726 Instruction, which stated that missions could be attributed to a foreign religious order while being nonetheless under the ecclesiastical jurisdiction of the Angolan prefecture, this decision aroused much resistance. As Ferrieri wrote, in Portugal the "presumed" *Padroado* rights were believed to be "without limits". However, he anticipated little public agitation, given the "generalized acceptance that without the missionary, Portuguese Africa could not prosper, not only in the religious dimension, but also in the civil one". Again, Ferrieri didn't grasp the whole picture. In both Houses of the Portuguese Parliament, various protests were presented, several debates were held. Portugal's political elites saw the decision as a serious infringement of the *Padroado* rights and a mean to promote French expansion and influence at the expense of the Portuguese "historical rights".[15]

In the governmental and diplomatic circles, the defence of the *Padroado* begun to take shape, led by personalities such as Praia Grande, the minister of Navy and Overseas. The "Congo" was not only under the ecclesiastical jurisdiction of the Angolan prelate, being a part of his diocese; it was also under civil and administrative jurisdiction as a constituent element of the Portuguese domains. Therefore, without a previous consent by the *Régio Padroeiro*, no missionary endeavour could be authorized, being an "offence to the sovereignty and the *Padroado* rights". Grande approved the use of "foreign missionaries" as "auxiliaries" but considered them potential "agents of discord".[16] In a similar vein, Count of Tomar (ambassador in Rome) emphasized the Curia's "state of irritability" and "indifference" towards the Portuguese protests. There was only one solution: either the pope or the prefect of the Propaganda (who "had always been hostile to Portugal") had to be replaced. The Congo affair was interpreted through the lens of the problems related to the oriental *Padroado*, and was regarded as another example of persecutory behaviour towards the Portuguese.[17]

On 9 February 1866, Count of Castro (Ministry of Foreign Affairs) was confronted with an interpellation in the Parliament by one of the major figures of the opposition, Levy Maria Jordão, focused on the "attack on [the country's] dignity and autonomy, on our *Padroado* and on the laws of the Kingdom, committed against territories of our sovereignty". Certainly related to domestic

14 Storme, "Engagement de la Propagande", 260.

15 ASCEP/SRC/Angola-Congo/8, 288-288v: Ferrieri to Barnabò, 26 September 1865; *DCD*, 9 February and 14 and 16 March 1866.

16 AHDMNE/MNO-MFA/14: Grande to Castro, 15 February 1866; ASV/ANL/Diocesi/(1859-1868): Grande to Cardoso, 5 February 1866.

17 AHDMNE/HS-MFA/10/(1865-1866): Tomar to Castro, 30 January 1866.

politics, the interpellation summarized the reasoning from then on used by the Portuguese. The decision entailed the usurpation of the rights of religious patronage, sanctified by successive pontifical bulls since the fifteenth century, and the redefinition of religious circumscriptions without previous consultation of the Crown and the government, therefore illegitimately overlooking the political and ecclesiastical sovereignty rights possessed by Portugal. The domestic and international political calculations generated by the decision were at the core of the Portuguese reaction.[18] As we have seen, the Spiritans, the nuncio and the secretary of state failed to understand the full repercussions of their course of action. Transformations in the religious colonial order were seen as entailing much more than mere ecclesiastical arrangements, as the debates in Portugal demonstrated. Despite the fact that the Propaganda was simply using a *legal* possibility that allowed the attribution of the Congo Mission to a religious order (in this case the Spiritans, in the past the Capuchins), the Portuguese were focused on the impact that such a decision could have in the imperial and colonial orders. The decision was an alarming symptom of an upcoming "spoliation" of Portuguese African territories. Portuguese *historical rights* were under threat. The Oriental *Padroado* question was now accompanied by the African *Padroado* problem, which had a dimension almost absent from the former: its serious political implications in a period of growing economic, religious, scientific and political inter-imperial competition in Africa.

The Portuguese authorities requested explanations. On 24 February, Castro informed Tomar of the historical evolution of the Congo ecclesiastical affair. The most important purpose of the dispatch was to underline the double side of the problem: the decision violated not only the ecclesiastical prerogatives of the *Padroado* but it also overshadowed the "real and effective domain" that Portugal had in the territories of the Congo. The country had been doubly betrayed. The 1854 negotiations were clear: the subordination to the bishop of Angola and Congo was a *sine qua non* recognized by Rome. All the governmental efforts to "promote the propagation of faith" in the *Padroado* territories appeared to have been ignored by the Holy See. Furthermore, the Holy See had failed to send the promised missionaries. The Holy See's behaviour was considered "offensive to the dignity of the Portuguese Crown". The government needed to show publicly that the country's political and ecclesiastical historical rights were being duly protected.[19]

In March, new debates were held in the parliament, turning the Congo problem into an important political and diplomatic affair. On 14 March, a long session dominated the Chamber of Deputies, having Jordão's February interpellation as leitmotif. The Curia was accused of offending the political and the ecclesiastical sovereignty rights held by Portugal in the Congo. The continu-

18 *DCD*, 9 February 1866, in Brásio, *Spiritana*, I, 240-242.
19 Castro to Tomar, 24 February 1866, in *Livro Branco/1867*.

ous effort to adjust the oriental ecclesiastical circumscriptions with the actual limits of Portuguese political sovereignty was being replicated in Angola. The "right of *Padroado*", the "laws of the Kingdom" and the "sovereignty in the Congo" were seen to be questioned. The Curia was acting either "according to its own plan" or "serving as an instrument of foreign interests". The Spiritans were a tool in both cases. These ecclesiastical manoeuvres should be interpreted as signs of other appetites. The government should assume a vigorous attitude. After all, for far "lighter aggravations" a nuncio was expelled from the country.[20]

This acrimonious attitude towards the labours of the Curia didn't involve any profound disagreement about the role of ecclesiastics in colonial settings. According to Jordão, it was vital to support the "missions in Western Africa". It was fundamental to acknowledge the relevance of religious orders in the process. The "political side" of the circumstances required new strategies. As a consequence, António José de Seixas, deputy for Angola (and former slave-trader), urged the government to enhance the political and ecclesiastical presence in the Kingdom of Congo, given the deplorable state of religious and political abandonment of the area. The missions that had been established in São Salvador were temporary and only aimed to execute "baptisms and weddings", nothing more. The political presence was reduced to one single official and less of one-hundred soldiers, "*degredados* and negroes, badly dressed, scarcely paid and undisciplined". As for the King of Congo he was described as a "rude negro, without any civilization and with little importance", governing in a town, São Salvador, which was a "mere agglomeration of *palhotas* [huts]". The political landscape was highly fragmented by numerous *sobados* organized in a feudal manner. This state of affairs should be immediately altered. Moreover, the Congo ecclesiastical affair was only an element of a wider, more important concern: as Seixas stated on 16 March the "vital question" was the "occupation of the coast between Ambriz and the Zaire". The presence of American, English, French and Dutch companies in Ambrizette or Quissembo should be counterbalanced. The "mundane interests" were more relevant than the religious. The political and economic assessments and implications determined the role, function and relevance of the religious question. The focus on the ecclesiastical dimension reminded him of the last days of the Byzantine empire: "iconoclasts, philosophers and supporters of several sects discussed the most insignificant issues while the barbarians conquered the empire and Mehmed II knocked on the doors of Constantinople". Seixas' aim was to promote an expansionist policy in the north of Angola. The religious element was important but only as an auxiliary tool to military and administrative moves.

20 *DCD*, 14-3-1866, in Brásio, *Spiritana*, I, 262-298, at 273, 276.

Other deputies followed different paths and developed distinct rationales, according to their specific political and religious interests, but arrived at the same conclusion. The articulation between Bible and sword, of civilization and commerce, was imperative. For instance, Marténs Ferrão, future ambassador in Rome, dissociated the origin of the "right of the *Padroado*" from "effective domination or suzerainty" and defended the need to expand control over the Congo territories. The *Padroado* did not depend upon effective sovereignty but could be essential to its exercise. Therefore the fulfilment of the *Padroeiro*'s duties was a means to enhance sovereignty although it first and foremost constituted an ecclesiastical obligation. Others, like Pinto Coelho, supported the Holy See and the Catholic missionaries, considering that the true enemies of the Portuguese colonial ambitions were the "envoys of English Protestantism" guided by Livingstone, whose "diligences" aimed to "establish English commerce and influence". The threat of spoliation had another origin. While the Propaganda only challenged "religious, Catholic interests", the English imperilled Portuguese "commerce, tenure and authority". Only the articulation between ecclesiastical and political expansion could face this multifarious, real and imagined, dangers. To him, the reintroduction of religious orders could hasten the country's urgent reaction, aspect that immediately aroused protests.[21] Some years later, however, even unsympathetic circles would gradually consider this possibility. The political resonances of ecclesiastical changes and the potential instrumental nature of religion for imperial expansionist projects begun changed the nature of the debate in the Portuguese empire-state.[22]

"Agite, Agite!": Catholic revival and the rise of a new colonial order

Since the 1850s, Portuguese diplomatic efforts were mostly concentrated in the recognition of the political *historical rights* to a formal sovereignty in the Congo, between the 8° and the 5° 12' latitude South. The resolution of the political dimension would, in principle, automatically solve the religious disagreements, since the Holy See normally defined religious territorial jurisdictions in concordance with political circumscriptions. At the same time, a formal recognition of religious sovereignty by the Propaganda would improve the chances of regulating the ongoing inter-imperial political disputes. In the aftermath of the 1865 event, the Portuguese formulated an ecclesiastical colonial diplomacy that aimed to guarantee the preservation of the religious

21 14 March 1866, in Brásio, *Spiritana*, I, 277-298, at 277, 286, 288-289, 295-296, 298-304; 16 March 1866, in Brásio, *Spiritana*, I, 304-355, at 305-307, 313, 331-334.

22 Jerónimo, *Religion*, 109-113.

historical rights that constituted the African *Padroado*. In a context of growing political, commercial, scientific and missionary inter-imperial competition, the Portuguese missionary question gained a renewed and crucial place within Portuguese colonialism, being introduced to the catalogue of *historical rights* proclaimed by the Portuguese elites to uphold and legitimize the recognition of their sovereignty in the Congo. Since these rights were permanently downplayed by other European colonial powers, especially by the British, the missionary presence in the area was seen as a precious instrument for territorial penetration, cultural influence, and diplomatic advantage.[23]

Missionary work became elemental to the formulation of Portuguese *historical rights* in the Congo and thus crucial to the devise of colonial strategies to face the ongoing and escalating international inter-imperial rivalry. The missionaries acquired a central role within Portugal's colonial venture, functioning not only as instruments to maintain local alliances but also as strategic resources to be used at an international level. The assessment of the multiple roles (political, diplomatic, scientific, and commercial) attributed to foreign missionaries contributed to this process. The terms of the appointment of one ecclesiastical and diplomatic mission to the Congo were a clear example. The priest António Ramos de Carvalho departed for the Congo on 19 May 1866 and had specific instructions: the "salvation of souls" and to "help the political aims of the government". The existence of "foreign nations that strive to clandestinely obtain, through indirect and unfair means, predominance and ascendancy over the populations of Congo" with the purpose of leading them to a rejection of the "domain we have always had over those territories" should be opposed. The combination of "propagation of faith with more secular preoccupations" was mandatory. He should consolidate the idea that "the King of Portugal always had (...) true and legitimate rights over the Congo and surrounding areas" and "unquestionable rights over the Zaire and all the coast". No other nation could "make agreements with the potentates of the area without a previous consultation with the Portuguese government". The King should comply with the Portuguese interests: politically (assuring the precedence and prevalence of Portuguese colonial sovereignty), economically (diverting the trade to Bembe and Ambriz, where the Portuguese had customs houses) and religiously (confirming his allegiance to Portuguese ecclesiastical jurisdiction). The continuous affluence of military protection, ecclesiastical assistance and preferential commercial treatment to the King of Congo depended on it. The nature, methods and aims of this special *diplomatic* convoy would be replicated during the next decades.[24]

After years of abandonment, the Portuguese tried to revive their religious presence in the Congo mostly as a response to the labours of foreign congre-

23 Jerónimo, *Religion*, 86-95, 153-231.

24 AHDMNE/MNO-MFA/14: Cardoso to Grande, 25 May 1866, Cardoso to Carvalho, 15 May 1866; *BOGGPA*, nº 18, 5 May 1866; Butombe, *La Question du Zaire*, 43.

gations and to the political (and "territorial") message they supposedly carried. These were perceived as being much more than innocent organizations focused on the *moral* improvement of the native communities. Their *civilizing mission* was seen as hiding secular concerns. They were seen as crucial instruments of foreign colonial strategies. One putative example of the existence of extra-ecclesiastical ambitions was the establishment of Charles Duparquet's São Tiago mission in Landana (1873).[25] Deprived of financial, military and political resources to formulate a comprehensive colonial program – as the waves of expansionist projects devised since the 1850s constantly revealed –, the mobilization and purposeful promotion of missionaries was seen as a precious resource to revitalize Portuguese colonial ambitions, or at least to tentatively neutralize the interests of other colonial powers in the region.[26]

The Portuguese authorities recognized in the foreign missions the function and use that they tried to give to their own. If the decrease of Portuguese missionary presence in the Portuguese colonial territories was connected with the decay of Portuguese colonial importance, their revival could, and should, be the instruments of its renaissance. The promotion of Catholic missionary activity was seen as a crucial tool to enhance colonization and colonial rule, not only in a colonial context but also in the international arena, having a special place within the diplomatic resources mobilized by successive Portuguese governments to support their territorial claims. At a national level, it was a vital element in the definition of colonial programs by political parties and civil society institutions, namely in pressure groups like the Lisbon Geographical Society (LGS). But it also propelled a redefinition of church-state relations, marking a decisive phase in the process of Portuguese society's *secularization* that began with the liberal revolution of the 1820s onwards. The opposition to religious congregations that led to the suppression of religious orders, to the nationalization of church assets, and to the increasing economic, social and political dependence on secular power (developments that were projected into colonial contexts) now had to ponder its overall strategy. In addition to domestic reasons, mainly rooted in the difficulty to provide stability to the new political regime, the evolving colonial situation pressed the Portuguese liberals to moderate their posture regarding ecclesiastical authorities, not only domestically but also in the relations with the Holy See.[27] Simultaneously, since the 1860s Portugal assisted a progressive "politicization of the pulpit".[28]

The emergence of a vigorous neo-Catholicism, that is a renewed social and political impetus of pro-Catholic stances in Portugal, and the gradual re-

25 Brásio, *Spiritana*, I, 305-309; Butombe, *La Question du Zaire*, 44-45; Konka, "Les débuts de la mission catholique de Landana".

26 For the phases of imperial expansionism see Alexandre, "Nação e Império", 90-111.

27 From 1833 to 1841, Portugal and the Holy See had no diplomatic relations. Neto, *O Estado*; Jerónimo, *Religion*, 35-47.

28 Bonifácio, *Apologia da História Política*, 271.

introduction of religious orders, processes fuelled by the Holy See, certainly contributed to this state of affairs. As the Portuguese representative in Rome, Count of Tomar, wrote in 1877, a "clerical agitation" prevailed at the Curia corridors. Pius IX's "*agite, agite!*" was turning the "heads of the Catholics", "diverting them from the rules of common sense". The abandonment of the traditional "system of abstention" and its replacement by a more aggressive posture was evaluated in relation to the effects it could entail in the domestic church-state relations. However, outlooks changed markedly since 1877. The Portuguese understood the need to become vigilant and preventative instead of remedial in their approach to ecclesiastical affairs, looking beyond the potential domestic consequences. A more diligent Simeoni had replaced Antonelli's *status quo* at the head of the Curia. Moreover, the cumulative effects of regalist policies, criticism to papal doctrines and behaviour regarding the Oriental and African *Padroados* were not forgotten at the Holy See, as Simeoni informed Tomar as early as May 1877. The colonial impact of the "clerical agitation" became the centre of the Portuguese elites' concerns. Imperial consequences of such institutional activism would surely emerge.[29] The unfolding of Pope Leo XIII's missionary strategy in the following years reinforced the impression that a more vigorous posture was in need in what related to the place and function of ecclesiastical matters in the overall imperial project devised by the Portuguese authorities.[30]

An agitator in every corner: Leopold II, the Lisbon Geographical Society and geographers-missionaries

One year before, a different type of agitation captured the interest of the Portuguese. The realization of the Brussels' Geographical Conference, the creation of the African International Association and the news coming from Rome regarding the labours of Charles-Allemand Lavigerie had a major impact in Portuguese colonial affairs.[31] These events were seen as the confirmation of the increasing internationalization of African colonial issues and, therefore, another source of widespread apprehension.[32] Count Tomar, Portuguese ambassador in Brussels, was told that the project amounted to the creation of a "penitentiary colony" in Africa. He was also informed of the Belgian government's non-involvement. Count of Aspremont-Lynden confirmed, but denied that any "agricultural-penitentiary colony" was at the centre of the proposed enterprise, leaving Tomar uncertain about what was going on. On 20 September, he saw through the "veil of secrecy": the gathering had an *international*

29 AHDMNE/HS-MFA/257: Tomar to Bolama, confidential, 9 April, 23 May and 15 June 1877.
30 For Leo XIII and his missionary program see Prudhomme, *Stratégie missionnaire*.
31 Jerónimo, *Religion*, 114-152.
32 *Annaes-LGS*, nº 1, 1876, 3-9; *Actas-LGS*, 28 October 1876, 11-13.

nature. The fact that Angola had been mentioned as a suitable place for departure of the forthcoming expedition was obviously underlined.[33]

Following the advice of members of the Royal Geographical Society, and unwilling to turn the conference into a dispute over colonial sovereignties, Leopold II decided not to invite any Portuguese. On 7 November, Baron Lambermont was asked for explanations. The Portuguese in Brussels were told that the non-invitation aimed to "avoid conflicts". Some days later, the involvement of British institutions and personalities in the association, such as the Glasgow Chamber of Commerce and V. L. Cameron, raised the Portuguese level of distrust. In December, the Portuguese were told that the British opposed Portugal's invitation given its slave-trade and slavery records. On 28 October 1876, the LGS protested vehemently against the exclusion. The definitive recognition of the frontiers of Portuguese sovereignty in Africa, mainly in the north of Angola and in the Congo area, became urgent. Two systems of occupation were proposed: a military form, involving the coercive *avassalamento* (to impose vassalage) of the potentates of the area; and the implementation of the old system of commercial *feitorias* without any political involvement. Leopold II reacted with an appeasing letter on 10 November 1876, which led the LGS to adhere to the African International Association (AIA). The need to counteract the negative appreciations regarding the country's colonial past and present made this option essential. As Robert Morier, English ambassador in Lisbon, understood, the exclusion from the gathering created a "painful impression" in Portugal. Equally correct was his assessment that the fact promoted a marked renewal of interest in imperial issues.[34]

After assessing the outcomes of the Brussels Conference, which they saw as definitely initiating a phase of international colonial expansionism (a political equivalent of the religious scramble already in place), the LGS's seized the opportunity to acquire a fundamental role among those who aimed to revitalize the Portuguese colonial enterprise, including ecclesiastical and missionary dimensions. The LGS used its scientific vocation as a justification to function as a colonial pressure group, compelling the Portuguese political authorities to join the international "geographical" movement towards Africa and to develop policies that could enhance Portuguese colonization. The geographical, scientific endeavour was clearly introduced within a political and economic framework. In 1877, in a discussion about the relevance of participating in the International Congress for the Promotion of Commercial Geography (one

33 AHDMNE/Brussels/8: Tomar to Corvo, 31 July and 7, 11 and 20 September 1876, confidential.

34 Ibid.: Azevedo to Corvo, 7 and 15 November and 7 December 1876, confidential; LGS reaction in *Actas-LGS*, 28 October 1876 and *Boletim-LGS*, 1876, 54-56; Leopold II's letter in *Boletim-LGS*, 1877, 106-120; TNA/FO/63/1117: Morier to Derby, 26 February 1877. For Leopold II's reasons see Roeykens, *La Période initiale*, 15-38, especially 21; Id., *Les Débuts de l'Œuvre africaine*, 113, 124; Id., *Léopold II*, 98-99, 142; Anstey, *Britain and the Congo*, 54.

of the events that marked the Paris Universal Exhibition of 1878), the LGS approved a motion that essentially stressed political reasons, not scientific, to justify Portuguese attendance. The Belgian delegate who presided over the meeting proposed a resolution suggesting the cooperation between governments, geographical associations and chambers of commerce with the aim of exploring the Congo basin. Although the LGS thought to use the congress to publicize the catalogue of Portuguese *historical rights*, its representative fervently opposed the proposed motion, threatening to leave if it was approved: the resolution "was of purely political character, and attacked the indisputable rights of Portugal on the Congo", including the *Padroado* rights. The combination of a political and ecclesiastical diplomacy became the fundamental guideline of Portuguese international interventions.[35]

The LGS embarked on a systematic reformulation of the politics of colonial knowledge. The main aim was the "elaboration, collection and translating and publishing" of "scientific" information that could promote abroad the Portuguese political and religious *historical rights* in Africa. The propaganda of Portugal's colonial past and present was a fundamental device to be used in the diplomacy of colonialism, strategically intermingling scientific, economic, religious and political evidences. The LGS became the authoritative bearer of Portuguese colonial history and tradition, thereby enhancing its domestic and international relevance. After the apparent setback of her non-invitation to the 1876 Brussels conference, the LGS immediately, and strategically, expressed its willingness to become the African International Association's Portuguese representative, stressing the enduring presence of Portugal in Africa, mainly in areas that were covered by the association's perceived colonial design. This was a strategy to promote the tacit international recognition of the self-proclaimed *historical rights* in the Congo region.[36]

Despite the request made by the LGS, the Portuguese government refused to endorse its participation in the African International Association. A declaration was issued stating that the government didn't want to "compromise the country's responsibility in actions of foreign direction", preferring to continue, "alone", the ancient tradition of sending "missions, religious, scientific and economic expeditions" to Africa. The official participation in the African International Association's activities could signify an official recognition of the Association and its purposes. Circumstances required judicious decisions. The colonial framework was constantly changing at several levels and the government had to be extremely careful in its diplomatic manoeuvres, the main resource being used to solve the most urgent colonial problem, the "double" Congo affair. The cabinet also opposed the participation of the Portuguese ambassador in Brussels in the African International Association's

35 Cordeiro, "Portugal and the Congo", 327; *Boletim-LGS*, 1877, 19-21.
36 *Actas-LGS*, 28 October 1876.

international committee meeting in June 1877. Leopold II was clearly aware of the political and historic circumstances of Portugal's colonial possessions and of its longstanding claims to the Congo, including the related diplomatic quarrels with England. The Portuguese became focused in understanding the potential consequences of the King's colonial ambitions on the Portuguese colonial project.[37] On 27 March 1877, the LGS unanimously created the *Comissão Nacional Portuguesa de Exploração e Civilização da África*, the *Comissão Africana*, the national committee of the African International Association. This commission would be essential in the redefinition of Portuguese imperial imagination, promoting the urgent necessity of delimitation of the Portuguese colonial frontiers. The LGS took advantage of the opportunities created by the Brussels' Geographical Conference and by the emergence of Leopold II's colonial designs and manoeuvres, conveniently exploring the widespread sense of colonial "spoliation". The LGS political opportunism had also a national dimension that must be underlined: its involvement in the debates over the religious dimension of Portuguese colonialism.[38]

LGS's proposals, widely publicized in Portuguese political circles, and frequently translated into French and to English, were essentially two. First, the organization of a major geographical and commercial exploration to Africa, the famous Serpa Pinto, Roberto Ivens and Brito Capelo's voyages. The driving force of these expeditions was as economic as it was scientific. But its political significance was central. Supported by one of the most important economic institutions, the Lisbon Commercial Association, the projected expedition aimed to prevent "a similar vigorous race, however with more means, that could penetrate Central Africa and steal the resources of the region", ruining Portuguese political and commercial interests. The precise political and diplomatic definition of the country's sovereignty in Africa was imperative. The reckoning of several similar "geographical" expeditions increased the urgency. Second, the LGS appropriated the idea of "civilizing stations" defined in 1876 and promoted an occupation and expansionist strategy. In August 1881, a decree established the Portuguese "civilizing stations", stating the nation's precocious colonial imagination and colonialist ancestry: the ancient system of *presídios* was considered a path-breaking example of civilizing stations. The Congo area was obviously chosen as a privileged spot for the "civilizing stations" design.

An *African Fund* was created in 1877 and the development of an occupation and expansionist strategy was boosted by a public subscription, an "appeal", launched in July 1881. This "appeal" had a grandiose purpose and

37 *Boletim-LGS*, 1877, 112; AHDMNE/MNO-MFA/886: Gouveia to Bolama, 24 March 1877; Francisco Silva to Bolama, 30 May 1877; AHDMNE/Brussels/8: Azevedo to Corvo, 27 February and 3 March 1877. For Leopold II's appraisal of Portuguese claims see Roeykens, *La Période initiale*, 16-17, 22-24, 27-28.

38 Cordeiro, *Questões Coloniais*, 47-49.

mobilized considerable means. It contained a summary of the main contemporary transformations in the imperial and international spheres, offering information about the European movements in Africa (especially those made by the African International Association, highlighting its own project of a chain of civilizing stations, from Zanzibar to the limits of Angola) and promoting Africa as the newest *el dorado*, evoking the imagery once associated with Brazil. On 18 August 1881, a decree determined the stations' role: they were the "most practical and humanitarian way that experience and science" suggested to control the "constituent and the *adjacent* territories" of Portuguese overseas possessions. The stations aimed to civilize the native populations ("help them with the benefits of science", propagating the Christian moral and religion, in order to "transform their barbarian behaviour"), protect the Europeans and promote commerce. The "stations" should promote the vulgarization of Portuguese language and the study of "indigenous vocabularies, their grammars, legends, traditions and customs". They should be centres of information gathering, and colonial vigilance. The religious issues had a crucial place in the overall strategy to mobilize the public. The presence of British and American "Protestant hunters, merchants and missionaries", "connected to commercial interests", was highlighted as a menace. Catholic missions and their propagation under the Lavigerie's agenda, which aimed to redesign the ecclesiastical landscape of Africa, were also highlighted as troubling. Accordingly, the LGS placed the religious question at the forefront of the imperial project. The association between the prospect of colonial revitalization and the reintroduction of religious orders and, more generally, the rethinking of church-state relations, became fundamental.[39]

In 1880, the LGS's Commission for Overseas Missions and the Ministry of Navy and Overseas produced two reports about the colonial religious question. Pressed by the growing missionary, scientific, commercial and political competition near Portuguese colonial territories, especially in the Congo, the authorities tried to identify causes of colonial and missionary decadence and to assess formulas to foster its renaissance. The complete reformation of the processes of clergy and missionary formation was one of the first measures proposed. This entailed a systematic reorganization of the seminary of *Sernache do Bom Jardim*, the main missionary recruitment institution. The quality of ecclesiastic resources was considered a major cause of the debilitated state of missionary presence in Africa, in addition to its scarcity, an appraisal that also applied to the colonial bureaucracy. As one report stated, what was needed was to "create a missionary, because we really don't have one". The existing missionary knew "a little bit of Latin, some theology", spoke and taught in a "dubious Portuguese", didn't study hygiene, didn't have a basic knowledge

39 *Boletim-LGS*, 1877 and 1881, 23-27, 391-392; *Ao Povo Português*, 4-5, 7, 11, 16; *Diário do Governo*, 18 August 1881; *Actas-LGS*, 2 April 1880.

in natural sciences, "never handled a barometer, a compass, a rifle". More importantly, he didn't have a *positivist*, scientific acquaintance with industry, commerce and modern civilization. The question was not if Portuguese colonialism needed missionaries but what type of missionaries should be formed. The question was not whether they were regular or secular priests, but if they were "modern" missionaries. What was important was to promote a specific type of missionary: the geographer-missionary.[40] As the LGS member and Navy official Freitas Queriol wrote in an 1876 report about the state of the Catholic missions in Congo and Angola, "in reality all we have are contractors of religious externals". "Imbecile and almost analphabetic", they were unable to understand the "significance of the mission", which involved a convergence of purposes that far exceeded the religious ones.[41]

The missionary should embody multiple social and professional identities, and meet more mundane and pragmatic requirements, those emerging in a context of widespread international competition for native souls but also for colonial resources and knowledge. This utilitarian perspective gradually prevailed, as the recognition of the utility of ecclesiastical *services* in such a context grew. Some influential politicians and LGS members, like Barbosa du Bocage, saw the missionaries' role as including a moral and religious goal but also a practical, economic objective: the promotion of respect for the rights of proprietorship and the habit of work. This approach would echo in the years to come. Work would be the key to enter the "civilization guild", an expression that would be incessantly used by the Portuguese elites to justify their (forced) labour systems and their educational policies in the future. Other personalities, such as Fernando Pedroso, aimed to place the debate in another level: anticlericals should renounce their impetus given the interest of the state. Member of the *Comissão Africana*, Pedroso constantly intended to avoid the exportation of regalist principles to the empire: "Equatorial Africa could turn into another Brazil", but this wouldn't happen "if the sword was not preceded by the cross". This entailed another aspect: only the clergy of religious congregations could guarantee the discipline and conviction required. The freedom of religious association should be immediately decreed in the colonies, and in the metropole.[42]

The arrival, in 1878, of two Protestant missions, the Livingstone Inland Mission (LIM) and the Baptist Missionary Society (BMS), augmented the ur-

40 Cordeiro, "Primeiro Relatório" and "Segundo Relatório", at 112-113; also *Actas-LGS*, 2 April 1880, 11 March 1878; *Boletim-LGS*, 1877, 196-203; Guimarães, *Uma Corrente do Colonialismo Português*, 61-65; Azevedo, *Estudo sobre as Missões no Ultramar*, 18-35: Teixeira, *O Collégio das Missões* and Cunha, "Notas para uma cronologia eclesiástica e missionária do Congo e Angola", 79.

41 Queriol, "As Missões Católicas em África".

42 *Actas-LGS*, 21 and 24 April and 12 May 1880; *Boletim-LGS*, December 1876, 19-21, 51; Jerónimo, *Livros Brancos*, 75-96.

gency to devise an effective ecclesiastical policy and revitalize the missionary presence in the Congo territories that were claimed by the Portuguese authorities. Feared more for its supposed political implications than for its strictly religious significance, Protestantism emerged as a crucial reference in the formulation of new imperial policies. In April 1878, Governor Caetano Albuquerque wrote that the arrival of missionaries was a result of a calculated "diabolic plan" by the British government. The missionaries' destination (Noki), reinforced his political interpretation: the British wanted to "squeeze" Angola, and limit Portuguese colonial sovereignty. This led Lisbon to demand more information. Carvalho e Menezes, his successor, went further: the articulation between the "trader and the priest" aimed at the establishment of a British colonial rule; it was not just a tool for the "civilization of the black race". Accordingly, only the control of commerce with the interior and its direction to Portuguese-controlled ports of the north of Angola could prevent the imminent "spoliation". The trader and the priest should be a tool of colonization. They should also be obstacles to the multifarious political and religious "menaces" to the nation's colonial aspirations.[43]

A new threat, a new mission: the quest for the Congo

The ecclesiastical pressure remained and the political burden grew heavy. Between 1865 and 1880s, the territories of Angola and the Congo saw the undeniable increase of missionary agencies, Catholic and Protestant, coming from different corners of the world, displaying different strategies and methods of activity, and competing for the *souls* of the natives. As happened with the Spiritans a decade earlier, the British Protestant missionary presence was seen as a prelude to an English military invasion and occupation. On 25 August, Menezes ordered an inspection in the northern territories of Angola and the Congo. The arrival of the missionaries of the Baptist Missionary Society and the manoeuvres of Henry Morton Stanley, the "nature and the intentions of the two expeditions", needed to be closely examined. The "importance of these facts" in the "solution of the ill-fated affair of our dominion in those territories", both in "dominated areas" and in those "merely submitted to our reserved rights", worried the governor. The instructions were clear. The national flag should be hoisted everywhere in order to prove the widespread Portuguese *effective* presence. The Baptists were promoting English "religious, political and commercial ideas". Stanley was working for the Belgians, presumably only with "purely scientific purposes", and for the English and the Americans, with

43 AHU/Angola/1st Department/Dossier 1: Albuquerque to Ferreira, confidential, 17 April 1878; Menezes to Braancamp, confidential, 25 August 1879; AHDMNE/MNO-MFA/886: Costa e Silva to MFA, 19 June 1878.

"sole commercial" ends. In Cabinda and in the "Zaire", the purpose was to inform the native chiefs of the two expeditions' putative hidden interests, and to assure that they would continue to support the Portuguese ecclesiastical and political sovereignty.[44] This new perceived threat distressed the Portuguese. It also distraught the Catholic world: from the Spiritans to the Curia and the Propaganda Fide.[45]

The mission of the Baptist Missionary Society arrived at the Congo River early in 1878. Formed by two missionaries coming from the society's mission in Cameroon, Georges Grenfell and Thomas J. Comber, their first action was to write to the King of the Congo, expressing their wishes to establish a mission in São Salvador.[46] This contingent was to increase in the years to follow, but the mere presence of a small number of Protestant missions, including the American Board of Commissioners for Foreign Missions (since 1880), amplified the worries of the Portuguese authorities.[47] As a consequence, the Portuguese devised a "permanent" missionary residence in São Salvador to revitalize Portuguese missionary presence in the Congo, under the guidance of a missionary of a new generation, António Barroso.[48] The mission had other important purposes. As the bishop of Angola and Congo stated, the urgency of the mission was due to the arrival of "new Protestants missionaries-explorers", whose aims were "evangelization and something else". To cope with this "menace", the missionaries should carry English dictionaries and, above all, gifts to the *sobas*. A piano, silver cups and tankards, kegs of rum and bottles of gin were the gifts presented to the King of Congo, Pedro V. The instructions given to Barroso were clear regarding their extra-ecclesiastical obligations. First, he should establish a political influence over Pedro V, assuming a diplomatic role that could not be regularly performed by the state's officials in an unrecognized colonial possession. This aspect was formidably important since one of the main arguments used by the Portuguese to sustain their *historical rights* was the assertion of privileged relations with the natives, proving an enduring presence in the area and attesting its civilizing virtues, an important fact given the accusations of slavery. Second, he should accumulate information about missionary work and propaganda (national and foreign) and about foreign explorers and their movements (Stanley was the only one mentioned, given the

44 AHU/Angola/1st Department/Dossier 1: Menezes to Braancamp, confidential, 25 August 1879.

45 Jerónimo, *Religion*, 164-182.

46 Braekman, *Histoire du Protestantisme au Congo*, 67-68; Beeckmans, "Le centenaire protestant au Zaïre", 590-592; Henderson, *The Church in Angola*, 37; Slade, *English-Speaking Missions in the Congo Independent State*, 12, 33-37.

47 Soremekun, *A History of the American Board Missions in Angola*, 46-95; Id., "Religion and Politics in Angola", 342; Henderson, *The Church in Angola*, 46-56.

48 Brásio, *D. António Barroso*, XV-LIII.

Portuguese suspicion of the African International Association's manoeuvres). The political purposes couldn't be clearer.[49]

The missionary instrument was the last to be deployed in the longstanding *fait accompli* strategy that aimed to create conditions for the recognition of Portuguese claimed rights. Given the British persistent obstruction, the Portuguese multiplied the attempts to accumulate evidences of local influence and *informal* sovereignty, to be used in the ongoing negotiations with London that would eventually end with the Anglo-Portuguese Treaty of 1884 (never ratified by the both parliaments).[50] Adding to proclaimed humanitarian and civilizational reasons, to efforts to secure trade and property and to alleged demands by the native populations, the missionary instrument was crucial. The missionary expansion could pave the way to other types of territorial advancements. On 20 February 1881, the expedition departed to São Salvador. The instructions given to Barroso were also given to Captain Barreto Mena: identify "the studies, activities and purposes of the explorer Stanley and of the foreign missions in the Zaire and the Congo". In his final report, Mena questioned the political role that Pedro V could play in the ongoing international negotiations, because he was not "a feared chief, a powerful *soba*, a respected prince". Regarding religious circumstances, the judgment was obvious: a deplorable abandonment. In his appraisal of foreign missions, he stressed the role of the Baptist Missionary Society, which had a threefold purpose: "political, scientific and religious". Another authority, commander Carlos Cândido dos Reis, reinforced this assessment, stating their missionaries did "everything, except their missionary obligations", they were "unstoppable travellers, explorers, geographers, everything, except missionaries". Their "politico-religious ends" were feared, their territorial mobility alarming. Their religious influence was seen as irrelevant, but their connections with the African International Association were not. The "exquisite coincidence" between the activities of the Protestants and those led by Stanley was suspicious.[51]

Barroso's efforts to obtain Pedro V's collaboration succeeded in June 1883. On 3rd June, he declared that he was "a faithful vassal" of the Portu-

49 AHU/Angola/1st Department/Dossier 1: Neto to Dantas, 11 November 1880 and Dantas to Barroso, confidential, 19 January 1881; Duffy, *A Question of Slavery*; Jerónimo, *Livros Brancos*.

50 Jerónimo, *Religion*, 183-190; Corvo, *Estudos sobre as Províncias Ultramarinas*, IV, 155-157; Anstey, *Britain and the Congo*, 53-56; Pinto, *Le Portugal et le Congo*, 124-134; Axelson, *Portugal and the Scramble for Africa*, 41-50; Bains, *British Policy in Relation to Portuguese Claims in West Africa*, 86-93; Hanna, *The Beginnings of Nyasaland and North-Eastern Rhodesia*, 106-114; Ramm, *Sir Robert Morier*, 73-112.

51 AHU/Angola/1st Department/Dossier 1: Dantas to Mena, confidential, 17 and 19 January 1881; Mena to Dantas, 11 March 1881; Reis to Mena, 28 February 1881; Reis to Dantas, 2 March 1881; AIA-BMS connection in Gründer, "Christian Missionary Activities in Africa", 93-98; Anstey, *Britain and the Congo*, 121-123; Slade, *L'Attitude des missions protestantes*, 702-709; Jerónimo, *Religion*, 193-195.

guese Crown. He requested "a permanent military force" to "prevent undesired events and destroy political influences" that could arise from the growing "competition of commercial houses" in the area. According to Governor Amaral, this "moral conquest" was a result of the missionaries' action and of the authorities' "more audacious policy". The missionaries had a crucial political role, being diplomats in a contested territory. The appointment of Álvaro de Água Rosada (Pedro V's son) as professor and missionary-assistant in the Congo certainly helped, as Pedro V's letters confirm.[52] On 27 June, Pedro V reaffirmed his loyalty to the Portuguese flag, stating that in a context of widespread European competition in the area and of "unjustified objections" to Portuguese occupation, "especially made by England", he couldn't do otherwise. In Amaral's yearly report (1882-1883), Barroso's was considered the "only salvation board", fundamental "to preserve the reach of our rule on the north coast" of Angola. With the occupation of Ambriz and Landana, the occupation of the Congo was the last element in a triangle vital to Portuguese interests and part of a scheme of pre-emptive, *fait accompli* occupation developed since the 1850s. The mission in São Salvador had two inextricable purposes. One was ecclesiastical, aimed to overcome the Propaganda Fide's resistance to change its position regarding the evangelical jurisdictions in the Prefecture of the Congo and to react to the presence of the Protestant missionaries in the area. The other was political and much more relevant: a preventative occupation of a strategic location that would serve as a resource in the ongoing colonial diplomacy, both as an example of Portuguese influence in the area (giving substance to the *historical rights* doctrine), and a privileged observation point to assess the *local* movements of foreign military, missionary or scientific forces.[53]

As Amaral stated, due to Barroso Portuguese sovereignty in the Congo was an "effective practice" not a "theoretical concession". The "intelligent and serviceable priest" had understood "the alliance of his evangelical mission with the conveniences of his political one". The reorganization of the Congo Mission in 1883 was primarily determined by explicit political purposes. The days when the political authorities denied support to ecclesiastical forces in Angola were over. Although Amaral underrated colonial clergymen, criticizing their lack of discipline and practical knowledge, another attitude was required to face the "war to our north dominion that comes from every direction": "not only Stanley, Brazza, the British and the Dutch merchants (...) but also the cabinets of Rome". The acceptance of an active role by ecclesiastics,

52 AHU/Angola/1st Department/Dossier 3: Amaral to Bocage (MNO), 9 March 1883 and Pedro V to Amaral, 30 January 1883; Pedro V to Amaral, 8 May and 3 June 1883 and notes of Amaral, 5 and 9 July 1883, in Brásio, *D. António Barroso*, 410-411, 413-417.

53 AHU/Angola/1st Department/Dossier 3, 2: Pedro V to Amaral, 27 June 1883; Amaral's *Report*.

whatever their origins and congregational filiations, would be positive if modelled on Barroso's *modus operandi*.[54]

The instrumental use of the missionary as tools of colonial expansion prevailed, given the problematic conjuncture of European inter-imperial unbalances. Their local presence could be *legitimately* used in the exercise of authority in *nullius territorium*. Their role as forces of anticipatory occupation was precious, their utility to convince the Curia immense. Constant efforts should be made in Rome to adjust the "limits of our ecclesiastical jurisdiction" to those of the claimed "administrative jurisdiction", as Amaral stated. Only this assured the "civilizing efforts" made by Barroso and his colleagues. The creation of a network of missions in the area would reinforce the administrative model of expansion and occupation. Otherwise obstructed, the plan designed by Amaral to "occupy the Zaire (...) without the unnecessary ostentation of force" included the enlargement of influence through missionary activities as a core element in a much wider expansionist plan.[55]

A diplomacy of indissoluble rights: political and ecclesiastical *Droits de Patronage*

On 29 January 1881, the Portuguese received "credible information" that pointed to the creation of two apostolic vicariates in the Congo by the Propaganda Fide. The archbishop of Alger was the main promoter. The project of developing missions "properly organized" to "civilize the indigenous people" and to "maintain" the claimed territories (following the example of the Congo mission) faced another obstacle. The reconciliation of "colonial interests", "Portuguese rights" and "religion" was in danger, as São Januário (Ministry of Navy and Overseas) concluded. The "numerous foreign missions of diverse religions (...) with distinct character and purposes" should be under close inspection. The Propaganda's "manoeuvres" infringed the jurisdiction of the diocese of Angola and Congo. Explanations should be demanded as soon as possible.[56]

The Propaganda Fide denied the establishment of a mission in the "lower Congo" but confirmed another in the "Meridional Congo", beyond the limits of the diocese of Angola and Congo. Notwithstanding, the LGS's Commission for Overseas Missions collected information about the *historical rights* over the Congo. A memorandum, *Droits de Patronage du Portugal en Afrique* (11 April 1881), was written to "justify and prove the right of the Portuguese Crown to its sovereignty and the authority in the territory that constitutes the diocese

54 Amaral's *Report*; AHU/Angola/1st Department/Dossier 4: Amaral to Chagas, 11 February 1884.

55 Amaral's *Report*.

56 AHDMNE/MNO-MFA/886: Januário to Braancamp, confidential, 29 January 1881.

of Angola and Congo". It was sent to Rome with instructions to start the "protest (...) about the vicariates" that the Propaganda Fide, following Lavigerie's plans, was "willing to establish", or had "already established", in the Congo, therefore causing "serious damages to Portuguese *Padroado*". In Rome, the Portuguese ambassador was prepared to obtain further explanations about the "violation" of the "rights of sovereignty and of *Padroado*" but thought that it would be unwise to present a "formal protest". Only if the Holy See explicitly "questioned those limits", should Portugal "formally and categorically protest", using the memorandum to the effect.[57]

The Portuguese questioned the Curia. The new African ecclesiastical circumscriptions, more specifically the Congo and the Cimbebásia's *centro di missione*, "manifestly" violated the "sovereign rights and the *Padroado* of the Portuguese Crown in Africa". Using an impressive set of historical evidence enumerated in the memorandum – from the Bull of Pope Clement VIII (20 May 1596), which (un)defined the limits of the diocese as including "all the extremely vast and big Kingdom of Congo and Angola", to a series of Bulls and Briefs from his successors –, Tomar aimed to show how the new *centro di missione* also invaded the "determined and recognized" limits of the "territories submitted to [Portuguese] sovereignty". Even if in the "*sertão*" (the interior) there were "no limits defined", only the Portuguese government could determine their extent, with the concordance of the "native chiefs", or "imposing them". If the planned reorganization of ecclesiastical jurisdictions went ahead serious "indecorous conflicts" would emerge within the Church. Only the "Protestant missions" would "benefit".[58] The Portuguese started to negotiate an entente with the Spiritans that could block Lavigerie's hegemonic ambitions, while the Spiritans were debating a common ground with Lavigerie. These facts were immediately known to Leopold II.[59]

The diplomatic pressure over the Curia, based on political arrangements with native chiefs (such as the one signed in Molembo) and proto-occupations (in Cacongo and Massabi, both north of 5º and 12', therefore viewed as *res nullius*), and on the diplomatic agreements with England, was enhanced by the formulation of another memorandum.[60] The Curia's reply to the first memorandum (26 January 1882) did not acknowledge that the doctrine of "historical rights" used in the imperial diplomatic chessboards merged political and re-

57 AHDMNE/Concordata: Tomar to Braancamp, 19 February 1881; Vilhena to Dantas, 22 April 1881; Dantas to Vilhena, 29 April 1881; Tomar to Hintze Ribeiro (MFA), 10 May 1881; *Droits de Patronage du Portugal en Afrique* (1881), 3-18; *Direitos de Padroado* (1883), 204-221.

58 ASV/ANL/Dimonstrazioni/(1881): Masella to Jacobini, 4 April 1881; ASCEP/SRC/Angola-Congo/8, 711-712: Tomar to Jacobini, 10 May 1881; AHDMNE/Concordata: Vilhena to Ribeiro, 30 June 1881.

59 Jerónimo, *Religion*, 212-221.

60 Amaral's *Report*; AHU/Angola/1st Department/Dossier 4: Amaral to Chagas, 17 December 1883; 8 March, 13 May and 14 October 1884; AGCSE/Angola-Congo, Landana/3L/1.5: Carrie to Peyron, 18 September 1884.

ligious rationales. It dealt exclusively with ecclesiastical issues, overlooking the fact that for the Portuguese the political resonances of the settlement of religious issues were far more important. The LGS's Commission for Overseas Missions produced another memorandum (1st March 1883) reasserting historical rights to the *Padroado* and sovereignty rights to the territories in which the Propaganda redefined ecclesiastical jurisdictions. Again, the main purpose was to demonstrate the illegitimacy of the Propaganda's decision, showing how it was contrary to the more *secular* dimension of the problem. To accept the decision was to diminish Portuguese religious and ecclesiastical authority and simultaneously to devalue the Portuguese proclaimed political authority over those territories, what would jeopardize the overall diplomatic strategy that was being followed internationally, with the French and, essentially, with the British. The 1883 memorandum denounced the damage entailed by the Holy See's course of action. The "historical justice and truth", the "secular jurisprudence" and the principle of "geographical exactitude" were being unobserved. It also stated that Portugal was being able to meet the *Padroado* responsibilities, as the Congo "permanent" mission demonstrated. But the crucible of the argumentation was the promotion of *secular* historical rights, a "positive and uncontested fact", as the LGS' *Question du Zaire. Droits du Portugal* advocated. The "limits of the province of Angola, in the coastal side, are in the north the parallel 5° 12' S., and in the south the parallel 18°". Moreover the *Padroado* limits went beyond the territories controlled by the country...[61]

The Curia's belated reaction to the memoranda increased the Portuguese concerns about the gradual limitation of Portuguese "apostolic sovereignty". This situation possessed a "great political transcendence" and was a "factor of the highest importance in the general problem of our occupation of the territories between 5° 12' L. S.". Its resolution "would have the most significant influence in the definitive establishment of [Portuguese] authority", as Governor Amaral stated. The Portuguese unsuccessfully strove to compel the Curia to acknowledge its "irrefutable" reasoning, as Tomar advocated. The Holy See never answered to this pressure. The "Congo question" was transformed into an international diplomatic problem, which ultimately led to the Anglo-Portuguese Treaty's non-ratification and to the Berlin West Africa Conference (1884-1885), and the circumstances recommended a careful posture by the Holy See. The latter understood that its ecclesiastical reasoning easily conflicted with the "reason" of states: the Portuguese defending their ancient rights, the French protecting their Spiritans and Leopold II supporting the Baptist Missionary Society and planning the protection of Scheut missionaries. As a member of the legation in Rome predicted one year before, "before

61 *Droits de Patronage* (1883), 19, 50-51.

the effective occupation of the territories neighbouring the Diocese of Angola and Congo and the recognition of our sovereignty nothing would be obtained from that sacred Institute", the Propaganda Fide.[62]

The ecclesiastical consequences of the politico-diplomatic agreements made in Berlin were evaluated in Rome in February 1885. Some of the ecclesiastical disputes were considered to be over, especially regarding the north of the River Zaire. Landana and Molembo were now within the Congo Independent State, and Loango belonged to the French. Despite the fact that the outcome of the conference, namely the international agreement upon the "religious freedom", apparently solved numerous contending claims, Portuguese elites persisted in asserting ecclesiastical jurisdiction outside Portugal's internationally recognized territories, pressing the Curia to act accordingly. After years claiming for the symmetry between the *Padroado* boundaries and the limits of the claimed historical rights of political sovereignty, the argument changed. The Portuguese now desperately wanted to preserve ecclesiastical authority over territories beyond their formal and recognized sovereignty. However, in a report entitled "Il Portogallo e la Missioni di Africa" (1885), ecclesiastical realities in Portuguese colonies were negatively portrayed, the new claims ignored. Not even the promises of reorganization and reinforcement of the missionary work overseas were considered. To Vannutelli, "the Portuguese government only considered missionary activity in its commercial and political outcomes".[63]

Moreover, the Curia started receiving other claims. Leopold II wrote to Leo XIII and expressed his concerns regarding the problem of the *Padroado* in the "new state of the Congo". Its evangelization could not rest on the Portuguese "spiritual authority". Despite the pressure from the Portuguese, the Holy See resisted. As Vannutelli stated, the scarcity of ecclesiastics in the institution proved that for the Portuguese "missionary service was no more than a branch of the Ministry of the Navy". Nonetheless, the Portuguese continued to insist on the regulation of the limits of the African *Padroado* according to the maxim that it "had no known limits in the interior". Its configuration could not be changed "by any modification in the civil empire". The political framework devised in Berlin had nothing to do with the religious one: "the entire Congo" was a under the *Padroado* jurisdiction. The only Berlin outcome that slightly affected this fact was that of "religious freedom". But for the "interior

62 AHDMNE/MNO-MFA/886: Amaral to Chagas, confidential, 28 June and 29 September 1884; Chagas to Castro, 13 November 1884; ASCEP/SRC/Angola-Congo/8, 820-821v: Tomar to Jacobini, 27 October 1884; AHDMNE/HS-MFA/259: Andrade to Pimentel, 17 July 1883.

63 ASV/ANL/Missione: Vannutelli to Jacobini, 26 February, 2 August, 29 September and 26 October 1885; Jacobini to Vannutelli, 6 March 1885. For the Portuguese documentation on the Berlin Conference see AHDMNE/Zaire/3P/A15/M28 and *Livro Branco/1885/II*; Pinto, *Le Portugal et le Congo*, 247-266. For the impact of the Conference in Rome, see Prudhomme, *Stratégie missionnaire*, 449-456.

regions undefined in the convention", that is the areas between Angola and Mozambique, Portugal "maintained its civil empire and with it the *Padroado*". The rose-coloured map, the coast-to-coast imperial project that pushed the country to the British *Ultimatum* of 1890, had a religious and ecclesiastical dimension. After years insisting on the association between politics and religion, Portugal unsuccessfully tried to dissociate the Berlin Conference's political and religious outcomes and the *Padroado* rights.[64]

In Rome, Portuguese claims were qualified as "extremely wide", involving "regions over which no dominion was exerted or with which no relationships existed", not to mention the scarcity of "resources" available to spread the faith, as Simeoni stated. This early appraisal was confirmed on 14 December 1889, after a gathering of the cardinals' committee of the Propaganda Fide and of the Extraordinary Ecclesiastical Affairs. The Portuguese "false and exaggerated statements" were criticized. The commission denied all Portuguese claims. The extension of the *Padroado over* territories controlled by other states was denied. Other aspects, such as the limits of the diocese of Angola and Congo, were delayed for further negotiations. One thing was sure: the reintroduction of religious orders should be one of the aspects under consideration. Only in June 1893, were the Portuguese pretensions abandoned. The *Padroado* limits were finally defined in accordance to the internationally recognized boundaries of Portuguese African colonies. In February 1894, another Roman commission agreed with these terms but added that no restraint should be placed upon missions sent by the Propaganda Fide. The political and territorial boundaries of Portuguese Africa were finally defined. The *Padroado* rights were only unambiguously determined in the Concordat of 1940.[65]

Conclusion

The mounting inter-imperial competition that characterized the late nineteenth century conditioned, in a substantial manner, the formulation of colonial policies in Portugal, especially those related to the promotion, preservation and legitimization of the country's claims to a formal sovereignty in the Congo, between the 8° and the 5° 12' latitude South, and to a coast-to-coast colonial rule (from Angola to Mozambique), famously depicted in the rose-coloured map, which synthesized the country's imperial political imagination. The multifaceted interplay between political, commercial, scientific and

64 ASV/ANL/Missione: Jacobini to Vannutelli, 16 April 1886; Vannutelli to Jacobini, 7 and 12 April 1886; Vannutelli to Rampolla, 25 September 1887; Rampolla to Vannutelli, 3 October 1887; AHDMNE/HS-MFA/260*:* Ferrão to Jacobini, 28 January 1887 and ASCEP/Acta/259, 732-736.

65 AHDMNE/HS-MFA/260: Ferrão to Gomes, confidential, 21 July 1887; ASCEP/Acta/259/264, 729-768 and 136-148: Commission (7 June 1893 and 15 February 1894).

missionary interests and institutions involved in the scramble for Africa – a process scarcely reducible to the reason or logic of states – transformed the nature and the rationale of the catalogue of *historical rights* mobilized by the Portuguese to uphold their imperial interests in an international arena, in multilateral events such as the Berlin West African Conference of 1884 and in bilateral negotiations, such as the ones that led to the Anglo-Portuguese Treaty of 1884 or the ones that characterized the relations between Portugal and the Holy See.

As we have seen, the proclaimed *historical rights* that the Portuguese putatively possessed in Africa, both from a political perspective and from a religious and ecclesiastical one, were constantly obstructed by old and new imperial and colonial powers, from Leopold II to Lavigerie, from the British Chambers of Commerce to the British missionary societies or the French Spiritans. Despite the troubled church-state relations and the widespread *culture wars* that, like in many other European countries[66], characterized Portuguese society throughout the nineteenth century, the role of ecclesiastics and religious institutions, namely missions, gradually became a crucial element in the political and diplomatic colonial strategies to face the escalating international inter-imperial rivalry. The religious and ecclesiastical aspects acquired multiple functions, the ecclesiastics and the missionary personnel performed varied roles. They became a vital instrument of territorial penetration in the colonial world and its disputed, turbulent frontiers; a precious tool of colonial cultural and political influence, forging new or sustaining old local alliances, therefore becoming critical agents of diplomatic comparative advantage to be deployed at the colonial level but also in the consultations at the European chancelleries, in Lisbon, Paris, London, or at the Curia. Although partially autonomous from the political, economic, and sociocultural drives that propelled the "new imperialism" – fact that requires prudence in the analysis of their connections and the questions the assertion of a perfect equation between political and religious scrambles, between the Bible and the flag[67] –, the ecclesiastical reasoning associated with the *Padroado Africano* was a powerful resource used in the politico-diplomatic efforts to *legalize* Portuguese colonial sovereignty internationally. Likewise, the political dimension of the Portuguese expansionist imperial strategy was also constantly deployed as a critical instrument in the diplomatic procedures to negotiate the nature, the provisions and the limits of ecclesiastical jurisdictions in sub-Saharan Africa. The interplay between politics and religion was central to the formulation of a diplomacy of indissoluble rights that served as the backbone of Portuguese imperial agenda in late nineteenth century, the creation of a *new Brazil in Africa*.

66 Clark and Kaiser, eds., *Culture Wars*.
67 For a balanced, exemplary view see Porter, *Religion versus Empire*?

ABBREVIATIONS

Acta: Acta Sacrae Congregationis de Propaganda Fide
Actas LGS: *Actas das Sessões da Sociedade de Geografia de Lisboa*
AGCSE: Archives Génèrales de la Congrégation du Saint-Esprit
AHDMNE: Arquivo Histórico-Diplomático do Ministério dos Negócios Estrangeiros
AHU: Arquivo Histórico Ultramarino
AIA: African International Association
AMAE: Archives du Ministère des Affaires Étrangères
Angola-Congo: Africa-Angola-Congo-Senegal-Isole dell'Oceano Atlantico
ANL: Archivio della Nunziatura di Lisboa
Annaes LGS: *Annaes da Commissão Central Permanente de Geographia*
ASCEP: Archivio Storico de la Congregazione per L'Evangelizzazione dei Popoli
ASV: Archivio Segreto Vaticano
BMS: Baptist Missionary Society
BOGGPA: *Boletim Oficial do Governo Geral da Provincia de Angola*
Boletim LGS: *Boletim da Sociedade de Geografia de Lisboa*
Brussels: Legação de Portugal em Bruxelas
DCD: *Diário da Câmara dos Deputados*
Dimonstrazioni: Divisione IV, Pos. XII, Sezione 2a, Dimonstrazioni Portoghesi per le Nuove Missioni Erette dalla Santa Sede in Africa (1881)
Diocesi: Divisione IV, Pos. X, Sezione 1a. Diocesi di Angola: Affari Relativi (1859-1868)
HS-MFA: Legação de Portugal em Roma (Santa Sé)
Lettere: Lettere, Decreti della Sacra Confregazione della Propaganda e Biglietti di Monsignor Secretario
LGS: Sociedade de Geografia de Lisboa / Lisbon Geographical Society
LIM: Livingstone Inland Mission
MD-Afrique : Mémoires et Documents - Afrique
MFA: Ministry of Foreign Affairs
Missione: Divisione IV, Pos. III, Sezione 2a, Missione Africanae. Giunta delle Missioni
MNO-MFA: Ministry of Navy and Overseas to Ministry of Foreign Affairs
SRC: Scritture Riferite nei Congressi
TNA: The National Archives

BIBLIOGRAPHY

Archives

Chevilly-Larue, Paris, Archives Générales de la Congrégation du Saint-Esprit (AGCSE)
Angola-Congo, Landana. 3L 1.5.
Kew, London, The National Archives (TNA)
FO/63 Portuguese Possessions in West Coast of Africa 1855-1881. Dossier 1117.
Lisbon, Arquivo Histórico-Diplomático do Ministério dos Negócios Estrangeiros (Ministry of Foreign Affairs (MFA), AHDMNE)
Questões do Zaire. 3P A15 M27/1 and M27/2, 3P A15 M28.
Concordata e Negócios com a Corte de Roma (Concordata). Box 999.
Legação de Portugal em Roma (Santa Sé) (HS-MFA). Box 10, 257, 259 and 260.
Correspondência do Ministério da Marinha e Ultramar para o Ministério dos Negócios Estrangeiros (Ministry of Navy and Overseas to Ministry of Foreign Affairs, MNO-MFA). Box 14 and 886.
Legação de Portugal em Bruxelas (Brussels). Box 8.
Lisbon, Arquivo Histórico Ultramarino (AHU)
Angola, 1st Department. Dossier 1-4.
Paris, Archives du Ministère des Affaires Étrangeres (Ministry of Foreign Affairs (MFA), AMAE)
Mémoires et Documents. Afrique (MD-Afrique), Congo et Gabon, Vol. 58, I, 1839-1881.
Rome, Archivio Storico de la Congregazione per L'Evangelizzazione dei Popoli (ASCEP)
Scritture Riferite nei Congressi (SRC).
Africa-Angola-Congo-Senegal-Isole dell'Oceano Atlantico (Angola-Congo). Vol. 7 and 8.
Lettere, Decreti della Sacra Confregazione della Propaganda e Biglietti di Monsignor Secretario (Lettere). Vol. 356.
Acta Sacrae Congregationis de Propaganda Fide (Acta). Vol. 259 and 264.
Rome, Vatican, Archivio Segreto Vaticano (ASV)
Archivio della Nunziatura di Lisboa (ANL)
Divisione IV, Pos. X, Sezione 1a. Diocesi di Angola: Affari Relativi (1859-1868) (Diocesi).
Divisione IV, Pos. XII, Sezione 2a, Dimonstrazioni Portoghesi per le Nuove Missioni Erette dalla Santa Sede in Africa (1881) (Dimonstrazioni).
Divisione IV, Pos. III, Sezione 2a, Missione Africanae. Giunta delle Missioni (Missione)

Primary printed sources (including periodicals and official publications)

Actas das Sessões da Sociedade de Geografia de Lisboa [Actas LGS].

Annaes da Commissão Central Permanente de Geographia, nº 1, 1876. Lisbon: Imprensa Nacional, 1876. [*Annaes LGS*]

Ao Povo Português em Nome da Honra, do Direito, do Interesse e do Futuro da Pátria a Comissão do Fundo Africano Criada pela Sociedade de Geografia de Lisboa para Promover uma Subscrição Nacional Permanente Destinada ao Estabelecimento de Estações Civilizadoras nos Territórios Sujeitos e Adjacentes ao Domínio Português em África. Lisbon: Imprensa Nacional, 1881.

Axelson, Eric. *Portugal and the Scramble for Africa 1875-1891*. Johannesburg: Witwatersrand University Press, 1967.

Boletim da Sociedade de Geografia de Lisboa, 1st Series, 1876, 1877, 1881. *[Boletim LGS]*

Boletim Oficial do Governo Geral da Provincia de Angola. [BOGGPA].

Diário da Câmara dos Deputados [DCD].

Droits de Patronage du Portugal en Afrique. Lisbon: Imprensa Nacional, 1883.

Livro Branco. Negócios Externos. Relatórios e Documentos Apresentados às Cortes na Sessão Legislativa de 1867 pelo Ministro e Secretário D'Estado dos Negócios Estrangeiros. Lisbon: Imprensa Nacional, 1867.

Livro Branco. A Questão do Zaire. Lisbon: Imprensa Nacional, 1884-1885, 2 vols.

Secondary printed sources

Alexandre, Valentim. "Nação e Império" in: Francisco Bethencourt and Kirti Chaudhuri (eds.). *História da Expansão Portuguesa. Do Brasil para África*. Lisbon: Circulo de Leitores, 1998, vol. IV, 90-142.

Anstey, Roger. *Britain and the Congo in the Nineteenth-*Century. Oxford: Clarendon Press, 1962.

Azevedo, Egídio Oliveira de. *Estudo sobre as Missões no Ultramar.* Porto: Livraria de Clavel & C.ª-Editores, 1882.

Bains, Irene. *British Policy in Relation to Portuguese Claims in West Africa, 1876-1884*. London, University of London, M.A. Thesis, 1940.

Beeckmans, René. "Le centenaire protestant au Zaïre (1878-1978)". *Zaïre-Afrique*, No 130, December 1978.

Bonifácio, Maria de Fátima. *Apologia da História Política. Estudos sobre o Século XIX Português.* Lisbon: Quetzal Editores, 1999.

Braekman, Émile. *Histoire du Protestantisme au Congo*. Brussels: Éditions de la Librairie des Eclaireurs Unionistes, 1961.

Brásio, António (ed.). *D. António Barroso. Missionário, Cientista, Missiólogo*. Lisbon: Centro de Estudos Históricos Ultramarinos, 1961.

Brásio, António. *Spiritana Monumenta Historica: Angola*. Pittsburgh: Duquesne University Press and Leuven: Nauwelaerts, 1966-1971, 5 vols.

Brasseur, Paule. "Les premiers Spiritains de l'Angola au Congo (1866-1886)" in: *Actas do Congresso Internacional de História. Missionação Portuguesa e Encontro de Culturas, Lisboa, 1992*. Braga: Universidade Católica Portuguesa, 1993, vol. V, 121-136.

Butombe, J. I. Nkulu. *La Question du Zaire et ses repercussions sur les jurisdictions ecclésiastiques (1865-1888)*. Kinshasa: Faculté de Theologie Catholique, 1982.

Clark, Christopher and Kaiser, Wolfram, eds. *Culture Wars: Secular-Catholic Conflict in Nineteenth-Century Europe*. Cambridge: Cambridge University Press, 2003.

Cordeiro, Luciano. *Questões Coloniais*. Coimbra: Imprensa da Universidade, 1934.

Cordeiro, Luciano. "Primeiro Relatório Apresentado à Comissão de Missões do Ultramar" and "Segundo Relatório Apresentado à Comissão de Missões do Ultramar" in: Luciano Cordeiro. *Questões Coloniais*. Coimbra: Imprensa da Universidade, 1934, 109-134 and 135-159.

Cordeiro, Luciano, "Portugal and the Congo: A Statement" in: Luciano Cordeiro. *Questões Coloniais*. Coimbra: Imprensa da Universidade, 1934, 263-362.

Corvo, João de Andrade, *Estudos sobre as Províncias Ultramarinas*. Lisbon, 1883, 4 vols.

Cunha, M. Alves da. "Notas para uma cronologia eclesiástica e missionária do Congo e Angola (1491-1944)". *Arquivos de Angola*. Luanda, 2nd series, vol. II, 1944,

Duffy, James, *A Question of Slavery: Labour Policies in Portuguese Africa and the British Protest, 1850-1920*. Oxford: Oxford University Press, 1967.

Gründer, Horst. "Christian Missionary Activities in Africa in the Age of Imperialism and the Berlin Conference of 1884-1885" in: Stig Förster, Wolfgang J. Mommsen and Ronald Robinson, eds. *Bismarck, Europe, and Africa: the Berlin Africa Conference 1884-1885 and the onset of partition*. Oxford - New York: Oxford University Press, 1988, 85-103.

Guimarães, Ângela. *Uma Corrente do Colonialismo Português. A Sociedade de Geografia de Lisboa, 1875-1895*. Lisbon: Livros Horizonte, 1984.

Hanna, A.J. *The Beginnings of Nyasaland and North-Eastern Rhodesia, 1859-95*. Oxford: Clarendon Press, 1956.

Hastings, Adrian. *The Church in Africa: 1450-1950*. Oxford: Oxford University Press, 1996.

Henderson, Lawrence W. *The Church in Angola: A River of Many Currents*. Cleveland, Ohio: Pilgrim Press, 1992.

Jerónimo, Miguel Bandeira. *Religion, Empire, and the Diplomacy of Colonialism: Portugal, Europe, and the Congo Question, c. 1820-1890*. London: King's College, PhD 2008, published as *A Diplomacia do Imperialismo. Política e Religião na Partilha de África (1820-1890)*. Lisbon: Edições 70, 2012.

Jerónimo, Miguel Bandeira. *Livros Brancos, Almas Negras. A "Missão Civilizadora" do Colonialismo Português (c. 1870-1930)*. Lisbon: Imprensa de Ciências Sociais, 2010.

Konka, Romain. "Les débuts de la mission catholique de Landana (1873-1876)". *Cahiers d'études africaines*, 2 (1962), 362-372.

Koren, Henry J. *The Spiritans: A History of the Congregation of the Holy Ghost*. Pittsburgh: Duquesne University, 1958.

Neto, Vítor. *O Estado, a Igreja e a Sociedade em Portugal (1832-1911)*. Lisbon: Imprensa Nacional Casa da Moeda, Col. Análise Social, 1998.

Queriol, Nunes de Freitas. "As Missões Católicas em África". *Boletim da Sociedade de Geografia de Lisboa*, 2nd Series, I, 1880, 18-29.

Ramm, Agatha. *Sir Robert Morier: Envoy and Ambassador in the Age of Imperialism 1876-1893*. Oxford: Clarendon Press, 1973.

Roeykens, Auguste. *Les Débuts de l'Œuvre africaine de Léopold II (1875-1879)*. Brussels: Académie royale des sciences coloniales, 1955.

Roeykens, Auguste. *Léopold II et la Conférence Géographique de Bruxelles (1876)*. Brussels: Académie Royale des Sciences Coloniales, 1956.

Roeykens, Auguste. *La Période initiale de l'Œuvre africaine de Léopold II. Nouvelles recherches et documents inédits (1875-1883)*. Brussels: Académie Royale des Sciences Sociales, 1957.

Pinto, F. Latour da Veiga. *Le Portugal et le Congo au XIXe siècle. Étude d'histoire des relations internationales*. Paris: Presses Universitaires de France, 1972.

Porter, Andrew. *Religion versus Empire? British Protestant Missionaries and Overseas Expansion, 1700-1914*. Manchester: Manchester University Press, 2004.

Prudhomme, Claude. *Stratégie missionnaire du Saint-Siège sous Léon XIII (1878-1903). Centralisation romaine et défis culturels*. Rome: École Française de Rome and Boccard, 1994.

Slade, Ruth. *L'Attitude des missions protestantes vis-à-vis des puissances européennes au Congo avant 1885*. Brussels: Institut Royal Colonial Belge, 1954.

Slade, Ruth. *English-Speaking Missions in the Congo Independent State (1878-1908)*. Brussels, 1959.

Soremekun, Fola. *A History of the American Board Missions in Angola, 1880-1940*. Evanston, Illinois, 1965.

Soremekun, Fola. "Religion and Politics in Angola: The American Board Missions and the Portuguese Government, 1880-1892". *Cahiers d'Études Africaines*, 11 (1971) 43, 341-377.

Storme, M. "Engagement de la Propagande pour l'organisation territoriale des missions au Congo" in: J. Metzler, ed. *Sacrae Congregationis de Propaganda Fide Memoria Rerum*, III/1. Rome-Freiburg-Vienna: Herder, 1975, 256-294.

Teixeira, Cândido da Silva. *O Collégio das Missões em Sernache do Bom Jardim: Traços Monographicos*. Lisbon: Imprensa Nacional, 1905.

Torres, João Carlos Feo Cardozo de Castellobranco e. *Memoria: Contendo a Biographia de Vice Almirante Luiz da Motta Feo e Torres, a História dos Governadores e Capitaens Generaes de Angola, desde 1575 até 1825 e a Descripção Geographica e Politica dos Reinos de Angola e de Benguella*. Paris: Fantin, 1825.

LES DROITS DES AUTOCHTONES

UN ENJEU DANS LES RELATIONS JÉSUITES-ÉTAT FIN XIXe-DÉBUT XXe SIÈCLE*

ANNE-SOPHIE GIJS

Depuis l'époque des Grandes Découvertes, la confrontation des Européens aux populations locales a suscité des réflexions sur la barbarie, le sauvage… telles celles développées par l'humaniste Montaigne sur la relativité des cultures, ou celles, plus pragmatiques, des catholiques du Nouveau Monde s'interrogeant sur le comportement que devait adopter un chrétien face aux Indiens. Les célèbres *Instructions* de la Congrégation de la Propagande aux missionnaires en 1659 révèlent une prise de conscience précoce de la nécessité de recourir à « un clergé indigène » et de tenir compte des coutumes locales. Elles énoncent : « Ne mettez aucun zèle, n'avancez aucun argument pour convaincre les peuples de changer leurs rites, à moins qu'ils ne soient évidemment contraires à la religion et à la morale. Quoi de plus absurde que de transporter chez les Chinois la France, l'Espagne ou l'Italie, ou quelque autre pays d'Europe ? N'introduisez pas chez eux nos pays mais la foi. »[1] Les faits ultérieurs prouveront que les acteurs sur le terrain n'ont pas toujours appliqué cette déclaration d'intention, au ton qui nous apparaît aujourd'hui presque anachronique par sa modernité. Le XVIIIe siècle a vu à la fois l'émancipation d'une réflexion laïque sur la liberté et les droits de l'homme, et le démantèlement de certains ordres, comme celui des jésuites. S'en suivra alors une crise qui frappera les missions catholiques de plein fouet, tandis qu'avec la révolution industrielle, les missions protestantes, notamment anglaises,

* Ce texte a été produit en 2010 suite au colloque qui constitue la base de ce recueil, et sur base de notre mémoire de maîtrise en histoire, réalisé à l'UCL en 2009.

1 Salvaing, « Missions chrétiennes, christianisme et pouvoirs en Afrique noire », 297.

connaissent un renouveau. Le Parlement britannique, soutenu par les Églises anglicanes, se révèle particulièrement sensible au problème de la traite, dont il vote l'abolition dès 1807. À la fin du XIXe siècle, la lutte contre l'esclavagisme sera mise en exergue par Léopold II[2], qui exhibe ainsi des visées philanthropiques, particulièrement appréciées par le Vatican[3]. C'est notamment grâce à ce type de motifs, combinés à la fameuse « mission civilisatrice », que le roi des Belges s'implantera de plus en plus solidement au cœur de l'Afrique[4]. Lorsque le 26 février 1885, la Conférence de Berlin prend acte de la constitution d'une puissance politique dans le bassin du Congo, sous l'autorité de Léopold II, (et dont la souveraineté a déjà été reconnue par les grandes puissances via des traités bilatéraux)[5], son ambition officielle avait été de désenclaver le continent noir en lui faisant « bénéficier » de la civilisation, et du commerce en passant. Le volet humanitaire, à savoir la « protection des indigènes[6] » et la lutte contre la traite, est aujourd'hui souvent présenté comme un simple mobile de pénétration des missions chrétiennes en Afrique[7], mais il est malgré tout présent dans les articles 6 et 9 de l'Acte général de Berlin, et fera par conséquent partie intégrante de la législation du futur État indépendant du Congo, qui y a souscrit. L'article 6 relatif *à la protection des indigènes, des missionnaires et des voyageurs, ainsi qu'à la liberté religieuse*, précise :

> Toutes les puissances exerçant des droits de souveraineté ou une influence dans lesdits territoires s'engagent à veiller à la conservation des populations indigènes et à l'amélioration de leurs conditions morales et matérielles d'existence, et à concourir à la suppression de l'esclavage et surtout de la traite des noirs ; elles protégeront et favoriseront, sans distinction de nationalité ni de cultes, toutes les institutions et entreprises religieuses, scientifiques ou charitables créées ou organisées à ces fins ou tendant à instruire les indigènes et à leur faire comprendre et apprécier les avantages de la civilisation.
> Les missionnaires chrétiens, les savants, les explorateurs, leurs escortes, avoirs et collections seront également l'objet d'une protection spéciale.
> La liberté de conscience et la tolérance religieuse sont expressément garanties aux indigènes, comme aux nationaux et aux étrangers. Le libre et public exercice de tous les cultes, le droit d'ériger des édifices

2 Markowitz, *Cross and Sword*, 5.
3 Viaene, « La religion du prince », 179-180.
4 Comme l'écrit si bien Wesseling, *Le partage de l'Afrique*, 126 : « il était évident que ceux qui seraient les premiers à civiliser l'Afrique ne seraient pas les derniers à recevoir leur part du gâteau africain ».
5 Stengers, *Congo. Mythes et réalités*, 94-95.
6 Dans ce texte nous reproduisons la terminologie utilisée à l'époque pur rendre compte des mentalités d'alors et percevoir la connotation des termes employés fin XIXe-début XXe siècle.
7 Balaamo Mokelwa, *Église et État en République démocratique du Congo*.

> religieux et d'organiser des missions appartenant à tous les cultes ne seront soumis à aucune restriction ni entrave[8].

Cette attention aux valeurs et normes traditionnelles des Africains et ces concessions aux cultes étrangers peuvent sembler surprenantes puisque les délégations occidentales présentes à la Conférence de Berlin étaient évidemment convaincues de la supériorité de la civilisation chrétienne occidentale. De surcroît, les missionnaires catholiques, partenaires actifs de l'État dans ses visées colonisatrices, voyaient en général les cultures étrangères comme des foyers d'ignorance, de superstition et d'immoralité[9]. Quelle application pouvaient alors trouver ces principes proclamés par Berlin au sein de l'État indépendant du Congo ?

Cinq ans après la signature de l'Acte de Berlin, et deux ans après que les premiers scheutistes se soient embarqués pour le Congo, soit en 1890, les jésuites acceptent, au terme de dix années de tractations, une mission de civilisation, d'éducation et d'évangélisation dans l'État léopoldien[10]. La définition spécifique de leur mission émane du roi lui-même qui souhaite créer des colonies scolaires dans le but de former les enfants libérés de l'esclavage pour qu'ils deviennent soldats, artisans ou agriculteurs, au service de l'État. Leur éducation serait confiée aux jésuites, dont « les talents dans ce domaine n'étaient plus à démontrer »[11]. Le décret du 12 juillet 1890 formalise cette volonté et élargit le groupe des enfants concernés aux « pupilles de l'État », c'est-à-dire les affranchis de l'esclavage, les orphelins, et ceux à l'égard desquels les parents ne remplissent pas leurs devoirs[12].

Il nous incombe ici d'analyser dans quelle mesure le contenu de l'article 6 de l'Acte de Berlin, et plus précisément la *protection des indigènes, l'amélioration de leurs conditions de vie* et *la liberté religieuse*, a inspiré les jésuites dans leur œuvre apostolique. Ont-ils cherché à concrétiser cet « idéal humaniste », et si oui comment ? Ces principes ont-ils au contraire été négligés par les religieux, jusqu'à entraver leur mission voire ternir leur image ? En quoi « le droit des autochtones » a-t-il conditionné leurs relations avec l'État impérialiste de Léopold II ?

8 *Protocoles et acte général de la conférence de Berlin 1884-1885*, 331-332.

9 Gründer, « Christian Missionary Activities in Africa », 100-101.

10 Ciparisse, « Les tractations en vue de la création de la "Mission du Kwango" ».

11 Bruxelles, Archives générales du Royaume (AGR), Papiers Edmond Van Eetvelde, n° 27 (correspondance 1889-1890) : Note du Roi sur l'éducation des enfants au Congo, 27 avril 1890.

12 *Bulletin officiel de l'État Indépendant du Congo*, 1890, 120-122.

Les fermes-chapelles : un moyen d'améliorer les « conditions morales et matérielles d'existence » ?

D'abord voués à éduquer les enfants placés sous la tutelle de l'État au sein de colonies scolaires[13] fondées aux alentours de Léopoldville, les jésuites, et en particulier le supérieur de la mission du Kwango, Émile Van Hencxthoven[14], ne se contenteront cependant pas longtemps de cette tâche. En effet, au-delà de cette mission d'éducation limitée à une catégorie d'enfants bien spécifique, ce père souhaitait élargir aussi vite que possible son champ d'action et entamer véritablement le travail « missionnaire » auprès des Congolais restés dans leur milieu traditionnel. Pour ce faire, en novembre 1893, avec l'appui du commissaire de district du Stanley-Pool, il crée à Kisantu une école destinée à former les enfants les plus prometteurs au catéchisme. Cette installation marquera un tournant dans l'activité des jésuites au Kwango car elle conduira, après de multiples hésitations et tergiversations, à modifier leurs méthodes apostoliques en intégrant la population locale dans l'œuvre d'évangélisation. Van Hencxthoven souhaitait en effet recruter des enfants dans la population environnante, et par l'intermédiaire des nouveaux catéchistes « indigènes » préparés à l'apostolat à la mission, il espérait convertir ces enfants et constituer des noyaux chrétiens autochtones, qui propageraient la civilisation et la Parole de Dieu au Congo. La christianisation dépasserait ainsi le cadre étroit de la colonie scolaire pour s'étendre vers les gens restés au village[15]. Il faut en effet savoir que les jésuites cherchaient à civiliser les Congolais au départ des plus jeunes[16], considérant qu'ils présentaient les meilleures dispositions, et qu'on pourrait obtenir rapidement par leur biais, une nouvelle génération de noirs capables de progrès[17].

Pour entreprendre la conversion des villages de l'intérieur, et ainsi « rayonner » dans toute la région du Kwango, les jésuites vont recourir à une méthode d'apostolat inédite, donnant naissance à un réseau d'influence qui

13 Manquant de moyens, l'État ne pouvait s'occuper directement des enfants placés officiellement sous sa tutelle. Par conséquent, par le décret du 4 mars 1892, il autorisa les congrégations religieuses à prendre en charge leur éducation. La première colonie scolaire des jésuites, fondée à Kimwenza, se réclamera ainsi du statut de « colonie scolaire agréée », c'est-à-dire à charge des missions (l'État n'interviendra progressivement plus dans ses frais d'entretien), mais gardant un caractère officiel puisque s'occupant d'enfants dont l'État s'était déclaré le tuteur.

14 Van de Casteele, « Émile Van Hencxthoven ». Sur ses péripéties au Congo, on peut également lire Schoeters, *Konflikt in Kongo, E.P. Em. Van Hencxthoven S.J.*

15 Mukoso Ng'Ekieb, *Les origines et les débuts de la mission du Kwango*, 106.

16 Ciparisse, « Les structures traditionnelles de la société mpangu », 412.

17 Bruxelles, Ministère des Affaires Étrangères (MAE), Archives Africaines (AA), Fonds Affaires Etrangères (AE) 348 : Notes présentées à la Commission d'enquête par les pères Cus et Van Hencxthoven, Wombali, 26 décembre 1904.

se densifiera très rapidement : le système des fermes-chapelles[18]. Avec l'accord des chefs locaux, les pères établissaient le catéchiste, formé par leurs soins à Kisantu, dans un endroit fertile situé à proximité de quelques villages[19]. Il y assurait l'instruction religieuse des enfants que les jésuites avaient eu l'autorisation de recruter et d'évangéliser (voir le décret du 4 mars 1892 note supra), mais il christianisait aussi les populations voisines et dirigeait les travaux agricoles. Grâce au développement des cultures et de l'élevage, chacun de ces postes secondaires devait pouvoir subvenir à ses propres besoins et si possible, à ceux du poste principal de mission. Ces petites colonies destinées à devenir des villages chrétiens autosuffisants sur le plan alimentaire et financier étaient tout de même surveillées par les pères jésuites qui les visitaient couramment et cherchaient à y attirer le plus grand nombre possible d'enfants.

À première vue, la méthode des fermes-chapelles répond bien à la volonté « d'améliorer les conditions morales et matérielles d'existence des populations indigènes », telle que préconisée dans l'article 6 de l'Acte de Berlin. Elle s'inscrit pleinement dans la logique apostolique des membres de la Compagnie de Jésus, qui par leur formation associant l'évangélisation au développement intégral de l'homme, envisagent la mission comme une promotion totale de « l'indigène ». Selon les pères, la civilisation chrétienne ne peut se répandre qu'en encourageant tant l'effort agricole, sanitaire, scolaire et intellectuel, que catéchétique et pastoral. Le problème est que le progrès des populations dans ces nombreux domaines n'a pu se réaliser sans provoquer une déstructuration complète des sociétés avec lesquelles les jésuites entraient en contact. En effet, dans les fermes-chapelles, les enfants, bien que vivant à proximité de leur village natal, étaient séparés de leur famille et des milieux adultes traditionnels, car les jésuites souhaitaient les ouvrir à des perspectives de vie nouvelles, dépassant les seuls intérêts de leur clan, et les conduire à une évolution sociale, économique et religieuse, par la prise de conscience croissante des valeurs occidentales et chrétiennes. Mais comme nous le verrons, le recrutement de plus en plus intempestif des enfants portait gravement atteinte aux fondements mêmes de la société clanique préexistante, qui considérait justement ces jeunes gens comme les ferments indispensables à sa survie ou sa consolidation[20]. De plus, l'histoire montrera que lorsque les jésuites pensaient qu'en christianisant les jeunes, ils atteindraient les adultes, ceux-ci se trompaient car chez les Bampangu, ce sont les « anciens » qui contrôlent et

18 L'implantation des jésuites au Congo a fait l'objet de nombreuses publications telles que : Deneef et Rousseaux e.a., éds., *Les Jésuites au Congo-Zaïre* ; Delathuy, *Jezuïeten in Kongo* ; Id., *Missie en staat in Oud-Kongo*, 294-340 ; Mukoso Ng'Ekieb, *Les origines et les débuts de la mission du Kwango* ; *La Compagnie de Jésus et l'évangélisation en Afrique centrale* ; Ciparisse, « Les origines de la méthode des fermes-chapelles au Bas Congo ».

19 « Père Van Hencxthoven aux élèves du collège de Verviers, Kisantu, 24 février 1897 », *Précis historiques*, 244-245.

20 Ciparisse, « Les structures traditionnelles de la société mpangu », 380-381.

déterminent les structures sociales et religieuses. C'est donc leur autorité qu'il fallait d'abord conquérir avant d'espérer pouvoir enraciner le christianisme en profondeur au sein des populations. Nous y reviendrons.

Liberté religieuse et « amélioration matérielle et morale des indigènes » : un dilemme ?

Si les fermes-chapelles servaient les visées prosélytiques des jésuites, elles seront aussi instrumentalisées par l'État à des fins purement économiques. Rappelons que dès 1891-1892, pour tenter de remédier à la situation économique désastreuse de sa colonie, Léopold II prend une série de mesures légales et réglementaires qui mèneront à la constitution du « régime ou système domanial ». L'État se déclare propriétaire de toutes les terres vacantes, c'est-à-dire non occupées et non directement cultivées par les populations noires. Celles-ci constitueront désormais le « domaine » de l'État : toutes les richesses naturelles qui s'y trouvent, c'est-à-dire principalement l'ivoire et le caoutchouc, lui appartiennent exclusivement, et il est le seul à pouvoir les exploiter et les commercialiser, via le faire-valoir direct (exploitation « en régie »), ou via les sociétés concessionnaires dont il était le principal actionnaire.

Le 27 octobre 1899, le commissaire de district Paul Costermans[21] signale au vice-gouverneur général Émile Wangermée[22] qu'il serait possible « d'utiliser une partie de l'activité que déploient les catéchistes des Jésuites, absorbée actuellement tout entière à l'évangélisation, à la création de plantations de caoutchouc »[23]. Pour ce faire, Costermans propose l'organisation suivante : on imposerait à chaque village de planter annuellement un certain nombre de lianes à caoutchouc, et ce seraient les catéchistes, disséminés en grand nombre dans la mission de Kisantu, au sud du district du Stanley-Pool, qui veilleraient à ce que les « indigènes » se conforment aux exigences de l'État.

Le père Van Hencxthoven se montre favorable à ce projet de mise en valeur du pays grâce au travail des autochtones, comme en témoigne d'ailleurs l'exposé de ses motivations « formelles » dans sa lettre du 25 décembre 1899 au provincial : « Je suis d'avis que, pour le plus grand bien du pays et de l'évangélisation, nous devons entrer résolument dans cette voie. C'est par le travail que la race noire doit être régénérée ; c'est dans le travail que nos enfants doivent

21 Engels, « Paul-Marie-Adolphe Costermans ».

22 Moulaert, « Émile Wangermée ».

23 MAE, AA, Fonds Cultes et Missions religieuses (CM), M 567, n°9 : Copie de la lettre de Costermans à Wangermée, Léopoldville, 27 octobre 1899, annexe à la lettre de Wangermée au secrétaire d'État à Bruxelles (en fait à Cuvelier), Boma, 5 mars 1900.

trouver des ressources. »[24] Si aujourd'hui, implicitement, ces propos s'avèrent racistes, à l'époque, ils sont considérés par le jésuite comme des arguments humanistes qui légitiment sa collaboration avec l'État, car après tout, c'est à ce type d'objectifs « civilisateurs » que son travail est destiné.

Après l'assentiment du gouvernement, on envoya dans le district des plantes à latex, qui furent entreposées et soignées dans le jardin botanique dirigé par le frère Justin Gillet, à Kisantu[25]. Il fut convenu, en outre, que l'État interviendrait dans les frais des travailleurs dont disposait le frère Gillet pour ses travaux de culture.

Le bénéfice de cet arrangement pour les premiers concernés, à savoir la population autochtone, pourrait se résumer à « travailler leur fera du bien ». Mais il est clair que cet arrangement était surtout bénéfique pour les deux autres acteurs en présence : d'une part, l'État tirait parti des structures et du quadrillage territorial mis en place par les jésuites pour intensifier sa production de caoutchouc ; d'autre part, les jésuites trouvaient un motif d'encadrement de la population autochtone grâce à ce projet, qui consolidait leur influence dans la région, et surtout qui disposait favorablement l'État à leur égard. Cet appui de l'instance étatique allait se révéler particulièrement précieux dans la situation du père Van Hencxthoven, qui avait d'ailleurs consciemment agi dans ce sens[26].

En effet, au même moment, les jésuites étaient accusés par les missionnaires protestants de la localité voisine de Kifwa, de non respect de la liberté religieuse, car ils délogeaient systématiquement les baptistes des postes qu'ils occupaient sur le territoire de la mission[27]. En avril 1900, le contenu de l'article 6 de l'Acte de Berlin est cette fois invoqué par le révérend Frederickson, missionnaire de l'American Baptist Missionary Union, contre les jésuites[28], qui s'affichent d'ordinaire pourtant si respectueux des principes proclamés à

24 Louvain, KADOC, Archives de la Province belge septentrionale de la Compagnie de Jésus (APBS), 10109: Père Van Hencxthoven au père provincial, Moretus St Louis, 25 décembre 1899. Le père provincial à l'époque était Auguste Petit (nommé le 1er février 1898 et sorti de charge le 10 juillet 1904). D'après Ciparisse, « Les tractations en vue de la création de la "Mission du Kwango" », 490.

25 Deneef et Rousseaux e.a., éds, *Les Jésuites au Congo-Zaïre*, 38-39.

26 Plusieurs lettres du père à son provincial prouvent que c'est clairement en prévision de la lutte à mener contre les protestants qu'il a accepté que les catéchistes s'occupent des plantations de caoutchouc, en vue de s'assurer le soutien de l'État. Voir APBS, 10109 : Père Van Hencxthoven au père provincial, Bergeyck St Ignace, 25 février 1900.

27 APBS, 10109 : Père Van Hencxthoven au père provincial, Bergeyck St Ignace, 6 mars 1900.

28 « The religious liberty of the natives, which the law of the Congo Free State garanties, is, I think, at present very much interfered with by the Catholics, who are at times helped by State Officials. I have put the complaint before His exellency the Governeur General and the Justice at Boma (...) ». MAE, AA, CM, M 567, n°4 : Révérend Frederickson au secrétaire d'État Adolphe de Cuvelier, s.l., 27 avril 1900.

Berlin. Le secrétaire général Adolphe de Cuvelier, qui a réceptionné les plaintes protestantes à Bruxelles, demande une enquête sur place, qui confirmera les excès des jésuites et même la complicité de certains agents de l'État, mais les autorités au Congo considèrent cela avec une certaine mansuétude, tant ils admirent le travail des pères. (Par exemple, dans ses lettres au gouverneur général, le commissaire Costermans, chargé de l'enquête, vante à plusieurs reprises les « superbes résultats » engrangés par le travail des jésuites, tant sur le plan des progrès éducatifs et apostoliques qu'au niveau de l'amélioration des conditions matérielles d'existence des populations[29]). Malgré tout, l'État ne peut faire fi de ces dénonciations, et condamne les pères du Kwango[30]. Ce fut une première fracture dans leurs relations jusqu'ici sans accroc. Décriant le manque de soutien de l'autorité publique, Émile Van Hencxthoven vilipende un État mercantile, en qui il ne peut désormais plus avoir confiance[31]. Le jésuite refuse dès lors que sa mission continue de collaborer au développement des plantes à latex[32], tant souhaité par les pouvoirs publics. Si certains agents de l'État, tel le commissaire de district Paul Costermans, se disent toujours admiratifs du travail accompli par les jésuites[33], et reconnaissent l'atout que constitue le réseau des fermes-chapelles, ils commencent à redou-

29 Voir notamment : MAE, AA, CM, M 567, n°4 : Costermans à Wahis, Léopoldville, 28 juin 1900. Copie annexée à la lettre de Wahis à Cuvelier, Boma, 13 juillet 1900.

30 L'enquête du commissaire de district Costermans finira par établir la culpabilité du jésuite Swannet, qui n'a pas respecté les travaux d'autrui et le droit des indigènes, ainsi que celle de Marlaire, chef de poste de Banza-Boma, qui a trop pesé sur les indigènes pour les amener à confier des enfants au père jésuite. Le gouverneur général Wahis communique ces résultats au père Van Hencxthoven dans sa lettre datée de Boma, le 12 juillet 1900. Copie annexée à la lettre de Wahis à Cuvelier, Boma, 13 juillet 1900. MAE, AA, CM, M 567, n°4. Les deux hommes seront ensuite sanctionnés pour leurs méfaits. Van Hencxthoven se voit contraint d'assigner au père Swannet une région d'évangélisation plus éloignée de Kifwa, et il prescrit à ses missionnaires d'avoir le plus grand respect des droits des indigènes et de la loi qui garantit la liberté religieuse. MAE, AA, CM, M 567, n°4 : Père Van Hencxthoven à Wahis, Bergeyck St Ignace, 4 août 1900. Copie annexée à la lettre de Wahis à Cuvelier, Boma, 11 août 1900.

31 APBS, 10109 : Père Van Hencxthoven au père provincial, Colonie Ste Marie, 10 octobre 1900. Van Hencxthoven écrit à propos de l'attitude du gouvernement: « Je ne saurais plus avoir la moindre confiance en lui. À mon avis, l'État du Congo n'est qu'une compagnie de marchands de caoutchouc qui tâche, à tout prix, de faire des affaires. Je pourrais en dire long sur ce chapitre, mais il est difficile de le faire par écrit. »

32 MAE, AA, CM, M 567, n°4 : Mahieu à Wangermée, Léopoldville, 25 juin 1901. Copie annexée à la lettre de Wangermée à Cuvelier, Boma, 24 juillet 1901. Le conflit finira par s'aplanir, notamment suite à l'intervention du provincial Auguste Petit, contacté par le secrétaire général aux Affaires étrangères, Adolphe de Cuvelier (voir : MAE, AA, CM, M 567, n°4 : Cuvelier à Wangermée, Bruxelles, 30 octobre 1901). Van Hencxthoven écrit dans sa lettre du 27 décembre 1901 au provincial : « Votre Révérence peut assurer aussi Mr le Secrétaire Général que le jardin d'essai continue et continuera, mais, entièrement aux frais de la mission et sans aucune dépendance de l'État. » APBS, 10109.

33 Voir note supra.

ter cette extension-même et l'ombre que risquent de faire les missionnaires à leur autorité. Ainsi, le père Van Hencxthoven écrit à son provincial :

> Plusieurs des Messieurs de l'État ici (...) prennent ombrage de l'influence que nos Pères prennent dans la contrée par les bons offices qu'ils rendent aux indigènes. C'est une influence légitimement acquise, et tendant entièrement à l'amélioration matérielle et morale de la race noire. L'État ne peut s'offusquer de cela. Il a le devoir de travailler à la civilisation des peuples qu'il gouverne. Nous tâchons de l'aider de notre mieux dans cette œuvre difficile. C'est pour cela que Sa Majesté a désiré nous avoir au Congo ; nous sommes entièrement dévoués à cette tâche et nous nous y dévouerons jusqu'à notre dernier soupir[34].

On le voit, alors qu'il est sanctionné pour atteinte à la liberté religieuse, en référence à l'article 6 de l'Acte de Berlin, ce sont précisément les mots de cet article que Van Hencxthoven invoque pour légitimer son influence et justifier ses méthodes face à l'État. C'est comme si l'amélioration matérielle et morale des noirs primait et devait faire oublier les quelques « vices de méthode », en ce compris le non-respect des autres confessions. Par la multiplicité des aspects qu'il évoque, l'article 6 était donc susceptible d'être instrumentalisé dans des sens divers et parfois contradictoires. Notons aussi que plus tard, lorsque, pour aplanir la lutte d'influence entre les deux confessions, les autorités publiques proposent d'utiliser la ligne de chemin de fer comme limite à leur champ d'action respectif, Van Hencxthoven recourt à nouveau à l'article 6, car il ne voit pas comment cette décision pourrait se concilier avec la liberté de cultes, qui y est garantie[35]. Le jésuite refusait de perdre les postes acquis de l'autre côté de la voie ferrée, et l'article servait cette fois ses fins « géostratégiques » ...

Si Van Hencxthoven usait des garanties légales de Berlin pour réfuter certaines prétentions de l'État, ce dernier faisait parfois de même, pour s'opposer aux propositions du père. Ainsi par exemple, en mars 1901, Van Hencxthoven avait soumis au gouverneur général l'idée d'instaurer une forme d'instruction obligatoire, contraignant les enfants élevés dans les postes de missions à y suivre un enseignement jusqu'à l'âge de 15 ans. Pour s'assurer de la volonté et du désir des parents de confier l'éducation de leurs enfants mineurs aux missionnaires de la confession de leur choix, le jésuite suggérait que les parents soient tenus de remplir une déclaration actée par un agent de l'État. Il imaginait sans doute que cette déclaration obligerait les agents de l'État à intervenir si les enfants ou les parents, par la suite, se détournaient de

34 APBS, 10109 : Père Van Hencxthoven au père provincial, Casier St Jean (=Wombali), 12 mars 1902.

35 MAE, AA, CM, M 567, n°4 : Père Van Hencxthoven à Mahieu, s.l., 12 février 1902. Copie annexée à la lettre que Mahieu transmet à Wangermée, le 13 février, les copies des deux lettres étant ensuite elles-mêmes transmises par Wangermée à Cuvelier, Boma, 19 mars 1902.

la confession à laquelle ils avaient adhéré initialement. Comme la mesure était conçue comme applicable à toutes les missions du Congo, elle ne constituait pas un régime d'exception à instaurer en faveur des jésuites[36]. Cependant, le gouverneur général Wahis[37] se refusa à souscrire à cette demande pour les raisons suivantes :

> Je ne pourrais, Révérend Père Supérieur, consacrer ni par un texte ayant force de loi, ni même par l'appui en fait des autorités, la valeur d'un engagement qui me paraît être en contradiction avec tous nos principes sur l'autorité paternelle et qui touche en même temps, en la limitant, à la liberté en matière religieuse. L'une et l'autre d'après notre législation ne peuvent faire l'objet de conventions qui viendraient en restreindre l'étendue ou l'exercice[38].

L'atteinte à la liberté religieuse est donc une nouvelle fois mise en exergue pour contrecarrer les projets de Van Hencxthoven, qui via cette réforme, souhaitait étendre la scolarisation aux enfants qui n'étaient pas placés sous la tutelle de l'État, et qui échappaient donc théoriquement à l'emprise des fermes-chapelles. Dans ce cas, c'est donc la liberté religieuse qui prévaudra puisqu'elle empêchera la réalisation d'une réforme qui pourtant, selon Van Hencxthoven, aurait permis à l'État de contribuer à « l'amélioration matérielle et morale de la population autochtone »[39]...

Van Hencxthoven et la Commission pour la protection des indigènes : un combat philanthropique ?

Lorsque les premières critiques à l'encontre du régime instauré par Léopold II gagnent du terrain à l'étranger, dénonçant un système d'exploitation intensive des populations et des ressources au nom des exigences de rentabilité économique[40], le roi institue la « Commission pour la protection des indigènes »,

36 MAE, AA, CM, M 567, n°7 : Costermans à Wahis, Boma, 11 mars 1901. Copie annexée à la lettre de Wahis à Cuvelier, Boma, 29 mars 1901.

37 Dellicour, « Théophile Théodore Joseph Antoine Wahis ».

38 MAE, AA, CM, M 567, n°7 : Wahis au père Van Hencxthoven, Boma, 29 mars 1901. Copie annexée à la lettre de Wahis à Cuvelier, Boma, 29 mars 1901.

39 « Le Gouvernement contribuerait grandement à l'amélioration matérielle et morale de la région en forçant les indigènes à pourvoir à l'éducation de leurs enfants », écrit-il, le 20 juin 1901. MAE, AA, CM, M 567, n°5 : Père Van Hencxthoven à Wangermée, Colonie Ste Marie, Kimwenza, 20 juin 1901. Copie annexée à la lettre de Wangermée à Cuvelier, Boma, 19 septembre 1901.

40 En août 1895, l'iniquité du procès Stokes (marchand britannique qui fut arrêté, jugé et exécuté par l'officier belge Lothaire, au mépris du droit pénal en vigueur dans l'État du Congo) émeut les chancelleries allemande et anglaise tandis qu'une importante campagne de presse éclate ensuite en Angleterre, dénonçant les abus commis au Congo. Voir notamment Louis, « The Stokes affair and the origins of the anti-Congo campaign ».

par le décret du 18 septembre 1896. Selon Léon Guebels, Léopold II s'est inspiré des législations antérieures auxquelles il avait souscrit pour instaurer une telle institution, et notamment des dispositions relatives à la « protection des indigènes » de l'article 6 de l'Acte général de Berlin[41]. Les missionnaires qui la composent, trois protestants et trois catholiques, dont le père Van Hencxthoven, sont chargés de signaler à l'autorité judiciaire les actes de violence dont les autochtones seraient victimes, et de proposer des solutions pour prévenir certains abus. Ils contribuent donc en principe à la bonne renommée de l'État, qui tente de démontrer ainsi ses préoccupations humanitaires. Mais sans prérogative judiciaire et faute de moyens, cette institution s'est finalement révélée assez inefficace. Toutefois, individuellement, l'action de certains membres a porté ses fruits.

Le père Van Hencxthoven par exemple prendra son mandat très à cœur et ses interventions prouvent que contrairement à l'idée largement répandue, les missionnaires protestants ne sont pas les seuls ni les premiers à avoir contesté les dérives du système léopoldien. En effet, dès le 20 juin 1901, le supérieur de la mission du Kwango prend la « respectueuse liberté » de signaler au gouverneur général certains points à réformer pour contribuer à « l'amélioration matérielle et morale des noirs ». Pendant des mois, le père écrira des dizaines de missives aux autorités de Boma, s'insurgeant contre les conséquences néfastes du système d'imposition instauré dans le district du Stanley-Pool[42]. Les constats qu'il formule annoncent ceux de la Commission d'enquête, de Félicien Cattier et d'Arthur Vermeersch. Van Hencxthoven dépeint sans concessions « la corvée sanglante » liée au portage et aux fournitures excessives, cause du « désert dans la région ». Ces multiples charges finiront selon lui par « exterminer cette race du Bas-Congo ». Or l'article 6 de l'acte de Berlin n'imposait-il pas aussi de veiller à la « conservation des populations indigènes » ? En plus du danger physique, Van Hencxthoven souligne la perversion morale qui guette les autochtones aux abords des camps de travailleurs de l'État ou de la Compagnie de chemin de fer. En relayant ces faits au commissaire de district ou au gouverneur général, Van Hencxthoven dit vouloir accomplir son *devoir* de membre de la « Commission pour la protection des indigènes », un devoir qu'il est impérieux de remplir au nom de la simple humanité envers des populations, qu'il estime être traitées par l'État comme des « esclaves taillables et corvéables à merci ». Au-delà des faits, Van Hencxthoven dénonce aussi la

41 Guebels, *Relation complète des travaux de la Commission permanente pour la protection des indigènes.*

42 Les lettres adressées par le père jésuite à l'État (chef de district du Stanley-Pool, gouverneur général, secrétaire général...) et les réponses qu'elles engendrèrent sont conservées dans le fonds « Cultes et missions religieuses » des archives africaines du ministère des Affaires étrangères (M 567, n°5, 6, 7 et 9). Van Hencxthoven rapporte aussi ses impressions quant au non-respect du droit des indigènes par l'État dans ses missives envoyées au provincial (APBS, 10109).

tyrannie de certains petits chefs de poste, profitant de l'arbitraire du système, qui n'a pas encore fixé légalement les prestations que les autochtones doivent fournir[43]. En outre, il déplore l'écart constaté entre les déclarations de l'administration et les prestations effectivement demandées aux populations.

Si le combat de Van Hencxthoven est clairement dominé par des impératifs humanistes[44] (comme ses actions ultérieures le démontreront encore) et conditionné par une fidélité affichée aux prescriptions de Berlin, on peut douter du même désintéressement et de la même loyauté dans le cas d'autres jésuites, comme le père Stanislas Devos[45] par exemple. En effet, celui-ci semble avoir « profité » du mandat du père Van Hencxthoven, et s'être servi de motifs honorables tels que ceux qu'il défendait, comme la lutte contre le dépeuplement, pour adresser ses récriminations à l'État, et assouvir en réalité des besoins pratiques propres aux postes dont il avait la charge. En effet, la correspondance qu'il échangea avec l'inspecteur d'État Mahieu prouve qu'il a voulu soustraire les Congolais dont il s'occupait aux impôts exigés par l'administration... mais pour les remplacer plus tard par les mêmes charges, au profit de sa mission[46] !

Les mobiles humanitaires fournis par l'article 6 n'étaient donc pas toujours invoqués à des fins philanthropiques, mais servaient aussi des ambitions plus utilitaristes. Comme on l'a vu dans l'affaire Frederickson, son contenu, multiple, pouvait par ailleurs appuyer des démonstrations contradictoires. Le concept de « civilisation » à lui seul pouvait aussi être interprété de diverses façons par les acteurs. Ainsi par exemple, si Van Hencxthoven critiquait le système d'impôts et de travail forcé parce qu'il nuisait à la conservation et au bien-être matériel et moral des Congolais, c'est justement

43 Pendant des années, les prestations à exiger des autochtones seront laissées à la libre appréciation des agents de l'État. Elles ne faisaient l'objet d'aucune définition légale. Ce n'est qu'en 1903 qu'une législation sur les impôts voit le jour (Stengers, *Congo*, 106). Pour se substituer à l'arbitraire, le décret du 18 novembre 1903 fixe la durée de travail que l'indigène doit à l'État : 40 heures par mois. Au moment où le père Van Hencxthoven écrit ses lettres (1901-1902), nous sommes donc encore dans un système où chaque agent de l'administration définit localement le niveau des prestations à fournir.

44 Des motivations plus personnelles ont sans doute aussi en partie pesé dans les débats, comme le ressentiment de Van Hencxthoven vis-à-vis d'un État qui ne l'a pas suffisamment soutenu dans sa lutte contre les protestants, ou dans ses revendications en matière scolaire (voir supra). Mais globalement, le jésuite était sincèrement préoccupé par le bien-être des Congolais, car pour honorer son mandat de membre de la Commission, il n'a pas hésité à prendre des risques qui pouvaient nuire aux intérêts de sa congrégation. D'ailleurs, il ne s'est pas non plus contenté de critiquer le système: il a proposé des réformes concrètes, dont certaines seront réalisées. S'il s'est longtemps contenté d'émettre ses critiques par voie épistolaire aux autorités, en gardant le silence publiquement, il a finalement décidé de sortir de sa réserve en avertissant la Commission d'enquête sur les abus constatés. Voir à ce sujet Gijs, « Émile Van Hencxthoven ».

45 Parein, « Stanislas-Marie-Liévin Devos ».

46 Voir à ce sujet la correspondance échangée entre Devos et Mahieu, et Mahieu et Wangermée: MAE, AA, CM, M 567, n°9.

« la vertu civilisatrice du travail », contribuant à améliorer le sort des noirs, qui sera invoquée par le vice-gouverneur général Wangermée pour justifier le régime d'imposition pratiqué[47]. Ce mobile sera d'ailleurs aussi utilisé par un autre jésuite, Auguste Castelein[48], qui dans son plaidoyer pour l'ÉIC, publié en 1907, considère que l'impôt en travail est non seulement le plus pratique et le plus facile mais qu'il est aussi excellent du point de vue moral (selon l'auteur, il sort l'indigène de « la paresse » ou « l'inertie » en créant une obligation de conscience) et du point de vue social (le travail est un facteur de progrès, inhérent à la civilisation)[49].

L'analyse de la correspondance échangée entre Van Hencxthoven et l'administration nous révèle par ailleurs la complexité des relations entre État colonial et missions catholiques. Les protagonistes, religieux et politiques, ont des intérêts convergents certes, mais ils sont toujours tiraillés par des exigences un peu contradictoires. D'une part, l'État veut satisfaire les missionnaires, partenaires de l'entreprise coloniale à la demande du souverain[50], mais il redoute leur emprise sur le territoire et les populations[51]. D'autre part, les jésuites sont partagés entre la volonté de dénoncer les abus dont ils ont connaissance et la nécessité pragmatique de sauvegarder des relations harmonieuses avec l'État, soutien financier et stratégique. L'embarras de Van Hencxthoven est notamment perceptible lorsqu'il écrit une lettre plus personnelle à Wangermée pour s'excuser des ennuis qu'il lui cause officiellement, espérant que ses interventions en tant que membre de la Commission pour la protection des indigènes n'entraveront pas les relations amicales que sa congrégation entretient avec l'État[52]. La crainte de risquer le tarissement de l'aide octroyée explique aussi les distorsions entre les déclarations plutôt rassurantes adressées au grand public et une peinture sans concessions des tares du système adressée aux

47 MAE, AA, CM, M 567, n°9 : Wangermée au père Van Hencxthoven, Boma, 24 octobre 1901. Copie annexée à la lettre de Wangermée à Cuvelier, Boma, 30 octobre 1901.

48 Willaert, « Auguste Casteleyn ».

49 Castelein, *L'État du Congo*.

50 On le sait, les missions contribuaient à consolider le mouvement d'occupation et servaient les intérêts de l'État en lui fournissant des appuis logistiques et humains. Léopold II attendait aussi des missionnaires catholiques qu'ils apportent une certaine publicité à son entreprise et qu'ils la défendent contre les invectives des protestants, selon lui à la solde de l'étranger. Les jésuites étaient non seulement indispensables à la mise en œuvre du projet éducatif du roi (à travers leur gestion des colonies scolaires), mais certains s'avéreront aussi très utiles pour défendre l'ÉIC calomnié durant la campagne anti-congolaise (voir infra).

51 Cette crainte est notamment repérable chez le vice-gouverneur Wangermée, qui estime que Van Hencxthoven considère toute une partie du district comme une espèce de fief des missions et qu'il agit pour soustraire les populations aux exigences du gouvernement, afin de renforcer la mainmise exclusive des jésuites sur celles-ci. MAE, AA, CM, M 567, n°9 : Wangermée à Cuvelier, Boma, 30 octobre 1901.

52 MAE, AA, CM, M 567, n°9 : Père Van Hencxthoven à Wangermée, Bergeyck St Ignace, 15 novembre 1901. Copie annexée à la lettre de Wangermée à Cuvelier, Boma, 12 décembre 1901.

autorités. En effet, dans la presse, Van Hencxthoven ne cessera de louer l'influence heureuse que l'État exerce dans la région, et quand la campagne anti-congolaise deviendra beaucoup plus virulente, dès 1903, Van Hencxthoven passera sous silence les tristes constatations formulées dans ses lettres à l'administration, pour défendre fermement l'État dont il se déclare le fidèle serviteur[53].

Au-delà des enjeux pragmatiques, où chacun semble chercher à se servir de l'autre, la relation des jésuites avec l'ÉIC est certes aussi conditionnée par le devoir patriotique. Les jésuites belges rappellent d'ailleurs maintes fois dans leur correspondance que c'est notamment pour servir leur foi, le roi et leur patrie qu'ils se sont engagés au Congo. Durant la deuxième phase de l'expansion coloniale du XIXe siècle, la vision missionnaire fut en effet très clairement influencée par le nationalisme des États européens en compétition dans la conquête coloniale. Le missionnaire se rapproche des États impérialistes et s'éloigne de la vision universaliste de l'époque précédente[54]. Les jésuites n'échappent pas à ce constat. Ainsi, dans la presse et dans l'organe officiel de la Compagnie de Jésus, les *Précis historiques*, Van Hencxthoven, systématisant l'antagonisme symbolique de la multiplicité du mal contre l'unicité du bien, vilipende les Anglais, représentés par des missionnaires de toutes obédiences et de toutes nationalités, tandis que le camp de l'État belge et des missionnaires catholiques – tous belges – est victime d'une propagande haineuse[55]. Plus tard, Auguste Castelein et Joseph Banckaert, qui succédera à Van Hencxthoven comme supérieur de la mission du Kwango, se rallieront à l'ensemble des supérieurs des missions catholiques pour se dire alliés et défenseurs de l'ÉIC calomnié par des protestants à la solde de l'étranger[56].

53 *Le Journal de Bruxelles*, 8 septembre 1903, 1, col. 3. Voir aussi « Extrait d'une lettre du Révérend Père Van Hencxthoven, datée de Casier-Saint-Jean (Wombali), 13 juin 1903, arrivée à Bruxelles le 4 août suivant », *Missions belges de la Compagnie de Jésus. Congo, Bengale, Ceylan*, 1903, 322-323.

54 Salvaing, « Missions chrétiennes, christianisme et pouvoirs en Afrique noire », 307.

55 Même Arthur Vermeersch, qui ne défend pourtant pas l'ÉIC dans son ouvrage *La Question congolaise*, reprochera à la Commission d'enquête d'avoir favorisé les protestants alors que c'étaient les catholiques qui avaient endossé toute la responsabilité et les charges de l'éducation des enfants sous tutelle de l'État.

56 Cependant, en 1905, le rapport de la Commission d'enquête, qui livre des preuves incontestables des manquements du régime léopoldien, jouera chez les responsables catholiques et auprès de certains jésuites en particulier, un rôle cathartique : libérés de la réserve qu'ils s'étaient imposée jusqu'alors, ils se mettront à porter à la connaissance du grand public les abus auxquels ils étaient confrontés au Congo. Ainsi par exemple, les critiques livrées par les jésuites Van Hencxthoven et Cus au sujet du système congolais nourriront la réflexion du père Arthur Vermeersch dans son ouvrage *La Question congolaise*, considéré comme le livre qui a finalement fait basculer l'opinion catholique en faveur de la reprise de l'ÉIC par la Belgique. Voir à ce sujet : Gijs, « Entre ombres et lumières, profits et conflits ».

Justement, ces critiques venant de l'étranger ne feront que s'amplifier au début du XXe siècle, et les attaques d'Edmund Morel[57], exacerbées par le rapport du consul Casement[58], qui tous deux luttent pour garantir aux « indigènes » du Congo un traitement juste et humain, conformément aux prescriptions de Berlin, conduisent la Chambre des Communes à exiger que la lumière soit faite sur les abus signalés au Congo.

Les jésuites et la protection des populations autochtones : un bilan

Les accusations portent sur le non-respect des populations locales, instrumentalisées à des fins mercantiles par l'État, victimes de faits de violence, de traitements injustes et inhumains. Comment les missions catholiques, et en particulier jésuites, ont-elles été atteintes par ces accusations et qu'en était-il vraiment ? Les jésuites ont-ils bafoué les droits des indigènes et ainsi violé les prescriptions de Berlin ?

Nous allons évoquer quatre réponses que nous soumettrons à un examen critique.

Donnons tout d'abord la parole au danois Holger Moth-Borglum, substitut de Léopoldville chargé en 1904 d'effectuer une enquête dans les missions jésuites afin de vérifier que les pères respectent les prescriptions légales en matière de tutelle. Précisons en effet qu'en 1902, les jésuites avaient reçu l'autorisation officielle d'exercer la tutelle sur les orphelins de leur région[59]. Dès l'année suivante, avec leurs catéchistes, ils commencèrent à rechercher les enfants orphelins dans les villages, pour les intégrer ensuite dans leurs postes de mission ou leurs fermes-chapelles. Ce recrutement venait donc se superposer à celui que les pères opéraient pour développer leur système de fermes-chapelles, peuplées dans un premier temps d'une majorité d'enfants esclaves[60].

Moth-Borglum a interrogé les Congolais du poste de Lemfu et de la région environnante, dans le sud du district du Stanley-Pool, pour dresser finalement un véritable réquisitoire contre les jésuites. Selon lui, il est indéniable que nombre d'enfants interrogés ne sont pas orphelins en réalité, et que beaucoup ne répondent pas aux conditions d'âge prescrites par le décret, c'est-à-dire qu'ils ont été amenés à la mission alors qu'ils avaient plus de 12 ans,

57 Voir Louis et Stengers, *E.D. Morel's history of the Congo Reform Movement*. Voir aussi Marchal, *E.D. Morel contre Léopold II*.

58 Voir à ce sujet *Le rapport Casement*.

59 Mémoire de Julien Banckaert, Kisantu, 24 décembre 1905. Original conservé dans APBS, 10551.

60 Ciparisse, « Les structures traditionnelles de la société mpangu », 465.

âge au-delà duquel ils ne peuvent normalement être recrutés[61]. Ces enfants, non orphelins et parfois majeurs, auraient de plus été enlevés de force à leurs familles et maintenus sous le joug religieux, malgré les réclamations réitérées des parents et parfois des enfants eux-mêmes. Dans les fermes-chapelles, les enfants seraient maltraités et travailleraient comme de véritables esclaves, sans avoir rien en propre, sans rien gagner pour leur labeur, et ne possédant aucune liberté, pas même celle, à l'âge nubile, de pouvoir se marier[62].

Les procès-verbaux de Moth-Borglum nous donnent presque directement accès à la voix des Congolais et on ne peut lui dénier une bonne connaissance des structures sociales et familiales congolaises, ce qui lui permettait de critiquer à bon escient le recrutement « d'orphelins », qui n'existaient pas selon lui puisque les relations familiales étaient totalement différentes de celles que l'on connaissait en Europe, et que le fait de ne pas avoir de père ou de mère ne faisait pas de ces enfants-là des orphelins comme on l'entendait en Occident. En effet, chez ces ethnies congolaises, tout enfant qui naît dans un clan y est entretenu jusqu'à l'âge adulte. Dans ces peuples au système matrilinéaire, si l'enfant perd ses parents biologiques, il est en général recueilli par son oncle maternel ou par un autre membre adulte de sa famille. Le clan n'abandonnait donc presque jamais ses jeunes enfants[63], d'autant qu'ils étaient indispensables à la reconstruction et la survie du village, en cette période où la maladie du sommeil faisait des ravages[64]. On doit aussi reconnaître au substitut d'avoir souligné la volonté « d'acculturation » (avant l'heure) et de mépris des cultes traditionnels par les Européens. Il écrit : « les missionnaires n'auront fait rien d'autre que dévaster le pays, supprimer les indigènes et les dérober de la tolérance religieuse, leur garantie, par le même article 6 III en les (=leur) imposant une religion qui n'a <u>nul</u> mérite sur la religion indigène »[65]. Le substitut invoque donc l'article 6 pour démontrer le non-respect de la liberté de cultes par les missionnaires occidentaux en général, et ajoute que l'article 6 se prête à toutes les manipulations, puisqu'il empêche l'État d'intervenir dans l'accaparement du territoire par les jésuites, qui se réfugient derrière le droit pour tout culte « d'ériger des édifices religieux et d'organiser des missions sans restriction ni entrave ».

61 *Bulletin officiel de l'État Indépendant du Congo*, 1892, 18-19. Voir aussi p. 188, art. 9 et 14 : un règlement du 23 avril avait en outre précisé que les enfants devaient quitter ces colonies à 14 ans et ne pouvaient y être admis après l'âge de 12 ans.

62 MAE, AA, AE 348 : Rapport mensuel de Moth-Borglum au procureur d'État, janvier 1905. Copie manuscrite originale pour la Commission d'enquête, 8 février 1905. Voir aussi la copie officielle, pour la Commission d'enquête, des procès-verbaux établis par le substitut Moth-Borglum, Léopoldville, 11 février 1905.

63 Ciparisse, « Les structures traditionnelles de la société mpangu », 466.

64 Mukoso Ng'Ekieb, *Les origines et les débuts de la mission du Kwango*, 179-183.

65 MAE, AA, AE 348 : Rapport mensuel de Moth-Borglum au procureur d'État, janvier 1905. Copie manuscrite originale pour la Commission d'enquête, 8 février 1905.

Ces constats de Moth-Borglum nous renvoient à l'analyse de l'article 6 de l'Acte de Berlin que fait J.-P. Balaamo Mokelwa dans son histoire du droit congolais des religions, publiée en 2008. Le droit à la liberté religieuse aurait dû signifier pour les populations autochtones, le droit de conserver leurs religions traditionnelles africaines, les croyances liées à leurs ancêtres d'une part, et d'autre part, la liberté reconnue aux populations locales de se convertir au christianisme ou à une autre religion de leur choix. Mais dans les faits, au nom de la mission civilisatrice, l'article 6 protège et assure le droit à la liberté aux seules missions religieuses chrétiennes. Il s'agit bien d'un droit à la liberté religieuse pour les missions religieuses et les sujets civilisateurs, et non d'un droit subjectif pour les populations congolaises[66].

Mais le témoignage du substitut danois est malgré tout sujet à caution, d'abord parce qu'il a été produit dans un contexte défavorable aux jésuites, après que le substitut ait été vexé de la piètre considération des pères de Lemfu à son égard, car ils le logèrent dans une annexe servant de prison, selon les dires des indigènes[67]. Ensuite parce que dans ses écrits, Moth-Borglum ne cachait pas son anticléricalisme et son athéisme. La phrase suivante, extraite de son rapport au procureur d'État, en témoigne assez explicitement : « Protestantisme, catholicisme, mahométisme, et bouddhisme, tout est de la même valeur, superstition pour les foules ignorantes. » Son anticléricalisme est patent lorsqu'il qualifie les missionnaires de « fanatiques », animés par la ruse et l'infamie, qui à leur gré disposeront du corps et des idées spirituelles des enfants qu'on leur confie. Ces jeunes n'apprennent rien sous leur coupe, « ils travaillent et font des prières comme des esclaves et sous les punitions du fouet ». Les missionnaires n'auraient de plus aucune qualité pour s'en occuper : « tout sentiment est condamné dans leur vie, et je l'ai observé, ils sont des hommes durcis et insensibles comme des pierres. Comment peut-on attendre d'autre chose (sic) des hommes qui mènent une vie contre la nature, contre la base de l'existence d'être humain et qui n'ont aucun autre but que de mourir. (...) Je n'ai pas vu non plus une seule action qui pût me faire croire que les missionnaires eussent d'affection pour les enfants, pas une seule. Ils reçoivent les enfants avec avidité provenant du même amour que le loup sent pour l'agneau. »[68]

Si l'on cherche à présent ce que la Commission d'enquête instaurée par Léopold II en juillet 1904 formule comme réponse à la question de la place

66 Balaamo Mokelwa, *Église et État en République démocratique du Congo*, 58-60.

67 MAE, AA, CM, M 567, n°3 : Rapport officiel du commandant Mauroy sur l'attitude de Moth-Borglum à l'égard des missionnaires de Lemfu, Kikinga (Pesi), 11 mars 1905. Copie annexée à la lettre de Mahieu à Warnant, Léopoldville, 15 mars 1905, elle-même annexée à la lettre de l'inspecteur d'État Warnant, au nom du gouverneur général, à Cuvelier, Boma, 1 avril 1905.

68 MAE, AA, AE 348 : Rapport mensuel de Moth-Borglum au procureur d'État.

qu'occupait le droit des autochtones dans le chef des jésuites[69], nous trouverons beaucoup d'éléments communs au diagnostic de Moth-Borglum. Rien d'étonnant à cela, puisque les membres de cette commission instituée pour répondre aux critiques étrangères visant l'ÉIC se sont inspirés essentiellement des procès-verbaux établis par le substitut, ainsi que du rapport qu'il envoya au procureur d'État[70].

Dans le rapport publié par la Commission d'enquête fin octobre-début novembre 1905, les missionnaires catholiques sont accusés de procéder à un véritable recrutement d'enfants, sans respecter les conditions légales de sélection des pupilles. Les griefs d'exploitation, de maltraitance, de séquestration sont repris dans des termes soigneusement choisis. Ces précautions stylistiques s'appliquent aussi aux personnes incriminées, leur rapport ne citant pas explicitement les jésuites mais bien « certains établissements situés dans le sud du district du Stanley-Pool »[71].

En général, le rapport de la Commission d'enquête est présenté comme objectif et bien documenté. Pourtant, pour la partie concernant les missions, force est de constater que les failles au niveau de l'enquête et de ses méthodes ne manquent pas. Les rares témoignages ou explications des jésuites sur leur façon de procéder ou les contributions qu'ils voulurent apporter à la compréhension du système congolais ne furent pas utilisés par la Commission[72], qui se contenta de dresser un tableau général des missions catholiques sur la base d'un cas particulier : le poste de Lemfu, qui avait fait l'objet des critiques du substitut Moth-Borglum. Les avances des quelques autres sources indirectes

69 Sur les jésuites et la Commission d'enquête, voir : François, « De onderzoekscommissie voor Congo (1904-1905) en de missies van de jezuïeten », et Id., « Het gerechtelijk onderzoek van H.G. Moth-Borglum op de jezuïetenmissie van Lemfu-Congo (1905) ».

70 Les notes du président Edmond Janssens (MAE, AA, Papiers Edmond Janssens (PJ), D 1367, n°11), qui sélectionne et reformule les éléments des procès-verbaux de Moth-Borglum le prouvent, ainsi que la confrontation du rapport du substitut au texte final du rapport de la Commission d'enquête.

71 « Rapport de la Commission d'enquête », *Bulletin officiel de l'État Indépendant du Congo*, octobre-novembre 1905, 135-285.

72 D'une part les explications de Banckaert, successeur de Van Hencxthoven au supériorat de la mission du Kwango, ont été occultées. Le supérieur avait en effet rempli un questionnaire envoyé par la Commission d'enquête. *In tempore non suspecto*, ses affirmations contredisaient ou permettaient de nuancer certaines futures accusations des témoins à charge. Pourtant, ces précisions n'ont nullement été prises en compte par les commissaires. MAE, AA, AE 347 : Père Banckaert à Edmond Janssens, Kisantu, 26 novembre 1904. D'autre part la Commission n'a pas pris le temps de se rendre sur le terrain à l'invitation des pères Van Hencxthoven et Cus, qui souhaitaient apporter leur contribution à l'enquête sur le fonctionnement de l'ÉIC. (Voir l'invitation du père Van Hencxthoven à Edmond Janssens (Casier St Jean, 20 décembre 1904) et la réponse d'Edmond Janssens au jésuite (Kwamouth, 6 février 1905). MAE, AA, AE 348). Les notes que Van Hencxthoven et Cus adressèrent à la Commission d'enquête ne furent pas utilisées par les rédacteurs du rapport.

dont les commissaires se sont inspirés (Paul Delhaye[73]) n'ont en outre pas fait l'objet de vérifications sur place, faute de temps. Les supérieurs des missions catholiques reprocheront aussi à la Commission de n'avoir pas suffisamment visité les missions catholiques pour pouvoir porter sur elles un jugement général, de n'avoir entendu que peu de missionnaires de leur obédience, comparativement aux protestants, et de ne pas avoir laissé ensuite aux missionnaires incriminés la possibilité de se justifier[74].

La Commission d'enquête ne disposait certes que de réquisitoires contre les missions, toutefois de hauts fonctionnaires, tant à Boma qu'à Bruxelles, avaient, eux, connaissance à la fois de ces réquisitoires-là[75], mais aussi de la version des jésuites et de leur plaidoyer. Compte tenu de l'existence de ces deux points de vue, quel a été l'avis du vice-gouverneur général Paul Costermans et du secrétaire général Adolphe de Cuvelier[76], qui sont donc susceptibles de nous livrer une vision plus objective de la situation ? D'un côté, les représentants de l'État condamnent la partialité du substitut Moth-Borglum[77] et finiront par le faire déplacer dans un autre district[78]. Ils satisfont de ce fait les jésuites qui réclamaient des sanctions et dont le soutien s'avérait par ailleurs nécessaire en ces moments où l'ÉIC était critiqué[79]. Mais parallèlement, Costermans invite les jésuites à modifier leur méthode d'apostolat, dont il a appris les travers, leur recommandant plus de souplesse dans l'encadrement des enfants, et surtout des jeunes adultes sous leur tutelle[80]. On retrouve donc ici la tension propre aux dirigeants de l'ÉIC vis-à-vis des jésuites : ils doivent faire respecter la loi et le droit tout en ménageant les missionnaires partenaires de l'État...

73 Il s'agit du commissaire du district des Cataractes, qui livra des accusations graves à l'encontre des jésuites de Kisantu devant la Commission d'enquête. La visite des commissaires à Kisantu, qui ne dura que deux heures, ne leur permit pas de vérifier les allégations de Delhaye.

74 MAE, AA, PJ, D 1367, n°11 : *Mémoire des Supérieurs des missions catholiques au Congo à Monsieur le Président et Messieurs les Membres de la Commission exécutive*, Bruxelles, 20 décembre 1905.

75 Les copies du rapport mensuel au procureur d'État, ainsi que du résumé des procès-verbaux de Moth-Borglum sont annexées à la lettre de Costermans à Cuvelier, Boma, 19 février 1905. MAE, AA, CM, M 567, n°3.

76 Jadot, « Adolphe-Édouard-Félix de Cuvelier ».

77 Se ralliant à l'opinion de Costermans, le secrétaire général Cuvelier estime que Moth-Borglum a « fait preuve d'un parti pris et d'un sectarisme de nature à devoir fausser la plupart de ses appréciations ». MAE, AA, CM, M 567, n°3 : Cuvelier à Costermans, Bruxelles, 29 (ou 27 ?) mars 1905.

78 Le 18 avril 1905, Moth-Borglum sera finalement officiellement nommé substitut du tribunal territorial et du conseil de guerre à Basoko, dans le district de l'Aruwimi. MAE, AA, Service du Personnel de l'Afrique, n°893, folio 182.

79 AA, CM, M 567, n°3 : Costermans à Cuvelier, Boma, 19 février 1905.

80 Ibid. : Costermans à Banckaert, Boma, 13 février 1905. Copie annexée à la lettre de Costermans à Cuvelier, Boma, 19 février 1905.

Il nous reste enfin une opinion à sonder, celle des jésuites eux-mêmes. Elle est double : on observe en effet deux types de discours : public et privé.

Dans leurs écrits destinés à la publication, ils valorisent le système des fermes-chapelles. Arthur Vermeersch[81], auteur de *La Question congolaise* en 1906, estime d'ailleurs qu'il s'agit du meilleur système de mise en valeur de la colonie, parce qu'on y indemnise les noirs pour leur travail, on « les y éduque » et on les intéresse à l'exploitation de leurs terres et forêts. Dans leurs lettres officielles de protestation, les jésuites et les supérieurs des missions catholiques démentent que les enfants soient obtenus de force auprès des chefs, rejettent les accusations de mauvais traitements, affirment que « les maisons et cultures dans lesquels les jésuites s'établissent restent propriété des indigènes, que d'ailleurs, tout leur appartient et qu'ils y disposent d'une large liberté et peuvent s'y marier ». Selon eux, le système des fermes-chapelles présente de surcroît de nombreux avantages : une rapide diffusion de l'Évangile, des progrès intellectuels favorisés par la multiplication et le rayonnement des écoles de proximité, l'inculcation des bienfaits du travail (culture, élevage, routes…), condition essentielle de toute civilisation, la suppression de l'esclavage domestique et enfin la défense des intérêts mêmes de l'État. En effet, son territoire est mis en valeur sans que son budget n'en supporte les frais, et chaque ferme-chapelle constitue un groupe de sujets loyaux et sincèrement attachés à l'État[82].

Cependant, dans leur correspondance privée, les jésuites font parfois entendre un tout autre son de cloche. Les missionnaires Opdebeeck et Van Heede, de retour en Belgique, évoqueront l'excès de discipline et le rigorisme en vigueur à Kisantu[83]. Au moment où le système des fermes-chapelles sera dénigré en Belgique, le père Hanquet, missionnaire jésuite qui passa la majeure partie de sa vie au Congo, écrit une lettre à Vermeersch, dépeignant sa situation à Mpese et jugeant l'exercice de la tutelle. L'homme n'hésite pas à se déclarer très sceptique à l'égard des méthodes jésuites :

> Pauvre tutelle comme elle nous a fait du tort, entendue comme elle l'a été par l'État !! Elle nous a rendus pour longtemps odieux aux indigènes, et même, ce qui est plus grave, à nos propres chrétiens et catéchumènes. D'ici à longtemps ils ne nous pardonneront pas de les avoir enlevés <u>de force</u> à leur village et à leur vie libre… Ceci vous étonnera peut-être de la part de ces derniers, mais pour qui vit au milieu des noirs, cela n'a rien

81 Bergh, « Arthur Vermeersch ». Voir aussi Charles, « Arthur-Marie-Théodore Vermeersch ». Voir aussi Creusen, *Le Père Arthur Vermeersch*.

82 Voir APBS, 10551 : Mémoire de Julien Banckaert, Kisantu, 24 décembre 1905 et voir aussi MAE, AA, PJ, D 1367, n°11 : *Mémoire des Supérieurs des missions catholiques au Congo à Monsieur le Président et Messieurs les Membres de la Commission exécutive*, Bruxelles, 20 décembre 1905.

83 APBS, 10579 : Joseph Opdebeeck à son supérieur, s.l., novembre 1905 ; J. Van Heede au R.P. Socius, Collège Sainte Barbe à Gand, 10 novembre 1905.

> de surprenant. Ils tiennent à leur liberté plus... qu'au bon Dieu et il en sera ainsi longtemps encore ! Voilà pourquoi ils nous en veulent de les avoir fait inscrire sur les registres de la tutelle et leur plus grand désir est de s'y soustraire. (...) Jadis dans les premières années nous n'avions pas la tutelle ; les enfants nous étaient donnés librement par les chefs. Eh bien nos fermes chapelles étaient à leur apogée. En moins de deux ans nous atteignions – le brave P. Prevers et moi – dans les fermes chapelles de Ndembo le chiffre de 900 enfants, tandis qu'aujourd'hui nous ne faisons pas 40 nouvelles recrues sur un an. Les fuites alors étaient très rares, aujourd'hui c'est du pain quotidien. (...) l'on peut se demander si la tutelle est bien ce qu'il faut. Dans tous les cas elle ne peut être efficace que si l'État est décidé à nous soutenir d'une main de fer et coûte que coûte.
> (...) À ce propos, vous ne m'en voudrez pas n'est-ce pas, Cher P. Vermeersch, de vous parler franchement et de vous donner un petit conseil. En général, soyez très prudent lorsque vous publiez quelque chose sur la manière dont s'est opérée l'inscription des orphelins et ne reproduisez pas trop facilement certains démentis provenant cependant de source très autorisée mais pas toujours au courant de tout ce qui s'est passé alors. Entre nous, je vous dirai que le P. Vermeulen et moi, nous ne sommes pas fiers de ce qui s'est passé alors. Du sang versé, il y en a eu (...) Somme toute, comme je vous l'ai écrit, je pense, cette histoire de la tutelle n'est pas à écrire. Mieux vaut ne pas en parler, pour notre honneur et celui de Notre apostolat.
> (...) En réalité, très peu d'orphelins sont délaissés et pour justifier la tutelle il n'est pas prudent d'invoquer l'état misérable dans lequel croupissent les enfants privés de père et de mère et les mauvais traitements dont ils dont l'objet de la part de leurs bibutis (=oncles maternels). Tout cela fait hausser les épaules à ceux qui vivent au milieu des noirs[84]. (...)

Hanquet déplore la façon dont la tutelle a été conçue par l'État et est vécue par les autochtones. Contrairement aux supérieurs catholiques qui maintiennent que les enfants sont confiés aux missions avec l'accord des chefs ou de leur parenté, Hanquet affirme que la réalité est tout autre : il parle de privation de liberté, d'enlèvement de force, stipule que dans ces ethnies, les « enfants privés de père et de mère » ne sont pas abandonnés, et n'auraient pas dû être soumis à la tutelle. Il vaut mieux donc, selon lui, couvrir cet épineux problème d'un voile pudique...

84 Louvain, KADOC, Archives de la Province belge méridionale et du Luxembourg de la Compagnie de Jésus (ABML), 327 : Père Hanquet au Père Vermeersch, Mpese, 16 mars 1909.

Conclusion

Dès leur envoi au Congo sous l'impulsion de Léopold II, les jésuites ont eu pour mission d'éduquer, de civiliser et de christianiser la population locale. Ces termes impliquaient sans doute dans les esprits de l'époque une amélioration des conditions morales et matérielles d'existence des « primitifs ». Nous venons de voir que certains religieux, comme le père Van Hencxthoven, étaient sincèrement préoccupés par le droit des autochtones et leur bien être, jusqu'à affronter l'État quand il ne les respectait pas. Le système des fermes-chapelles avait aussi pour fondement la volonté d'inculquer aux enfants les valeurs chrétiennes tout en les faisant participer à un développement social et économique.

Cependant civiliser était toujours synonyme d'européaniser et donc il allait de soi qu'il fallait remplacer les croyances, l'organisation sociale existante par les dogmes de la chrétienté occidentale, présentés comme supérieurs. En définitive, rares sont ceux qui ont dénoncé la destruction, la déstructuration des sociétés traditionnelles locales. Ce démantèlement est finalement le résultat du partenariat Église-État, dans lequel chacun a œuvré pour voir ses objectifs réalisés au mieux, instrumentalisant la plupart du temps les populations africaines et profitant de leurs ressources.

Dans cet ordre d'idées, l'article 6, qui à première vue semblait pétri de nobles intentions, se verra utilisé à toutes fins, soutenant l'argumentation de l'un ou l'autre protagoniste européen, mais où finalement le souci des populations noires reste souvent de l'ordre rhétorique.

ABBREVIATIONS

AA : Archives Africaines
ABML : Archives de la Province belge méridionale et du Luxembourg de la Compagnie de Jésus
AE : Fonds Affaires Etrangères
AGR : Archives générales du Royaume
APBS : Archives de la Province belge septentrionale de la Compagnie de Jésus
CM : Fonds Cultes et Missions religieuses
ÉIC : État indépendant du Congo
MAE : Ministère des Affaires Étrangères
PJ : Papiers Edmond Janssens
SPA : Service du Personnel de l'Afrique

BIBLIOGRAPHIE

Archives

Bruxelles, Archives générales du Royaume (AGR), Papiers Edmond Van Eetvelde.
Bruxelles, Ministère des Affaires Étrangères (MAE), Archives Africaines (AA), Fonds Affaires Etrangères (AE).
Bruxelles, Ministère des Affaires Étrangères (MAE), Archives Africaines (AA), Fonds Cultes et Missions religieuses (CM).
Bruxelles, Ministère des Affaires Étrangères (MAE), Archives Africaines (AA), Papiers Edmond Janssens (PJ).
Bruxelles, Ministère des Affaires Étrangères (MAE), Archives Africaines (AA), Service du Personnel de l'Afrique.
Leuven, KADOC-KU Leuven, Archives de la Province belge méridionale et du Luxembourg de la Compagnie de Jésus (ABML).

Leuven, KADOC-KU Leuven, Archives de la Province belge septentrionale de la Compagnie de Jésus (APBS).

Littérature

Balaamo Mokelwa, Jean-Pacifique. *Église et État en République démocratique du Congo. Histoire du droit congolais des religions (1885-2003)*. Paris : L'Harmattan, 2008.

Bergh, E. « Arthur Vermeersch » dans : *Biographie nationale*. T. 38. Bruxelles, 1973-1974, 803-807.

Castelein, Auguste. *L'État du Congo. Ses origines, ses droits, ses devoirs, le réquisitoire de ses accusateurs*. Bruxelles, 1907.

Charles, V. « Arthur-Marie-Théodore Vermeersch » dans : *Biographie coloniale belge*. T. 4. Bruxelles, 1955, 913-917.

Ciparisse, Gérard. « Les tractations en vue de la création de la « Mission du Kwango » : le dossier de la Compagnie de Jésus (1879-1893) ». *Bulletin de l'Institut historique belge de Rome*, 42 (1972), 453-571.

Ciparisse, Gérard. « Les origines de la méthode des fermes-chapelles au Bas Congo (1895-1898) ». *Bulletin de l'Institut Historique Belge de Rome*, 43 (1973), 693-839.

Ciparisse, Gérard. « Les structures traditionnelles de la société mpangu face à l'introduction d'une méthode occidentale de développement : les fermes-chapelles du Bas Congo (1895-1911) ». *Bulletin de l'Institut historique belge de Rome*, 46-47 (1976-1977), 369-605.

Creusen, Joseph. *Le Père Arthur Vermeersch, S.J., l'homme et l'œuvre*. Bruxelles-Paris, 1947.

Delathuy, A.M. (pseudonyme pour Jules Marchal). *Jezuïeten in Kongo met zwaard en kruis*. Berchem : EPO, 1986.

Delathuy, A.M. *Missie en staat in Oud-Kongo, 1880-1914. Volume 1 : Witte paters, scheutisten, en jezuïeten 1880-1914*. Berchem : EPO, 1992.

Dellicour, F. « Théophile Théodore Joseph Antoine Wahis » dans : *Biographie coloniale belge*. T. 1. Bruxelles, 1948, 939-946.

Deneef, Alain et Rousseaux, Xavier e.a., éds. *Les Jésuites au Congo-Zaïre, cent ans d'épopée. De la mission du Kwango à la province d'Afrique centrale*. Bruxelles : AESM Éditions, 1995.

Engels, A. « Paul-Marie-Adolphe Costermans » dans : *Biographie coloniale belge*. T. 1. Bruxelles, 1948, 268-271.

François, Wim. « Het gerechtelijk onderzoek van H.G. Moth-Borglum op de jezuïetenmissie van Lemfu-Congo (1905). Een gerechtvaardigde aanklacht tegen onderdrukking ofwel een "comico-tragique aventure" ». *Revue belge d'histoire contemporaine*, 36 (2006) 3-4, 277-321.

François, Wim. « De onderzoekscommissie voor Congo (1904-1905) en de missies van de jezuïeten ». *Revue belge d'histoire contemporaine*, 37 (2007) 1-2, 79-142.

Gijs, Anne-Sophie. « Émile Van Hencxthoven, un jésuite entre Congo et Congolais... Conflits de conscience et d'intérêts autour du Supérieur de la mission du Kwango dans l'État indépendant du Congo (1893-1908) ». *Revue d'histoire ecclésiastique*, 105 (2010) 3-4, 652-688.

Gijs, Anne-Sophie. « Entre ombres et lumières, profits et conflits. Les relations entre les Jésuites et l'État Indépendant du Congo (1879-1908) ». *Revue belge de philologie et d'histoire*, 88 (2010) 2, 255-298.

Gründer, Horst. « Christian Missionary Activities in Africa in the Age of Imperialism and the Berlin Conference of 1884-1885 » dans : Stig Förster et Wolfgang J. Mommsen e.a., éds. *Bismarck, Europe, and Africa : The Berlin Africa Conference 1884-1885 and the Onset of Partition*. New York : Oxford University Press, 1988, 85-103.

Guebels, Léon. *Relation complète des travaux de la Commission permanente pour la protection des indigènes au Congo belge*. Gembloux : Duculot, 1911-1951.

Jadot, J.-M. « Adolphe-Édouard-Félix de Cuvelier » dans : *Biographie coloniale belge*. T. 5. Bruxelles, 1958, 194-200.

La Compagnie de Jésus et l'évangélisation en Afrique centrale. Esprit, histoire et perspectives. Actes du colloque de Kimwenza, décembre 1993. Kinshasa : Éditions Loyola, 1994.

Le rapport Casement. Rapport de R. Casement, consul britannique, sur son voyage dans le Haut-Congo (1903). Introduction et notes par Daniel Vangroenweghe. Préface et règles d'édition par Jean-Luc Vellut. *Enquêtes et documents d'histoire africaine*, 6 (1985), Louvain-la-Neuve.

Louis, William Roger. « The Stokes Affair and the Origins of the Anti-Congo Campaign, 1895-1896 ». *Revue belge de philologie et d'histoire*, 43 (1965) 2, 572-584.

Louis, William Roger et Stengers, Jean. *E.D. Morel's History of the Congo Reform Movement*. Oxford, 1968.
Marchal, Jules. *E.D. Morel contre Léopold II. L'histoire du Congo 1900-1910*. Paris, 1996.
Markowitz, Marvin D. *Cross and Sword : The Political Role of Christian Missions in the Belgian Congo, 1908-1960*. Stanford : Hoover Institution Press, 1973.
Moulaert, G. « Émile Wangermée » dans : *Biographie coloniale belge*. T. 1. Bruxelles, 1948, 951-956.
Mukoso Ng'Ekieb, Fernand. *Les origines et les débuts de la mission du Kwango (1879-1914)*. Kinshasa : Facultés catholiques de Kinshasa, 1993.
Parein, E., S.J. « Stanislas-Marie-Liévin Devos » dans : *Biographie belge d'Outre-mer*. T. 6. Bruxelles, 1968, 1090-1095.
Protocoles et acte général de la conférence de Berlin 1884-1885. Rédigés par H. Ganslmayr. Bremen : Übersee-Museum, 1984.
Salvaing, Bernard. « Missions chrétiennes, christianisme et pouvoirs en Afrique noire de la fin du XVIIIe siècle aux années 1960 : permanences et évolutions ». *Outre-mers: revue d'histoire*, 94 (2006), 350-51, 295-334.
Schoeters, K., S.J. *Konflikt in Kongo, E.P. Em. Van Hencxthoven S.J. (1852-1906). Stichter van de Kwango-Missie en van de « Kapel-Hoeven »*. Bruxelles, 1956.
Stengers, Jean. *Congo. Mythes et réalités*. Ed. revue et augmentée. Bruxelles : Racine, 2007.
Van de Casteele, J., S.J. « Émile Van Hencxthoven » dans : *Biographie coloniale belge*. T. 2. Bruxelles, 1951, 465-470.
Viaene, Vincent. « La religion du prince: Léopold, le Vatican, la Belgique et le Congo (1855-1909) » dans : Vincent Dujardin, Valérie Rosoux et Tanguy de Wilde d'Estmael e.a., éds. *Léopold II, entre génie et gêne. Politique étrangère et colonisation*. Bruxelles : Racine, 2009, 163-189.
Wesseling, Henri. *Le partage de l'Afrique 1880-1914*. Paris : Denoël, 1991.
Willaert, L. « Auguste Casteleyn » dans : *Biographie nationale*. T. 30. Bruxelles, 1959, 269-270.

CATHOLIC MISSIONARIES AND THE PRODUCTION OF KASAI AS A COLONIAL LANDSCAPE 1890-1960

BRAM CLEYS

When trying to gauge the impact missionary work had during the colonial period 'on the ground' (i.e. in the mission field), several approaches have been tested out. Some scholars have described transformations in religious beliefs (cosmological understandings, notions of god), but most have focused on more circumstantial phenomena: alphabetization, changes in medical practices, standardization of languages, etc. In this article I propose to analyse the effects of Catholic missionary work in the Kasai area of the Congo on an even more material level: its involvement in the spatial reconfiguration of the territory. The hypothesis underlying this proposal is that, as this area for the colonial State functioned primarily as a labour catchment zone and industrial exploitation was limited and strongly localized, missionaries – and Catholic more so than Protestant – had a large impact on the spatial structuring of the region. By describing the changing spatial strategies of the missionaries of Scheut in Kasai, their contribution to the production of a colonial landscape will be described.[1]

As a growing number of studies indicate, missionary work in the nineteenth and twentieth century had an unmistakable impact on the material and

1 Research for this article was funded by FWO Vlaanderen and supervised by Prof. Dr. Jan De Maeyer and Prof. Dr. Ir. Bruno De Meulder.

social organization of space.[2] By definition, Christian missionary work – often summarized in Jesus' words "Go, therefore, make disciples of all nations"[3] – implied acting in and on space. Missionaries left their home regions to settle and work in foreign counties. They established mission stations, operated urban schools and hospitals, ran agricultural estates and reconnoitred existing or laid out new transport infrastructures. These foreign places, however, were not only the missionaries' anonymous stage; they were also objects of action in and of themselves. Impressive churches with more or less elaborative decorations were erected as testimony of a Western civilization's technological aptitude and Christianity's superiority; 'heathen' domestic practices were (attempted to be) reformed to match European ones, considered to be universal. In all of these cases, whether by physically altering the environment or by transforming mental schemes for understanding space or by adding new layers of meaning to particular places, missionary work altered the landscape.

Over the past decades, landscape has emerged as a fruitful and compelling concept in a wide array of disciplines. Although escaping easy definition – indeed its proliferation across and among disciplinary boundaries at the same time poses a threat to its conceptual strength, – it is an imaginative lens through which to look at the changes engendered by imperialism and missionary work. As Dennis Cosgrove has summarized, contemporary understandings of landscape gather "nature, culture and imagination within a spatial manifold, re-entering the material world as an active agent in its continuous reshaping".[4] Two things are here of importance. Firstly, contrary perhaps to more intuitive understandings of this notion, landscape is not a given, the aesthetically pleasing decor against which human activity takes place. It is on the contrary as much the outcome of natural processes as of man-made interventions and thus part of human history. Secondly, a landscape is at the same time material and imagined. As unit within the human world, it is loaded with meaning by different (groups of) actors over time and integrated in – possibly even conflicting – moral geographies.

2 Amongst many others, see: Vasquez, *La cartographie missionnaire en Afrique*; Comaroff, "Mansions of the Lord"; De Meulder, "Mavula: An African Heterotopia in Kwango"; Bremner, "The Architecture of the Universities' Mission to Central Africa"; Thomas, "Chiefdoms, Cantons, and Contentious Land".

3 Matt. XXVIII, 19-20 (19: "Go, therefore, make disciples of all nations; baptise them in the name of the Father and of the Son and of the Holy Spirit"; 20: "and teach them to observe all the commands I gave you"). F.e. Arens in his *Manuel des mission catholiques*, 1, uses this quote as opener to his study. Protestant missionaries and missiologists referred to this phrase of the Bible, known as the Great Commission.

4 Cosgrove, "Landscape and Landschaft", 69.

Configuring a landscape of missionary work

The beginnings of Catholic missionary work in this part of the country have been told and retold on numerous occasions so as to give rise to a conventional and heroic story of missionary establishment.[5] The main hero of this epos is Émeri Cambier (1865-1943), an at the time of the foundation 26-year old member of the Belgian mission congregation of the Immaculate Heart of Mary (CICM, commonly known as Scheut Fathers). He had been part of the first caravan of four Scheut missionaries leaving for the Congo Free State in 1888 and had been involved in the establishment of their first two mission stations, Berghe Sainte-Marie and Nouvelle-Anvers. After a journey of more than three months from the Lower-Congo – on which he had to leave his companion Jan De Gryse (1866-1925) behind, – he arrived at the Luluaburg State Station on 14 November 1891. Almost without any help from the Free State officers or their native soldiers and workers, he succeeded in securing the necessary workforce to carry the loads he had brought on the seven-day walk it took from the boat stop in Luebo to Luluaburg. He also managed to pick out a location for the new mission station, which was baptized Luluaburg Saint-Joseph.

In order to do that, he achieved an agreement with Kalamba Mukenge (1835?-1899), in earlier times paramount chief of all Bena Luluwa in the Luluaburg area.[6] After establishing commercial ties with Cokwe traders coming from present-day Angola, Kalamba had been supplied with guns, which earned him the status of *primus-inter-pares* of nearly all chiefs in the area. In this capacity, he acted as host to the German explorer Herman Wissmann's expedition in 1884 during which the latter established the Luluaburg station. Despite the close links with the Free State's agents in this initial phase, by the time Cambier arrived in the area, Kalamba Mukenge had fallen out of grace with them. Having welcomed Leopold II's representatives on his grounds, he gradually experienced that their arrival brought about an infringement on his power, rather than a consolidation of his position. After a series of incidents,

5 What follows is the reiteration of this traditional story of missionary establishment in the Kasai. Its actual history is more complex, yet surpasses the limitations of this article.

6 The two most important groups in the Luluaburg area were (Beena) Luluwa and (Ba)Luba. They were related ethnic groups, speaking the same language (Ciluba), tracing their history back to the same mythical ancestor, and sharing several cultural characteristics. Both these labels and the groups to which they referred emerged in the last quarter of the nineteenth century, at the time of the earliest contacts between these groups and Europeans. Luluwa had settled in the Lulua Valley probably around 1750, partly replacing, partly assimilating with groups already living there. As an ethnonym Luluwa was used to designate a loosely organized association of clans and villages, each with their own headmen, but lacking a central authority. It was only due to his early contacts with Cokwe traders – and the ensuing socio-political, religious, and economical transformations – that Kalamba Mukenge, headman of the Beena Kashiya clan could claim a position as *primus-inter-pares* among some of the related headmen. Vansina, *Les anciens royaumes de la savane*, 167-168.

District Commissioner Charles Liénart (1861-1934) started a military campaign against Kalamba's soldiers in the beginning of 1891, eventually forcing them to flee to the west. When Cambier arrived at Luluaburg in December 1891, a tense peace reigned in the area.[7]

In an audacious move to demine this situation in favour of the missionaries, Cambier upon his arrival decided to go meet Kalamba Mukenge in his hide-out.[8] After a two-day walk, only accompanied by his *boy*, two bearers and an interpreter, Cambier succeeded in meeting Kalamba and convinced him to allow his establishment of a mission station on the location of one of Kalamba Mukenge's former villages, 15 kilometres away from the State post.[9] Furthermore, Kalamba promised to resettle in the vicinity of Luluaburg and restore peace with the Congo Free State. Although Kalamba Mukenge never lived up to this promise and relationships between the local colonial administrators and Bena Luluwa remained strained until the 1910s, most important is that through this Cambier immediately upon his arrival in the area succeeded in positioning himself as a new player in-between and next to the already existing ones in the wider Upper-Kasai world. It was a position he would develop in later months and years and which benefited the mission for many years to come.

Over the following years, the new mission station was built out according to a flexible, but powerful spatial model, that would serve as a blueprint for the Catholic mission stations that were erected in Kasai over the next decade. Indeed, due to favourable circumstances in the Kasai area four new stations were founded in the years before 1900: Mérode-Salvator in 1894, Saint-Trudo near Lusambo in 1895, Hemptinne Saint-Benoît in 1897 and one year later Tielen Saint-Jacques.[10] While a full discussion of this model would exceed the limits of this article, three elements are of importance to this discussion.[11] The first is the naming practice applied to these new places. Generally before a locality was chosen for a mission station, a name for it was decided on. All

7 Storme, *Pater Cambier*, 21-36; Vansina, *Being Colonized*, 26.

8 Cambier's decision to meet with Kalamba Mukenge was inspired by the fact that in 1887 a note was drafted at the Luluaburg State station, signed by Kalamba Mukenge and some of his dignitaries, in which they requested the visit of a priest. This note would gain a great symbolic value for the missionaries in justifying their decision to settle near Luluaburg, far away from their previous settlements. Storme, *Het ontstaan van de Kasai-missie*, 13-17.

9 For lack of clear information, it remains unclear whether Cambier himself picked out this location or whether it was pointed out by Kalamba Mukenge. Storme, *Pater Cambier*, 40-41.

10 This rapid expansion during the first decade of Scheut's presence in Congo was much stronger than in other regions they worked in. After the establishment of their first two mission stations in Berghe Sainte-Marie and Nouvelle-Anvers, in 1888 and 1889 respectively, they would only start new stations in the Lower Congo: in Boma and Muanda in 1891 and in Kangu in 1898.

11 For a more extensive description of Luluaburg Saint-Joseph's evolution, see Cleys and De Meulder, "Imagining a Christian Territory".

names referred to the persons or institutions that had provided the Scheut Fathers with the financial means to enable the new foundations. While the first part of Luluaburg Saint-Joseph's name obviously referred to its location, its titular saint was selected by its 'founder', Count Maurice de Ramaix.[12] In the later foundations, the full name was a reference to the financers: Mérode-Salvator for example was sponsored by Countess Jeanne de Mérode de Westerloo (1853-1944), Saint-Trudo by the *Werk der Oude Postzegels* (the Work of Old Stamps) at the minor-seminary at Sint-Truiden.[13]

This naming practice gave rise to a transnational geography, tying these isolated locations to persons and institutions in the motherland. More important for our story however, on the ground these new names created a moral geography that sat the mission stations apart both from the native villages and other colonial settlements, whether from the colonial State, commercial enterprises or Protestant missionaries.[14] The new names produced a new spatial structure that ignored the contemporary and already existing ones. A point we shall return to. It needs mentioning that this naming strategy was never completely hegemonic; even to the contrary. Most of the mission stations had a second name through which they were known by most Congolese. Luluaburg Saint-Joseph was generally known as Mikalayi, after the small river along which it was situated. Hemptinne Saint-Benoît was known as Bunkonde, after the papaya tree that, at the time of the missionaries' arrival occupied the central square of the settlement.[15]

12 Count Maurice de Ramaix (1850-1918) was – after a career in diplomatic service – a representative and later senator in the Belgian Parliament. Active as administrator in several Belgian colonial and international commercial and industrial companies, he would become one of the more vocal supporters in Parliament (as part of a group called *congolâtres* by Viaene in his "King Leopold's Imperialism") of Leopold II's Congolese endeavour. Answering to the call of Mgr Oswald Van den Berghe, one of the most prominent advocates of Belgian Catholic missions in the EIC, he had provided the financial means to acquire "les objets pour les premières installations" of Mikalayi Saint-Joseph in 1888. Leuven, KADOC, Archives of the Generalate of the Congregation of the Immaculate Heart of Mary (ACICM), 3443: Notebook of CICM's procurator-general A. Misonne on mission foundations in China, Congo, and the Philippines, ca. 1928. On de Ramaix, see: "Maurice de Ramaix (1850-1918)" in *ODIS - Database*.

13 Het *Werk der Oude Postzegels* was founded by priest Jozef Senden, diocesan inspector at Sint-Truiden and brother of CICM Father Alexis Senden, the founder of the mission station of St. Trudo (Vints, "Beeld van een zending", 373-374). For reasons of comprehensiveness: Hemptinne Saint-Benoît was financed by Count Joseph de Hemptinne; Tielen Saint-Jacques by a family Tielen. This naming practice was a more general Catholic custom and not restricted to the Scheut Fathers in Kasai. It was not only applied for mission stations, but also for secondary stations.

14 In the beginning of 1891, months before the arrival of Cambier, the first two members of the American Presbyterian Congo Mission (APCM) had started a Protestant mission station in 1891 in Luebo. In 1897 they opened a second station in Ibanc, in Bakuba territory.

15 The CICM missionaries repeatedly referred to these native names themselves, for example in ACICM, 6676: "Notes sur la mission St. Joseph de Luluabourg", before 1913. After independence, these names gradually replaced the European ones.

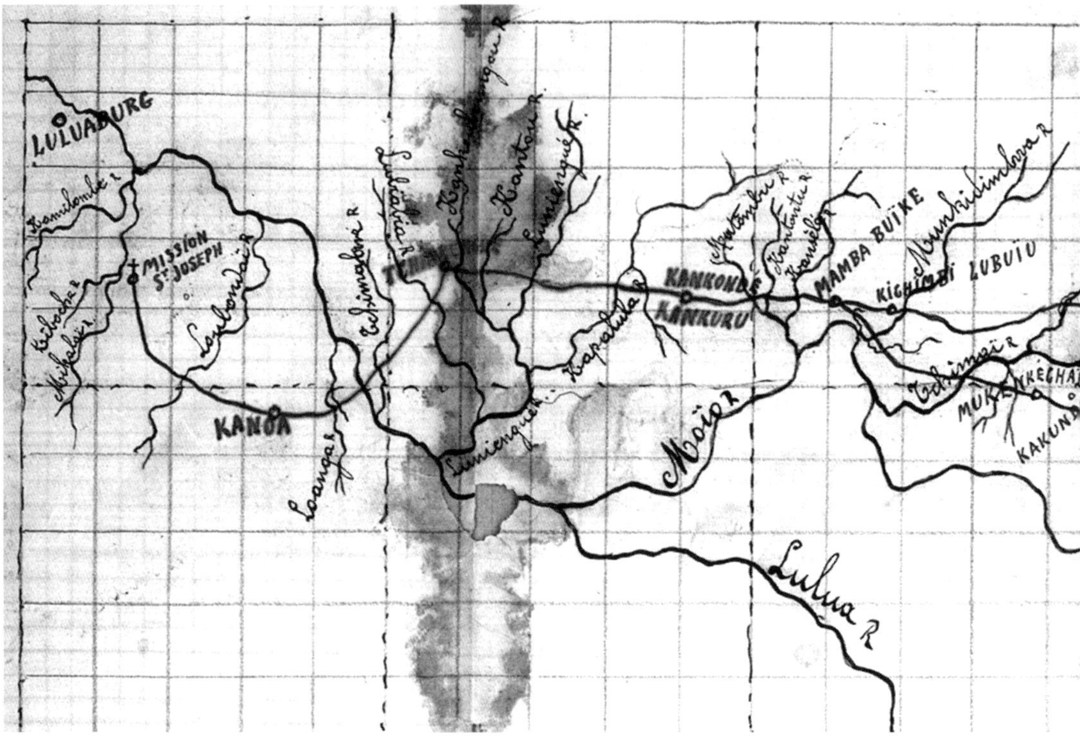

1. Road between Luluaburg Saint Joseph and the mission of Kalala Kafumba (Mérode Salvator), 1893. [ACICM: P.II.b.2.7. Notebook Cambier]

A second characteristic of the spatial model as applied in the early Kasai mission stations was their isolated location. While after the turn of the century this would gradually change, the five mission stations established before 1900 were all erected on large concessions granted by the Congo Free State to the missionaries. They were, moreover, always situated on a clear distance from other settlements, either European or Congolese. While Luluaburg Saint-Joseph, Saint-Trudo and Tielen Saint-Jacques were founded in the proximity of State posts – Luluaburg, Lusambo and Kanda-Kanda respectively, – they were all several kilometres away from these colonial settlements. The same is true for Mérode-Salvator and Hemptinne Saint-Benedict which were established after repeated demands by two local rulers, Kalala Kafumba and Kasongo Fwamba respectively, but on sites that were on a clear distance from their villages. While the missionaries from the start engaged in the constantly shifting power field of the Kasai area, in their choice of locations and their positioning within this field, they insisted on their autonomy.

The third element of the Catholic missionaries' spatial model is linked to the last component of Cosgrove's landscape definition: imagination. Both on the level of the mission station as on that of the territory made up by the

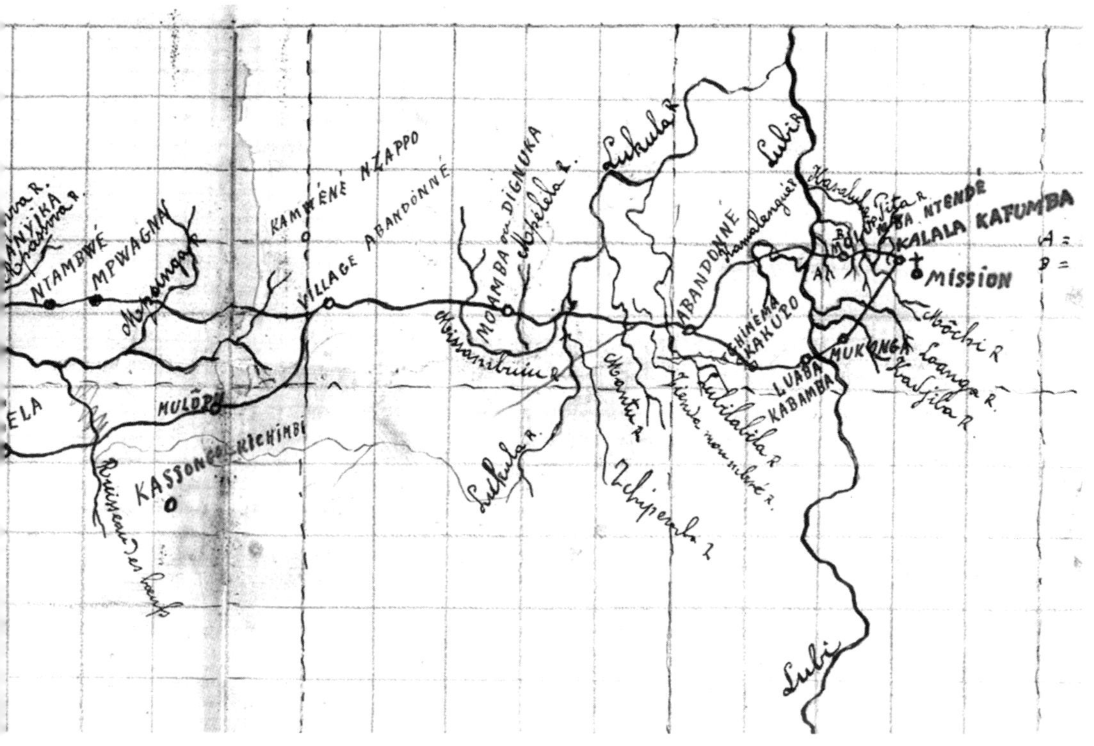

different mission stations, the landscape of Catholic missionary work was conceived as an empty space to be filled with structures and meaning by the missionaries. This emptying of space was in the first place executed on the level of the imagination. Several authors have already pointed out how after the Enlightenment a distinct visual regime emerged, an appropriating gaze intent on "incorporating the specificity of all they surveyed into the universalizing categories of the Enlightenment"[16], as spatial historian Christopher Gray put it. This particular scopic regime was of course reflected in specific modes of representation. The naming practice of mission stations and secondary establishments was a first manifestation of this regime, inscribing new names on a territory that remained for a long time largely unknown but that the missionaries wanted to shape according to their ambitions.

This emptying of the land to re-inscribe it with new meaning can moreover also be read from the maps and descriptions drafted by missionaries. A large number of maps document the expansion of missionary labour during

16 Gray, "*L'enfermement de l'Espace*", 167. Gray's understanding of spatial transformation in colonial southern Gabon is tributary to Noyes, *Colonial Space*; Pratt, *Imperial Eyes* and Sack, *Human Territoriality*.

this pioneering period. Apart from some administrative maps delimiting the boundaries of the mission concessions, most maps in this period documented the ongoing exploration of the Kasai territory. These strip maps (Fig. 1) were usually drawn after an expedition undertaken by a missionary, mostly when setting out to establish a new mission station. In 1894, for example, Cambier drafted a map in his personal notebook of the road he had taken from Luluaburg Saint-Joseph to Kalala Kafumba, a trip on which he scouted the possible location for the mission station of Mérode-Salvator. The map was a compilation of small segments he had noted each day, indicating the time and distance travelled. Apart from the villages they had passed or stayed over at, the map only indicated the rivers and streams crossed, of which they painstakingly noted all the names. The map was accompanied by further details about the terrain and the hospitability of the village chiefs. It reflected a geographical understanding of the area that promoted the mission stations as points of reference in the unknown landscape in which further only the innumerable rivers seemed to bring a certain order. As Cambier and his confrères after subsequent travels to other areas expanded their knowledge, later maps gradually would become more populated. As Patrick Harries already indicated, missionary cartography thus allowed the "domestication of 'foreign' land"[17].

Similarly, in written descriptions about the Kasai area and its inhabitants, the missionaries tried to make sense of the surroundings in which they operated and imposed a new order on it. The sources abound with descriptions of the trip all missionaries – whether members of Scheut or Sisters of Charity to Jesus and Mary, the female religious institute that started working in Luluaburg Saint-Joseph in 1894 – had to make from Luebo or Lusambo, the nearest boat stops, to Luluaburg Saint-Joseph.[18] All contrasted the filthiness and disarray of the villages they passed with the neatness and order of the mission station. Sister Marie-Godelieve (1871-1896), member of the first caravan of the Sisters of Charity at Luluaburg Saint-Joseph, for example wrote: "Instead of those ugly little shacks, not high enough to stand and not long enough to lie down in, in which the negroes crawl, one can see here square little houses made of earth, artfully covered with straw and neatly whitewashed

17 Harries, *Butterflies and Barbarians*, 116.

18 The Sisters of Charity of Jesus and Mary were a Belgian female religious institute devoted to education, medical work and care for orphans and elderly women. In 1891, a first group was sent to the Lower-Congo where they ran a hospital for white people and an orphanage. In 1894, a first group arrived in Luluaburg Saint-Joseph; later they also deployed their activities in Saint-Trudo (from 1900) and Hemptinne (from 1907). After the First World War they further expanded their work in Kasai; by that time they had also started working in Elisabethville. For the history of the congregation in Congo, see: Vints and Etambala, *100 jaar Zusters van Liefde J.M.* and Kapinga, *Les Sœurs de Charité de Jésus et de Marie*.

with a variety of sand that can be found locally, because lime is out of the question."[19]

All these examples make abundantly clear how the missionaries' imaginative labour in the end had very real consequences. Sometimes in tune, sometimes in competition with the colonial State and with trade companies, the Scheut missionaries gradually transformed the landscape of the Kasai area. These transformations bear a resemblance to those observed by Christopher Gray in southern Gabon and which he summarized as the measured imposition of a specific form of modern territoriality. Gray, in quoting human geographer Robert David Sacks, advances territoriality as the "primary spatial form power takes"[20]; it is the process of influencing people and behaviour by controlling a geographic area. Indeed, creating new places and renaming older ones in an attempt to redirect flows of people and goods, inventing an order in space and people by mapping and writing, as the missionaries did, these were all elements in the imposition of territoriality.

Yet, the missionaries' territorial project was not simply part of an all-encompassing State project, or in Gray's words, "colonial territoriality was hardly a monolithic enterprise".[21] While the territorializing actions of the different European actors at some times reinforced each other – the foundation of Tielen Saint-Jacques for example was postponed until with the foundation of the Kanda-Kanda State station the Kanyok region was 'pacified', – they all served their own goals and defined their proper characteristics. During this first decade of missionary activity more specifically, Cambier and his confreres never subjected their spatial project to a colonial enterprise. Quite on the contrary, Cambier – who over the years would expand his network in Kasai and in a rather brazen moment described himself as *King of Kasai* – would always advance the system of mission stations as a relatively autonomous space.[22]

Not only did he position the stations away from State posts, both in his settlement policy and in the missionary strategy he advanced, he also disregarded the villages. The Scheut missionaries were convinced that conversion was not merely a matter of worshipping the one and triune God, but required a complete transformation of individual and community. During this first decade, baptism thus was only possible for those who had lived for several years

19 Ghent, Sisters of Charity of Jesus and Mary, Archives of the Sisters of Charity of Jesus and Mary (ASCJM), 7.3.5.3.7./1: Letter of Sister Marie-Godelieve to her parents, Mikalayi, 4 March 1894, in: *Brieven van Zuster Marie-Godelieve Ryckebusch aan haar familie*, 64-69: "In plaats van die onziende kleine kotjes niet hoog genoeg om te staan en niet lang genoeg om te liggen, waarin de negers kruipen, ziet men hier vierkante huizekens van aarde gemaakt, kunstig gedekt met strooi en netjes gewit met een soort van zand dat alhier te vinden is want op kalk valt niet te peinzen."

20 Sack, *Human Territoriality*, 26; Gray, *Colonial Rule*, 20.

21 Gray, "*L'enfermement de l'Espace*", 172.

22 Cambier used this phrase (*roi du Kasai*) as caption of a photograph of himself. See Cornet, Bontinck and Vellut, *Émeri Cambier*, illustration 19.

at the mission station where they, in addition to receiving religious instruction, were also initiated in a Western labour division and ethic, in European domestic practices, in codes of dress and behaviour, etc. Because of this approach, the mission stations all had an important population. Luluaburg Saint-Joseph for example counted over one thousand inhabitants by mid-1894.[23] This population consisted mostly of former slaves 'bought free' by the missionaries or donated by chefs. Cambier repeatedly phrased his conviction that constant supervision over the catechumens and even the new Christians was of absolute necessity if their return to paganism was to be prevented. When in the course of 1894 a first group of twelve Christian families was assembled in a small hamlet on a certain distance from the mission residence, Cambier wrote: "Although enjoying more liberty, they are nonetheless submitted to the rules of the mission and depend on it completely; because otherwise they would soon return to their earlier state of savagery."[24]

Cambier – who was regarded by both his confreres and by outsiders as the superior of the Kasai mission, even though he formally held no such responsibility during this period – would always vehemently oppose propositions to evangelize in the villages. For Cambier, the space of missionary work coincided completely with the mission station and its immediate surroundings. The complex of mission stations was like an archipelago, with isles of Christian civilization surrounded by barbarity. As gradually more and more heathens would be attracted to these isles, they would systematically expand, while new foundations would similarly further the influence of the missions.

During this pioneering period, the landscape of missionary work was thus characterized by a certain ambiguity: on the one hand it was a panoptical space in which the missionaries claimed complete supervision over its inhabitants; on the other hand, it was plugged into other spatial realities. From his early meetings with Kalamba Mukenge onwards, Cambier and his confreres would entertain regular, yet often uncertain relationships with many of the chefs in the area. Many of them would visit the mission stations, while the missionaries would stay in their villages during exploration and supply trips. As already indicated above, these contacts paid off when plans were made for new foundations. In a similar vein, despite the self-enclosed logic of the mission landscape, the missionaries entertained frequent contacts with the Congo Free State's representatives. Moreover, with them they shared territoriality as a colonial ideology and a way of understanding and acting on space. Nonetheless, with their dream of a steadily expanding Catholic landscape of

23 Storme, *Pater Cambier*, 146.

24 Letter of Cambier, 5 March 1895, quoted in Anckaer, *De evangelizatiemethode van de Missionarissen van Scheut*, 129: "Tout en ayant plus de liberté, ils sont soumis cependant encore au règlement de la mission et en dépendent complètement; car autrement, ils retourneraient vite à leur premier état de sauvagerie."

autonomous settlements, the missionaries self-consciously defined their own territory, only sidelining with the State when opportune.

Embracing the village world

After the turn of the century, this would gradually change. Due both to changes in the wider field of power in Kasai and in the Scheut Fathers' conception of how missionary work should be practiced, a new understanding of the Catholic mission landscape crystallized. A first factor in this transformation was the more affirmative attitude of the colonial State and its increasingly territorialising policies. While Cambier had taken advantage of the relatively weak position of the colonial State in the 1890s to further his own position within the Luluaburg area and had assumed the role of sovereign and protector of an ever larger area around the Luluaburg Mission – and in many ways of the entire Kasai, – from around 1905 the Congo Free State's officers increasingly opposed his political ambitions. Against his explicit demand they denied him the administrative direction over the villages that were settled around the mission station and depended on it as this was a responsibility only State agents could take on. Moreover, following a debate about the system of farm-chapels (*fermes-chapelles*) deployed by the Jesuits in Kwango that had had overtones in Belgium, after the EIC was dissolved and taken over by Belgium, the colonial State became more and more suspicious of settlements of Congolese outside so-called 'customary' villages.[25] This seriously impeded the establishment of all sorts of secondary stations outside existing villages. Over the course of the 1920s, this prohibition would be extended by prohibiting Congolese to permanently settle at mission stations. Workers, pupils, catechumens preparing for baptisms or others educated or instructed in a different way could temporarily reside in a village on the mission concession, but all others were forced to settle outside. Contrary to the older system, the mission stations could no longer be residences for Congolese people.[26] Only the already existing Congolese quarters in the oldest mission stations (Mikalayi, Hemptinne and Mérode)

25 For the debate about the Jesuits' *fermes-chapelles*, see De Meulder, "Mavula: An African Heterotopia in Kwango"; Gijs, "Émile Van Hencxthoven"; Ciparisse, *Les structures traditionnelles de la société mpangu*.

26 In their survey of mission settlements in the rural parts of South Africa, Japha et al. distinguish between mission settlements and mission stations. The first are conceived to attract people from the surroundings and settle them and are supposed to be self-supporting; the second are centres from where missionaries delivered what they call 'social services' to the surrounding rural areas, but are no population centres. This distinction relates closely to the reversal in the spatial definition of the mission station in Kasai, as will be discussed below. Japha et al., *Mission Settlements in South Africa*, 26-27.

were tolerated and recognized as "centre extra-coutumiers", all other and new mission stations were denied this status.[27]

This increasingly affirmative attitude of the colonial State went hand in hand with a growing presence of its agents on the territory. Not only did both the number of territories and the number of territorial agents constantly increase, other types of colonial agents also increasingly appeared in Kasai. *Agents sanitaires* and other medical officers toured from village to village to eradicate epidemics, while agricultural agents visited the same to promote the cultivation of cotton. But even more than the State, commercial and industrial enterprises were increasingly marking their presence in Kasai. All things considered, the number of State posts remained limited throughout the entire colonial period. When an administrative reform renamed the *Province du Lusambo* to *Province du Kasai* in 1951, this administrative entity – that roughly corresponded with the limits of the original apostolic vicariate – counted 3 districts and in total 21 territories.[28]

The different companies operating in Kasai turned out to be the driving forces behind the transformation of the colonial landscape. The *Compagnie du Kasai* – established in 1901 as the merger of thirteen commercial companies working in the Kasai Bassin in the trade of natural products, among which most prominently rubber – would rapidly expand its number of factories throughout the region, penetrating in regions long before State agents or missionaries were able to. When in 1913, diamonds were discovered by the *Forminière* in Tshikapa in the south-west of the Kasai District, not only did they swiftly multiply the number of mining camps, they also took on a large social program including the establishment of villages of former employees, mobile medical teams, etc. Large number of workers were attracted to the mining camps or actively recruited throughout the entire province. But even larger numbers of labourers would depart to the Katanga Province to be employed in the mining industries of the *Union Minière du Haut-Katanga*. During the interwar period, the Kasai functioned increasingly as labour catchment zone and granary for the Katanga mines. This was facilitated at the end of the 1920s when the BCK railway line (*Chemin de Fer du Bas-Congo au Kasaï*) was finished that connected the mines to the Lower Congo. We will return to its impact on the Kasai geography.

27 ACICM, 3807: Letter of Provincial Superior Aem. Handekijn to the Vicar-General G. Vandeputte, 22 June 1935.

28 Brussels, Ministry of Foreign Affairs, African Archives (AA), *Cartes* 5/14: Organisation Territoriale, 1951. By that time the limits of the apostolic vicariate had changed as well, as parts of it were erected as apostolic prefectures and attributed to other religious institutes. In 1936, the Batetela region in the north was assigned to the Belgian Passionists; in 1953 the Bakuba region to the Belgian Josephite Fathers. Moreover, in the same year, the vicariate was split into two and a new vicariate, still directed by the CICM Fathers, established in Kabinda. In 1959, a small prefecture was carved out around Luebo to be entirely directed by Congolese priests; diocesan priest Joseph Nkongolo was ordained as bishop.

In this rapidly transforming colonial landscape, the Scheut missionaries were no longer able to design an alternative spatial configuration, as they had attempted in the first decade. Moreover, the evangelization model as practiced by the CICM missionaries in Kasai under Cambier's guidance increasingly met with critique from within the congregation as it progressively met its own limitations. First of all, the growing number of converts settling at and around the mission stations became harder and harder to manage. Not only were the financial burdens – all the inhabitants had to be fed and housed – outgrowing the possibilities of the mission, the premise that religious instruction preceding baptism had to go hand in hand with a broader set of so-called 'civilizing' practices – most importantly manual labour and the punctual observance of a daily schedule measured by the rhythm of a clock – implied that conversion was a slow process and one that could only be assumed by a limited group of people at a time. Furthermore, as the areas around the mission stations got populated, mostly with migrant Luba villagers, it became clear that a potential pool of converts remained excluded from the missionaries' attention. As religious instruction and catechism classes were reserved for those living at the mission stations and Cambier had forbidden his fellow missionaries to go and preach in the villages, this growing group would remain outside the Church.

Opposition to this system, which was ardently defended by Cambier, thus first of all came from amongst his fellow missionaries and superiors. The first signs of opposition had occurred during an apostolic visit of the Kasai mission stations in 1898 by Apostolic Vicar Mgr Karel Van Ronslé (1862-1938). Pointing at the financial costs of the then used system and its too slow results, he urged the missionaries in the different stations to consider leaving their missions and going out to preach in the villages. While he encountered much opposition – mostly indicating the indifference of the village population towards religious instruction, – his insistence would slowly cause a change of mind. Cambier however resisted for a long time. When Father Eugène Calon (1861-1939) did a first tour in the villages around Hemptinne in 1898 to test whether this approach could be successful – a tour that encountered only hostile reactions from the neighbouring Luluwa villages, – he was publicly reprimanded by Cambier, even though at that time he had no official authority over him.[29]

Although Cambier did not give up his opposition, in 1902 – by then appointed as superior of the autonomously erected Kasai Mission – he allowed every mission station superior to decide for their own what the best method was "to extend the reign of Our Lord Jesus Christ in the part of His vineyard

29 Delathuy, *Missie en Staat*, I, 138.

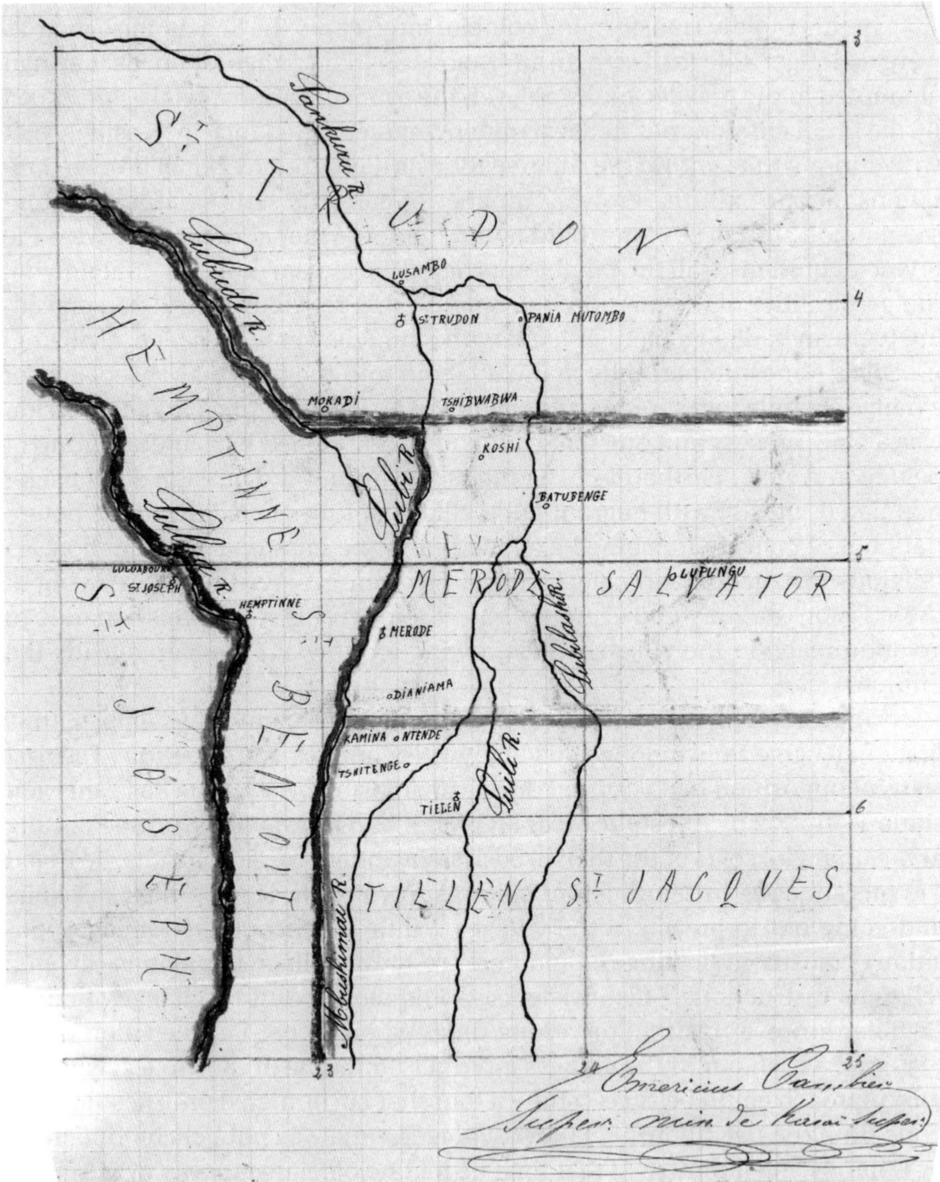

2. Proposed division of the Kasai region into deaneries by E. Cambier. Attachment to the letter of Cambier, Saint-Joseph, 2 April 1902.
[ACICM: O.II.b.7.2.1.1. Diaries of Mission Stations. Hemptinne (1897-1916)]

that is entrusted to him".[30] On a map of the Kasai he lined out those parts, which he called 'deaneries' (Fig. 2). At Luluaburg Saint-Joseph nevertheless he would for many years continue to support the establishment of *chrétientés* or Christian villages in a growing periphery around the mission station. No longer founded on the grounds of the mission station, but in-between the other villages, he presumed that the example of the *bena nkristo* living at these new villages would inspire the inhabitants of the 'pagan' villages to come to the mission for religious instruction and be baptized. Only many years later, a 'travelling father' was appointed at Luluaburg for preaching in the surrounding villages. In the other mission stations, however, almost immediately after Cambier's fiat, a missionary was sent out to explore the best method for preaching and teaching in the villages.

Cambier's 1902 letter and the accompanying map thus initiated a fundamental reversal of the Scheut Fathers' spatial conception. During the pioneering period, mission space were those places where the missionaries were in full control: the mission stations and their immediate periphery (including the villages of subordinate headmen and the Christian villages). Cambier's demarcation of the different deaneries implied that this understanding was reversed. Mission space was now much more than the mere mission places, but comprised the entire territory of the Mission. The missionaries' field of operation no longer coincided with the mission station, but embraced the full array of villages, State posts, military camps, trading factories, etc.

This acceptance of the world around the mission stations occurred in different waves and had far-reaching consequences. The first step was the development of a village-based method of missionary work. After the first trials were started immediately after Cambier's approval, this evolution was intensified by the new Apostolic Vicar Auguste De Clercq (1870-1939), appointed in 1919.[31] Wanting to once and for all make a break with the system propagated by Cambier, immediately after his nomination he called on all missionaries to first and for all build out missionary work in the Kasai in depth. Proclaiming a stop on the foundation of new mission stations, he urged the missionaries to fully invest in and expand the number of village schools. Situated at the margin of one or in-between several villages, those village schools generally offered the first three or four years of primary education where the pupils learned the

30 ACICM, 3904: Diaries of Mission Stations. Hemptinne (1897-1916): Letter of Cambier, Saint-Joseph, 2 February 1902. On 26 July 1901 the Mission du Haut-Kasayi was erected as autonomous entity within the apostolic vicariate of the Congo Free State, with Cambier as its superior. On 18 March 1904, this area was erected as apostolic prefecture.

31 By decree of 13 July 1917, the apostolic prefecture of the Upper-Kasai was elevated to the status of apostolic vicariate. More than a year later, on 12 September 1918 Auguste De Clercq was nominated as apostolic vicar. By that time, after a growing number of incidences, Cambier had been forced to return to Europe permanently, where he would live on as recluse. Nkay Malu, "Note sur la démission en 1914 d'Émeri Cambier".

basics of the Bible and of Catholic teachings, some reading, writing and mathematics. The brightest and most motivated among them were then sent to the central mission school where they could finish their primary education. The best students among them then could enter the growing number of schools for secondary education. By the mid-1920s, this gradual system had progressed so far as to the opening of a first minor seminary and some years later plans were made for a major seminary in Kabwe, a more or less isolated settlement that had originated as one of Luluaburg Saint-Joseph's Christian villages. The ordination of Congolese priests was the logical outcome of De Clercq's project.

The mission network unfolding in Kasai thus enabled an almost permanent mobility between its different and hierarchically organized nodes: children were trained in village schools, then send to the mission station from where they potentially returned to their own or another village as catechist or teacher, while others still went on to a different mission station to enter a specific secondary school or the seminary, etc. Although part and parcel of a wider world, the mission network had its own dynamic and raison d'être.

The reversion of the missionary strategy – shifting the locus of missionary work from the mission stations to the villages – gave rise to the redefinition of both the actors and places involved in these processes. As already pointed out, in all mission stations a 'travelling father' was appointed who was in charge of evangelization outside the mission station. Over the years, this new figure – always on the road from village to workers' camp, either on foot, by bike or by car – emerged as the prototypical missionary (Fig. 3). Increasingly, it was his duty to supervise the growing number of Congolese collaborators, most importantly catechists. During the first period, the close collaborators of the missionaries were almost without any exception labourers: overseers of the teams of farmers, craftsmen at the workshops, etc. All religious instruction, and teaching more in general, was given by the male and female missionaries. The distrust against the perseverance and right-mindedness of Congolese converts precluded their employment in these vital activities. This also radically changed in the years following Cambier's infamous 1902 letter. Although initially missionaries had toured in the villages on their own, trying to gain the trust of its leaders and the interest of its inhabitants, they soon started training their brightest and most loyal students to become catechists and install them in the villages where they found enough support. It was the catechist's job to teach the children and gather them and the adults already baptized for regular prayer and religious services. In 1914, an *école normale* (teacher's training college) – the very first Catholic institution for higher learning in Kasai – was established with the explicit aim of forming catechists and teachers for the village schools.[32]

32 Scheitler, *Histoire de l'Église catholique au Kasayi*, 150-151. This *école normale* was the successor of a school for catechists established at Mikalayi in 1911.

3. Scheut missionaries on a bridge over the river Mukundayi.
[Lokeren, City Archive: Picture Collection Gustaaf Drossens. Album II]

In this process, the mission station acquired a new position and meaning. Instead of the prime location of missionary work it became a central place within a network: housing some of the functions that remained centralized (the higher years of schools, the hospital) and the operating base from which the missionaries left. Indeed, by 1943, Scheut Father Jozef Vermeersch could write that the mission station was that place "where the missionaries reside when they are not on round".[33] Whereas Christians during the pioneering decade lived in or close to the mission stations, the large majority of Christians and catechumens now lived and practiced their religion in their native villages or camps. The image of the archipelago of self-contained isles of Christianity amidst an ocean of barbarity, in the period after 1910 would be replaced by that of the network defined as much by its nodes as by its interconnections.

33 Vermeersch, *Nonkel Missionaris vertelt*, 5-6.

Evangelizing in a colonial landscape

Parallel with the implementation of this village-based method of missionary work, new mission stations were founded that in their location revealed the CICM missionaries' new understanding of their position in Kasai's transforming landscape. Here Cambier revealed himself less recalcitrant to change its approach. Always willing to embrace opportunities that presented possibilities for the missionaries to extend their field of action, between 1900 and his removal in 1913, he initiated eight new stations. With the exception of two establishments in the Batetela area, all those new stations represented a radical departure from the ideal adhered to during the first decade. No longer self-enclosed settlements on isolated locations where the missionaries were in full control, these settlements were localized so as to maximize interaction with the other players in Kasai's colonial landscape. The first settlement of this kind immediately earned Cambier both critique and admiration and illustrates the willingness of Cambier to radically change his principles when circumstances were opportune. In 1904, Cambier entered into an alliance with the *Compagnie du Kasai* (CK). He would provide the necessary workforce for a rubber plantation in Bena Makima and porters for transporting loads. In exchange, the missionaries could run a small school at the site and the CK liberally funded the missions. Similar settlements would also be erected in Pangu and Ndemba.[34] They represented a fundamentally changed understanding of the mission's relationships with the outside world. This changing understanding also gave rise to the foundation of mission stations just outside Lusambo in 1904 and within the limits of Luebo and Kabinda, in 1910 and 1914 respectively. During the first decade, the missionaries had settled their mission stations on a safe distance from these white settlements, insisting on their autonomy; now, in order to be able to easily reach the population living in and immediately around those growing towns, they agreed to settle on much smaller plots, but on strategic locations within the limits of the *circonscription urbaine*.[35]

Although initially, as indicated above, Apostolic Vicar De Clercq proclaimed a stop on new foundations, all new mission stations started after this period attest to the Scheut missionaries' acceptance of the intertwined networks as their field of action. Around 1930, De Clercq's foundation stop, proclaimed in 1918, expired. While at that time 17 mission stations were in existence, only three were founded during the 1920s and all with a specific reason. The mission station of Mayi-Munene was financed by the *Forminière* mining company and directed at its workers and their families; the *Huileries du Congo*

34 Vellut, "Émeri Cambier", 58-60.

35 For a history of the Luebo mission station, see Brosens, *Scheut te Luebo*. In 1906, a school and chapel were also opened in the Luluaburg State post. AA, M 570/42: Vice-Governor-General Lantonnois, *Rapport sur les Missions Catholiques*, 17 May 1906.

Belge followed this example and hired the Scheut Fathers for their schools in Brabanta in 1926. In 1927, the old secondary station Grammont Notre-Dame sur la Montagne was upgraded to a full mission station, known as Kabwe, around the time the minor seminary was being built a little further.

From the 1930s onwards, the number of mission stations would increase significantly. This would take place in two phases: between 1932 and 1941 20 new mission stations were established, followed by another 31 between the end of the Second World War and 1960. During the first period the main reason for the founding of new stations was relieving the existing mission stations of the ever growing numbers of pupils and converts. As always more village schools were started and the number of pupils increased, the mission schools and churches were getting overcrowded. New mission stations were started to either service an area with high numbers of village schools and converts or to penetrate a region that until then had been neglected. This desire to be present in all corners of their vicariate was often inspired by the perceived threat of the expansion of Protestant missionaries. Testifying again to the potency of the idea of the appropriating gaze, these endeavours were time and again phrased in military terms: they wanted to occupy or conquer as many areas as possible. When he learned that four new stations would be opened in 1940, Assistant Vicar-General Verhaeghe wrote to the provincial superior: "This is the real way of acting. The priest lives closer to his people and, most of all, the Christian can receive Our Good Lord more regularly – moreover, in this way the entire area will be occupied more and more."[36]

Almost all of these stations established in the 1930s were founded in rural areas. Mostly still taking up large concessions, they generally maintained rather large plantations – for the most part tended by pupils – and some of them also ran cattle ranches. While still to a smaller or larger degree isolated from other settlements, they were part and parcel of the larger network. Most of them were easily accessible by car over one of the many roads that were laid out in Kasai in the interwar period.

The fact that new foundations could be established in the course of the 1930s was made possible by the improving status of the congregation's finances and the higher number of missionaries available. The missionaries of Scheut had seen a significant cut in the means sent to them from Belgium during and immediately following the First World War. This had gradually increased during the 1920s, but difficulties with the agricultural exploitation of their concessions (caused among others by the poor situation of transport infrastructure at that time), the bankruptcy of Scheut's central procure in

36 ACICM, 3808: Letter of Assistent Vicar-General Verhaeghe to the provincial superior, 12 January 1940: "Dat is de echte manier van doen. De priester woont dichter bij zijn volk en vooral de christenen kunnen eenvoudiger O.L.H. ontvangen – daarbij zoo wordt hoe langer hoe meer heel de streek bezet."

Leopoldville and the consequences of the worldwide economic crisis of 1930 had seriously burdened their financial means. The lack of missionaries was resolved by engaging other religious institutions in specific areas of the vicariate. In 1930, Passionist missionaries arrived to gradually take over the mission stations of Tshumbe and Katako-Kombe, and saw the entire Batetela region appointed to them as apostolic prefecture in 1936. By that time, the mission stations of Kole, Lomela and Loto were already detached from this region and attributed to the Picpus Fathers. Around the same time, Josephite Fathers started working in the Bakuba county, initially as 'secondary missionaries', later also within their own prefecture.[37] The Scheut missionaries that were previously working in these mission stations now could be involved in the new foundations.

The end of the Second World War saw a new wave of mission foundations. This time however, many of them presented a different character. Contrary to the rural missions established during the 1930s, several of the new mission stations were erected in existing settlements. Most notorious were the foundations in the new railway settlements popping up along the BCK railway line. Studied from around 1910, a railway line eventually was laid out between 1924 and 1928 linking Ilebo (Port Francqui), a port settlement near the mouth of the Lulua River, and Bukama in Katanga. The railway line had to enable the transport of the minerals delved in the many mines of Upper-Katanga over Congolese surface to Europe. Before its inauguration the only connections were through South-Africa or Angola. The BCK railway line connected the mines to the Lulua River, from where its goods were navigated over the Kasai and Congo River to Leopoldville, and from there to Matadi or Banana. The vast majority of cargo carried over the railway line merely transferred through Kasai, without creating surplus value for this area. Only in the opposite direction, it provided the Katanga mining settlements with food and labour force.[38] Yet, as geographers Nicolaï and Jacques already revealed in 1954, the railway line had a profound impact on Kasai's geography.[39] In the years following its construction, it became the dominant development axis along which new settlements arose and people erected their houses. At the time of their investigation, 23% of the population of the counties crossed by the railway line lived in a strip of 2,5 km on each side of the railway line.[40]

The Catholic missionaries in Kasai swiftly responded to this evolution and opened up schools, churches and other services in these new centres.

37 After the Second World War, the apostolic vicariate of Kasai was further divided, but without attributing parts to other religious institutes. See note 28.

38 See on this topic: Tshund'olela, *Le Kasaï à la périphérie du Haut-Katanga industriel*; Mafulu Uyind-A-Kanga, "Mobilisation de la main-d'œuvre agricole" and Fetter, "The Union Minière and its Hinterland".

39 Nicolaï and Jacques, *La transformation des paysages congolais par le chemin de fer*.

40 Ibid., 54-55.

4. View on the Catholic concession of Luluaburg with the railway line in the lower left corner. [ASCJM: DC4-CON-Luluabourg, Couvent-001]

They fully accepted the transforming colonial landscape and operated in these harbours of the colonial modernity. Having buried their dream of autonomously determining a new Catholic territory, they now eagerly followed the population where it went. While never abandoning their power base in what Osumaka Likaka tellingly calls 'the village world'[41], after the Second World War they also settled in most of those urbanized centres that were more strongly affected by the modernizing policies of the colonial State. Sometimes this was in rural area – such as in Gandajika, where Inéac ran a large program for the modernization of 'indigenous' agriculture and where the Scheut Fathers opened a school and church in 1950, – sometimes in new industrial centres – such as Bakwanga, where they started working in 1947 in close cooperation with the *Minière du Bécéka* –, or sometimes in the railway stations – such as Mweka, Muene Ditu or, most prominently, Luluaburg (Fig. 4)[42].

The reformed spatial structure of the Catholic mission landscape, influenced by a new understanding of missionary work, was accompanied by a new landscape discourse and new modes of representation. Most notably, the reversed understanding of the mission station's place in evangelization was reflected in a new type of mission maps. The first example of this was the map accompanying Cambier's 1902 letter and demarcating the limits of the

41 Likaka, *Naming Colonialism*.

42 For a more detailed analysis of the presence of Catholic and Protestant missionaries in Luluaburg, see Cleys, "Co-authering the city".

deaneries. While the mission stations remained important points of reference, carefully delimited mission fields replaced the previously nodal conception of mission space. Whereas on Cambier's 1902 map the limits separating the different mission stations remained rather vague and arbitrary – following river beds or geographical latitudes, – in the following decades these boundaries were specified and maps became increasingly detailed. When new mission stations were erected in the 1930s to relieve older ones of pupils and converts, maps were drawn indicating which villages – and consequently, which village schools and chapels – would be supervised by which station. Around 1940, the apostolic vicar ordered a map of his entire vicariate delimiting the mission fields of all present stations and indicating the most important villages.

Beside these synoptic visual representations of the missionaries' Kasai, another genre of landscape discourse was developed during this period. As the missionaries no longer disregarded the Congolese villages and endeavoured to christianize and civilize them, they became more interested in its population's history and aspects of their culture. Piecemeal, they started producing an ethnographic narrative of (parts of) the Kasai region and its inhabitants. While never as prolific nor always as sensitive as missionaries in other parts of the Belgian Congo, noteworthy contributions on proverbs, notions of god or marital practices and conceptions were assembled. The most comprehensive study of this kind written during this period was CICM Father Prosper Denolf's *Aan de rand van de Dibese* (Along the border of the Dibese). In this 846 pages long ethnographic and linguistic study Denolf presents a wide-ranging overview of people living in the northern half of the vicariate. Not touching on any aspect of missionary activity or the area's contemporary history, it presents a particular, missionary reading of its pre-colonial history and the main traits of its societies. In many ways an essentialising study, it is a testimony to the missionaries' ambition to speak on behalf of the population of Kasai and represent its origins at a time of massive transformations. Yet at the same time it is a clear indication of their acceptance of the village world. It seems contradictory that at a time when CICM missionaries in their older and new mission stations were helping to integrate people in a rapidly modernizing world, they were also evoking a moment before the arrival of missionaries and other Westerners as point of reference for people's identity. The above described landscape definition goes a long way explaining this contradiction.

Conclusion: Kasai as a missionary landscape

Two observations on Kasai as a colonial and missionary landscape will conclude this article. First of all, this contribution has stressed the fundamental transformation in the understanding and shaping of missionary space after the first decade. With this new conception, the dream of defining an entirely autonomous landscape was irreversibly buried. By declaring the entire territory of the Kasai vicariate as space-to-be-evangelized and relocating the actors of missionary work from the mission stations to the other settlements, the latter were no longer simply seen as power rivals, but necessarily accepted. Whereas the initial model was based on the archipelago metaphor which contained the idea that eventually the isles would have enlarged so much that the ocean around was entirely reclaimed and the archipelago turned into mainland, the concept of a network of mission stations entailed the idea that it was intertwined with other networks, each with their own dynamic and evolution, but mutually influencing and mutually defining each other. Rather than trying to invent an entirely new world, what the missionaries were after was the gradual transformation of the existing, permanently evolving world. Yet, by highlighting the lost ambitions of the initial period, this uncovers a short lived alternative missionary landscape. While it was replaced by a radically different model and as such has only little significance in explaining the contemporary organization of the Kasai landscape, during the first decade of Catholic missionary work in the Kasai it had the potential of arousing much enthusiasm.

Secondly, throughout this article it has become clear that the Catholic missionaries have made an important contribution to the emergence and evolution of a colonial landscape in Kasai. More specifically, hand in hand with the colonial State, the missionaries have advanced Kasai as a geographical label for this part of the colony. Initially, Kasai was only the name for the river crossing the area which culturally, politically, economically and geographically was highly fragmented. By delimiting a specific part of this area and labelling it Kasai – officialised with the erection of the autonomous Mission of the Upper-Kasai in 1901, – the missionaries enhanced the Congo Free State's policy of territorializing this region. Moreover, both by establishing mission stations that would function as important points of reference and by devising a specific landscape discourse, Catholic missionaries contributed to the projection of an, in Western eyes, intelligible order on this landscape.

BIBLIOGRAPHY

Archives

Brussels, Ministry of Foreign Affairs, African Archives (AA).

Ghent, Sisters of Charity of Jesus and Mary, Archives of the Sisters of Charity of Jesus and Mary (ASCJM).

Leuven, KADOC-KU Leuven, Archives of the Generalate of the Congregation of the Immaculate Heart of Mary (ACICM).

Published sources and literature

Anckaer, Leopold. *De evangelizatiemethode van de Missionarissen van Scheut in Kongo (1888-1907)*. Brussels: Koninklijke Academie voor Overzeese Wetenschappen, 1970.

Arens, Bernard. *Manuel des missions catholiques. (Edition française)*. Section Missiologique n° 3. Leuven: Museum Lessianum, 1925.

Bremner, G. Alex. "The Architecture of the Universities' Mission to Central Africa. Developing a Vernacular Tradition in the Anglican Mission Field, 1861-1909". *Journal of the Society of Architectural Historians*, 68 (December 2009) 4, 514-539.

Brosens, Bregt. *Scheut te Luebo. De ontwikkeling van een katholieke missiepost in de Kasaï (Congo)*. Master thesis KU Leuven, 2010.

Ciparisse, Gérard. *Les structures traditionnelles de la société mpangu face à l'introduction d'une méthode occidentale de développement: les fermes-chapelles du Bas Congo (1895-1911)*. Bulletin de l'Institut historique belge de Rome 46-47. Brussels-Rome: Academia Belgica, 1976.

Cleys, Bram. "Co-authering the city. Missionaries and the Colonial City of Luluaburg (Belgien Congo, 1930-1960)" in: Bram Cleys, Jan De Maeyer, Bruno De Meulder and Allen Howard, eds. *Missionary Places, 1850-1950. Imaging, Building, Contesting Christianities*. KADOC-Artes. Leuven: Leuven University Press, 2020.

Cleys, Bram and De Meulder, Bruno. "Imagining a Christian Territory: Changing Spatial Strategies in the Missionary Outposts of Scheut (Kasai, Congo, 1886-1940)" in: Fassil Demissie, ed. *Colonial Architecture and Urbanism: Intertwined and Contested Histories*. Farnham: Ashgate Publishing, 2012.

Comaroff, Jean and Comaroff, John. "Mansions of the Lord: Architecture, Interiority, Domesticity" in: Jean Comaroff and John Comaroff, eds. *Of Revelation and Revolution: The Dialectics of Modernity on a South African Frontier*. Vol. 2. Chicago-London: The University of Chicago Press, 1997, 274-322.

Cornet, Anne; Bontinck, François and Vellut, Jean-Luc. *Emeri Cambier. Correspondance du Congo (1888-1899). Un apprentissage missionnaire*. Brussels-Rome: Belgisch Historisch Instituut te Rome, 2001.

Cosgrove, Denis. "Landscape and Landschaft". *Bulletin of the German Historical Institute*, 35 (2004), 57-71.

De Meulder, Bruno. "Mavula: An African Heterotopia in Kwango, 1895-1911". *Journal of Architectural Education*, 52 (1998) 1, 20-29.

Denolf, Prosper. *Aan de rand van de Dibese*. Brussels: Académie royale des sciences coloniales, 1954.

Delathuy, A.M. *Missie en Staat in Oud-Kongo. 1880-1914. Witte paters, scheutisten en jezuïeten*. Berchem: EPO, 1992.

Fetter, Bruce. "The Union Minière and its Hinterland: A Demographic Reconstruction". *African Economic History*, 12 (1983), 67-81.

Gijs, Anne-Sophie. "Émile Van Hencxthoven, un jésuite entre Congo et Congolais... Conflits de conscience et d'intérêts autour du supérieur de la Mission du Kwango dans l'État Indépendant du Congo (1893-1908)". *Revue d'histoire ecclésiastique*, 105 (2010) 3-4, 652-688.

Gray, Christopher. *Colonial Rule and Crisis in Equatorial Africa: Southern Gabon ca. 1850-1940*. Rochester, Suffolk: University of Rochester Press, 2002.

Gray, Christopher. "*L'Enfermement de l'Espace*: Territoriality and Colonial Enclosure in Southern Gabon" in: Florence Bernault, ed. *A History of Prison and Confinement in Africa*. Portsmouth: Heineman, 2003, 165-190.

Harries, Patrick. *Butterflies and Barbarians: Swiss Missionaries and Systems of Knowledge in South-East Africa*. Athens: Ohio University Press, 2007.

Japha, Derek et al. *Mission Settlements in South Africa: A Report on Their Historical Background and Prospects for Conservation*. Cape Town: University of Cape Town, 1993.

Kalala Ngalamulume. "Makenye Kalemba (1835? - 1899): Collaborator and Resister in Kasai, 1880-1900" in: Kevin Shillington, ed. *Encyclopedia of African History*. New York: Fitzroy Dearborn, 2005, 901-903.

Kapinga wa Nkaya, Marguerite-Astrid. *Les Sœurs de la Charité de Jésus et de Marie. Un siècle de présence au Zaïre 1892-1992*. Kinshasa: Sœurs de la Charité de J.M., 1992.

Likaka, Osumaka. *Naming Colonialism: History and Collective Memory in the Congo, 1870-1960*. Madison: University of Wisconsin Press, 2009.

Mafulu Uyind-A-Kanga. "Mobilisation de la main-d'œuvre agricole: la dépendance de la zone rurale de Luiza des centres miniers du Kasai et du Haut-Katanga industriel (1928-1945)". *African Economic History*, 16 (1987), 39-60.

"Maurice de Ramaix" in: *ODIS*, record last modified date: 28 juni 2005. <http://www.odis.be/lnk/PS_4956>.

Nicolaï, Henri and Jacques, Jules. *La Transformation des paysages congolais par le chemin de fer. L'exemple du BCK*. Brussels: Koninklijk Belgisch Koloniaal Instituut, 1954.

Nkay Malu, Flavien. "Note sur la démission en 1914 d'Émeri Cambier préfet apostolique du Kasaï". *Histoire & Missions Chrétiennes*, 8 (December 2008), 185-193.

Noyes, John. *Colonial Space: Spatiality in the Discourse of German South West Africa 1884-1915*. Chur: Harwood, 1992.

Pratt, Mary Louise. *Imperial Eyes: Travel Writing and Transculturation*. London: Routledge, 1992.

Sack, Robert David. *Human Territoriality: Its theory and History*. Cambridge: Cambridge University Press, 1986.

Scheitler, Marcel. *Histoire de l'Église catholique au Kasayi, 1891-1938*. Kananga: Imprimerie Katoka, 1991.

Storme, Marcel. *Het ontstaan van de Kasai-missie*. Brussels: Koninklijke Academie voor Overzeese Wetenschappen, 1961.

Storme, Marcel. *Pater Cambier en de stichting van de Kasai-Missie*. Brussels: Koninklijke Academie voor Overzeese Wetenschappen, 1964.

Thomas, Guy. "Chiefdoms, Cantons, and Contentious Land: Mapping out a Mission Field in Twentieth-Century Colonial Cameroon" in: Toyin Falola, ed. *Christianity and Social Change in Africa. Essays in Honour of J.D.Y. Peel*. Durham: Carolina University Press, 2005, 513-543.

Tshund'olela Epanya Shamololo. *Le Kasaï à la périphérie du Haut-Katanga industriel*. Brussels: CEDAF, 1984.

Vansina, Jan. *Les Anciens royaumes de la savane. Les États des Savanes méridionales de l'Afrique centrale des origines à l'occupation coloniale*. Léopoldville: Lovanium. Institut de recherches économiques et sociales, 1965.

Vansina, Jan. *Being Colonized: The Kuba Experience in Rural Congo, 1880-1960*. Madison: University of Wisconsin Press, 2010.

Vasquez, Jean-Michel. *La cartographie missionnaire en Afrique: science, religion et conquête (1870-1930)*. Paris: Karthala, 2011.

Vellut, Jean-Luc. "Emeri Cambier (1865-1943), fondateur de la mission du Kasai. La production d'un missionnaire de légende" in: Pierre Halen and János Riesz, eds. *Images de l'Afrique et du Congo/Zaïre dans les lettres belges de langue française et alentour*. Brussels-Kinshasa: Textyles-éditions, Ed. du Trottoir, 1993, 39-74.

Vermeersch, Jozef. *Nonkel Missionaris vertelt*. S.l.: Pauselijk Genootschap der H. Kindsheid, 1943.

Viaene, Vincent. "King Leopold's Imperialism and the Origins of the Belgian Colonial Party, 1860-1905". *The Journal of Modern History*, 80 (2008) 4, 741-790.

Vints, Luc. "Beeld van een zending. Nieuwe propagandamedia voor de missies". *Trajecta*, 5 (1996) 4, 369-387.

Vints, Luc and Etambala, Zana Aziza. *100 jaar Zusters van Liefde J.M. in Zaïre, 1891-1991*. Brussels-Leuven: Congregatie van de Zusters van Liefde van Jezus en Maria - KADOC, 1992.

INTERMEDIARIES

INTERMÉDIAIRES

MUSIQUE ET UNIVERS SONORES DANS LE CHAMP MISSIONNAIRE DES GRANDS LACS

PERCEPTION, EMPRUNTS ET TRANSFERTS AU KIVU, RWANDA ET BURUNDI 1908-1940

ANNE CORNET

Comment revisiter les relations complexes entre religion, colonisation et décolonisation en franchissant la façade lisse des missions étroitement liées au pouvoir impérial? Nous avons tenté de relever ce défi en nous penchant sur le quotidien de postes missionnaires de la région des Grands Lacs, et en y scrutant l'univers musical initié ou observé par les hommes et femmes d'église catholiques ou protestants. En effet, le projet missionnaire, tout comme le projet hégémonique colonial, se caractérise par une dimension culturelle importante qui se conjugue à des objectifs humanitaires et prosélytes. La musique y tient une grande place.

Il ne s'agira cependant pas d'étudier les musiques africaines ou occidentales pour elles-mêmes[1]. Il ne sera pas davantage question de pénétrer l'univers musical à travers le regard des théoriciens de la mission, ni de l'aborder par le biais des personnalités d'exception qui l'ont influencé par leur créativité durant l'entre-deux-guerres[2]. Cet article cherchera plutôt à cerner la manière dont se bricolent au quotidien les imbrications entre les univers occidentaux et africains, et à observer, hors du champ officiel, une société coloniale ordinaire sous la loupe de l'historien. En effet, la musique touche aussi bien à l'histoire culturelle qu'à l'histoire politique, sociale ou religieuse[3]. Elle joue des rôles multiples tant sur le plan de la christianisation que de l'éducation

1 Il existe dans ce domaine de nombreuses études, parmi lesquelles celles de Gansemans (voir sa bibliographie dans De Lame et d'Hertefelt, *Société, culture et histoire du Rwanda*).

2 W'Itunga, « Une analyse de la 'messe katangaise' de Joseph Kiwele ; Romain, *Musiques traditionnelles d'Afrique centrale* ; Id., « Un espace culturel colonial ».

3 Supicic, « Les fonctions sociales de la musique ».

ou du divertissement. Enfin, si elle se met en scène et appuie des événements publics politiques ou religieux, elle est aussi présente dans la vie de tous les jours[4].

Analyser l'univers musical autour de la mission permet donc de compléter l'optique institutionnelle. C'est une manière d'entrouvrir la barrière européocentriste, un moyen aussi d'esquisser l'envers du décor. La vie quotidienne constitue en effet un espace d'ajustements permanents où de multiples emprunts, échanges et transferts – minuscules ou plus essentiels – s'opèrent de manière à la fois diverse et dynamique. Le quotidien, le matériel, les loisirs sont les vecteurs d'une emprise souvent durable, alors même s'ils semblent en apparence futiles ou dérisoires[5]. L'historien français Gruzinsky avance à ce propos l'expression de « colonisation de l'imaginaire »[6]. Le champ musical dans les Grands Lacs s'inscrit-il dans cette dynamique ? Peut-on percevoir des évolutions, voire des transformations des pratiques musicales dans la société coloniale, chez les Africains comme chez les missionnaires occidentaux ? Pour tenter de donner des premières réponses à ces questions, nous avons examiné des sources missionnaires issues de diverses sociétés catholiques et réformées[7]. Destinées aux instances religieuses elles-mêmes ou à un public restreint de sympathisants, ces sources fournissent un aperçu souvent décousu de la vie quotidienne, généralement sans enjeu relationnel avec une hiérarchie publique ou ecclésiastique, à tout le moins sans essai de théorisation (elles ne comportent pas d'écrits spécifiques sur les musiques traditionnelles africaines ou sur l'importance de la musique en milieu de mission). Elles sont par contre parfois empreintes d'une volonté de propagande[8].

Les balises de l'étude

Notre analyse se concentre sur la région des Grands Lacs pour diverses raisons. Celle-ci présente une grande cohérence socioculturelle. Elle est en outre marquée par un caractère rural prononcé, offrant un contrepoint intéressant à des aires de christianisation davantage touchées par l'urbanisation (ces

4 Puissant, « Chansons et problématique sociale ? ».
5 Routhier et Laugrand, éds., *L'espace missionnaire*.
6 Gruzinsky, *La Colonisation de l'imaginaire*.
7 Ces sources émanent de la Société des Missionnaires d'Afrique (Pères Blancs), de la Congrégation des Sœurs Missionnaires de Notre-Dame d'Afrique (Sœurs Blanches), des Adventistes du 7e Jour, de la Société belge de missions protestantes au Congo et de la Church Missionary Society. Nous avons exploité les rapports internes, les rapports à la Propagation de la Foi, les documents d'inspection, les correspondances internes ou familiales, les journaux de mission, ainsi que des sources publiées (périodiques et journaux de liaison).
8 Sur cette question, voir Pirotte, *Périodiques missionnaires belges d'expression française* ; Id., « Les armes d'une mobilisation ».

dernières ayant déjà fait l'objet de nombreuses études sur la naissance de la musique populaire moderne). Enfin, la direction religieuse de cette région est confiée à des vicaires apostoliques issus d'une seule société missionnaire (les Pères Blancs), ce qui engendre l'adoption d'une politique commune envers l'ensemble des populations des trois régions.

Le cadre chronologique (1908-1940) cible une époque foisonnante marquée par la mise en place de l'État colonial et le développement soutenu des activités missionnaires. La plupart des sociétés religieuses étudiées se sont en effet implantées dans la région choisie durant cette période. Seuls les Pères Blancs et les Sœurs Blanches y ont entamé leur travail d'évangélisation dès la fin du XIXe siècle[9]. Les sources permettent donc de suivre l'évolution des initiatives et des réactions des missionnaires face à la découverte de l'univers culturel africain, et plus particulièrement dans sa dimension musicale. Elles permettent également d'observer leurs expérimentations en tant qu'agents d'évangélisation. Enfin, les revendications politiques des Africains y étant encore larvées, il est possible d'y étudier un espace apparemment peu influencé par des aspirations anticoloniales, un « quotidien ordinaire » en quelque sorte si l'on ose risquer ce pléonasme.

Il nous reste à motiver le choix du biais musical pour revisiter les liens entre histoire coloniale et histoire religieuse. La musique fut un important point de rencontre et de transfert entre civilisation occidentale et cultures africaines. Pour les Églises chrétiennes, elle constituait un instrument apostolique puissant, surtout face à des sociétés riches de traditions et de créations littéraires essentiellement orales. Elle y était utilisée à des fins de conversion, de pédagogie et de moralisation. En effet, la civilisation chrétienne occidentale passait non seulement par l'enseignement de l'Évangile, mais aussi à travers une culture matérielle et immatérielle, parmi laquelle on peut relever les musiques et chants profano-religieux[10].

Les sociétés africaines anciennes accordaient elles aussi une très grande place à la musique, qui faisait partie de tous les événements ordinaires ou exceptionnels de la vie religieuse et sociale. Selon le Prix Nobel de littérature nigérian Soyinka, « c'est elle qui permet, mieux que n'importe quelle autre forme d'expression artistique, d'appréhender immédiatement la réalité culturelle *vécue* d'un peuple »[11]. Pour cet auteur, « le rôle d'intégrateur social de la musique est resté l'aspect le plus caractéristique de la vie culturelle du continent africain »[12].

C'est dire toute l'importance de la musique sacrée et profane dans les contacts entre missionnaires et populations locales, et l'éclairage pertinent

9 Shorter, *Les Pères blancs au temps de la conquête coloniale* ; Nolan, *Les Pères blancs entre les deux guerres mondiales.*

10 Rutayisire, « Le remodelage de l'espace culturel rwandais par l'Église et la colonisation ».

11 Soyinka, « Les arts en Afrique à l'époque de la domination coloniale », 371.

12 Ibid.

que son étude est susceptible d'apporter à la lecture des sociétés colonisées. En outre, si la musique était essentielle pour le monde missionnaire tout comme pour les sociétés africaines, elle échappait par contre assez largement au projet hégémonique colonial et constituait dès lors un espace de relative liberté.

Une bande-son longtemps négligée par la discipline historique

Curieusement, nous disposons de peu de publications historiques sur les univers musicaux en Afrique belge. En effet, alors que pour d'autres espaces colonisés des spécialistes ont approché les chansonniers coloniaux occidentaux[13], la musique moderne festive urbaine[14], les interactions entre missions et univers musicaux[15], l'introduction d'instruments ou du Gospel[16], ou encore le rôle du chant dans la contestation du régime impérial[17], les chercheurs qui se sont avancés sur ce terrain pour le Congo belge et le Ruanda-Urundi sont rares. Ils ont exploré principalement quatre directions : l'ethnomusicologie[18], la chanson scolaire et son inscription dans une histoire plus générale de l'enseignement[19], le chant comme source orale[20], enfin les débuts de la musique populaire moderne urbaine[21], y compris dans sa variante religieuse plus

13 Ruscio, *Que la France était belle au temps des colonies* ; Id., « Chantons sous les tropiques ».

14 Ginzanza U-Lemba, *La chanson populaire moderne* ; Thioup, « Les groupes de musique 'moderne' des jeunes Africains » ; Chatelier, « Populations urbaines et calendriers festifs en AOF ».

15 McGuire, « Christianity, Civilization, and Music : Nineteenth-Century British Missionaries and the Control of the Malagasy Hymnology » ; Fabre, *Protestantisme et colonisation. L'évolution du discours de la mission protestante française au XXe siècle ;* Barz, *Performing Religion.*

16 Chitando, *Singing Culture.*

17 Djivo, « Les chants et la résistance du roi Béhanzin » ; Gondola, « Ata ndele... et l'indépendance vint » ; Njiasse Njoya, « Chants dynastiques et chants populaires bamum » ; Bouzar-Kasbadji, « La Marseillaise et ses dissonances en Algérie coloniale » ; Martin, « Les musiques face aux pouvoirs » ; Vail et White, « Forms of Resistance » ; Chikowero, *African Music, Power and Being in Colonial Zimbabwe.*

18 Nkulikiyinka, *Les chants du grelot et de l'arc au pays des esprits chasseurs* ; Id., *Introduction à la danse rwandaise traditionnelle* ; Brandel, *The Music of Central Africa.*

19 Depaepe et al., *Manuels et chansons scolaires au Congo belge* ; Kita et Depaepe, *La chanson scolaire au Congo belge.*

20 Ciparisse, « Le chant traditionnel » ; Debhonvapi, « La société zaïroise dans le miroir de la chanson populaire » ; Verbeek, *L'histoire dans les chants et les danses populaires.*

21 Bemba, *Cinquante ans de musique du Congo-Zaïre* ; Gondola, « Popular Music, Urban Society and Changing Gender Relations in Kinshasa » ; Id., « *Ô Kinshasa, makambo !* » ; Mukuna, « The Genesis of Urban Music in Zaire » ; Stewart, *Rumba on the River.*

récente[22]. La musique missionnaire est généralement abordée sous un angle missiologique, et non pas historique[23].

Les lacunes historiographiques dans le domaine de la musique en terre de mission sont donc particulièrement criantes. Elles s'expliquent probablement par l'intérêt tardif de la discipline historique pour l'histoire orale de manière générale, et plus particulièrement pour le continent africain, malgré l'apport incontournable de Vansina dès les années 1960[24]. Ces lacunes trouvent également leur origine dans la longue indifférence affichée par la discipline historique envers la « culture sensible »[25]. Depuis le renouvellement de la discipline initié par Le Goff et ses pairs, l'univers sonore est timidement devenu un véritable objet d'histoire[26]. La musique et le chant ont ensuite pris une nouvelle place dans la foulée de la réflexion sur les lieux de mémoire[27]. Il arrive même qu'ils deviennent objet de recherche en tant que tels[28]. Mais si la chanson est désormais étudiée dans une perspective d'histoire sociale et culturelle, elle demeura longtemps oubliée par les spécialistes de l'histoire coloniale.

La rareté des analyses historiques actuelles sur la musique en contexte impérial contraste avec l'abondance des travaux de la période coloniale, révélatrice de l'intérêt pour l'utilisation de la musique dans l'univers missionnaire[29]. Le sujet provoqua des débats lors des *Semaines de missiologie de Louvain* pendant l'entre-deux-guerres autour des questions de l'acculturation ou de l'assimilation, ainsi que de la compatibilité entre morale chrétienne

22 Kalulambi, « Les musiques religieuses en Afrique centrale » ; Mukendji Mbandakulu, « Itinéraires et convergences des musiques chrétiennes et profanes en République Démocratique du Congo ».

23 Une exception, Tananio Mvumu, *L'inculturation de la musique sacrée dans l'Eglise catholique au Congo*. Notons qu'il en va de même pour les autres modes d'expression artistique et populaire, avec l'une ou l'autre exception. Par exemple Morimont, « L'africanisation de l'art religieux chrétien du Congo belge ».

24 Vansina est « l'inventeur » de l'histoire orale précoloniale. Son influence dans ce domaine est considérable. Vansina, *De la tradition orale*.

25 Corbin, *Historien du sensible*.

26 Sterne, *The Audible Past* ; Corbin, *Les cloches de la terre* ; Gutton, *Bruits et sons dans notre histoire*.

27 Fabre, « Proverbes, contes et chansons ». La chanson coloniale européenne est désormais également mobilisée par la création artistique dans une perspective post-coloniale. Voir par exemple le spectacle *Colonial(o)scopie* de la Compagnie « Ah mon amour ! » (Bruxelles), inauguré en 2016.

28 Queniart, éd., *Le chant, acteur de l'histoire* ; Salo, « La chanson populaire, source de l'histoire coloniale au Moogo (Burkina Faso) ».

29 Récemment, quelques études et conférences semblent néanmoins attester d'un début d'intérêt pour les questions d'interactions entre univers sonore, colonialisme et parfois christianisation. Voir notamment Kofi Agawu, « Tonality as a Colonizing Force in Africa » ; Radano et Olaniyan, *Audible Empire : Music, Global Politics, Critique* ; Van der Linden, *Music and Empire in Britain and India* ; Richards, *Imperialism and Music* ; McNally, *Ojibwe Singers*. Le colloque international organisé par la Philharmonie de Paris reflète cette curiosité (« Coloniser/décoloniser par la musique », colloque international, 21 avril 2017).

et pratiques africaines[30]. Plusieurs religieux se montrèrent actifs dans ce domaine, tels Jans[31], Van Cleemput et Van de Casteele[32]. Quelques Africains, comme Mbambu ou Sebakiga, s'avancèrent également sur ce terrain dès l'entre-deux-guerres[33]. Il existe par ailleurs l'un ou l'autre travail consacré à des personnalités missionnaires dont la créativité a marqué le paysage musical[34]. Enfin, tout comme les travaux de l'époque coloniale, les sources missionnaires bruissent elles aussi de sons et de musiques à qui veut prêter l'oreille.

Églises chrétiennes et musique

La position des Églises chrétiennes à l'égard de la musique sacrée donne un cadre à la pratique missionnaire. Depuis le VIIe siècle en effet, l'Église catholique a standardisé la tradition musicale chrétienne en unifiant les rites régionaux à travers le chant grégorien et a veillé à préserver la mise en valeur des textes sacrés sans contamination moderniste[35]. Au début du XXe siècle encore, le code juridique de la musique sacrée (*Tra le sollecitudini*, 1903) de Pie X rappelle que les chants réservés au célébrant doivent être exclusivement grégoriens (c'est-à-dire en latin), sans recours à aucun instrument, pas même l'orgue, et que les femmes ne peuvent pas intégrer les chœurs. Les percussions sont interdites dans les offices. Pie X légitime le processus de traduction des chants sacrés venus d'Europe (cantiques populaires, motets) en langues africaines et leur adaptation aux rythmes locaux[36]. La constitution apostolique *Divini cultus sanctitatem* de Pie XI en 1928 s'inscrit quant à elle dans l'esprit du Mouvement liturgique qui recommande la participation du peuple au plain chant.

30 La *Mission et les joies populaires. Compte-rendu de la 16e Semaine de missiologie de Louvain, 1938*. Ces débats avaient un écho dans les revues ecclésiastiques et culturelles : « La musique religieuse indigène en Afrique » ; De Middeleer, « La musique indigène et son adaptation au culte religieux ».

31 Jans, « Musique religieuse pour indigènes » ; Id., « Essai de musique religieuse pour indigènes dans le Vicariat Apostolique de Coquilhatville » ; Id., « La musique congolaise à l'église ».

32 Van Cleemput, « L'utilisation et la valeur éducative des chants populaires indigènes » ; Van de Casteele, « Musique indigène, musique religieuse » ; Id., « La place du cantique dans la musique religieuse indigène » ; Id., « Chansons africaines et pastorales missionnaires ».

33 Mbambu, « Le catéchisme par le chant » ; Sebakiga, « La musique indigène et son adaptation au culte religieux ».

34 Lamoral, « La chorale indigène d'Elisabethville et la renaissance de la musique bantoue ». L'auteur y évoque les travaux d'adaptation de la musique religieuse dans une couleur plus locale par les Pères Jans, Walschap et Peeters.

35 Burkley, « Music, sacred, History of » ; Hayburn, « Music, sacred, legislation on »; Garbini, *Nouvelle histoire de la musique sacrée*.

36 Kalulambi, « Les musiques religieuses en Afrique centrale ».

1. L'harmonium d'une église protestante à Kigeme.
[*Ruanda Notes*, n°51, 1935]

En Afrique coloniale, les missionnaires catholiques, sans prendre la liberté de déroger à la règle pendant le culte, semblent avoir tenté de toucher leurs ouailles en multipliant les occasions de faire vibrer les tambours et retentir des cantiques populaires traduits en langues locales. Les terres de mission leur offrent l'opportunité de faire preuve d'imagination et d'expérimenter des voies nouvelles. Ils cherchent, en donnant une couleur plus locale à leurs activités évangélisatrices, à retenir l'attention des populations.

Les protestants accordent eux aussi une place très importante à la musique et reconnaissent son impact considérable sur la piété[37]. Luther déjà qualifia la musique de « servante de la théologie »[38]. À l'opposé de Rome, les Églises protestantes prônent l'usage de la langue vernaculaire dans le chant sacré, puisque celui-ci n'est pas réservé aux clercs : il est l'affaire de tous les chrétiens. Il faut donc opter pour des mélodies simples aux paroles compréhensibles, des strophes rimées permettant la mémorisation, des tonalités et des rythmes adaptés aux possibilités vocales des laïcs. Après avoir longtemps rejeté les cantiques, les Églises réformées, influencées par les mouvements de Réveil, mettent progressivement à l'honneur des chansons religieuses populaires et mystiques. Celles-ci remplacent en grande partie les psaumes[39]. L'orgue, l'harmonium ou le piano accompagnent souvent les cantiques. C'est également dans la mouvance des Réveils que naissent les *negro spirituals* aux États-Unis, bientôt adoptés aussi bien par les missionnaires protestants que par les catholiques dans les terres de mission.

37 Reymond, *Le protestantisme et la musique*.
38 Weber, « Musique », 327.
39 Spindler, « Apprendre à chanter, apprendre à croire. Un aspect de la pédagogie missionnaire à Madagascar au XIXe siècle » ; Braekman, « Le protestantisme en Belgique », 24.

L'univers musical quotidien en colonie et en mission

Mais qu'en est-il de l'univers sonore et musical quotidien des postes missionnaires? Nous avons cherché à reconstituer l'ambiance et le cadre général sans opérer de comparaisons systématiques entre sociétés missionnaires concurrentes, entre régions, ou encore entre catholiques et protestants. Nous souhaitions opérer un premier défrichage dans une réalité cultuelle, culturelle et sociale jusqu'alors négligée. Cette première prospection stimulera, nous l'espérons, des recherches approfondies sur ces réalités coloniales.

Notre analyse s'est focalisée sur quelques éléments saillants : le paysage sonore dans son ensemble, les répertoires, les instruments et les interprètes, l'insertion de la musique dans une réalité sociale plus large. Nous avons également cherché les indices d'innovation et d'adaptation de part et d'autre de la frontière « raciale ». Enfin, nous avons tenté de percevoir l'effet de l'irruption d'une nouvelle tradition musicale dans le terroir africain et celui de la découverte par les missionnaires occidentaux d'un univers africain très riche mais fort éloigné de leurs codes mentaux. Cela a-t-il provoqué un double choc culturel et ébranlé les habitudes et conceptions musicales des missionnaires et des populations ?

Premier constat : un paysage sonore multiforme

Les postes missionnaires de la région des Grands Lacs d'avant la Seconde Guerre mondiale semblent constituer un espace où l'on chante partout et sous de multiples prétextes. Les religieux européens le font en communauté, en famille, ou avec leurs collaborateurs. Ils proposent des activités musicales dans les temples et les églises, les classes et les cours de récréation, les salles de patronage, les ouvroirs, les plantations, les dispensaires. C'est en musique qu'ils emmènent les enfants en excursions champêtres, qu'ils se rendent dans les succursales et les villages chrétiens ou qu'ils organisent des safaris médicaux et évangéliques. À la mission, l'on chante aussi bien devant la crèche et la grotte mariale qu'en présence du gouverneur, du vicaire apostolique ou de la religieuse qui fête ses noces d'or. Les fanfares résonnent à la sortie des églises, sur les chemins et les embarcadères. Elles retentissent lors de la signature de la paix en Occident, du triomphe du parti catholique en métropole, de la fête patronale du père supérieur, de la fête nationale ou encore pour célébrer l'anniversaire d'une victoire des pionniers de la colonisation.

Les missionnaires accordent à la musique diverses fonctions liées de près ou de loin à leur objectif d'évangélisation : outre son rôle liturgique fondamental, elle sert à attirer les populations et semble à cet égard s'avérer un outil particulièrement efficace. Un pasteur protestant en témoigne explicitement :

« nous sommes partis, ma femme et moi accompagnés de cent à deux cents indigènes de la mission. Sur toute la route, nous chantions des cantiques ; tout le monde se dérangeait pour nous voir passer ; que d'expressions d'étonnement sortaient de la bouche de ces pauvres créatures qui ne connaissent rien de la Bonne Nouvelle. »[40]

La musique sert également à éduquer et à moraliser les Africains qui côtoient le poste missionnaire. Le chant transmis par les occidentaux doit concurrencer le répertoire africain lié aux pratiques religieuses anciennes. Les missionnaires protestants se révèlent particulièrement sensibles à cette dimension : « le soir, dans les huttes, au lieu des beuveries et libations aux Esprits qu'accompagnaient les chants bachiques, on entend chanter le chœur de la famille chrétienne. Tous sont unis dans l'adoration par le chant. »[41] Les religieuses catholiques se réjouissent elles aussi d'entendre dans les villages « l'écho de ces chants, qui remplace avantageusement leurs jeux et danses sauvages »[42]. Les choix musicaux des catéchumènes et des chrétiens permettent également d'évaluer la sincérité et le degré de leur conversion, et sont comme tels scrutés de près par les Pères Blancs par exemple. Enfin, les spectaculaires mises en scène musicales des grandes fêtes à la mission proclament le prestige et la puissance des occidentaux.

Mais les Européens ne mènent pas seuls la danse : les populations, christianisées ou non, viennent chanter et battre les tambours à la mission lors des fêtes et des cérémonies officielles ou religieuses. Elles célèbrent le retour au bercail de missionnaires ou le mariage du pasteur. Elles accompagnent les tâches collectives sur les chemins ou dans les champs de la mission. Catéchumènes et villageois chantent en marchant, en pagayant, en fabriquant de l'huile ou des briques, en portant les herbes pour les toitures, en déplaçant les huttes d'un lieu à un autre.

La plupart des missionnaires témoignent de l'omniprésence de la musique dans les communautés africaines qui les entourent. Des religieuses en donnent un exemple en 1921 : « nos braves nègres ne peuvent travailler sans faire beaucoup de bruit. Pendant nos exercices, on les entend entonner les chants de Noël, de Carême, aussi bien que l'Alléluia et d'autres cantiques divers. À d'autres moments, ils battent avec les pieds les différentes mesures de danses. »[43] « Ici, on ne conçoit pas un travail en commun sans accompagnement de chant. Plus on chante et on crie, mieux le travail se fait. »[44] Les missionnaires protestants s'en amusent eux aussi : « dans un trou, cinq ou six nègres, habillés d'une feuille de bananier déchiquetée, ont l'aspect de danseuses de ballet ! En effet, ces hommes dansent sur l'argile, se tiennent

40 *Bulletin missionnaire*, 1 (1926) 22, 213.
41 Ibid., 2 (1933) 22, 342.
42 *Chronique des Sœurs missionnaires de Notre-Dame d'Afrique*, 1 (1925), 14.
43 Diaire des Sœurs Blanches de Save, août 1921.
44 Diaire des Sœurs Blanches de Baudouinville, août 1908.

l'un l'autre par les épaules, faisant des gestes plus ou moins gracieux, tout en chantant parfois des airs monotones. »[45]

Les Congolais, Rwandais et Burundais observés par les missionnaires chantent encore pour remercier l'infirmière de ses bons soins ou pour introduire une requête. Lors de visites de courtoisie, des chefs locaux emmènent troupes de danseurs et orchestres officiels. Les populations des villages – chrétiens comme non convertis – font de la musique et dansent aux naissances, funérailles et mariages, à la chasse et dans les pâturages, dans les *rugo*[46] ou sur les chemins. Musique et chants accompagnent également avec enthousiasme les missionnaires en visite sur les collines.

Les missionnaires semblent assez bien discerner – et même craindre – le fait que la musique joue notamment un rôle religieux et social important dans les sociétés locales. Ils perçoivent beaucoup moins le fait qu'elle y a également une fonction éducative. Ils observent que la musique accompagne efficacement les travaux collectifs pour souder le groupe et lui insuffler un rythme commun ; qu'elle exprime le respect et l'hospitalité ; qu'elle affiche la richesse et la puissance du pouvoir politique par des démonstrations spectaculaires et prestigieuses…

À lire les archives, il semble donc que toutes les circonstances convient voix et instruments dans la société coloniale en Afrique centrale. Les missionnaires enrichissent la vie quotidienne de nombreux événements ritualisés ou mis en scène au sein desquels l'expression musicale joue un rôle prépondérant. Si les rites religieux dans leurs diverses dimensions et les grands événements de l'existence des chrétiens et de leurs mentors ouvrent des espaces où le chant missionnaire peut se déployer, celui-ci n'occupe pas seul le terrain. Les Africains (convertis ou non) font concurrence aux chants sacrés et aux cantiques par des musiques traditionnelles ou des chants de circonstance qu'accompagnent danses et tambours.

Interprètes, répertoires et instruments

Non seulement la musique est omniprésente, mais elle émane de toutes les strates de la société chrétienne et africaine. Bien sûr, on trouve parmi les musiciens et les chanteurs la mouvance missionnaire dans son ensemble : prêtres, religieuses, pasteurs, diaconesses, clergé africain, catéchistes et moniteurs, séminaristes et novices. Mais ces religieux entraînent dans leur sillage tous les publics de leurs diverses activités apostoliques : les écoliers, les femmes fréquentant les ouvroirs, sans oublier les patients des dispensaires, les ouvriers ou les porteurs. Des confréries enfin cultivent au sein de la mission une identité nouvelle qui leur est propre, y compris au travers de la musique.

45 *Bulletin missionnaire*, 15 (1925), 139.
46 Le rugo est l'enclos familial.

2. Orchestre 'indigène' au Rwanda.
[*Rapport annuel sur l'administration du Ruanda-Urundi présenté aux Chambres*, 1931]

Des groupes spécifiques (par exemple les Enfants de Marie, la congrégation Sainte-Anne, les Mothers' Unions, les Scouts et les Girls Guides, etc.) revendiquent leurs hymnes et leurs célébrations.

À ces divers acteurs s'ajoutent les « professionnels » du chant profano-chrétien : *scolae* de chant sacré et chorales de cantiques populaires, fanfares, ou encore aèdes chrétiens. En effet, plusieurs sociétés missionnaires recrutent des chanteurs et musiciens populaires africains convertis au christianisme. Les anglicans par exemple équipent leurs catéchistes d'harmonicas et les envoient chanter sur les marchés et dans les villages pour rallier les populations locales[47]. Ils recourent également aux services de musiciens-évangélistes ougandais dans le nord du Rwanda. Ces derniers sont considérés comme « une grande force pour l'évangélisation » grâce à leurs dons musicaux[48]. Les missionnaires sélectionnent aussi de futurs harmonistes ou initient des enfants aux cuivres, à l'harmonica ou l'accordéon[49]. Par contre, les religieux occidentaux ne s'intéressent pas ou que très peu aux divers groupes sociaux qui s'adonnent à la musique dans les villages non chrétiens. Tout au plus apprend-on que tel chef dispose de son orchestre de cour.

Si les interprètes sont aussi nombreux, quels sont leurs répertoires ? Nous l'avons vu, le poste de mission constitue un lieu privilégié d'observation du paysage sonore. Les musiques et les chants qui y sont décrits semblent,

47 *Ruanda Notes*, 52 (1935), 23.
48 *Bulletin missionnaire*, 38 (1936), 6.
49 Le recours à ce type d'instruments est observé dans beaucoup d'autres champs missionnaires. Par exemple : Chitando, *Singing Culture*.

3. « Zaza. À l'écoute d'un phonographe ».
[Varsenare, Pères Blancs ; photo : RP Provoost]

dans leur écrasante majorité, encadrés ou suscités par le milieu européen. Ils appartiennent à un registre largement inspiré de la tradition chrétienne occidentale. La musique religieuse sacrée et populaire s'y taille la part du lion. Chants sacrés en latin et cantiques populaires en français ou en langues locales (mashi, swahili, tigunde, kirundi, kinyarwanda) y ponctuent le quotidien[50]. S'y ajoutent les créations inscrites dans les chansonniers liés à l'histoire de chaque société missionnaire ou à celle de son fondateur.

Les missionnaires recourent également à la tradition populaire occidentale, en enseignant, au gré de leur origine nationale ou régionale, des ritournelles enfantines du folklore français, allemand, flamand ou anglais, des *Christmas Carols*, des chants tyroliens... Chansons et marches militaires complètent le tableau, ainsi que les hymnes patriotiques et d'exaltation de la colonie, aux premiers rangs desquels figurent la *Brabançonne* et *Vers l'Avenir*. Enfin, les missionnaires se risquent de temps à autre à aborder un univers sonore plus contemporain, recourant au phonographe pour passer des disques variés, dont des *laughing records*. Ils se lancent dans la composition de canons de circonstance pour rythmer les jubilés et autres visites protocolaires. Néanmoins, bien que varié, ce répertoire demeure principalement religieux et largement inspiré de l'Occident. Il ne laisse que peu de place à l'improvisation : les missionnaires préparent soigneusement les nouvelles

50 On constate le même type de choix de répertoire dans d'autres terres de mission. Voir par exemple Dubois, *De l'oreille au cœur* ; Id., « Innovation et langue vulgaire » ; Id., « Les Amérindiens, les missionnaires et la musique européenne ».

créations, organisent des répétitions, les coulent dans des partitions écrites et plaquent les nouveaux textes sur des mélodies existantes. Il arrive même occasionnellement que ces mélodies s'inspirent du patrimoine oral africain. Ces religieux se font aider par des catéchistes ou des moniteurs.

Lorsque – bien plus exceptionnellement – une expression musicale véritablement africaine se fait jour à la mission ou dans un village annexe, elle survient presque toujours de manière spontanée et à l'initiative des populations locales. Certes, les missionnaires ont de temps à autre recours au patrimoine africain dans les écoles ou lors de spectacles clôturant des fêtes religieuses. Les religieuses catholiques notamment délassent la jeunesse par des mélodies du terroir, « des chants divertissants qui exaltent la terre du Ruanda, avec ses vaches, ses pâturages »[51]. Mais dans la grande majorité des cas, lorsqu'un chant populaire africain résonne, il est lancé par des travailleurs ou des visiteurs africains. Ces derniers se donnent ainsi du cœur à l'ouvrage, commentent l'attitude des Européens, expriment leur joie ou présentent leurs hommages.

Dans les villages visités par les occidentaux, l'oreille du missionnaire se tend surtout vers le chant profano-religieux, car il est considéré comme un indice de succès du message chrétien hors de l'espace clos de la station. Les cantiques et chants de messe quittent en effet les limites de l'église, de l'école ou de l'ouvroir pour escalader les collines, envahir les chemins et les champs, atteindre au-delà des catéchumènes les populations restées à l'écart de l'univers missionnaire. Ce répertoire profano-religieux complète le vocabulaire et la grammaire mélodique et rythmique existants, se recomposant ou se détournant à l'occasion de son but initial.

La focalisation sur le chansonnier occidental renvoie à la marge le patrimoine musical local. Les missionnaires ne fournissent pas, ou très rarement, de précisions sur les paroles, les mélodies et les rythmes africains. Ils se contentent de signaler que les traditions populaires et religieuses persistent auprès des populations, ou que les Africains y développent des variations et improvisations dans un répertoire qui leur semble moins figé que celui de l'Occident. Les écrits missionnaires quotidiens s'intéressent nettement plus à la diffusion sur les collines de chants religieux ou profanes empruntés au répertoire occidental. Mais lorsque les villageois réinterprètent des cantiques à leur façon, déformant les mélodies ou les paroles, les agents de mission se montrent déroutés voire hostiles. Les paroles des chansons, improvisées par les pagayeurs, les porteurs, les anciens patients des dispensaires, etc., qui prennent les missionnaires pour cible, retiennent l'attention des Européens parce qu'elles les concernent plus directement.

Les missionnaires focalisent donc plutôt leur attention sur les progrès de leurs activités d'apostolat (y compris sur le plan musical) et sur la manière

51 *Chronique des Sœurs missionnaires de Notre-Dame d'Afrique*, 30 (1929) 156, 79.

dont les populations les perçoivent que sur le substrat autochtone pour lui-même. Les religieux guettent surtout la proximité, la familiarité avec leur propre message. Cela explique pourquoi les missionnaires ne relèvent dans les chants africains traditionnels que ce qui se heurte à leur message. En effet, ils qualifient une grande partie des épisodes musicaux observés dans des villages non convertis de contestables et même de condamnables en raison de leur caractère religieux « ancien », de leur « obscénité », de leur « perversité ».

Cette méfiance et cette réprobation envers le fonds musical traditionnel africain conduisent dans un certain nombre de cas à une interdiction pure et simple. Certes ces réactions négatives s'expliquent par une méconnaissance des cultures autochtones, mais elles trouvent probablement aussi leur origine dans l'attitude ambivalente de la religion chrétienne à l'égard de la musique. En effet, « l'association entre musique et péché remonte très loin dans la mentalité chrétienne »[52]. Pour les catholiques surtout, la musique détient un pouvoir de séduction ou de domination des âmes, pour le meilleur ou pour le pire. Les Pères de l'Église avaient d'ailleurs déjà « dénoncé ces sons séduisants, qui enivrent rapidement les sens en affaiblissant l'âme »[53].

Outre les nouveaux répertoires et la formation d'interprètes, le monde missionnaire introduit une série d'instruments ou d'appareils de musique pour accompagner les chants. Quelques-uns sont communs avec ceux employés dans le cadre des activités de l'État colonial (cuivres, trompettes, clairons des fanfares militaires). D'autres font partie du registre religieux, surtout l'harmonium, mais également les cloches et clochettes. D'autres encore, davantage liés à la sphère privée en Occident, tels la guitare ou le phonographe, sont mobilisés dans des activités collectives[54]. Dans les mains des anglicans, le « safari gramophone » devient ainsi un véritable outil de propagande, conçu « to attract a crowd »[55] avec des « laughing records » qui remportent un succès de foule. Utilisés en introduction pour attirer les badauds, ces disques précèdent les enregistrements d'hymnes qui amorcent le prêche. Enfin, des instruments à la fois très maniables grâce à leur format modeste et très spectaculaires par leur palette mélodique sont régulièrement utilisés dans les contacts avec les populations les moins proches du poste européen : l'accordéon et l'harmonica font le succès des missionnaires dans les villages.

Très vite, les missionnaires perçoivent l'intérêt de certains instruments de musique africains, à commencer par le tambour, si utile pour sonner le rappel et rythmer le travail, mais longtemps indésirable à l'église ou au temple. Les Africains disposent en effet d'une gamme étendue d'instruments, dont la plupart des missionnaires ne retiennent que ce qui fait du bruit : sonnettes et

52 Wilkins, *La musique du Diable*, 8 ; Poizat, *La Voix du diable*.

53 Ibid., 14.

54 Par exemple le Père Franco jouant de la guitare sous la véranda pour un groupe d'enfants. *Missions d'Afrique des Pères Blancs*, 5 (1924), 135.

55 *Ruanda Notes*, 71 (1940), 21.

grelots, clochettes, et surtout les tambours qui les frappent par leur sauvagerie, leur frénésie, leur tapage ininterrompu. Ils en oublient souvent les instruments qui servent non seulement le rythme, mais aussi la mélodie. Progressivement, d'autres instruments (par exemple certaines trompettes et flûtes indigènes) sont intégrés dans les fanfares. Harpes et cithares rwandaises font le bonheur de quelques compositeurs missionnaires de chants religieux inspirés des musiques autochtones. Les missionnaires ne sont pas les seuls à puiser dans un patrimoine culturel « autre ». Les populations africaines observées par les occidentaux empruntent elles aussi des instruments venus d'Europe, soit sur le plan purement musical, soit comme objets de prestige (accordéons, cuivres et harmonicas).

Une musique-spectacle

La musique colore donc tous les aspects de la vie dans les postes de mission. Elle y prend parfois une allure spectaculaire qui marque profondément les imaginaires de ceux qui s'en trouvent les témoins. En effet, les grand-messes solennelles et les fêtes de tous ordres ont leurs cortèges, leurs costumes, leur décorum, leur mise en scène visuelle et sonore. Chasubles des prêtres, étoles brodées et habits des religieuses se marient avec les aubes des chantres et les soutanes des séminaristes, les uniformes des choristes ou des écoliers. Les boys scouts, les girls guides, les élèves, tous ceux qui paradent portent des costumes : couronnes de papier doré, robes blanches, tenues de zouaves et autres accoutrements. Ils circulent en portant des guirlandes de fleurs, défilent sous des arches décorées, étendards et drapeaux brandis au vent. Les petites filles jettent des pétales de fleurs. Le tout se déroule en chantant, rythmé par des intermèdes de fanfare et de tambours, des chorégraphies, des mouvements d'ensemble, des chants mimés soigneusement orchestrés. Un spectacle mémorable, coloré et bruyant, tour à tour recueilli et trépidant, s'offre aux regards.

En voici un exemple, glané au hasard des sources missionnaires :

> On va chercher le Vénéré Jubilaire par un chemin garni avec des guirlandes, oriflammes et arcs de triomphe. Une soixantaine de petites filles habillées de blanc, portant une oriflamme, ouvrent la marche. Vient ensuite la garde d'honneur : quatorze petits soldats, dont voici le costume : longue robe bleue retenue par une ceinture jaune ; une bandelette de natte fait parfaitement l'office de cartouchière, une baguette sur l'épaule remplace le fusil ; ils sont coiffés d'un casque en papier journal, garni de papiers de couleur, et surmontés d'une touffe de plumes de poules. Puis viennent les musiciens, aussi en costume de circonstance : jupe bleue, gilet rouge, un diadème aux couleurs

4. L'orchestre du Père Van Overschelde (des Pères Blancs) à Kabgaye.
[*Illustration congolaise*, 1934, n° 158, 5185]

> criantes, surmonté de longues plumes ; l'un d'eux porte sur son dos, en guise de tambour, un bidon à pétrole garni de bandes d'étoffe, et son compagnon qui le suit frappe dessus de toutes ses forces ; suivent les joueurs de flûtes...[56]

Il ne faut en effet pas commettre l'erreur de considérer la musique comme un élément isolé dans les activités missionnaires. Elle conjugue impressions sensibles, émotion intime, contrôle du corps et de la voix, intégration dans une communauté chrétienne. Le rituel catholique chatoyant, à l'église ou lors d'activités parallèles, est conçu pour frapper aussi bien l'esprit que les sens, le corps et l'âme[57]. Les similitudes entre la grand-messe et les spectacles associant chansons, chorégraphies et costumes scintillants ont été soulignées à raison par l'anthropologue canadien Jean Cheyronnaud[58]. Il est évident que de ces aspects à la fois visuels et sonores émanent une impression de grandeur et de puissance et un choc sensoriel qui s'impriment avec force dans l'imaginaire des spectateurs. Nous n'avons pas trouvé d'éléments de comparaison dans les églises protestantes qui misaient davantage sur le caractère sensa-

56 Diaire des Sœurs Blanches de Muyaga, juillet 1920.
57 Bethouart et Landron, *Religions en fête*.
58 Cheyronnaud, « Au sanctuaire comme à la scène ».

tionnel des safaris médicaux chez les anglicans, ou des fêtes de plein air chez les protestants belges. Dans ces deux types d'événements, la musique et les mouvements d'ensemble étaient également convoqués.

Pour honorer leurs hôtes et visiteurs, les autorités africaines organisent également des prestations musicales spectaculaires pour proclamer leur puissance et leur prestige. Un chef arrive ainsi en grande pompe à la mission de Kasongo en 1911 :

> le tambour se fait entendre de loin ; quelques instants après, une trentaine de femmes et de filles, dans leurs plus beaux atours, viennent nous saluer ; nous causons un peu avec elles, puis le chef lui-même arrive, escorté d'un grand nombre d'hommes (...) il est en tenue de gala, drapé dans des étoffes multicolores, sur la tête une coiffure en plumes de perroquets ; dans la main gauche, il tient une corne d'antilope, garnie de plusieurs petites clochettes (c'est le grand talisman des chefs) ; dans sa main droite, un bâton artistement sculpté ; au cou, un collier en dents de lion ; il porte encore une guirlande verte en bandoulière. La farine de manioc dont il s'est saupoudré la figure achève de lui donner un air étrange et sauvage, et de rendre son costume tout à fait pittoresque. Le tabouret, son trône, est installé sous la véranda et les danses commencent[59].

Un choc culturel ?

La rencontre entre l'univers musical occidental et celui des populations africaines cause un choc chez les premiers comme chez les seconds. Les missionnaires s'accordent tous à reconnaître la place essentielle occupée par le chant et la musique dans les univers chrétien et africain. Ils ne se contentent pas d'observer ces expressions musicales. Ils les jugent aussi en termes de qualité d'exécution, de contenu, ou encore en fonction de l'émotion suscitée tant auprès des populations qu'ils cherchent à convertir qu'en leur sein propre.

En raison de leurs visées évangélisatrices, les religieux européens concentrent leur écoute sur les chants profano-chrétiens. Ils sont frappés par l'entrain, la ferveur, l'enthousiasme, le goût de la musique et la fierté que manifestent les chanteurs lorsqu'ils prennent part aux messes et aux offices, aux fêtes et aux formations. Ils soulignent le plaisir des Africains, qui participent de tout leur cœur et chantent haut et fort. Cet élan entraîne les missionnaires eux-mêmes, qui qualifient l'ambiance musicale générale d'électrisante. La vibration de l'interprétation vocale des cantiques et l'enthousiasme s'avèrent contagieux. Les Européens ne le cachent pas : ils se sentent parfois émus jusqu'à l'âme. Lorsque l'exécution est parfaite ou quasi parfaite, ils ne se

59 Diaire des Sœurs Blanches de Kasongo, novembre 1911.

montrent pas avares de qualificatifs élogieux : beauté, harmonie, perfection, magnificence, émerveillement, admiration, bonheur, émotion, au point de « ne plus se croire au Congo »[60]. Ces chœurs, « rarement parfaits, mais toujours beaux quand même, parce qu'on y sent vibrer tour à tour la supplication, la reconnaissance et l'amour » sont perçus par les missionnaires comme « le cri d'un peuple entier vers Dieu » empreint d'une « émouvante beauté » et d'une expression si chaleureuse que les occidentaux auraient voulu la « communiquer un peu à la foule si froide de nos églises d'Europe ! »[61]

Lorsque l'exécution laisse à désirer, la volonté de bien faire et l'énergie compensent le manque de savoir-faire, de justesse et d'ensemble, les voix rauques, la cacophonie, même si les missionnaires avouent parfois leur désarroi. « Ma plume est impuissante à vous rendre les notes du pieux cantique. Tendez l'oreille et... tâchez de percevoir... C'est un chœur d'au moins douze voix : voix rauques et voix limpides, que même la fanfare du Petit Séminaire ne saurait imiter. »[62]

Par contre, les commentateurs se montrent moins indulgents envers l'expression musicale des non-convertis dans les villages. Cette fois l'enthousiasme n'est plus un alibi. Ces chants décrits comme criards et singuliers, frénétiques, puissants et sauvages, provoquent chez l'observateur non averti une impression curieuse, à la fois effrayante par le paganisme sous-jacent (tel que croient le percevoir les missionnaires), mais aussi excitante voire contagieuse. Il arrive que le fonds populaire suscite un compliment, une émotion en raison du sens du rythme, du charme et du pittoresque, sans compter la grâce des mouvements des musiciens et des danseurs. Mais cela reste exceptionnel. Le plus souvent, l'art vocal des Africains et la « sauvagerie » des danses et des mélodies heurtent les yeux et les tympans des occidentaux. Une missionnaire allemande écrit : « Oh mes amis ! Un chant... là où sont assises les chrétiennes, cela manque déjà pas mal d'harmonie ; mais que dire du côté où sont entassées les païennes ? Ce sont des cris horribles, inexprimables, qu'il faut avoir entendus pour les imaginer. »[63] Un pasteur quant à lui perçoit « dans ces chants de guerre qui sont plus des cris que des harmonies, (...) de la sauvagerie. »[64]

En outre, les missionnaires considèrent généralement cette musique en apparence débridée, très éloignée des codes de contrôle du corps et de la voix des occidentaux, comme potentiellement dangereuse. Il ne faut pas oublier que depuis le Moyen Age, on apprend aux catéchumènes que le Malin s'exprime par des « cris rauques et discordants des plus barbares », par un « chahut de diable », et que l'on oppose la « musique céleste, en général un chant angé-

60 Diaire des Sœurs Blanches de Mpala, août 1919.

61 *Sœurs Blanches missionnaires de Notre-Dame d'Afrique*, 2 (1939), 539.

62 *Chronique des Sœurs missionnaires de Notre-Dame d'Afrique*, 35 (1934) 210, 354.

63 *Bulletin missionnaire*, 2 (1930) 4, 53.

64 Ibid., 15 (1925), 139.

lique accompagné à la harpe ou aux instruments à cordes, et la musique infernale, le plus souvent bruyante, au chalumeau, au tambour, à la trompette. »[65] Or justement, les missionnaires relèvent que l'usage des trompettes indigènes semble lié aux pratiques religieuses anciennes qu'ils dénoncent. L'expression musicale africaine puissante et les danses qui l'accompagnent appellent donc les religieux occidentaux à la prudence. Elles peuvent également les pousser à condamner voire à adopter une attitude agressive. Un voyageur protestant rapporte ainsi l'intervention musclée d'un missionnaire adventiste pour faire cesser une démonstration de musique et de danse : « de vieilles femmes hideuses dansaient dans des contorsions grotesques au son de hochets agités par un vieux enlaidi par la peinture blanche. À la grande consternation de l'assistance, M. Monnier ouvrit un de ces hochets où les indigènes disaient se trouver un 'imana', un dieu. »[66]

Si les missionnaires sont sensibles à l'harmonie ou aux désaccords, à la sauvagerie ou à l'élan d'enthousiasme, les Africains qui entrent en contact avec leur musique importée semblent eux aussi éprouver des sensations nouvelles si l'on en croit des témoins occidentaux avides d'engranger des résultats apostoliques. Ici, un chef local se dit ému par la beauté des chants et demande que les garçons reçoivent un enseignement musical à l'instar des élèves des religieuses. Là un visiteur africain exprime le plaisir éprouvé à entendre des missionnaires chanter sur une pirogue. Ailleurs encore, émerveillement et stupéfaction accueillent les sonorités d'instruments inconnus, poussant des enfants à entrer par effraction dans une sacristie pour tester l'harmonium[67]. Le succès des harmonicas et autres accordéons conjugue plaisir musical, recherche de prestige et attrait de la nouveauté. Les religieuses de Kasongo racontent qu'un chef ayant acquis « un magnifique accordéon contre une belle chèvre », était incapable de s'en servir. « Suivant son désir, nous lui donnons une leçon, et lorsqu'il a pu arriver à tirer quelques sons de son précieux instrument, tous les gens de sa tribu le félicitent et sont émerveillés. »[68]

Néanmoins, les sources occidentales ne nous livrent que peu d'indications sur le ressenti profond des Africains, hormis quand elles évoquent l'un ou l'autre épisode plus frappant. Ainsi, de vieilles Rwandaises remercient les missionnaires protestants belges de leur avoir fait découvrir les *negro spirituals*, de « vraies » chansons selon leurs dires, contrairement à tout ce qui leur avait été proposé jusqu'alors...[69] On assiste donc à une forme d'intérêt et parfois d'attraction réciproque, qui se joue dans le registre de l'émotion et de la sensation esthétique ou sensible provoquée par la musique.

65 Wilkins, *La musique du Diable*, 7-8.
66 *Le chrétien belge*, 67 (1921) 18, 282.
67 Diaire des Sœurs Blanches de Mpala, décembre 1911.
68 Diaire des Sœurs Blanches de Kasongo, mai 1908.
69 *Bulletin missionnaire*, 2 (1930) 4, 60.

Innovations, inventions et superpositions

Les missionnaires soulignent leurs « victoires » lorsqu'ils parviennent à ce que les plus « dociles » renoncent à des pratiques musicales et chorégraphiques considérées comme sataniques. Mais le plus souvent, ces pratiques persistent, et les religieuses, pasteurs, diaconesses ou prêtres européens continuent d'entendre avec déplaisir des paysans fêtant des naissances en dansant et en chantant des airs qui leur paraissent pernicieux ou obscènes. Les catéchumènes et les chrétiens semblent en effet agréger leurs nouvelles croyances aux anciennes. Lors d'une randonnée, des Sœurs Blanches sont ainsi « frappées par un chant singulier. C'est un honneur rendu au diable par un homme. Les femmes et les filles prenaient part à cette réunion. Aussi sont-elles bien honteuses d'être vues par les Sœurs. »[70]

Il semble donc bien difficile de remplacer par des chants chrétiens le fondement africain existant. Aussi les missionnaires cherchent-ils parfois à associer ces deux patrimoines plutôt qu'à écraser l'un par l'autre. Ils font entrer le répertoire traditionnel et les troupes de danseurs dans les écoles ou les fêtes religieuses. Non contents de tolérer ces expressions artistiques, religieuses, pasteurs ou prêtres européens les « officialisent » en organisant des spectacles offerts aux visiteurs de marque (notamment la célèbre troupe des danseurs *intore*). Ils les apprécient également lors des travaux collectifs ou pénibles, car cela semble augmenter la rentabilité des travailleurs.

Les missionnaires essaient aussi d'adapter les cantiques occidentaux à la sensibilité des Africains. Les Pères Blancs par exemple s'inspirent des « plus beaux motifs que connaissent les joueurs de harpe du pays » pour transposer des chants liturgiques et des cantiques[71]. Cependant, comme l'explique l'un d'eux dans ses souvenirs, le choix de mélodies africaines n'est pas sans risque de confusion entre croyances anciennes et christianisme exprimé dans des tonalités plus locales : « from the beginnings we tried to explore ways of adaptating indigenous tunes to the psalms and for some hymns, but we never knew when we were wandering into vernacular music that might have unsuitable or evil associations unknown to us. Our only safe guide was to let the African Christian Brothers choose what they liked. »[72]

De leur côté, les Africains qui fréquentent le milieu missionnaire se montrent inventifs : ils rehaussent les chants chrétiens de rythmes africains, tapant des mains et des pieds, dansant tout en travaillant. Ils modifient les timbres et les mélodies pour les adapter à leur goût. Un missionnaire anglican remarque que « the African spirit seems to have broken down the 'tempo' of

70 Diaire des Sœurs Blanches de Katana, novembre 1921.

71 *Grands Lacs*, 56 (1940) 4-5-6, 119.

72 Church, *Quest for the Highest*, 60.

5. Save (Rwanda). Procession de la Fête-Dieu.
[*Chronique des Sœurs missionnaires de Notre-Dame d'Afrique*, XXXVI, n°226, juillet 1935]

our English tunes and, instead of the 'drag' we have always struggled to defeat their singing, they have the fire and rythm which I suppose was the spirit behind 'jazz' and 'swing'. It is strongly emotional of course. »[73] Congolais, Rwandais et Burundais inventent des chansons à partir d'objets ou d'usages inhabituels (telle la chanson en l'honneur du « nzimbu wa Ulaya », un diablotin sorti d'une boîte)[74]. Les missionnaires rapportent que les populations improvisent des chansons pour solliciter une faveur, flatter les religieux (au dire de ces derniers) et leur demander de partager leurs richesses, ou encore pour les remercier. « Une bonne vieille exécute une danse aussi gracieuse que cela lui est possible pour avoir un peu de remède, et chante à tue-tête : 'Mama Idlefonse est le grand docteur, elle seule a du bon remède, pourrions-nous trouver un sauveur meilleur ?' »[75]

Les Africains détournent également de leurs objectifs premiers des rituels, des hymnes, des cérémonies solennelles. Des écoliers miment par exemple les processions chantées pendant leurs récréations. À l'occasion, les adultes parodient eux aussi un cérémonial musical chrétien. Les Sœurs

73 *Ruanda Notes*, 68 (1939), 33.
74 Diaire des Sœurs Blanches de Mpala, juillet 1910.
75 Diaire des Sœurs Blanches de Nyundo, 16 mars 1912.

Blanches nous content de manière neutre un épisode surprenant : lors d'une grande fête religieuse, un cortège de chrétiens mené de manière solennelle par des prêtres occidentaux chemine dans le poste missionnaire en chantant des hymnes et des cantiques. Parti d'un autre point, un second cortège, spontané et rassemblant des Africains non convertis, s'avance également, interprétant lui aussi des cantiques à sa manière, à la limite de la parodie, et arrive… le premier à l'entrée de l'église ! Ces anecdotes savoureuses en disent long sur les quiproquos, la dérision, l'incompréhension qui marquent l'imprégnation musicale entre missionnaires et « missionnés », et sur la compétition de l'expression musicale dans l'espace public[76].

Conclusion

La pratique musicale quotidienne aux alentours des postes missionnaires de l'intérieur s'avère un champ d'observation passionnant mais complexe du christianisme en colonie et de sa réception par les populations colonisées. Des sources consultées surgit en effet un univers musical omniprésent, étonnamment trépidant et bigarré, qui fait résonner les chants quotidiens, le faste sonore des grandes fêtes, les battements des tambours. Cet univers s'imbrique dans un ensemble culturel chrétien et occidental importé où le décorum renforce la dynamique évangélisatrice. Par le son et le spectacle, la mission cherche à concurrencer, puis à éradiquer le « paganisme » qui s'exprime dans la danse et la musique du terroir. Une lutte de pouvoir se joue aussi dans ce champ d'expression musicale. En effet, cette expression dépasse largement le cadre d'un délassement ou d'un divertissement, pour atteindre des visées beaucoup plus déterminantes sur le plan religieux, culturel et même politique. Occuper l'espace sonore, c'est aussi occuper les esprits et les cœurs, c'est faire pénétrer dans l'univers chrétien occidental des populations jusqu'alors investies dans d'autres champs de croyance et de maîtrise de l'espace social et culturel.

De toutes ces observations, il ressort combien les missionnaires accordent de l'importance à cet univers musical. Leurs regards captent un espace d'influence réciproque entre sociétés africaines et microcosme chrétien occidental, où les uns et les autres expriment tour à tour indifférence, incompréhension, étonnement, intérêt, admiration, rejet ou dérision face à des traditions musicales inconnues qui font irruption dans leurs univers culturels. De la sorte se dessine un espace colonisé à la fois fragmenté et dynamique. La musique nous offre dès lors un éclairage intéressant sur les liens entre religion et colonisation, notamment en ce qui concerne le relativisme, la

76 Sur cette question, dans un autre espace culturel et temporel, voir d'Hollander, *L'Église dans la rue*.

prise de distance ou l'ironie larvée qui pouvaient accompagner les tentatives d'implants occidentaux dans les sociétés colonisées. Cette piste de réflexion et d'analyse mériterait d'être approfondie pour la région des Grands Lacs, mais également vérifiée dans d'autres régions, et pour d'autres époques.

À la lecture des sources missionnaires, on constate en effet une double imprégnation des deux univers en présence. Celle-ci est à la fois superficielle et dissymétrique : d'une part celle des traditions occidentales sur l'expression musicale africaine, et inversement celle des traditions africaines sur l'art importé. L'observation des postes de missions ordinaires ne permet pas, pour l'entre-deux-guerres, de relever une forme émergente qui amalgamerait les deux précédentes, ou exprimerait une modernité coloniale associant acteurs africains et européens. Le domaine artistique et culturel fut-il une clé pour créer un espace transculturel inédit qui réunissait missionnaires, catéchumènes, populations non converties et musiciens autochtones ? Contribua-t-il au succès rencontré par les églises chrétiennes, et surtout par l'Église catholique, dans la région des Grands Lacs ? L'étude systématique des choix opérés dans l'univers missionnaire autour de la musique permettrait plus que probablement d'avancer une ébauche de réponse à ces questions.

BIBLIOGRAPHIE

Les sources sur lesquelles se base cet article émanent de la Société des Missionnaires d'Afrique (Pères Blancs) (Rome), de la Congrégation des Sœurs Missionnaires de Notre-Dame d'Afrique (Sœurs Blanches) (Rome), des Adventistes du 7e Jour (Silver Spring, Maryland), de la Société belge de missions protestantes au Congo (Bruxelles), et de la Church Missionary Society (Londres et Birmingham). Nous avons exploité les rapports internes, les rapports à la Propagation de la Foi, les documents d'inspection, les correspondances internes ou familiales, les journaux de mission, ainsi que des sources publiées (périodiques et journaux de liaison).

Agawu Kofi. « Tonality as a Colonizing Force in Africa » dans : Ronald Radano et Tejumola Olaniyan, éds. *Audible Empire : Music, Global Politics, Critique*. Durham : Duke University Press, 2016, 334-356.

Barz, Gregory F. *Performing Religion : Negotiating Past and Present in Kwaya Music of Tanzania*. Amsterdam-New York : Rodopi, 2003 (spécialement le chapitre 2 : « East African Kwaya Music and the Colonial and Missionary Encounter, 29-58).

Bemba, Sylvain. *Cinquante ans de musique du Congo-Zaïre (1920-1970)*. Paris : Présence africaine, 1984.

Bethouart, Bruno et Landron, Olivier, éds. *Religions en fête. Rites et liturgies. XXIe université d'été du Carrefour d'Histoire religieuse, Angers, 6-8 juillet 2012*. Les Cahiers du Littoral, 2 (2013), 12.

Bouzar-Kasbadji, Nadya. « La Marseillaise et ses dissonances en Algérie coloniale ». *Revue du monde musulman et de la Méditerranée*, 52 (1989) 52-53, 241-250.

Braekman, Emile M. « Le protestantisme en Belgique. H. comme hymnologie ». *Paix et liberté*, 10 (1983), 24.

Brandel, Rose. *The Music of Central Africa. An Ethnomusicological Study. Former French Equatorial Africa, the Former Belgian Congo, Ruanda-Urundi, Uganda, Tanganika*. The Hague: Martinus Nijhoff, 1973.

Burkley, Francis J. « Music, sacred, History of » dans : *New Catholic Encyclopedia*, 10. Washington, 1967, 127-129.

Chatelier A. « Populations urbaines et calendriers festifs en AOF » dans : Charles Becker, Saliou Mbaye et Ibrahima Thioub, éds. *AOF : réalités et héritages. Sociétés ouest-africaines et ordre colonial, 1895-1960*. Dakar : Direction des Archives du Sénégal, 1997, 815-824.

Cheyronnaud, Jacques. « Au sanctuaire comme à la scène. Le music-hall et la grand'messe ». *L'Ethnographie française*, 17 (1987) 1, 45-52.
Chikowero Mhoze. *African Music, Power and Being in Colonial Zimbabwe*. Bloomington : Indiana University Press, 2015.
Chitando, Ezra. *Singing Culture: A Study of Gospel Music in Zimbabwe*. Uppsala: Nordic Africa Institute, 2002.
Church, Joseph E. *Quest for the Highest: An Autobiographical Account of the East African Revival*. Exeter : The Paternoster Press, 1981.
Ciparisse, Gérard. « Le chant traditionnel : une source de documentation orale ». *Cahiers du Cedaf*, (1972) 1, 1-31.
Corbin, Alain. *Historien du sensible*. Paris : La Découverte, 2000.
Corbin, Alain. *Les cloches de la terre. Paysage sonore et culture sensible dans les campagnes au XIXe siècle*. Paris : Albin Michel, 2014.
Debhonvapi, Olema. « La société zaïroise dans le miroir de la chanson populaire ». *Revue canadienne des études africaines*, 18 (1984) 1, 122-130.
de Lame, Danielle et d'Hertefelt, Marcel. *Société, culture et histoire du Rwanda. Encyclopédie bibliographique, 1863-1980/1987*. Tervuren : Musée royal de l'Afrique centrale, 1987.
De Middeleer, J. « La musique indigène et son adaptation au culte religieux ». *Brousse*, (1940) 3, 9-13.
Depaepe, Marc et al. *Manuels et chansons scolaires au Congo belge*. Studia Paedagogica 33. Leuven : Presses universitaires de Louvain, 2003.
D'Hollander, Paul. *L'église dans la rue : les cérémonies extérieures du culte en France au XIXe siècle. Actes du colloque des 23-24 mars 2000 à Limoges*. Limoges : Presses universitaires de Limoges, 2001.
Djivo, Joseph Adrien. « Les chants et la résistance du roi Béhanzin à la colonisation (1890-1906) » dans : Claude-Hélène Perrot, éd. *Sources orales de l'histoire de l'Afrique*. Paris : CNRS, 1989, 55-64.
Dubois, Paul-André. *De l'oreille au cœur. Naissance du chant religieux en langues amérindiennes dans les missions de Nouvelle-France, 1600-1650*. Sillery : Septentrion, 1997.
Dubois, Paul-André. « Innovation et langue vulgaire. Les chants mobiles du Propre de la messe dans les missions de Nouvelle-France » dans : Gilles Routhier et Frédéric Laugrand, éds. *L'espace missionnaire. Lieu d'innovations et de rencontres interculturelles*. Paris : Karthala, 2002, 141-156.
Dubois, Paul-André. « Les Amérindiens, les missionnaires et la musique européenne » dans : Jean-Pierre Pinson et Elisabeth Gallat-Marin, éds. *La vie musicale en Nouvelle-France*. Sillery : Septentrion, 2003, 255-280.
Fabre, Daniel. « Proverbes, contes et chansons » dans : Pierre Nora, éd. *Les lieux de mémoire*. Vol. 3. Paris : Gallimard, 1992, 613-639.
Fabre, Frédéric. *Protestantisme et colonisation. L'évolution du discours de la mission protestante française au XXe siècle*. Paris : Karthala, 2011.
Garbini Luigi. *Nouvelle histoire de la musique sacrée. Du chant synagogal à Stockhausen*. Paris : Bayard, 2009.
Ginzanza U-Lemba, Justin Lambert. *La chanson populaire moderne : de la rumba fondamentale au ndombolo*. Paris : L'Harmattan, 2005.
Gondola, Charles Didier. « Ata ndele… et l'indépendance vint. Musique, jeunes et contestation politique dans les capitales congolaises » dans : Hélène d'Almeida-Topor et Catherine Coquery-Vidrovitch, éds. *Les jeunes en Afrique. La politique et la ville*. Paris : L'Harmattan, 1992, 463-487.
Gondola, Charles Didier. « Popular Music, Urban Society and Changing Gender Relations in Kinshasa (1950-1990) » dans : Maria Grosz-Ngate et Omari H. Kokole, éds. *Gendered Encounters : Challenging Cultural Boundaries and Social Hierarchies in Africa*. New York : Routledge, 1997, 65-84.
Gondola, Charles Didier. « Ô Kinshasa, *makambo* ! Métamorphoses et représentations urbaines de Kinshasa à travers le discours musical des années 1950-1960 ». *Le mouvement social*, 204 (2003), 109-129.
Gruzinsky, Serge. *La Colonisation de l'imaginaire. Sociétés indigènes et occidentalisation dans le Mexique espagnol, XVIe-XVIIIe siècles*. Paris : Gallimard, 1988.
Gutton, Jean-Pierre. *Bruits et sons dans notre histoire. Essai sur la reconstitution du paysage sonore*. Paris : PUF, 2000.
Hayburn, Robert F. « Music, sacred, legislation on » dans: *New Catholic Encyclopedia*, 10. Washington, 1967, 129-131.
Jans, Paul. « Musique religieuse pour indigènes ». *Africanae Ephemerides Romanae*, (1938) 13, 169-199.
Jans, Paul. « Essai de musique religieuse pour indigènes dans le Vicariat Apostolique de Coquilhatville ». *Aequatoria*, 19 (1956) 1, 1-43.

Jans, Paul. « La musique congolaise à l'église ». *Bulletin de l'Union missionnaire du clergé*, (1957) 128, 190-192.

Kalulambi Pongo, Martin. « Les musiques religieuses en Afrique centrale. Repères, stratégies et interrogations » dans : Mukala Kadima-Nzuji et Alpha Noë Malonga. *Itinéraires et convergences des musiques traditionnelles et modernes d'Afrique*. Paris : L'Harmattan, 2004, 115-140.

Kita Kyankenge Masandi, Pierre et Depaepe Marc. *La chanson scolaire au Congo belge. Anthologie*. Paris : L'Harmattan, 2004.

Lamoral, Arnold. « La chorale indigène d'Elisabethville et la renaissance de la musique bantoue ». *Bulletin des missions*, 20 (1946) 4, 230-250.

McGuire, Charles Edward. « Christianity, Civilization, and Music : Nineteenth-Century British Missionaries and the Control of Malagasy Hymnology » dans : Martin V. Clarke, éd. *Music and Theology*. Londres : Ashgate Press, 2011, 79-96.

McNally, Michael David. *Ojibwe Singers : Hymns, Grief, and a native Culture in Motion*. Saint Paul : Minnesota Historical Society, 2009.

« La musique religieuse indigène en Afrique. Nécessités et possibilités ». *Bulletin des missions*, 17 (1938) 4, 262-265.

Martin, Denis-Constant. « Les musiques face aux pouvoirs ». *Géopolitique africaine*, 13 (2004), 117-132.

Mbambu, Ignace. « Le catéchisme par le chant ». *Revue du clergé africain*, 6 (1953), 542-551.

Mission (La) et les joies populaires. Compte-rendu de la 16e Semaine de missiologie de Louvain, 1938. Museum Lessianum, section missiologique, 26. Paris, 1938.

Morimont, Françoise. « L'africanisation de l'art religieux chrétien du Congo belge, 1919-1950 » dans : Patricia Van Schuylenberg et Françoise Morimont. *Rencontres artistiques Belgique-Congo (1920-1950)*. Louvain-la-Neuve : Centre d'Histoire de l'Afrique, 1995, 63-110.

Mukendji Mbandakulu, Martin Fortuné. « Itinéraires et convergences des musiques chrétiennes et profanes en République Démocratique du Congo » dans : Mukala Kadima-Nzuji et Alpha Noë Malonga. *Itinéraires et convergences des musiques traditionnelles et modernes d'Afrique*. Paris : L'Harmattan, 2004, 141-160.

Mukuna, Kazadi wa. « The Genesis of Urban Music in Zaire ». *African Music*, 7 (1992) 2, 72-84.

Njiasse Njoya, Aboubakar. « Chants dynastiques et chants populaires bamum » dans : Claude-Hélène Perrot, éd. *Sources orales de l'histoire de l'Afrique*. Paris : CNRS, 1989, 65-76.

Nkulikiyinka, Jean-Baptiste. *Introduction à la danse rwandaise traditionnelle*. Tervuren : Musée Royal de l'Afrique centrale, 2002.

Nkulikiyinka, Jean-Baptiste. *Les chants du grelot et de l'arc au pays des esprits chasseurs. Chants et poésies de chasse au Rwanda*. Tervuren : Musée royal de l'Afrique centrale, 2013.

Nolan, Francis. *Les Pères blancs entre les deux guerres mondiales. Histoire des missionnaires d'Afrique (1919-1939)*. Paris : Karthala, 2015.

Pirotte, Jean. *Périodiques missionnaires belges d'expression française. Reflets de cinquante années d'évolution d'une mentalité, 1889-1940*. Louvain : Publications universitaires de Louvain, 1973.

Pirotte, Jean. « Les armes d'une mobilisation. La littérature missionnaire de la fin du XIXe siècle à 1940 » dans : Marc Quaghebeur et Emile Van Balberghe, éds. *Papier blanc, encre noire. Cent ans de culture francophone en Afrique centrale (Zaïre, Rwanda, Burundi)*. Bruxelles : Labor, 1992, 55-89.

Poizat, Michel. *La Voix du diable : la jouissance lyrique sacrée*. Paris : Métailié, 1991.

Puissant, Jean. « Chansons et problématique sociale ? » dans : Maurice A. Arnould et al. *Histoire et méthode*. Bruxelles : Éditions de l'Université de Bruxelles, 1981, 473-502.

Queniart, Jean, éd. *Le chant, acteur de l'histoire*. Rennes : Presses universitaires de Rennes, 1999.

Radano, Ronald et Olaniyan, Tejumola, éds. *Audible Empire : Music, Global Politics, Critique*. Durham : Duke University Press, 2016.

Reymond, Bernard. *Le protestantisme et la musique. Musicalités de la Parole*. Genève : Labor et Fides, 2002.

Richards, Jeffrey. *Imperialism and Music : Britain, 1876-1953*. Manchester : Manchester University Press, 2001.

Romain, Vincent. *Musiques traditionnelles d'Afrique centrale. Itinéraires d'une reconnaissance européenne (1920-1940)*. Mémoire de licence UCL. Louvain-la-Neuve, 1995.

Romain, Vincent. « Un espace culturel colonial. Musiques africaines en Belgique et au Congo » dans : Jean-Luc Vellut, éd. *Itinéraires croisés de la modernité. Congo belge (1920-1950)*. Cahiers africains, 43-44. Paris-Tervuren : Institut africain-L'Harmattan, 2001, 205-238.

Routhier, Gilles et Laugrand, Frédéric, éds. *L'espace missionnaire, lieu d'innovations et de rencontre interculturelle. Actes du colloque du Credic, Québec, 23-27 août 2001*. Paris : Karthala, 2002.

Ruscio, Alain. *Que la France était belle au temps des colonies. Anthologie de chansons coloniales et exotiques françaises*. Paris : Maisonneuve, 2001.

Ruscio, Alain. « Chantons sous les tropiques ou le colonialisme à travers la chanson française » dans : Marc Ferro, éd. *Le livre noir du colonialisme*. Paris : Laffont, 2003, 927-937.

Rutayisire, Paul. « Le remodelage de l'espace culturel rwandais par l'Eglise et la colonisation ». *Revue d'histoire de la Shoah*, 190 (2009), 83-103.

Salo, Samuel P. « La chanson populaire, source de l'histoire coloniale au Moogo (Burkina Faso) » dans : Moustapha Gomgnimbou, Nicoué Lodjou Gayibor et Dominique Julé-Beaulaton, éds. *L'écriture de l'histoire en Afrique : l'oralité toujours en question*. Paris : Karthala, 2013, 237-254.

Sebakiga, Alfred. « La musique indigène et son adaptation au culte religieux ». *Brousse*, (1940) 1, 13-16.

Shorter, Aylward. *Les Pères blancs au temps de la conquête coloniale. Histoire des Missionnaires d'Afrique, 1892-1914*. Paris : Karthala, 2011.

Soyinka, Wole. « Les arts en Afrique à l'époque de la domination coloniale » dans : Albert Adu Boahen, éd. *Histoire générale de l'Afrique*. Vol. 7. Paris : Unesco, 1989.

Spindler, Marc. « Apprendre à chanter, apprendre à croire. Un aspect de la pédagogie missionnaire à Madagascar au XIXe siècle » dans: Hughes Didier et Madalena Larcher, éds. *Pédagogies missionnaires : traduire, transmettre, transculturer. 32e colloque du Credic, 30 août-3 septembre 2011*. Paris : Karthala, 2012, 245- 257.

Sterne, Jonathan. *The Audible Past. Cultural Origins of Sound Reproduction*. Durham : Duke University Press, 2013.

Stewart, Gary. *Rumba on the River : A History of the Popular Music of the Two Congos*. Londres : Verso, 2000.

Supicic, Ivo. « Les fonctions sociales de la musique » dans : Henri Vanhulst et Malou Haine, éds. *Musique et société. Hommages à Robert Wangermée*. Bruxelles : Éditions de l'Université de Bruxelles, 1988, 172-182.

Tananio Mvumu, F. *L'inculturation de la musique sacrée dans l'Église catholique au Congo (1928-1998)*. Mémoire Université de Kinshasa. Kinshasa, 1999.

Thioup, Ibrahima. « Les groupes de musique 'moderne' des jeunes Africains de Dakar et de Saint-Louis (1946-1960) » dans : Odile Goerg, éd. *Fêtes urbaines en Afrique*. Paris : Karthala, 1999.

Vail, Leroy et White, Landeg. « Forms of Resistance : Songs and Perceptions of Power in Colonial Mozambique ». *The American Historical Review*, 88 (1983) 4, 883-919.

Van Cleemput, Jean-Constant. « L'utilisation et la valeur éducative des chants populaires indigènes » dans : *L'action catholique aux missions. Compte rendu de la 10e Semaine de missiologie de Louvain*. Museum Lessianum, section missiologique, 18. Paris, 1932, 229-243.

Van de Casteele, Jules-Justin. « Musique indigène, musique religieuse ». *Revue du clergé africain*, (1948) 5, 392-395.

Van de Casteele, Jules-Justin. « La place du cantique dans la musique religieuse indigène ». *Revue du clergé africain*, 9 (1954) 2, 158-166.

Van de Casteele, Jules-Justin. « Chansons africaines et pastorales missionnaires ». *Revue du clergé africain*, (1957) 3, 256-258.

Van der Linden, Bob. *Music and Empire in Britain and India : Identity, Internationalism, and Cross-Cultural Communication*. New York : MacMillan, 2013.

Vansina, Jan. *De la tradition orale. Essai de méthode historique*. Tervuren : MRAC, 1961.

Verbeek, Léon. *L'histoire dans les chants et les danses populaires*. Louvain-la-Neuve : Centre d'histoire de l'Afrique, 1992.

Weber, Edith. « Musique » dans : Pierre Gisel, éd. *Encyclopédie du protestantisme*. Paris-Genève, 1995, 327-336.

Wilkins, Nigel. *La musique du Diable*. Sprimont : Mardaga, 1999.

W'Itunga, Kishilo. « Une analyse de la 'messe katangaise' de Joseph Kiwele ». *Journal of International Library of African Music*, 6 (1987) 4, 108-125.

HOME IS WHERE THE HEART IS?

DEBATES BETWEEN MISSIONS AND COLONIAL ADMINISTRATORS OVER ACCOMMODATION FOR CONGOLESE STUDENTS AT THE ÉCOLE UNIQUE DES ASSISTANTS MÉDICAUX INDIGÈNES, LÉOPOLDVILLE, 1929-1946

MARIE BRYCE

The activities of Christian missionary societies were an important element of the colonial period in the Congo, and so examination of the nature and extent of the co-operation between those missionaries and the colonial state is vital when seeking to understand many aspects of the history of the colony. The Belgian colonial authorities, led by the Ministry of the Colonies in Brussels and the Government General in the Congo, interacted with both Catholic and Protestant missionary societies in any number of spheres, including in the provision of education and medical services to Congolese populations. In these fields, boundaries between state activity and that of missionaries were often blurred, with co-operation, overlap, and even competition, between the different parties evident at various times. This study focuses on an area of colonial activity – the training of indigenous healthcare workers – which saw education and medicine converge, and the interests of the colonial state, and Catholic and Protestant missions, collide.

More specifically, the main focus here is on a case study of debates between Catholic and Protestant missionaries and colonial politicians that surrounded the establishment in 1936 of the *École Unique des Assistants Médicaux Indigènes* in Léopoldville, and centred especially on the matter of where its students should live.[1] Through a study of responses to this question, this

1 This chapter is adapted from a section of my Ph.D. thesis, entitled *Education Policies and the Development of the Colonial State in the Belgian Congo, 1916-1939*, and awarded by the University of Exeter in January 2010.

chapter explores some nuances of the relationships between colonial powerbrokers and argues that the Belgian colonial project cannot be seen simply in terms of Catholic-State co-operation and the concomitant opposition to and exclusion of Protestant missions. Instead, this particular aspect of colonialism in the Congo is shown to be the product of dispute and negotiation, as well as of co-operation, between its dominant political and religious exponents. A brief overview of the development of the system of training for indigenous healthcare workers – including medical assistants, nurses, nurses' aides, midwives, and assistant midwives – as it developed during the 1920s and 1930s will place the debates around the *École Unique* in context, before the lines of those debates are traced, and their significance assessed in relation to wider issues of colonial power.

The unfolding of this seemingly minor episode in the history of the colony actually offers insight into the attitudes and agendas that underpinned the positions adopted by various powerbrokers. Furthermore, the issues which surrounded the opening of the *École Unique* help to illuminate the developments of the interwar period, sometimes overlooked within the historiography of colonial Congo in favour of the more dramatic events of the colonization and decolonization periods. The 1920s and 1930s represent the period during which the Belgian colonial administration sought to embed and expand its influence, and to establish lasting hegemony. The scope of this study, therefore, is necessarily limited to the period up to 1946, as the shifting sands of the post-Second World War era brought many new developments in relations between missions and state, warranting extended separate discussion. However, it will be shown here that the roots of some of those post-war changes, notably with regard to the involvement of Protestant missions in educational endeavours in the Congo, can be traced to the late 1930s when divergent opinions and dissenting voices within the Belgian establishment raised queries as to the legitimacy of existing policy in this area.

Furthermore, this article sets out to show that the question of how and where to accommodate students recruited into the *École Unique* was contested so fiercely by colonial officials and missionaries of both denominations, for reasons beyond those expressly acknowledged. The significance of the Congolese students to be trained as medical auxiliaries lay not only in the practical skills they would acquire but also in their potential to act as ambassadors for the ethos of their educators. The students would eventually complete their training and head out to work in Congolese communities where it was felt that they would hold a position of influence within society and would therefore be able to influence others' views. It was, then, imperative for the Catholic and Protestant missionaries who sent them to the *École Unique* that they should maintain the religious affiliation that they had acquired in their younger years, so that they might later carry it with them to spread to others.

Previous works on healthcare initiatives in the Belgian Congo have helped to inform this study, as although there has not been a great deal of focus on the actual training of medical auxiliaries in the Congo, there are several works which have provided significant insights into the wider development and impact of European medical intervention. Maryinez Lyons' *The Colonial Disease: A Social History of Sleeping Sickness in Northern Zaire, 1900-1940* offers vital background and useful analysis of the development of Belgian medical services in the Congo. Lyons concentrates on epidemic disease by examining the Belgian colonial authorities' campaigns against sleeping sickness in the colony. Although she highlights the competition over personnel and resources between healthcare workers involved in targeted sleeping sickness campaigns and the rest of the medical service, her work also provides valuable insights into the place of medical provision within the broader range of Belgian colonial priorities. Lyons has also written a comparison of the experience of Congolese medical auxiliaries with their counterparts in Uganda, the conclusions of which are directly relevant to this article.[2] Nancy Rose Hunt's *A Colonial Lexicon of Birth Ritual, Medicalization, and Mobility in the Congo* gives a useful account of the development of services surrounding childbirth. Hunt's work is also particularly interesting because of its focus on the work of Dr Clement Chesterman of the Baptist Missionary Society, who was engaged in the training of medical auxiliaries at Yakusu.[3]

Context: Education and religion in colonial Congo

Although provided under the auspices of the *Service d'Hygiène* and not by the education service which was responsible for the development of general education policy, the matters discussed here relating to the level of missionary involvement in the schools for indigenous medical assistants[4] reflect the extensive role of the Catholic missions in the wider education system in the Belgian Congo, a situation that had developed during the Congo Independent State era and that had been enshrined in an accord agreed between Leopold and the Holy See in 1906. This led eventually to a situation in which – from 1925 onwards – the Ministry of Colonies paid subsidies to Catholic mission groups who ran schools in accordance with an agreed programme as part of a pyramidal education system. Evidently, the pupils recruited into the AMI schools and the *École Unique* once it opened, were drawn from schools run by missionaries and so the principle of missionary involvement in education and in pupils' lives was well established in the broader educational landscape

2 Lyons, "The Power to Heal".

3 Hunt, *A Colonial Lexicon*, 94-95.

4 Hereafter referred to as AMI schools (schools for *Assistants Médicaux Indigènes*).

in the colony. Protestant missions, whose origins were typically non-Belgian, were excluded from this system on the grounds of their nationality – though many believed it was in fact because of their denomination, and debates on the issue were focused at least as much on religious affiliation as on nationality. This subsidy system was itself the source of enormous discontent amongst Protestant missions operating schools in the colony, and which was fiercely defended by their Catholic counterparts. This dispute was becoming increasingly prominent in the 1930s, as the Protestant groups sought to draw international attention to what they saw as their mistreatment.

The delegation of the provision of education for Congolese children to Catholic missionaries by the Belgian authorities was part of a wider collaboration in colonizing the Congo, which saw the colonial state, the Catholic Church and business interests acting as a triumvirate of powers. In part, such delegation of responsibilities or areas of activity by the state to intermediate organizations was due to the fact that the Belgian state for many years simply did not have, and could not recruit, the necessary manpower to fully staff its own expanding colonial administration, let alone to staff schools and healthcare centres as well.[5] However, there was also a political conviction on behalf of many in the Catholic party – whose members held the office of Minister of Colonies for the vast majority of the interwar period – that it was also better anyway for the responsibility for education, for example, to be given over to the Church. The position adopted by the Catholic mission groups with regard to the issues which arose around the development of medical schools in the Congo was, therefore, in line with their view of their role in colonial education generally, as was the sympathy which their position received from several of the ministers for the Colonies who addressed the matter.

Although the subsidy system did mean that the Catholic missions had enormous influence over schooling in the colony, the state did not entirely give up its interest. The missions were expected to ensure that their schools met certain criteria in order to be eligible for subsidies, and there was ongoing negotiation about how far education should be aimed at promoting religious conversion and how far it should be tailored to meet the need for trained clerks and other workers, as desired by the state.[6] Therefore, although the connection between mission groups and education provision was very evident, the extent of its reach was not unquestioned. The debates which unfolded around medical training, and the *École Unique* in particular, perhaps went further because the state accepted and encouraged from the outset the involvement of

5 On shortages of staff in the colonial administration, see for example the *Rapports annuels du Congo belge* (RA/CB) in the African Archives (AA) at the Ministry of Foreign Affairs in Brussels: AA/RA/CB 58/8, (1921), 6; AA/RA/CB/58/9, (1922), 10; AA/RA/CB/58/12, (1925), 5.

6 For in-depth analysis of the factors shaping the education system in the Belgian Congo, see Dunkerley, *Education Policies*, 67-136, 178-210.

the Protestant missions, and because of the role played by officials from the *Service d'Hygiène*.

Context: Medical training for Congolese auxiliaries

In order to contextualize the case study presented here of the development of the *École Unique*, it is first necessary to give some background information about the broader development of training for indigenous healthcare workers in the Belgian Congo during the interwar period. For the vast majority of those who entered formal education in the Belgian Congo, schooling ended after either the 'first degree' or 'second degree' primary schools, where they would have received up to five years tuition, focused on developing rudimentary literacy and practical skills.[7] A minority might continue through the 'specialist' sections which provided a further three years of training for boys as tradesmen, teachers, or clerks, and for girls in domestic skills. However, throughout the inter-war period, a small number of pupils were accepted into specialist establishments which were founded to train indigenous healthcare workers.[8] These establishments came to be known as the *écoles d'infirmiers* and *écoles d'assistants medicales indigènes* (schools for nurses and schools for indigenous medical assistants) and were subject to significant attention from the colonial administration.

The strong focus placed on the development of these AMI schools by the Belgian Ministry of the Colonies was part of a wider prioritizing of public health and hygiene services in the Congo, which was indicative of the colonial state's attempts to prove its own legitimacy through 'improving' social endeavours. Indeed, the idea that the colonial state would ameliorate the lives of indigenous populations through the introduction of Western medicine was integral to what Crawford Young identifies as the state's "legitimizing creed".[9] Moreover, colonial authorities had a further interest in endeavouring to improve healthcare as it was imperative for the indigenous population to supply the burgeoning industrial, agricultural, and commercial interests operating in the colony with a healthy and, therefore, productive workforce. This was, of course, fundamental to the promotion of economic growth from which the state itself would profit, strengthening its revenue streams both as exports in-

7 Ibid., 36-46; Busugutsala, *Politiques éducatives*, 81-82; Depaepe, "Colonial education in the Congo", 11-13; Kita, *Colonisation et enseignement*, 173.

8 Dunkerley, *Education Policies*, 245-281.

9 Young, *The African Colonial State*, 37-38. The motivations behind the development of health services discussed here were by no means unique to the Belgian Congo, see for examples on other colonies, Headrick, *Colonialism, Health and Illness*, and Vaughan, *Curing their Ills*.

creased and as more Congolese became waged workers, consumers and tax-payers.[10]

Yet, although the colonial authorities attached high priority to these schools, their development was marked by difficulties and controversies. Problems in recruiting students highlighted chronic deficiencies in the lower tiers of the education system, and the form and content of the education programmes which the schools should teach were hotly contested by state officials, missionary educators and others. It was perhaps little wonder, then, that the training of indigenous medical assistants became another issue around which the antipathy between Catholic missionaries and their Protestant counterparts crystallized. Moreover, and more unusually, the matter aroused discord between Catholic missionaries and some colonial officials, and also highlighted differences between the hygiene service and the education service of the Ministry. A key purpose of this study is, therefore, to illustrate that the AMI schools and especially the *École Unique* became a site around which the boundaries of colonial power were tested by missionaries of both denominations, and amongst colonial officialdom in Léopoldville and Brussels. At issue was the matter of which Belgian figures – religious or secular – should exert most influence over indigenous populations. As we shall see, it was by no means clear where the balance of power between these parties lay.

Expansion of medical training programme

The training of indigenous healthcare workers began under the Congo Free State with the establishment of a school for nurses at Boma, then the colonial capital, but this type of training remained very limited until the 1920s.[11] Though in some instances in the early 1920s this original school was referred to as being an *école d'assistants médicaux*, it cannot be considered to have fulfilled the role which this description would come to signify. Rather, the Boma school should more properly be regarded as a school for nurses (*une école d'infirmiers*), which offered a "superficial and especially a practical instruction", training nurses to work under the direct supervision of European medical staff.[12] It was in this more functional, vocational language that it was described during the later years of the period, once the distinctions between 'medical assistants' and 'nurses' had been more clearly codified and demarcated in policy.[13] What bears emphasis is that the somewhat confused begin-

10 Young, *The African Colonial State*, 38-39.

11 Franck, *Le Congo Belge*, I, 357. On early medical activity in the Congo under Belgian rule, see Dubois and Duren, *Soixante ans d'organisation médicale*, 1-6 and Vellut, "La médecine européenne".

12 Franck, *Le Congo Belge*, I, 357.

13 AA/RA/CB/58/10, (1923), 31; AA/RA/CB/58/12, (1925), 26.

ning to the training of indigenous medical auxiliaries fits a broader pattern, as identified in Lyons' account of the early years of the health services in the colony, in which a combination of confusion over status and conflicts over limited resources were exacerbated by the lack of an autonomous medical department. It was not until such a department was created in 1922 that matters slowly began to change.[14]

The increasingly well-organized *Service d'Hygiène* in Brussels, and the corresponding services in the colony, mirrored the development of other colonial services, such as the education department, during the 1920s. All formed part of the expanding colonial state in the Congo as the Belgians embedded and extended their occupation, thereby increasing the scope of their formal interactions with the indigenous populations. A specific instance of this extension during the 1920s was the decision to increase the number of schools for indigenous medical auxiliaries in the Congo. The impetus behind this initiative stemmed from Governor-General Eugène Henry, and Louis Franck, who served as minister for the Colonies from 1918 to 1924.[15] Franck later wrote that he had recognized the importance of the Boma school and had decided to establish a school for indigenous medical auxiliaries in each of the colony's provincial capitals.[16]

Greater training for indigenous medical auxiliaries was also indicative of an increasing official focus on hygiene and medicine as a vital part of the colonial endeavour in the Congo.[17] The early 1920s witnessed a fundamental shift in state emphasis on healthcare provision as rudimentary initiatives broadened from exclusively caring for the European population and on those "Congolese workers and soldiers living in state posts" to a broader interest in reaching the wider Congolese population.[18] The underlying context for this policy shift as represented by the development of hygiene and healthcare services during the interwar years was, as with so much state activity in the colony, grounded in economic imperatives. Central to Belgian colonialism was the concept of '*mise en valeur*', essentially meaning the economic exploitation of the colony, which relied upon the availability of an able workforce.[19] Lyons locates Belgian healthcare policy and, more specifically, the fight against endemic sleeping sickness, in the setting of colonial political economy or, crudely put, of the need to maintain a healthy and therefore viable pool of labour for various economic concerns, such as mines, plantations, and factories, whose output

14 Lyons, *The Colonial Disease*, 105-106, 157-158; Hunt, *A Colonial Lexicon*, 176; AA/RA/CB/58/12, (1925), 9.

15 Louis Franck, minister for the Colonies, November 1918 to May 1924; Eugène Henry, governor general, January 1916 to January 1921.

16 Franck, *Le Congo Belge*, I, 358.

17 Mertens and Lachenal, "History of 'Belgian Tropical Medicine'", 1249-1271.

18 Hunt, *A Colonial Lexicon*, 176.

19 Stengers, *Congo: Mythes et Réalités*, 221-222.

was critical to the colony's economic survival.[20] Written on the eve of the 1930s depression, Franck's book on the colony's development confirmed this as the motivation behind his own desire to expand the medical service, arguing that any delay would adversely affect the wider objective of more effective economic exploitation of the territory.[21]

Beyond the economic reasoning for extending healthcare provision for the wider Congolese population, it can also be argued that additional cultural motivations came into play. These arose from a belief that the spread of Western medical science was pivotal to the 'civilizing mission'. It was hoped that the diffusion of Belgian medical practices would help to establish the superiority of European methods in African minds, thereby lessening the importance of traditional medicine within indigenous cultures, something seen as desirable by colonial authorities concerned by the enduring potency of traditional beliefs.[22] This motivation was evident in a letter written by Franck to Henry in 1920, in which the minister expressed the view that, in addition to their regular student cohort, the medical schools should aim to recruit "the sons of indigenous notables and above all the sons or nephews of Nganga sorcerers".[23] However, as Luise White in particular has demonstrated, contrary to the colonial authorities' hopes and expectations, the Congolese often assimilated understandings of Western techniques and medicines within traditional belief systems.[24] Such Africanization of Western medicine was also rendered more likely by the persistent shortages of European staff, a problem in all services of the colonial administration at this time, which made training increased numbers of indigenous auxiliaries unavoidable.

Though Franck cited his recognition of the importance of the Boma school for nurses as the inspiration for his decision to expand the training of indigenous healthcare workers, it is indicative of future problems in this sector that the functioning of the original school was beset with difficulties. These problems were retrospectively acknowledged by Franck and were also recorded at the time in the administration's annual report for 1921 which noted problems in the recruitment of sufficient pupils with the desired abilities.[25] Despite these issues, the colonial authorities in both Brussels and Boma were keen to extend this stream of education.[26] A report by the then director of the *Service d'Hygiène* in Brussels, Dr Rhodain, foresaw the transfer of the troubled

20 Lyons, *The Colonial Disease*, 25-36.

21 Franck, *Le Congo Belge*, I, 358.

22 Lyons, *The Colonial Disease*, 172.

23 African Archives, Hygiene Service (AA/H) 4440/697: Undated letter; Lyons, "The Power to Heal", 217-218.

24 Lyons, *The Colonial Disease*, 179-195; White, *Speaking With Vampires*, 95-121; see also Aguwa, "Mission, Colonialism", 143.

25 Franck, *Le Congo Belge*, I, 358; AA/RA/CB/58/8, (1921), 58.

26 AA/H/4555ter/1477/1920-23: Letter, 19 January 1920.

Boma school to Léopoldville (mirroring the transfer of the colonial government there), and set out a timetable for the opening of new schools during 1920 and 1921 in Léopoldville, Coquilhatville, Stanleyville, and Ibembo.[27] The latter school was to be founded specifically to provide auxiliaries destined to join the fight against sleeping sickness in the Uele district.[28] The obvious omission was Katanga, where, apparently, no definite plans were yet in place for an AMI school. According to Rhodain's proposals the schools' aim was to train auxiliaries to assist doctors in hospitals and dispensaries, and to take over routine jobs, to serve in infirmaries in rural areas, and to aid the campaign against sleeping sickness by training up an itinerant workforce to travel around treating "les Trypanosés".[29] The main focus of the education on offer would thus be confined to major diseases, namely sleeping sickness, syphilis and other venereal diseases, pneumonia, malaria, and dysentery, with a training programme lasting two years, of which one would be devoted to practical experience.[30] The new schools for indigenous medical assistants were to be funded initially with money from the *Fonds Spécial*, a budgetary reserve awarded by the Belgian monarch each year for special projects in the Congo, which would release 117,000 francs for the task in 1921.[31] As well as the five schools eventually to be opened in the Congo – those listed above as well as an additional establishment at Elisabethville – there was also to be another at Gitega in Ruanda-Urundi, by then governed by Belgium under League of Nations mandate.[32]

Recruitment of students for medical training

It was hardly surprising that as the expansion of the AMI schools was being planned, close attention was paid to the central problem of recruitment in this stream of education. One result was that colonial officials met with the superiors of the religious missions to encourage them to support the new schools and to send pupils to them.[33] Lists were compiled of the numbers of students each mission could potentially furnish for the AMI schools, and the languages spoken by those pupils.[34] Significantly, in addition to detailing the numbers

27 Ibid.: Annexe to letter, 19 August 1920. See Lyons, *The Colonial Disease*, 158-160, for more on Rodhain, who was director of the Hygiene Service from 1918 to 1924.

28 Ibid.: Annexe to letter, 19 August 1920, 1.

29 Ibid., 2.

30 Ibid., 3-7.

31 AA/H/4555ter/1477/1920-23: Note from Van Campenhout to Kervyn, 22 September 1921 and *Arrêté Royal* authorizing spending, 30 January 1921.

32 Ibid.: Note, 9 December 1920.

33 Ibid.: Letter to Franck from Mortier, 18 October 1920.

34 Ibid.: Letter to Franck from Mortier, 18 October 1920; also note, 14 December 1920.

of potential recruits from Catholic mission-run schools and the few 'official' government schools then in operation, these lists also included a number of Protestant missions such as the Baptist Missionary Society, the Congo Balobo Mission, and the Garenganze Evangelical Union.[35] So keen was the Ministry of the Colonies to recruit pupils from the Protestant missions that in 1923 Franck wrote to Henri Anet, director of the *Société Belge des Missions Protestantes au Congo* who often acted as an intermediary between Belgian authorities and Protestant groups, to query why the Protestants had not sent any pupils from their schools in the Equateur province to the AMI school at Coquilhatville in 1921. Franck insisted that the original official request to do so should be reiterated.[36] Clearly, then, at least in respect of healthcare training the colonial authorities anticipated the inclusion of Protestant-educated Congolese from the outset. It remains more difficult to establish whether this desire merely reflected necessity, and was a response to inadequate student recruitment from Catholic sources, or whether state interest responded to the Protestant missions' considerable contribution to developing healthcare services in the colony.[37] Markowitz has suggested this contribution was proportionally greater than that of the Catholic groups.[38]

Discord over accommodation for medical students

Beyond the simple issue of recruiting students to AMI courses in large enough numbers – although the targets were in fact initially no more than ten pupils per year in each school – lay more complex matters which would come to be at the heart of problems which developed in this sector. Already in 1921, when the project was still in its infancy, some Catholic missionaries expressed concerns about the nature of the programme and especially about the prospect of students having to move to government-run schools in large urban centres, where they would come into contact with non-Catholics and people of "doubtful morality".[39] Colonial officials responded to this by offering an undertaking that the government would morally protect the students they recruited, but this issue was one which would not be so easily resolved.[40]

At the centre of this early dispute over the enrolment of Catholic students in state-run medical training was Monsignor Roelens, of the White Fathers in

35 AA/H/4555ter/1477/1920-23: Letter to Franck from Mortier, 18 October 1920.
36 AA/H/4555ter/1477/ file within 1920-1923: Letter, 13 February 1923.
37 Au, "Medical Orders", 74-75.
38 Markowitz, *Cross and Sword*, 46-47.
39 AA/H/4555ter/1477/1920-23: Letter from De Vos, the prefect apostolic of the Kwango, to a priest, 4 February 1921.
40 Ibid.: Letter to Franck from Mortier, 18 October 1920.

the Congo.[41] During the years 1920-1923, when the establishment and opening of the new provincial AMI schools was underway, correspondence between Roelens and various members of the colonial government and the Ministry of the Colonies shows that he was the most outspoken critic of government plans. At the heart of his concerns was the issue of moral guidance for the pupils recruited to the schools and it seems that for him, even having pupils recruited from the schools of the White Fathers to the nascent AMI school at Elisabethville placed in the care of the Salesians, another Catholic mission, was not enough of a guarantee.[42] He raised questions about the contact pupils would have with other inhabitants of the city, and demanded that the religious and moral instruction of the pupils should be a high priority in the AMI schools.[43] Franck recognized Roelens' influence when asking the vice-governor general for Katanga, Rutten, to mediate between the White Fathers and the Salesiens in the matter in order that the school in Elisabethville might start to operate.[44] This particular dispute illustrates that schools, in this case the AMI schools, could become the focal point of tensions, not just between the government and missions, or between Catholic and Protestant missions, but between one Catholic mission and another as they vied for continued control over the pupils once they had been recruited. For Roelens, those pupils were the product of years of education in the mission schools whose primary goal had been to convert them to Christianity and it is clear that he feared the diminution of mission influence over them.

However, though he had initially responded to this issue as a representative of his own mission, the White Fathers, with particular reference to the situation in Elizabethville, Roelens' concerns over placing pupils in the care of the Salesians evaporated when faced with the alternative solution proposed by Dr Rhodain who suggested the foundation of a secular boarding house for pupils operating beyond the supervision of the missions. At this stage, Roelens wrote to Rhodain to condemn this idea on behalf of all the leaders of Catholic missions in the colony, in his role as the head of the *Comité des Supérieurs de Missionnaires au Congo*.[45] During 1923, Rhodain's proposal was extensively debated between the various parties but plans for such boarding houses were put on hold as the Catholic missions had put aside their differences to unite against it.[46] However, the question of students' accommodation and the level

41 Victor Roelens (1858-1947) led the White Fathers mission in the Belgian Congo, and was the first vicar apostolic of the Upper Congo. On his career and his beliefs, see Stenger, *White Fathers*, 68-94.

42 AA/H/4555ter/1477/ file within 1920-1923: Letter to the governor general from Roelens, 21 November 1921.

43 Ibid.: Letter to the governor general from Roelens, 21 November 1921.

44 Ibid.: Letter from Franck to VGG Rutten, 22 February 1922.

45 AA/H/4555ter/1477ter/1923-1926: Letter from Roelens to Rhodain, 9 October 1923; Rhodain's note annexed to this.

46 See various documents within AA/H/4555ter/1477ter/1923-1926.

of missionary involvement at the AMI schools would arise again during the 1930s and the disagreements between the Catholic missions and the officials in the hygiene department would be exacerbated further.

The initial stages of the development of education for indigenous medical auxiliaries were, therefore, complicated by criticism from Catholic missionaries and, most especially, by the thorny issue of the recruitment of students. This would come to be the dominant theme in official references to the provincial AMI schools during the 1920s, with the cause of the problem most often being cited as the lack of sufficiently well-educated pupils emerging from the colony's schools. Indeed this reasoning was expressed in somewhat formulaic fashion in several annual reports on the administration of the colony for the years 1926-1931.[47] Of course, the AMI schools did manage to recruit some pupils, with student numbers reaching a peak in 1930, when 148 pupils were enrolled in the AMI schools then operating in Léopoldville, Coquilhatville, Elisabethville, Stanleyville and Boma.[48]

Reorganization and the *École Unique des Assistants Médicaux Indigènes* at Léopoldville

The continued problems surrounding recruitment, accompanied by a sense that those who were receiving diplomas as medical assistants were not as well qualified or as effective as the authorities hoped that they might be, brought about a significant restructuring of medical education in the Belgian Congo. Discussions about this reorganization began in 1929, when Governor-General Auguste Tilkens wrote to the minister for the Colonies, Henri Jaspar, recognizing the contradiction between the Belgians' desire to improve the medical schools and their lack of success in doing so.[49] This letter stated that the chief doctor in the colony, Lucien Van Hoof, had called a meeting at Léopoldville of the directors of the AMI schools, and discussed the ideas arising from it.[50] The most notable suggestion, which would come to dominate the situation in the following years, was that a single school at a superior level should be created in order to train a higher calibre of medical auxiliary.[51] Significantly for this study, the directors and Van Hoof also argued in favour of creating boarding facilities at AMI schools, run in accordance with military discipline, so that

47 AA/RA/CB/58/14, (1926), 13; AA/RA/CB/58/16, (1927), 16; AA/RA/CB/59/1, (1929), 16; AA/RA/CB/59/4, (1930), 16; AA/RA/CB/59/5, (1931), 24.

48 Dunkerley, *Education policies*, 258.

49 AA/H/4440/698: Letter, 25 July 1929. Tilkens was governor general from 1927-1934; Jaspar was minister for the Colonies from 1927-1929, and again from 1930-1931, on both occasions serving simultaneously as Belgian prime minister.

50 Major General Lucien-Marie-Joseph-Jean Van Hoof (1890-1948).

51 AA/H/4440/698: Letter, 25 July 1929.

there would be no further need to rely on the missions in this area. In his letter, Tilkens disagreed with the idea of a superior school, arguing that removing the best pupils from the provincial schools, if indeed they could be convinced to leave their regions of origin, would destroy the existing establishments. Instead, the governor general felt that it should be possible to improve each of the existing schools in turn. He also added that as the colony's wider school system began to improve there would be "more and more candidates" for recruitment.[52]

Paul Tschoffen, who served as minister for the Colonies later in 1929, and from 1932 to 1934, accepted the idea of a single higher school and suggested that official, Catholic, and Protestant schools could all provide recruits for the proposed new establishment and that pupils could be housed in boarding accommodation according to their confession.[53] Tschoffen also highlighted an issue which would become increasingly significant in discussions about the new school by questioning why the colony's medical service seemed determined to reduce to a minimum the contact between the missions and their former pupils, stating that their attitude did not reveal a spirit of collaboration and that it risked alienating the missions. The minister declared "there is no room for antagonism".[54]

Under the proposals which Tschoffen favoured, there was to be a new *École Unique des Assistants Médicaux Indigènes* in Léopoldville, by then the new colonial capital. The existing AMI schools were to have their status downgraded to that of nurses' schools (*écoles infirmiers*) and below these were to be schools for nurses' aides (*écoles des aides-infirmiers*). Following Tschoffen's decision, a sum of 31,000 francs was allocated for the construction and equipping of the new school, which opened on 1 April 1936.[55] Recruits to the new school were required to have received an education equivalent to that offered by the *écoles moyennes* – previously known as second degree primary schools – and the training offered would last for six years, of which four were to be theoretical classes at the school itself and two were to consist of practical experience in clinics and laboratories.[56] The school had five pupils in its first year of operation, twelve in 1937, and fourteen in 1938.[57]

52 Ibid. The wider school system was improving and expanding, especially in the form of subsidized Catholic schools, during the late 1920s.

53 AA/H/4440/700: Letter, 16 December 1929.

54 Ibid.: Letter, 16 December 1929.

55 Ibid.: Letter, 14 January 1935; the file also contains newspaper articles from *Le Courrier d'Afrique* detailing the opening. See also AA/RACB/59/11, (1936), 44.

56 AA/RACB/59/11, (1936), 44.

57 AA/RACB/59/11, (1936), 44; AA/RACB/59/12, (1937), 41; AA/RACB/60/1, (1938), 45.

Ongoing discord and debate

Following the opening of the *École Unique* in Léopoldville in 1936, and the restructuring of the medical training system which preceded it, the colonial authorities might have anticipated that debates surrounding medical education would subside. However, during the late 1930s, the new *École Unique* itself came to be at the centre of a bitter dispute centred on living arrangements for its pupils, echoing in some respects that which had arisen over arrangements in Elisabethville in the 1920s. The debate in this instance centred on the question of whether students enrolled at the *École Unique* should be lodged according to their religious denomination, or in a government-run boarding house, and in the latter case whether the missions would have any access or involvement. Whilst this may seem a minor topic, in fact it provoked disagreements between Protestant and Catholic missionary groups, between colonial officials and missionaries of both confessions, and – more unusually – between the education and the medical services within the Ministry of the Colonies.

Upon the establishment of the *École Unique*, it was intended that boarding would be obligatory during the four years of theoretical study which students would undertake.[58] However, it is clear that the school opened without any definite arrangements for the students' accommodation having been made. In 1937, the apostolic vicar of Léopoldville, Monsignor Six, wrote to the minister for the Colonies, Rubbens, about his involvement in discussions about this issue.[59] Unfortunately, earlier correspondence is missing from the archives, but Monsignor Six complained that he had been misrepresented by Dr Van Hoof and insisted that he had not said he was opposed to the admission of Protestant pupils to a Catholic-run boarding house, and that it was the government's decision as to whether to open one or two houses, but that he had merely expressed some ideas "of a national character" in favour of a single establishment. A month previously though, Governor General Pierre Ryckmans had also written to Rubbens stressing Mgr Six's apparent attempts to stymie Protestant involvement in the project (by advocating allowing Protestant pupils but not missionaries access to a proposed Catholic-run boarding house). Ryckmans expressed his own favourable attitude to the admission of Protestant pupils to the *École Unique*, stating: "They are no less than the other natives of the colony, the moral and intellectual evolution of whom merits our attention."[60] This strongly implies that Ryckmans was in agreement with some Protestant complaints about the situation in the colony – that their missionar-

58 AA/RA/CB/59/11, (1936), 44.
59 AA/H/4440/702/6: Letter, 6 August 1937.
60 Ibid.: Letter, 22 September 1937.

ies might indeed be foreigners, but that their indigenous converts were just as Congolese as their Catholic compatriots and deserved equal treatment.[61]

Others involved in the voluminous correspondence on this issue which flew between Brussels and Léopoldville during the summer months of 1937 were Doctors Van Hoof and Duren of the colonial medical service.[62] Van Hoof favoured a secular, government-run boarding house but this was unacceptable to Six, who would not countenance Catholic pupils lodging in such an establishment.[63] With the secular option eliminated due to Catholic opposition, the medical service shifted its support to a system with one boarding house for Catholics and another for Protestants.[64] Ermens, the vice-governor general of the colony who took on Ryckmans' duties for part of this period whilst the latter was on leave in Belgium, reported that some in the medical service were unhappy that the Catholics deemed them incapable of moral supervision, whilst others were afraid that they would lose much-needed recruits if the Catholics were not placated and decided to send potential medical auxiliaries to Fomulac at Kisantu instead of to Léopoldville.[65] Ermens also stated that questions had been raised as to what would happen in the event of Muslims being recruited to the *École Unique*, though he dismissed this concern out of hand due to the lower rungs of the education system being almost entirely in the hands of Christian missions.[66] Other documents suggest that Six's objections were motivated by a general disagreement with Protestant involvement in any aspect of the AMI system.[67] Van Hoof and Duren seem to have resented Catholic insistence on continued involvement in the lives of medical trainees, whilst Ryckmans evidently showed some sympathy with the Protestant position.

The correspondence during this debate shows some discord between the medical service and the Ministry of Colonies' education service. A note prepared by the latter stated that such difficulties as had arisen over the *École Unique*'s accommodation were the reason that the education service avoided the boarding system wherever possible.[68] The note further suggested that Mgr Six's views were in fact "conciliatory", perhaps indicative of the strong

61 On Ryckmans attitude towards Protestants in the colony more broadly see Dunkerley, *Education Policies*, 173-175, and Vanderlinden, *Pierre Ryckmans*, 320-321, 335-336, 366-370.

62 Albert Duren (1891-1971) spent several years in the Congo before returning to Brussels in 1929 to become the Ministry of the Colonies' senior medical official.

63 AA/H/4440/702/6: Letter from Ermens to Ryckmans, 22 May 1937.

64 Ibid.: Letter from Duren to Ermens, 11 August 1937.

65 Ibid.: Letter from Ermens to Ryckmans, 22 May 1937. Fomulac was the *Fondation médicale de l'Université de Louvain au Congo*, which founded a medical school at Kisantu in 1927, see Ndaywel è Nziem, *Histoire générale du Congo*, 505.

66 AA/H/4440/702/6: Letter from Ermens to Ryckmans, 22 May 1937.

67 Ibid.: Letter from Duren to Ermens, 8 September 1937; in the same file, minutes of meetings between Six and Van Hoof in May 1937, annexed to Six's letter to Ermens of 6 August 1937.

68 Ibid.: Note, 13 September 1937.

Catholic sympathies within the education service.[69] Moreover, it also referred to a proposal made by the education service in early 1935 for a finishing school for medical auxiliaries in their region of origin so it seems that perhaps the education service had never supported the concept of the *École Unique* anyway. The response of the Ministry's medical service to this note was blunt, deeming it to be a "useless" contribution to the debate and stating that: "The Second General Direction [the education department] still seems convinced [...] that we are facing a total failure. They resign themselves to watching the experiment take place."[70]

A resolution, without implementation

Eventually, after much cyclical argument between the various parties, Tschoffen – returning as minister – took the decision, despite his personal preference for a single boarding house, not to have any boarding houses specifically catering for the students of the *École Unique*, but rather to admit to the school only those who were lodging in a home depending on either a Protestant or a Catholic mission.[71] There was to be no direct system of subsidies to the missions though students would receive money to reimburse the mission for their accommodation expenses. However, despite this decision, later reaffirmed by Rubbens as minister, the matter was not closed. In Brussels, it is significant that there was dissent from the Liberal senator Robert Godding, whose support for the Protestants' point of view – perhaps better described as his anti-clericalism – would result in great changes to the wider education system in the Congo when he attained the office of minister for the Colonies in 1946.[72] His concerns over the possible exclusion of Protestants in this instance were firmly rebuked by another minister for the Colonies, Albert de Vleeschauwer, who argued that a small country such as Belgium must stifle foreign influence in its colony.[73]

Whilst the Ministry of Colonies in Brussels had reached its decision, there were those in the colony who remained dissatisfied. Ryckmans wrote to de Vleeschauwer in April 1939 stating that Mgr Six was unwilling to pay for the construction of the necessary accommodation at Catholic mission stations, and that he and Mgr Dellepiane (apostolic delegate to the Belgian Congo) remained in favour of a single "national" boarding house.[74] The debate reopened – along much the same lines as before – and the options of a single

69 Dunkerley, *Education Policies*, 99-136.

70 AA/H/4440/702/6: Note of the Hygiene Service, 16 September 1937.

71 Ibid.: Document, 6 October 1937.

72 Dunkerley, *Education Policies*, 284.

73 AA/H/4440/702/6: Letter from de Vleeschauwer to Godding, 10 October 1938. On Belgian fears on foreign interference see Vanthemsche, *La Belgique et le Congo*, 121-125.

74 AA/H/4440/702/6: Letter from Ryckmans to de Vleeschauwer, 25 April 1939.

or two separate boarding houses were raised again.[75] This time, however, the debate over the accommodation of students at the *École Unique* took on an international dimension, as shown by a letter from Wakelin Coxhill (secretary general of the *Conseil Protestant du Congo*) in which he argued that the Protestant missionaries wanted a single, non-denominational boarding house with complete religious freedom and with no administrative involvement by Catholic missionaries.[76] Coxhill also argued that the Belgian government was obligated under the terms of international treaties, such as the Berlin Act 1885 and the 1919 St Germain-en-Laye Convention, to allow religious freedom (for Christian groups) and that this should include freedom for the medical students to live according to their chosen confession. Coxhill copied his letter to the United States and the British consuls, and to the secretary general of the International Mission Council, in an act which echoed attempts to internationalize the complaints of Protestant missionaries in the Congo over other issues, especially their exclusion from the system of schools subsidies from which Catholic missions benefited.[77]

The situation was deadlocked: the Protestants would not accept a Catholic directed boarding house, whilst the Catholics remained strongly in favour of a single "national" establishment – a terminology which in the context of the Belgian Congo clearly signified a considerable Catholic influence if not outright Catholic direction.[78] In 1940, de Vleeschauwer – himself a member of the Catholic Party – decided the solution was to establish a single boarding house for students in the proximity of the school, run with the assistance of an order of Catholic teaching brothers, to aid tuition and moral guidance, paid for by the government.[79] Protestants could send their students to this boarding house or, if they objected, they could choose to accommodate them elsewhere, though in such cases their expenses would not be paid by the government.

Once more, despite this decision, no action was taken in Léopoldville to put this scheme into practise, at least until 1946.[80] This further delay may have been due to yet more prevarication by the various interested parties in the colony, but of course it may also have been a result of the Second World War shifting both funds and attention elsewhere. After the war, wide ranging changes to the education system in the colony, including the extension of

75 Ibid.: Letter to Duren, 6 May 1939.
76 Ibid.: Letter from Wakelin Coxhill, 5 May 1939.
77 Dunkerley, *Education Policies*, 166-173; on the International Missionary Council, see Kallaway, "Education, Health and Social Welfare", 217-246.
78 AA/H/4440/702/6: Letter from Duren to the minister, 27 May 1939.
79 Ibid.: Letter from de Vleeschauwer to Ryckmans, 6 January 1940.
80 Ibid.: Letter from the governor general to the minister, 7 January 1946.

subsidies to Protestant schools and the opening of universities, resulted in a different educational landscape.[81]

Impact of medical training on Congolese students

As shown earlier, the *École Unique* did function at Léopoldville from 1936 despite the fact that the accommodation arrangements for its pupils were undecided – although not evident, it must be assumed that they were lodging with their respective missions in the meantime. The significance of the tortuous debate over those living arrangements is not therefore to be found in its impact on the operation of the school, but rather in the effort which each party put in to trying to shape the arrangements to suit their own preference. The energy expended by the medical service, and Catholic and Protestant missionaries, to either gain or to retain influence over the moral and intellectual development of the students of the school clearly illustrates that it was anticipated that as medical auxiliaries, these Congolese students would be able to influence the communities with which they came into contact. The trainee medical auxiliaries were seen by their European teachers (whether religious or medical) as agents through whom they could ensure the further spread of their viewpoint, and therefore their power and influence. In introducing Western medicine, medical practices, and beliefs on disease and potentially religion, these Congolese auxiliaries were intended to be the African faces of European power. Maryinez Lyons has stated that "the cultivation of character in Congolese was a major theme of Belgian colonial rhetoric" and that the emphasis on moral guidance in the training of medical auxiliaries formed part of this.[82]

Medical auxiliaries were intended to work within the colonial system, and to help to maintain it through their work. Whilst it is apparent that despite problems of recruitment, the Belgian colonial authorities did manage to train indigenous medical assistants, nurses, and midwives during the interwar years, it is far more difficult to establish how those who were recruited into these roles responded to their medical training and whether in fact such auxiliaries did indeed act as the agents of colonial power that they were intended to be. Medical education, with its emphasis on Western practices and the stress placed on the moral guidance of the pupils, was clearly aimed at producing Congolese who had assimilated European values and become évolués, and at the *École Unique* it was stressed that there would be a focus on "developing the general culture of the candidates" and that a strict process of selection would ensure that those not deemed to be "elite subjects" were eliminated.[83]

81 Depaepe and Hulstaert, "Creating Cultural Hybridity", 203, 205-207.
82 Lyons, "The Power to Heal", 213.
83 AA/RA/CB/59/12, (1937), 41.

This somewhat contradicts Belgian reluctance to pursue a general policy of assimilation, but it appears that when Africans were required to assimilate European values, practices, or modes of behaviour in order to fulfil a specific function – as was also the case for those training as administrative clerks for example – then such reluctance could be overcome.[84]

It is difficult, and somewhat beyond the scope of this analysis, to assess whether the indigenous auxiliaries trained during the 1920s and 1930s actually assimilated the values which the Belgian authorities hoped that they would, and what in particular they drew from their scientific or their religious instruction. Lyons, however, believes that "some Africans successfully internalized the values of their rulers", and saw medicine to be a noble occupation, whilst others were attracted to auxiliary roles through a desire for social status.[85] Both she and Nancy Rose Hunt have also illustrated that the ways in which Congolese auxiliaries operated once in employment were often far more complicated than merely a complete adoption of European views and methods, and that rather it was common for European medical knowledge to be combined with African beliefs in practice.[86] A mixing of ideas and cultures may have evolved, as indigenous medical auxiliaries did not always work to replace traditional beliefs with European ones, as it had been hoped they would. Instead, they may have identified themselves as being able to move between the two cultures to which they were exposed, or perhaps as set apart from both. In the early 1950s, medical assistants formed an association to promote their interests suggesting that they had developed some sense of a distinct group identity.[87]

Conclusion

The story of the debates which flared over the issue of accommodation for Congolese pupils at the *École Unique*, while concentrated on a relatively small piece of the history of the Belgian Congo, illuminates several major issues which have a significance far beyond that one Léopoldville school, with its ten or so students recruited each year. Indeed, the attitudes displayed by Catholic missionaries towards the involvement of their Protestant counterparts were typical of those displayed in much of the interaction between the two groups in the colony, as was the fear of exclusion and the attempt to court international opinion with which the Protestants responded. It is not surprising that these issues surfaced around the topic of healthcare training. This was an area

84 On "évolués" see Depaepe and Hulstaert, "Creating Cultural Hybridity".
85 Lyons, "The Power to Heal", 218.
86 Ibid., 220; Hunt, *A Colonial Lexicon*, 159-172; Au, "Medical Orders".
87 Nzongola-Ntalaja, *The Congo from Leopold to Kabila*, 67-68.

in which the Protestants – especially under Chesterman at the Baptist Missionary Society's Yakusu mission station – had always been interested.[88] It was also an area of colonial development in which the Belgians had, contrary to their usual policies, accepted and encouraged Protestant involvement from an early stage. This predictably provoked objections and a defensive response from some Catholic missionary representatives, as typified by Mgr Six's objections, and may also have reflected tensions over status and hierarchy in the provision of colonial medical services more widely.[89]

Clearly, the situation in this instance was not one of clear cut co-operation between Catholic missionaries and the colonial authorities. Instead, there was discord at various levels of the colonial administration, both in the colony itself and in Brussels, as to the best course of action. There was no uniform or monolithic state policy here – rather, a difficult process of dispute and negotiation over the correct way to manage the sensibilities of the missionaries involved, without whose students the school could not operate.

Those students were clearly valuable assets to all concerned – to the colonial authorities because of their potential for helping to maintain a healthy and productive population, as well as because of the expectation that they would further the reach of Western scientific medicine and with it colonial power. To the missionaries of both creeds, the students they would send to the *École Unique* were among the highest achievers from their schools in whose education – and religious upbringing – they had invested considerable effort. It was therefore imperative to that they should retain those values with which they had been inculcated – and not be led astray by the temptations of the city – so that they might spread their religious faith along with dispensing medical care during their future work. Each party – whether state or religious – sought therefore to maintain influence over the medical students so that they might spread a particular variant of colonialism when they were sent to work in a community. Though the numbers recruited to the *École Unique* were always small, the potential influence believed to be at stake was clearly deemed significant enough to be worth protecting.

88 Hunt, *A Colonial Lexicon*, 94-95; Stanley, *The History of the Baptist Missionary Society*, 357.
89 Au, "Medical Orders".

BIBLIOGRAPHY

The archival documents referred to are all from the African Archives of the Belgian Ministry of Foreign Affairs in Brussels. The numbers indicate the file numbers and sub-file numbers as given in the archives' own catalogues.
AA: African Archives.
AA/RA/CB: African Archives/Rapports annuels/Congo belge, followed by file number, year referred to, and page number.
AA/H: African Archives/Hygiene Service.

Aguwa, Jude C. "Mission, Colonialism, and the Supplanting of African Religious and Medical Practices" in: Chima J. Korieh and Raphael Chijioke Njoku, eds. *Missions, States and European Expansion.* London: Routledge, 2007, 127-145.

Au, Sokhieng. "Medical Orders: Catholic and Protestant Missionary Medicine in the Belgian Congo, 1880-1940". *BMGN – Low Countries Historical Review*, 132 (2017) 1, 62-82.

Busugutsala, Gandayi Gabudisa. *Politiques éducatives au Congo-Zaire: de Léopold II à Mobutu.* Paris: L'Harmattan, 1997.

Depaepe, Marc. "Colonial Education in the Congo: A Question of 'Uncritical' Pedagogy until the End?". *Encounters in Theory and History of Education*, 18 (2017), 2-26.

Depaepe, Marc and Hulstaert, Karen. "Creating Cultural Hybridity by Exporting Metropolitan Structures and Cultures of Schooling and Educationalisation? The Emergence of a Congolese 'Elite' in the 1950s as a Starting Point for Further Research". *European Educational Research Journal*, 12 (2013) 2, 201-214.

Dubois, Albert and Duren, Albert. *Soixante ans d'organisation médicale au Congo belge.* Brussels: Société belge de médecine tropicale, 1947.

Dunkerley, Marie Elizabeth. *Education Policies and the Development of the Colonial State in the Belgian Congo, 1916-1939.* Ph.D. thesis. Exeter, 2010.

Franck, Louis. *Le Congo Belge.* Brussels: Renaissance du Livre, 1929.

Headrick, Rita. *Colonialism, Health and Illness in French Equatorial Africa, 1885-1935.* Atlanta, GA: African Studies Association, 1994.

Hunt, Nancy Rose. *A Colonial Lexicon of Birth Ritual, Medicalization, and Mobility in the Congo.* Durham, NC: Duke University Press, 1999.

Kallaway, Peter. "Education, Health and Social Welfare in the Late Colonial Context: The International Missionary Council and Educational Transition in the Interwar Years with Specific Reference to Colonial Africa". *History of Education*, 38 (2009) 2, 217-246.

Kita, Pierre Masandi. *Colonisation et enseignement: Cas du Zaire avant 1960.* Bukavu: Éditions CERUKI, 1982.

Lyons, Maryinez. *The Colonial Disease: A Social History of Sleeping Sickness in Northern Zaire, 1900-1940.* Cambridge: Cambridge University Press, 1992.

Lyons, Maryinez. "The Power to Heal: African Medical Auxiliaries in Colonial Belgian Congo and Uganda" in: Dagmar Engels and Shula Marks, eds. *Contesting Colonial Hegemony: State and Society in Africa and India.* London: British Academic Press, 1994, 202-226.

Markowitz, Marvin D. *Cross and Sword: The Political Role of Christian Missions in the Belgian Congo, 1908-1960.* Stanford, California: Hoover Institution Press, 1973.

Mertens, Myriam and Lachenal, Guillaume. "The History of 'Belgian Tropical Medicine' from a Cross-Border Perspective". *Revue belge de philologie et d'histoire*, 90 (2012) 4, 1249-1271.

Ndaywel è Nziem, Isidore. *Histoire* générale du Congo: de l'héritage ancien à la République Démocratique. Brussels: De Boeck & Larcier, 1998.

Nzongola-Ntalaja, Georges. *The Congo from Leopold to Kabila: A People's History.* London: Zed Books, 2002.

Stanley, Brian. *The History of the Baptist Missionary Society, 1792-1992.* Edinburgh: T&T Clark, 1992.

Stenger, Friedrich. *White Fathers in Colonial Central Africa: A Critical Examination of V.Y. Mudimbe's Theories Missionary Discourse in Africa.* Ph.D. thesis. London: SOAS, 2000.

Stengers, Jean. *Congo: Mythes et* réalités. Brussels: Éditions Racines, 2005.

Vanderlinden, Jacques. *Pierre Ryckmans, 1891-1959: Coloniser dans l'honneur.* Brussels: De Boeck Université, 1994.

Vanthemsche, Guy. *Nouvelle histoire de Belgique.* Vol. 4: *La Belgique et le Congo. Empreintes d'une colonie, 1885-1980.* Paris: Éditions Complexes, 2007.

Vaughan, Megan. *Curing their Ills: Colonial Power and African Illness.* Cambridge: Polity Press, 1991.

Vellut, Jean-Luc. "La medicine européenne dans l'Etat Indépendant du Congo, 1885-1908" in: Pieter G Janssens, Maurice Kivits and JacquesVuylsteke, eds. *Médecine et hygiène en Afrique Centrale de 1885 à nos jours*. Brussels: Fondation Roi Baudouin, 1992, 61-81.

White, Luise. *Speaking With Vampires: Rumour and History in Colonial Africa*. Berkeley, California: University of California Press, 2000.

Young, Crawford. *The African Colonial State in Comparative Perspective*. New Haven, Connecticut: Yale University Press, 1994.

RELIGION ET MÉDECINE AU CONGO BELGE

PRATIQUES ET SAVOIRS DES ASSISTANTS MÉDICAUX « INDIGÈNES » ISSUS DE KISANTU (FOMULAC) ET DE LEURS PATIENTS, 1937-1961*

EMERY M. KALEMA

Au Congo, l'histoire de la formation institutionnelle des cadres autochtones dans le domaine sanitaire date de l'époque coloniale. Un enseignement élémentaire pour infirmiers s'est développé à partir de 1920, à la fois à l'initiative de l'État et de certaines missions, notamment Yakusu *Baptist Missionary Society* (BMS). En 1936-1937, apparut une nouvelle étape avec l'ouverture successive de deux écoles pour assistants médicaux : l'une à Léopoldville par l'État et l'autre à Kisantu par la Fondation Médicale de l'Université de Louvain au Congo (Fomulac), en collaboration avec la mission jésuite de Kisantu. Dans cette étude, nous nous intéressons à cette dernière école à partir d'un point de vue particulier : la place de la religion dans les objectifs fixés par cette école. Ces objectifs étaient soulignés par les fondateurs. En 1937, H. Lambert, alors missionnaire jésuite, rappelait que l'école d'assistants médicaux de Kisantu entendait dispenser « une formation intellectuelle, religieuse et morale à ceux qui allaient devenir les auxiliaires indispensables des médecins européens »[1]. L'option prise à ce moment par cette institution avait pour but de renforcer l'association entre la médecine et la religion, un processus qui n'était pas universel au Congo colonial[2].

* Nous remercions les professeurs Jean-Luc Vellut, Nancy Rose Hunt, Jean-Marie Mutamba et Ernest S. Kiangu pour leurs commentaires extrêmement importants sur la version précédente de ce texte.

1 Lambert, « Jésuites-missionnaires au Congo Belge », 294. Lire également Malengreau, *L'enseignement médical aux indigènes du Congo Belge*, 8.

2 Les témoignages d'un ancien assistant médical, le père de Faïk Nzuji, sont illustratifs. Voire Faik Nzuji, *Tu le leur diras*.

La présente étude, consacrée aux pratiques et savoirs médicaux et religieux des assistants médicaux et de leurs patients, se fonde essentiellement sur une documentation inédite, constituée par une enquête menée auprès de certains acteurs-témoins de la pratique médicale des premiers assistants médicaux durant les années 1950. La démarche suivie se veut avant tout originale. Cette originalité se retrouve dans notre méthodologie : bien qu'annoncée depuis de décennies, l'application de la méthode orale pour rechercher la réception et la pratique aussi bien du système missionnaire que médical reste trop rare[3]. Plus important, cette méthodologie particulière engendre aussi des analyses et conclusions particulières : les questions religieuses au moment du recrutement des élèves et dans leur formation révèlent des traces d'amertume chez des témoins rejetés, tandis que la problématique du christianisme vécu des assistants médicaux montre deux types de réactions qui attestent avec évidence que l'on était dans un monde d'affirmation de la science et de la religion et, en même temps, de compromis nécessaires ; un argument pas encore avancé jusque-là en ce qui concerne le rapport entre la colonisation, la biomédecine et la religion[4].

Pour collecter nos données, nous avons élaboré un questionnaire que nous avons utilisé pendant et après chaque entretien. Ce questionnaire représentait un schéma thématique ajusté essentiellement aux besoins de notre recherche. Il contenait des questions ouvertes avec cet avantage que les personnes interrogées s'exprimaient dans leurs propres catégories. Les formations sanitaires ont constitué notre espace de référence. Tout tournait autour des idées et pratiques médicales et religieuses développées dans les formations médicales congolaises durant les années 1950, non seulement par les assistants médicaux, mais également par leurs patients et leurs subalternes, avec l'hypothèse que ces derniers étaient présents lors des accouchements et décès, des moments intéressants pendant lesquels les rites religieux, pas nécessairement chrétiens, se déroulent dans les institutions sanitaires de connivence avec les membres de familles. Cela en vue de comprendre comment les assistants médicaux ont intégré les rites religieux dans leurs pratiques biomédicales au cours de cette période.

Pour éviter de retrouver nos propres schémas de pensée à la fin de chaque entretien, nous avons laissé nos interlocuteurs exprimer ce qui leur tenait à cœur. Les sous-questions ne se posaient que dans la mesure où nos interviewés s'écartaient du sujet de notre enquête ou venaient de s'exprimer sur

3 L'ouvrage de Hunt, *A Colonial Lexicon of Birth Ritual, Medicalization, and Mobility in the Congo*, constitue une exception.

4 Voir, par exemple, Vaughan, *Curing their Ills;* Noble, « Health is Much too Important a Subject to be left to Doctors », 95-133; Ernst (dir.), *Plural Medicine, Tradition and Modernity, 1800-2000;* Hardiman (dir.), *Healing Bodies, Saving Souls;* Bourdelais et Faure (dir.), *Les Nouvelles pratiques de santé;* Hugon (dir.), *Histoire des femmes en situation coloniale;* Johnson et Khalid (dir.), *Public Health in the British Empire.*

des aspects importants de notre question. La règle essentielle adoptée était de diversifier au maximum les personnes interrogées. Dans l'ensemble, nous avons relevé trois catégories de témoins : les assistants médicaux issus de Kisantu (4)[5], les assistants médicaux de « transition » (2)[6] et les patients (5)[7]. Trois assistants médicaux interrogés ont presté au Bas-Congo[8], deux autres à Léopoldville[9], un à l'Equateur[10] et un autre dans la Province Orientale[11]. La majorité des patients que nous avons rencontrés ont vécu au Kwilu[12] et au Kwango[13], à l'exception de Jean Malobaloba qui a vécu au Bas-Congo.

Notre étude consiste en trois parties : d'abord, le corpus avec notre analyse, puis deux annexes (fragments de nos interviews et biographies d'acteurs mentionnés dans le corpus).

Les questions religieuses au moment du recrutement et de la formation des élèves

« Malgré les services réels que beaucoup d'infirmiers sortis des écoles ont rendus et continuent à rendre aux médecins des établissements hospitaliers et des missions itinérantes, le succès de leur formation ne répond pas aux efforts de ceux qui s'y consacrent et aux dépenses qu'elle occasionne. Bien des médecins coloniaux préfèrent former eux-mêmes leurs aides plutôt que d'utiliser des infirmiers diplômés. »[14] Ce constat « malheureux » émanait de rapports établis par deux personnalités du secteur sanitaire du Congo Belge : le médecin en chef de la Colonie, en 1929, et le médecin-directeur du Fonds Reine Elisabeth d'Assistance Médicale aux Indigènes (Foréami), en 1935. Deux ans après, Fernand Malengreau, l'un des fondateurs de l'école d'Assistants Médicaux Indigènes (A.M.I.) de Kisantu, s'appropria cette question et en fit son cheval de bataille.

L'insuccès « relatif » des écoles officielles, à en croire Malengreau, résultait de l'absence de sélection et du manque de formation morale des élèves[15]. Pour résorber ce problème, il fallait à l'école de Kisantu une approche tout à fait

5 René Lekie, Mbete, Ntungila Kama et Nzuzi Tsakala.
6 Pour des raisons particulières, Aloïs Bodo et Dieudonné Mutombo sont passés de l'école A.M.I. de Kisantu à celle de Léopoldville.
7 Miriam Perpétue Ibira, Louise Kambanda, Bernice Njila et Louise Nkwe. À ces quatre témoignages nous avons ajouté celui de Jean Malobaloba, très impressionnant, tiré de la *Croix du Congo,* 16 avril 1950, 1. Ce garde-malade a vécu au Bas-Congo.
8 Aloïs Bodo, Mbete et Nzuzi Tsakala.
9 René Lekie et Mbete.
10 Dieudonné Mutombo.
11 Ntungila Kama.
12 Miriam Perpétue Ibira et Louise Nkwe.
13 Louise Kambanda et Bernice Njila.
14 Malengreau, *L'enseignement médical aux indigènes du Congo Belge*, 8.
15 Ibid., 9.

nouvelle. C'est ainsi qu'elle sollicita l'appui des missions qui lui facilitèrent le recrutement de ses élèves. Les conditions d'admission furent rendues sévères. Parmi les critères retenus, on devait tenir compte du niveau intellectuel du postulant et des conditions de sa moralité. Cette mesure suscita le débat. Si le certificat pouvait attester le niveau atteint par le candidat, la détermination de sa conduite morale, par contre, reposait sur l'arbitraire. Pour parer à ce nouvel obstacle, les autorités décidèrent que « tout candidat désirant étudier à l'école A.M.I. de Kisantu présente une recommandation dument signée par le vicaire apostolique de son diocèse ou son représentant »[16]. Les rapports présentés par les prêtres au sujet de chaque candidat permirent au vicaire apostolique d'établir la recommandation.

Cette manière de procéder constituait une menace réelle aussi bien pour les élèves provenant des écoles protestantes, qualifiés d'hérétiques, que pour ceux dont les parents n'étaient pas convertis au catholicisme[17]. La documentation en notre possession révèle des traces d'amertume chez des témoins qui ont été rejetés : « mon père, » affirme Gilbert Ngandu, « [...] a terminé brillamment ses études dans l'école rurale du village. À l'époque, les missionnaires ne sélectionnaient que les enfants de leurs moniteurs ou de leurs chrétiens pour poursuivre les études. Comme mon père était l'enfant de 'païens' analphabètes, il n'a pas été sélectionné. Ça l'a donc fait souffrir. »[18]

L'attitude de l'école de Kisantu, ramenant la sélection des élèves au seul critère religieux, mérite d'être élucidée. À en croire Alphonse Nzuzi Tsakala, cette institution, pour atteindre ses objectifs, en partie religieux, avait besoin d'enfants « déracinés culturellement et mentalement des milieux coutumiers et sur lesquels la religion chrétienne catholique avait déjà une emprise particulière »[19]. Cette explication, que d'aucuns pourraient contester à première vue, nécessite d'être prise en compte car l'on sait que, déjà en 1888, les objectifs de l'Église reposaient sur une telle philosophie. Le cardinal Lavigerie préconisait de fonder « l'œuvre d'évangélisation » sur la jeunesse. D'après lui, « l'enfance reçoit l'infusion de [la] sainte religion dans des mœurs qui ne connaissent pas encore la perversité du paganisme. [Et par conséquent,] les vérités qu'on leur enseigne ne se heurtent à aucun préjugé. »[20] En 1903, les Pères blancs de l'Urua ont manifesté le même désir. Selon eux, les enfants qui fréquentaient leurs écoles devaient former une génération chrétienne qui allait rompre avec les coutumes et les superstitions du pays (Kilouba) pour se ranger aux habitudes chrétiennes (Kiyoungu)[21].

16 « Lovanium Centre Universitaire Congolais Kisantu », 83 ; R. Lekie, interviewé le 26 mars 2009 et A. Nzuzi Tsakala, interviewé le 4 mars 2009.

17 Le plein droit de décider de l'admission des élèves revenait à l'école seule.

18 G. Ngandu Kabeya, interviewé le 25 septembre 2008.

19 A. Nzuzi Tsakala, interviewé le 4 mars 2009.

20 Laverdiere, *L'Africain et le missionnaire*, 109.

21 Vellut, « La médecine européenne dans l'Etat Indépendant du Congo (1885-1908) », 79.

La « transformation mentale » des élèves, à laquelle Nzuzi Tsakala fait allusion, résultait de l'effort fourni au même moment par les parents, le catéchiste et les visites du missionnaire itinérant[22]. Mbete, né en 1928, affirme qu'il est le fruit de ce processus. Son père, catéchiste entre 1920-1930, l'a « façonné à l'esprit chrétien dès le bas âge ». À l'école rurale où il fut inscrit, il pratiquait « la confession hebdomadaire ». Il avait fait « sa première communion et avait reçu la confirmation ». Une fois retourné chez lui au village, « il était muni des habitudes de confession et de communion hebdomadaires ». « Les autorités de l'école A.M.I. de Kisantu avaient besoin de ce type d'enfants qui, dés le jeune âge, avaient déjà acquis des bases chrétiennes. »[23]

Quoique l'école ait pris des mesures drastiques pour sélectionner ses élèves, l'épineuse question de « l'insuffisance morale des noirs », alimentée principalement par le discours colonial[24], constituait une sérieuse menace. La rigueur dans la sélection des élèves cessa d'être ainsi une garantie. Les autorités furent de plus en plus convaincues que le combat pour le modelage du comportement des élèves devait aussi continuer tout au long de leur formation. Les cours de religion et de morale, confiés aux jésuites, se virent attribuer cette lourde responsabilité et prirent de l'ascendance sur le reste des matières inscrites au programme d'enseignement d'assistants médicaux[25]. En 1946, Docteur Ronsse, médecin-directeur de l'école, soutenait avec détermination la voie qu'avait empruntée son école. D'après lui, « les principes de la religion chrétienne devaient être à la base des méthodes d'enseignement »[26]. Ronsse considérait que l'esprit « païen » était synonyme de « l'inconduite morale » et qu'il entraînait « les fautes contre la profession médicale »[27]. Selon lui, les élèves devaient « apprendre les actes de dévouement et de charité, des sacrifices présentés comme des pratiques devant être courantes dans la vie du chrétien »[28]. En 1954, le Révérend Père du Centre Lovanium Kisantu emboitait le pas à Ronsse[29]. Les questions religieuses prirent ainsi de l'ampleur jusqu'à alimenter la plupart des débats concernant l'amélioration de la qualité des assistants médicaux. Même pendant les stages professionnels, les élèves assistants médicaux devaient se comporter suivant les normes standards de la religion catholique. Les souvenirs de cet assistant médical de la fin des années 1950 sont illustratifs : « si j'ai bénéficié de la confiance des Sœurs, c'est parce que je partais à la messe chaque jour ; je prenais la communion

22 Swartenbroeckx, « L'école, pivot de l'apostolat, au vicariat de Kisantu », 72, col. 1.
23 Mbete, interviewé le 22 juillet 2010.
24 J. Nkondi, interviewé le 19 mars 2009.
25 Ntungila Kama, interviewé le 6 avril 2009 et J. Nkondi, interviewé le 19 mars 2009.
26 Ronsse, « La formation des assistants médicaux indigènes », 29.
27 Litt, *Analyse d'un processus d'acculturation*, 77.
28 Ronsse, « La formation des assistants médicaux indigènes », 29.
29 « Allocution d'ouverture de l'année académique », 36.

chaque dimanche et je demandais conseils auprès du prêtre qui était en même temps leur superviseur spirituel »[30].

Le christianisme vécu des assistants médicaux

Le christianisme vécu des assistants médicaux fut sincère et profond chez certains. La sincérité et la profondeur de leur foi se traduisaient en actes par la mise en pratique des préceptes religieux appris à l'école. Parmi ces préceptes figurait notamment l'amour du prochain. Mbete, qui a travaillé de 1952 à 1958 dans le Bas-Congo, reconnait avoir vécu cela. Dans le témoignage qu'il nous a livré, il insiste sur le « partenariat ». Les malades qu'il recevait, avant qu'ils ne deviennent ses partenaires, il les considérait avant tout comme « les enfants de Dieu, comme des hommes tout faits ». D'après lui, un tel empressement n'était pas neutre. C'était « vraiment la recommandation de Dieu »[31].

L'analyse des témoignages en notre possession montre que l'amour du prochain seul ne suffisait pas. Les assistants médicaux y ajoutaient l'abnégation, la crainte et le respect de Dieu, des vertus indispensables pour l'exercice de la profession médicale. Aloïs Bodo, par exemple, affirme que l'obéissance à la parole de Dieu était « un règlement » auquel il avait adhéré[32]. Pour lui, la parole de Dieu prévalait sur toute chose. Mbete, par contre, rapporte que dans l'exercice de sa profession, il travaillait « à la sanctification de toutes les activités de façon à plaire à Dieu »[33]. Ce que confirme Dieudonné Mutombo qui considère qu'il était « une lumière pour ses malades » entre 1955 et 1956 parce qu'il partageait sa foi avec ces derniers[34].

L'abnégation, l'amour du prochain, la crainte et le respect de Dieu eurent un impact considérable sur les assistants médicaux. D'une part, ils les incitèrent à vivre et à pratiquer pleinement leur foi, comme le témoigne René Lekie, qui administrait même le baptême aux enfants prématurés se trouvant dans un état critique dans l'hôpital-dispensaire de l'Office des Transports Coloniaux (OTRACO) à Léopoldville en 1955-1956. Pour lui, seul l'avenir spirituel des enfants comptait. Il ne pouvait pas « laisser mourir un prochain sans lui apporter un secours »[35]. D'autre part, ces vertus ont réussi à détourner certains d'entre eux « de mauvais projets d'avortements » au cours de l'exercice de leur métier, comme il le souligne une fois de plus : « je n'ai pas osé. J'avais peur de commettre un crime parce que pour nous, chrétiens catholiques, la vie échappe à l'autorité humaine. »[36]

30 De Craemer et Fox, *The Emerging Physicians*, 32. Traduit de l'anglais par nous.
31 Mbete, interviewé le 22 juillet 2010.
32 A. Bodo, interviewé le 14 août 2010.
33 Mbete, interviewé le 22 juillet 2010.
34 D. Mutombo Dapungu, interviewé le 12 mars 2010.
35 R. Lekie, interviewé le 16 mars 2010.
36 Ibid.

Il est cependant important de souligner que ces assistants médicaux, dont le désir majeur était de vivre pleinement une foi sincère et profonde dans la communion avec Christ et dans l'harmonie avec leurs patients, furent en même temps confrontés avec un monde de médecine parallèle, « traditionnelle ». Les témoignages en notre possession révèlent deux types de comportements adoptés par les assistants médicaux vis-à-vis de ce problème. D'une part, une lutte farouche contre la médecine « traditionnelle » par certains pour le triomphe de la médecine occidentale et du christianisme, et de l'autre, la volonté d'agir par la compréhension et la conciliation chez d'autres, plutôt que par une politique d'affirmation brutale de la médecine occidentale telle qu'elle était conçue par certains médecins coloniaux. Des témoignages de patients nous permettent d'avoir une meilleure compréhension de ce contexte. Léonie Nsadisa reconnaît avoir vécu deux situations extrêmement ambigües reflétant ces deux types de comportements dans l'hôpital de Lusanga en 1953[37]. D'un côté, une mère chassée de l'hôpital parce que surprise (par un infirmier congolais) en train d'asperger l'*aguéné* (liqueur forte) sur sa plaie, et de l'autre, un infirmier congolais qui a perdu son emploi pour avoir conseillé à un malade de pratiquer les *bikila kila* (gris-gris).

Le témoignage de l'assistant médical Bodo reflète le second point de vue : « c'était fréquent de trouver des gris-gris, des fétiches et des amulettes sur les corps de malades que nous avons soignés [...] à Kenge et au Bas-Congo [en 1959-1960]. Quand je voyais cela, je tolérais. [...] Je savais que ce qui comptait avant tout, c'était le mental. Je ne pouvais pas donner les médicaments aux malades d'une manière désordonnée [...]. Personnellement, je n'ai pas arraché un fétiche du corps d'un malade. J'ai seulement constaté, puis toléré. »[38]

Conclusion

L'école A.M.I. de Kisantu, pour avoir délibérément orienté la formation de ses élèves dans une perspective purement religieuse, rendit efficace l'association médecine-religion qui, dans le contexte colonial du Congo Belge, n'était pas universelle. Cette relation médecine-religion, les assistants médicaux l'ont pleinement assumée dans l'exercice de leurs pratiques biomédicales, malgré les difficultés rencontrées. Les analyses que nous venons d'effectuer à partir de l'expérience vécue par ces assistants médicaux, de concert avec leurs patients, montrent que l'on était véritablement dans un monde d'affirmation de la science et de la religion et en même temps de compromis nécessaires.

37 L. Nsadisa, interviewée le 30 septembre 2010. Il faut ajouter les témoignages de Bernice Njila, Perpétue Miriam Ibira et Louise Nkwe dont les extraits sont repris dans l'annexe 1.

38 A. Bodo, interviewé le 14 août 2010.

ANNEXE 1. LES FRAGMENTS D'INTERVIEWS

Dans cette partie, nous reprenons les fragments d'interviews que nous avons jugés fort importants, et dont les extraits nous ont permis d'appuyer notre raisonnement. Ils se subdivisent en deux séries. La première est essentiellement livrée par les hommes et elle comprend deux thématiques : l'influence du christianisme dans la vie des assistants médicaux et les assistants médicaux face à la médecine « traditionnelle ». La seconde est principalement constituée de témoignages de femmes, à l'exception de Jean Malobaloba. Elle concerne trois éléments : la présence des rites et pratiques congolais dans les formations sanitaires du Congo Belge, la complicité entre le personnel soignant congolais et les patients pour la promotion des pratiques congolaises dans les hôpitaux et les dénonciations réciproques entre patients et personnel soignant au sujet de la médecine « traditionnelle » dans les formations sanitaires du Congo Belge.

1. Les témoignages livrés essentiellement par les hommes

Les assistants médicaux et le christianisme

Mbete
Les malades que je recevais de 1952 à 1958, avant qu'ils ne soient mes partenaires, je les considérais avant tout comme des fils de Dieu, c'est-à-dire comme des hommes tout faits. À l'hôpital où j'ai travaillé, j'avais constamment à l'esprit que la vocation du chrétien engagé comprenait avant tout une approche contemplative. Cette approche m'aidait à imprégner le temporel de l'esprit évangélique. Je travaillais à la sanctification de toutes les activités de façon à plaire à Dieu. J'étais conscient que tout ce que je faisais, c'était sous le regard de Dieu. J'avais déjà une orientation. À mon niveau, même à l'hôpital, je vivais continuellement en présence de Dieu. Je savais qu'il était là. Mon comportement consistait à lui plaire, à l'aimer et à faire sa volonté. C'est dans ce contexte que je parvenais à aimer Dieu et mes prochains qui étaient avant tout mes malades. Je témoignais cet amour envers mes patients, parce que c'était la recommandation de Dieu. Je les considérais comme des hommes créés à l'image de Dieu.

Dieudonné Mutombo
La religion pour moi avait une très grande importance. D'ailleurs, c'était depuis la maison. J'avais été éduqué dans cet esprit-là. Et dans toutes les institutions où je passais, j'imprimais cette notion de chrétien. À l'hôpital dispensaire de la société où j'ai travaillé en 1955 dans l'Équateur, et même dans la léproserie où mon médecin effectuait ses recherches, je n'étais pas indifférent vis-à-vis des malades. J'étais une lumière pour eux, parce que j'avais une foi que je devais partager avec eux.

René Lekie
La religion était quelque chose de continuel dans ma vie d'assistant médical. Que ce soit au centre médicochirurgical de l'OTRACO où j'ai travaillé en 1955 avec Darden, elle était mon partage. Le christianisme m'a beaucoup aidé dans l'exercice de la médecine. Il y a des pratiques qui n'étaient pas acceptées selon qu'on était d'une telle option philosophique ou religieuse. C'est ici où j'ai expérimenté ma foi. Par exemple, en 1956, il fallait accoucher une femme. L'accouchement par la voie normale était impossible. Si j'étais athée, j'aurais écrasé l'enfant pour préserver la vie de la mère. Mais, comme j'étais catholique, je n'ai pas osé. J'avais deux possibilités à ce moment. D'abord, j'ai attendu parce que l'enfant était vivant ; je ne pouvais l'écraser qu'au cas où j'aurais constaté qu'il était mort. J'avais peur. Je craignais commettre un assassinat. Devant Dieu, ça aurait été une faute grave ! Comme j'ai attendu longtemps et que l'enfant ne sortait pas, j'ai appliqué la deuxième possibilité : la césarienne. J'avais constamment à l'esprit que c'est Dieu seul qui peut décider si quelqu'un doit vivre ou mourir.

Je n'ai pas osé. J'avais peur de commettre un crime parce que pour nous, chrétiens catholiques, la vie échappe à l'autorité humaine.

Aloïs Bodo
C'est comme dans toute société, il y a toujours un règlement d'ordre intérieur. Pour les chrétiens que nous étions, notre règlement c'était l'obéissance à la parole de Dieu. D'abord, nous privilégions la parole de Dieu. C'était un règlement auquel nous avions adhéré et nous devions l'assumer. La coutume n'avait aucune importance pour nous.

Les assistants médicaux face à la médecine « traditionnelle »

René Lekie
Je prodiguais des conseils à mes patients. Je leur demandais de se méfier de fétiches, de croire à la médecine moderne et en Dieu qui guérit.

Aloïs Bodo
Je vous ai dit qu'au fur et à mesure que les affaires s'augmentent, la sagesse s'augmente aussi avec l'âge. À l'époque, j'étais croyant, mais pas très engagé. Je vous ai dit que dans notre famille, depuis nos ancêtres, on nous défendait d'aller consulter les sorciers, d'utiliser les fétiches. Nous avons grandi dans cet esprit-là. La foi catholique avait renforcé cette croyance. Ce qui fait que je transmettais les mêmes idées aux malades qui venaient à l'hôpital et, plus tard, à mes enfants.

Dieudonné Mutombo
Dans l'hôpital dispensaire qui se trouvait très loin dans le district de Boende, il y avait des cas d'accouchement et des cas courants. Quand une femme accouchait au dispensaire, il n'y avait pas de cérémonies particulières. Les rites étaient réservés à la famille là-bas en dehors de l'hôpital comme les gens avaient l'habitude de faire. Mais nous, nous voulions que les choses soient bien faites comme la science nous l'apprenait. Quand c'était fini, ils rentraient chez eux. Nous n'avions pas besoin de leurs rites, que nous qualifions de sorcellerie.

Ntungila Kama
Lors des accouchements, il n'y avait pas de rites. C'est nous qui accouchions. C'est nous qui faisions la garde. Moi, je me souviens [que] lors de ma dernière garde comme assistant médical, j'ai accouché neuf femmes. [...] Tout s'est très bien déroulé. [...] Les rites, peut-être il y en avait après l'accouchement. La mère de l'enfant et sa famille pouvaient pratiquer leurs rites « païens ». Nous, nous ne nous intéressions pas à cela. Nous suivions ce qu'il fallait faire quand un enfant naissait : comment le laver ? Comment le coucher ? Quels sont les premiers soins à donner ? Tout cela était de notre ressort. Nous expliquions à la maman tout ce qu'elle devait faire. [...] Il fallait que nous, on suive la maman dans son activité parce que le travail d'accouchement diffère d'une femme à une autre. Si c'est une femme qui accouche pour la toute première fois, la surveillance devait être très accrue. [...] En cas de décès, ça ne m'intéressait pas de suivre tout ce qu'il y avait comme rites « païens », parce que j'étais catholique. D'ailleurs, comme catholique, je disais que c'étaient des sorciers. Il ne fallait pas suivre cela. Je ne me fiais pas dans ces choses. Personnellement, je n'y croyais même pas.

Pour les rites chrétiens, mais contre les rites « païens »

Aloïs Bodo
C'est comme dans toute société, il y a toujours un règlement d'ordre intérieur. Pour les chrétiens que nous étions, notre règlement c'était l'obéissance à la parole de Dieu. D'abord, nous privilégions la parole de Dieu. C'était un règlement auquel nous avions adhéré et nous devions l'assumer. La coutume n'avait aucune importance pour nous.

René Lekie
Nous demandions aux gens s'ils étaient de quelle confession religieuse. Cela nous permettait d'orienter le malade en cas de nécessité. Si le malade était catholique, nous l'orientions auprès d'un prêtre. Au cas où il était protestant, c'est auprès d'un pasteur qu'il était orienté. Il fallait que nous puissions nous renseigner sur l'état d'âme de quelqu'un pour qu'au moment opportun nous puissions l'aider à se mettre en règle avant sa mort. C'était une obligation de solidarité. [...] Chaque fois que j'ai connu des cas de naissances prématurées qui étaient dans un état critique, je les baptisais, parce que je n'avais pas le droit de laisser mourir un prochain comme ça, sans lui apporter un secours. Parfois je baptisais sans même dire aux parents de ces enfants. Ce qui était prioritaire pour moi, c'était l'avenir spirituel de ces enfants. En tant que chrétien, je me voyais investi de certains pouvoirs religieux, car le baptême, tout chrétien peut l'administrer.

Aloïs Bodo
Le baptême, c'est la recommandation du Christ. Il a dit que nous devions faire de tout le monde ses disciples. C'est pourquoi il fallait accorder la chance à cet enfant pour qu'il devienne l'un des disciples de Jésus-Christ. [...] Je pouvais faire venir le prêtre, mais ce n'était pas pour les miracles. Le prêtre n'était pas un faiseur de miracles. Le prêtre, en tant qu'aumônier de l'hôpital, venait pour l'accompagnement du malade pour qu'il ne perde pas la foi en Dieu.

Ntungila Kama
J'ai eu un cas d'éclampsie en 1959. C'est une crise qui emportait beaucoup de femmes à l'époque. Alors, j'ai fait appel au prêtre pour qu'il vienne donner le dernier sacrément. [...] Le prêtre est venu. Il avait un bréviaire et de l'huile d'onction. Après avoir lu et prié, il a oint la malade d'huile. Puisque j'étais catholique, je trouvais cela normal. D'ailleurs, j'étais très heureux. Je me disais qu'au moins cette malade n'ira pas en enfer !

Alphonse Nzuzi
Le baptême, c'est un sacrement, une prière d'accompagnement ou d'encadrement spirituel du malade pour qu'il continue à avoir confiance en Dieu dans les souffrances et que, au cas où il doit mourir, cette prière d'accompagnement l'aide à rester attaché à son Dieu, même dans l'au-delà. Souvent quand on souffre, on est distrait. On pense à beaucoup de choses. Lorsqu'on manque un encadrement spirituel, on ne se retrouve pas. C'est la raison pour laquelle nous faisions venir des prêtres.

Nous tolérions les pratiques congolaises...

Aloïs Bodo
C'était fréquent de trouver des gris-gris, des fétiches et des amulettes sur les corps des malades que nous traitions. Ce qui était encore curieux à cette époque, c'est que lorsqu'on soignait un malade, il allait parfois consulter un féticheur à notre insu. [...] On pouvait trouver des amulettes, des fils autour du bassin, des décors sur le corps, ainsi que beaucoup d'autres choses qui relevaient de leur spiritualité. [...] Je dois vous avouer qu'à l'époque, il n'était pas du tout étonnant de voir quelque chose sur le corps d'un malade, parce que les gens étaient encore très plongés dans leurs croyances fétichistes. Malgré le fait qu'ils venaient à l'hôpital, ils étaient encore accrochés dans leurs croyances ancestrales et fétichistes.

Devant une telle situation, moi, je tolérais. En tout cas j'étais tolérant. Ce qui était fréquent, c'est que je pouvais rire ou je pouvais me moquer un peu quand j'étais en présence d'un tel phénomène. En tant qu'assistant médical, je devais également soigner le côté psychologique du malade. C'est le mental qui compte. Je ne pouvais pas donner les médicaments aux malades d'une manière désordonnée sans tenir compte de leur mental. Mais, lorsque je remarquais qu'ils croyaient en quelque chose, je faisais en sorte que cette chose-là ne leur soit pas enlevée brutalement. Si je l'avais fait brutalement, mon médicament n'aurait servi à rien. [...] Ce qui comptait en premier lieu, c'était la conscience.

En tant qu'assistant médical, je cherchais à bénéficier de la confiance du malade. Lorsque je trouvais un fétiche sur le corps d'un malade, je ne pouvais pas l'arracher d'une manière brutale, parce qu'en le brutalisant, je ne lui rendrais pas un bon service. Ce qui fait que même le traitement que je pouvais donner, aussi puissant soit-il, n'aurait aucun effet au cas où le malade était brutalisé. La procédure logique consistait à travailler sur son mental. C'est la raison pour laquelle je vous ai parlé de la tolérance. Personnellement, je n'ai pas arraché un fétiche du corps d'un malade. J'ai seulement constaté, puis toléré.

2. Les témoignages émanant principalement des femmes

La présence des rites congolais dans les formations sanitaires

Bernice Njila Muzeka
Auparavant, j'avais déjà perdu deux enfants de suite. Pour ma troisième grossesse, je suis allée cette fois-là à l'hôpital. J'avais très peur. Je n'étais pas sûre que j'allais avoir un enfant vivant. Dès mon départ pour l'hôpital de Gungu, mon mari et quelques notables du village sont allés dans la forêt pour demander aux ancêtres d'apaiser leur colère. Ils sont restés là-bas jusqu'au moment où un messager est allé leur annoncer la nouvelle de la naissance de l'enfant. Mon mari m'a raconté que l'un de ces notables avait amené les entrailles d'une poule. Dès qu'ils sont arrivés, ce vieux a commencé à sauter, à gesticuler et à crier. Il avait aussi quelques bâtonnets. Il les a lancés dans les quatre sens. Après ce geste, il est tombé à terre presque exténué. C'est alors qu'il est entré en contact avec l'esprit des ancêtres.

Louise Kambanda
Pour venir me visiter à l'hôpital [en 1950], mon mari avait du sable dans sa poche. Nous, les Tchokwe, nous tenons beaucoup à la terre. Quand il est venu, il était très content parce qu'il avait reçu un homonyme. On lui a indiqué la salle où j'étais. L'infirmier n'était pas là. Alors mon mari est allé à côté du berceau de l'enfant. Il s'est accroupi ; il a posé ses mains au pavement et a frotté son menton sur le sol. Il a pris une petite quantité de sable qu'il avait dans sa poche et l'a répandue sur le pavement. Il a enfin soufflé sur la partie qui était restée.

Nous étions convaincus que ce n'était pas par notre force que nous avions eu cet enfant. C'était grâce au Kalunga [Dieu] et aux Malemba [ancêtres]. Il fallait commencer par les saluer. C'est pourquoi mon mari s'est accroupi, a posé les mains sur le sol et a frotté son menton sur la terre. La signification du sol ? Nous étions persuadés que la vie des hommes [...] se trouve dans la terre. En plus, à ce moment-là, mon fils était l'hôte par rapport à mon mari qui est venu le visiter.

Miriam Perpétue Ibira
Quand je suis allée pour accoucher à l'hôpital de Lusanga [en 1959], ma mère m'avait accompagnée. Elle avait pris soin d'amener quelques recettes de notre village. C'était pour protéger l'enfant que j'allais avoir contre le mauvais œil des sorciers. Tu sais, c'était important parce qu'on ne pouvait pas savoir d'où allait provenir le danger. Ma mère a ramassé quelques feuilles mortes qu'elle a trouvées sur la route. Elle a mélangé ces feuilles avec du sable qu'elle a pris également sur la route. Elle a grillé ce mélange, puis nous sommes parties avec. Dès que j'ai accouché, j'ai appliqué ce produit sur le corps de l'enfant. J'étais sûre qu'il était immunisé contre toute attaque sorcière. Et ce n'était pas fini ! J'ai encore pris un morceau de linge. Je l'ai attaché sur le bras de l'enfant pour éviter qu'il ne perde pas son poids. Vous savez, dans les hôpitaux, il y a des gens qui venaient voler les corps

des enfants. Surtout quand on regardait admirablement votre enfant et que l'on disait : « nitu ya mwana yayi kitoko ! » (Le corps de cet enfant est joli !), il fallait faire très attention.

On devait prendre du sable sur la route, parce que c'est sur la route que tout le monde passe. Même ton ennemi passe par-là aussi. Alors, comme on a pris ses pieds, même s'il venait, il ne ferait rien.

Louise Nkwe
Quand j'ai donné naissance à mon fils Rémy[39], nous étions déjà des chrétiens catholiques. C'était à la maternité Fumu Ndjoko, une succursale de l'hôpital de Vanga. Elle appartenait aux missionnaires protestants. Deux ans après, [en 1955] j'ai accouché. Le jour où je devais sortir de la maternité, j'ai pris soin de balayer le dessous du lit sur lequel mon enfant et moi dormions. J'ai très bien emballé la saleté dans une feuille. On faisait cela à l'insu des autorités médicales. D'ailleurs, elles ne pouvaient pas remarquer, parce qu'il n'y avait pas de pavement. Chacune de nous prenait soin de l'endroit où elle dormait.

Alors, quand je suis arrivée à la maison, j'ai jeté cette saleté en-dessous de notre lit. Et c'est sur ce lit que devait également dormir l'enfant. Ce geste ? C'était pour dire à l'enfant que nous n'avions effectué aucun déplacement.

Et comme nous sommes arrivés à la maison l'avant midi, j'ai attendu le soir, puis j'ai fait un demi-tour. J'ai pris la direction par laquelle nous sommes venus. Quand je suis arrivée un peu plus loin, j'ai pris un petit bâton et j'ai dit : « viens, partons à la maison. Ne reste pas derrière ». Ensuite, j'ai jeté ce bâton. J'ai repris le chemin du village. Je n'ai plus regardé derrière.

Ce geste était très utile. C'était pour dire que l'enfant ne mourra pas. C'était vraiment important de prendre le sable du dessous du lit sur lequel on dormait à l'hôpital. Au cas où on ne l'avait pas fait, on serait obligé de retourner à la maternité pour aller le chercher, sinon l'enfant n'aurait pas bien dormi. Il ne ferait que pleurer. D'ailleurs, les gens m'auraient interrogée : « mais, pourquoi cet enfant pleure ? N'as-tu pas ramené le sable de l'hôpital ? ».

Et quand j'ai accouché Bruno, il y avait aussi une femme qui avait donné naissance à des jumeaux. J'ai vu comment elle appliquait le « mpembe » sur les fronts de ses enfants, et puis aux deux extrémités de leurs yeux. Elle le faisait à l'insu de l'autorité médicale, le Blanc. Mais l'accoucheuse noire était tolérante. D'ailleurs, c'est elle qui a introduit le « nzungw'a mapasa » (la marmite des jumeaux)[40] dans la maternité d'une manière secrète.

La complicité entre le personnel soignant congolais et les patients pour la promotion des pratiques congolaises ainsi que les dénonciations réciproques

Bernice Njila Muzeka
Quand j'ai accouché, l'enfant était très gros. Il pesait à peu près quatre kilos. Il était presque mourant. L'infirmier l'a secoué et l'enfant a pleuré. La Sœur blanche qui était là, donna à l'enfant le nom de Joseph. Lorsqu'il fallait aller au lit, j'avais avec moi une petite poussière, très efficace contre le « sanga ».[41] J'ai pris une petite quantité, j'ai mis sur sa langue. C'était pour l'immuniser contre cette maladie. Je veillais aussi à son cordon ombilical. Le jour où le petit bandage avec lequel était lié son cordon ombilical est tombé, j'ai pris ce bandage, je l'ai lié soigneusement au coin de la lisière de mon pagne. Je me disais que c'était mon sang ! Je ne pouvais pas le laisser à la portée de

39 Rémy est né en 1953.
40 La marmite des jumeaux.
41 Dans les croyances congolaises, « sanga » est une maladie contractée par un bébé de suite à l'infidélité de l'un de ses parents. Le plus souvent, l'enfant est attaqué lorsqu'il est touché ou bercé par le parent infidèle.

tout le monde. Et quand je suis rentrée à la maison, je l'ai jeté en-dessous de notre lit.

À la maternité, quand j'ai lié ce petit bandage au coin de mon pagne, je ne pense pas que quelqu'un m'avait vu. Et même si quelqu'un m'avait vu, est-ce qu'il pouvait me poser la question ? Ça se passait comme si je changeais la couche de mon enfant. Par contre, quand j'avais mis la poussière sur la langue de mon enfant, mes consœurs qui étaient dans la même chambre que moi m'ont vue. Elles non plus ne pouvaient pas m'accuser parce que nous étions en bons termes. Tous, nous étions Pende. On ne pouvait pas s'accuser mutuellement. D'ailleurs, nous nous sommes partagées cette poussière pour que nos enfants soient immunisés.

Louise Kambanda
J'ai donné naissance à mon premier fils à l'hôpital de Kahemba. Là, il y avait une accoucheuse noire qui nous aidait. On l'appelait Véronique. Véronique était de bon cœur et elle prodiguait des conseils subtils. Quand j'ai accouché, Véronique s'est empressée de contempler le visage de l'enfant. Elle a constaté quelque chose d'anormal. L'enfant était en colère. Et comme la Sœur religieuse blanche n'était pas là, Véronique a soulevé l'enfant. Elle a prononcé quelques paroles et s'adressa aux Malemba [ancêtres] pour qu'ils apaisent leur colère.

Léonie Nsadisa
Je suis née en 1943. Ma mère m'a laissée toute petite. Elle est décédée quelque temps après ma naissance. Je me souviens qu'à l'âge de dix ans, j'ai souffert d'une forte angine. D'abord, on a commencé à me traiter chez nous au village Nkoto. C'était sans succès. Mes grands parents m'ont amenée à l'hôpital de Lusanga. C'était un grand hôpital dans notre contrée. A l'hôpital, j'ai rencontré des médecins blancs. Il y avait aussi des infirmiers noirs, des accoucheuses noires et des infirmières blanches. Celles-ci étaient des Sœurs religieuses.

Dès le premier jour de notre arrivée, j'étais soignée par un médecin blanc. Il a mis des ciseaux dans ma bouche. Il y avait des pus. Les jours qui ont suivi, ce sont les infirmiers noirs qui s'occupaient de mon pansement. Moi, j'étais très curieuse. À chaque fois qu'il y avait un mouvement, je posais la question à mes grands parents : « qu'est-ce qu'il ya ? Pourquoi ceci et pourquoi cela ? ». Mes grands parents m'expliquaient sans problème. Je suis restée à l'hôpital pendant plusieurs jours parce qu'il fallait attendre que je sois complètement guérie.

En tout cas à l'hôpital de Lusanga où j'étais internée en 1953, on ne blaguait pas. Les médecins blancs qui étaient là étaient très méchants. Ils n'acceptaient pas que les patients apportent une quelconque poussière à l'hôpital, même de petite quantité. Une fois attrapé, on était chassé dans l'immédiat et sans pitié. Je me rappelle d'une mère qui fut chassée parce qu'un infirmier noir l'a surprise avec l'*Aguéné* (liqueur forte) qu'elle appliquait sur sa plaie d'opération.

Je me souviens encore d'un fait. Toujours au cours de ce même internement, un autre infirmier noir a conseillé à un malade de faire les *bikila kila* (les gris-gris). Les malades qui étaient internés dans la même salle ont accusé cet infirmier auprès du médecin blanc. Du coup, et l'infirmier et le malade, tous deux, furent chassés de l'hôpital. Ce médecin ne pardonnait pas. Même lorsqu'un infirmier était trouvé en flagrance, il était chassé de l'hôpital. Il perdait son poste. Les malades aussi entre eux s'entraccusaient auprès de l'autorité médicale. Ils se contrôlaient mutuellement. Ils se disaient : « lorsque nous venons à l'hôpital, c'est pour la médecine moderne et non pour la médecine traditionnelle ».

Un autre événement que j'ai vécu est celui du cordon ombilical. Une mère a donné naissance à un petit enfant garçon. Cette maman avait d'autres enfants qu'elle avait laissés à la maison. Ils étaient tout petits. Elle s'inquiétait beaucoup pour eux. Pour sortir de l'hôpital, il fallait attendre que le cordon ombilical tombe. Comme ça tardait, un infirmier noir, connaissant l'affaire, lui a dit : « vous, si on vous demande de faire quelque chose, vous le faites toujours en public ! Prend un peu de sel ; fais un mélange avec de l'eau. Ensuite, dépose quelques gouttes de cette eau sur le nombril de l'enfant. Tu verras ! Ça ne durera pas ».

Au même moment, la femme a effectué le mélange. Idiote qu'elle était, au lieu de le faire secrètement, elle s'est couverte de son pagne dans la salle. Un infirmier a remarqué le geste et s'est accouru auprès d'elle : « ne bouge pas. Reste tel que tu es. Es-tu devenue infirmière ? Tu aurais pu rester chez toi et faire ça. Pourquoi es-tu venue à l'hôpital ? »

Jean Malobaloba[42]
Il y a quelques années de ça. Mon frère Antoine était malade. Comme la fièvre montait toujours malgré les aspirines et cadrats de quinine, je le fis transporter à l'hôpital. Etant inquiet à son sujet, je restai auprès de lui, toute la matinée, jusqu'à l'arrivée du médecin. Celui-ci arriva vers 11 heures et demie. Il examina les malades de la salle en commençant par le premier. Arrivé au lit de mon frère, il me regarda et dit : « Mais, c'est Jean Malobaloba ! »

- Je dis : « Oui, monsieur le Docteur » [...]
- Alors, dit-il, ce malade, qui est-ce ?
- Mon frère Antoine.
- Ah. Et de quoi se plaint-il ?

J'expliquai tout au docteur. Celui-ci examina le malade. Ayant fini il écrivit une ordonnance sur une feuille de papier et donna quelques ordres à l'infirmier. Comme le docteur allait quitter la salle, je le rejoignis à la porte :

- Monsieur le Docteur ?
- Ah, Jean, oui, au sujet de ton frère, n'est-ce pas ?
- Oui, Monsieur le Docteur.
- [...] Ecoute, il est bien malade. Mais il n'y a aucun danger si tu observes mes prescriptions.
- Vous pouvez y compter, Monsieur le Docteur.
- Bien alors, surtout ne pas aller chez un féticheur indigène ; mais cela je ne dois pas te le dire. Tu es assez intelligent pour le savoir.
- Merci pour le compliment, répondis-je.
- Oui, répondit le docteur, il faut que je te dise une fois ! Combien de malades arrivent ici que je ne peux plus guérir parce qu'ils ont été d'abord chez ces charlatans de féticheurs. Quand ils voient que les malfaiteurs ne peuvent pas les guérir, ils arrivent ici. C'est souvent trop tard. La maladie est trop avancée. D'autres quittent l'hôpital avant qu'ils ne soient guéris et s'en vont chez le féticheur qui leur administre des saletés et leur fait croire qu'il chasse le mauvais esprit par ses horribles grimaces...
- Oui, Monsieur le Docteur, c'est bien regrettable. Nos gens n'ont pas encore confiance dans la vraie médecine.
- Il faudrait, dit-il, dans les écoles donner des leçons d'hygiène, expliquer aux enfants l'origine naturelle des maladies. On devait...
- Mais, Monsieur le Docteur, on le fait. Dès les plus petites classes on donne des cours d'hygiène, des cours de sciences, et dans les leçons de religion et de morale les professeurs ont maintes fois insisté sur tout ce que vous venez de dire. Mais hélas !...
- Non, non Jean, c'est impossible, si on répète si souvent ces matières-là, il faut quand même être convaincu, je crois ?
- Monsieur le Docteur, l'influence du milieu est parfois plus forte que tout enseignement. Je pourrais vous le démontrer.
- Ah, bien, je suis toujours avide d'apprendre.
- Bien, voilà, je suis certain que dans les écoles des infirmiers, on enseigne d'une façon très approfondie l'hygiène, la prophylaxie et une série d'autres branches qui doivent convaincre les élèves de l'inanité des pratiques insensées de nos féticheurs.

42 Témoignage tiré de *La Croix du Congo*, 16 avril 1950, 1.

- Evidemment, Jean, ce sont les infirmiers qui doivent être propagandistes, je dirai les apôtres, de la vraie médecine.
- C'est certain, et je suppose qu'un infirmier qui, depuis des années, travaille avec un médecin doit être complètement gagné pour la bonne cause ?
- Naturellement eux...
- Pardon, Monsieur le Docteur, permettez-moi que je vous le dise : ce n'est pas vrai.
- Pas vrai ?
- Non, ce n'est pas vrai.
- Et la preuve ?
- Je vous la donne tout de suite.
- Je suis curieux !
- Votre propre infirmier porte des amulettes !
- Quoi ? Que dis-tu ? Mon infirmier Albert ?
- Oui, Monsieur le Docteur. Votre infirmier Albert à qui vous venez de donner des prescriptions pour mon frère malade.
- Impossible, dit le docteur, je veux voir cela.

Et sur le champ, il retourna au pavillon des malades.

- Appelle-moi l'infirmier, dit-il, à un des serviteurs qui entre dans la salle avec le repas des malades.

Albert accourt. Entretemps j'avais dit au docteur ce que j'avais vu.

- Albert, qu'est-ce que ceci ? Demande le médecin et il tire un cordon qui dépassait du col de la chemise d'Albert.

Celui-ci tout confus pâlit et bégaye : ce n'est rien, Munganga.

- Enlève ça tout de suite !

Le pauvre infirmier gêné remet au docteur la plus belle amulette sénégalaise que je n'ai jamais vue.

- Et pourquoi portes-tu cette affaire ?
- [...] Pour me préserver de la maladie, Munganga ; il y a tant de maladies ici et on ne sait jamais...

Complètement déçu, le docteur, la tête baissée, s'en alla, tenant l'amulette en main derrière le bras.

ANNEXE 2. LES BIOGRAPHIES D'ACTEURS

Cette partie, consacrée aux biographies d'acteurs mentionnés dans le corpus, nous donne une idée sur la qualité de chacun des témoins utilisés. Elle concerne les hommes. Les femmes sont exemptées à cause des critères que nous avions pris en compte pour la présentation de notes biographiques : quand ont-elles étudié, quelles étaient leurs fonctions, à quelle époque ? Il faudrait cependant souligner que la majorité de ces femmes étaient ménagères. Elles sont nées entre 1930 et 1945 : Bernice Njila et Louise Nkwe vers 1930, Louise Kambanda, Miriam Perpétue Ibira et Léonie Nsadisa respectivement en 1932, 1940 et 1943. La crédibilité de leur témoignage se trouve notamment dans l'esprit critique qu'elles possèdent. Ainsi, Léonie Nsadisa, par exemple, qui avait dix ans en 1953 au moment de son internement à Lusanga, demandait toujours des explications à ses grands parents pour comprendre les faits qu'elle observait. Pour les hommes, nous donnons les années de naissance et de fréquentation de l'école A.M.I. Nous parlons aussi brièvement de fonctions qu'ils ont assumées.

Aloïs Bodo est né en 1934. Il a été refusé à l'école A.M.I. de Kisantu en 1954 pour n'avoir pas fait les humanités latines. Il a poursuivi ses études à l'école A.M.I. de Léopoldville où il décrocha son diplôme en 1958. Comme assistant médical, il a d'abord travaillé dans un hôpital à Kenge entre 1958 et 1959. En 1959-1960, il fut envoyé au Bas-Congo comme responsable du cercle médical[43] où il dirigera un hôpital et supervisera au total onze dispensaires. Deux fois par semaine, il effectuait l'itinérance pour s'imprégner du travail rendu par les infirmiers de son cercle médical.

43 Actuellement, c'est l'équivalent d'une zone de santé.

René Lekie est né en 1930. Il a commencé ses études d'assistant médical en 1947-1948 à l'école A.M.I. de Kisantu. Il les a terminées en juillet 1955. Après un repos d'un mois, il fut embauché comme assistant médical à l'OTRACO en 1956 à Léopoldville. Il y a travaillé pendant six mois. En mars 1956, il fut recruté par l'Université Lovanium en qualité « d'assistant » à la Faculté des Sciences. Il a quitté ce poste en 1960 lorsque l'Organisation Mondiale de la Santé (OMS) a offert des bourses d'études aux assistants médicaux congolais pour parfaire leurs études en Europe.

Mbete est né en 1928. Il fut admis à l'école A.M.I. de Kisantu en 1945. Il en est sorti en 1953. Il a servi comme assistant médical de 1953 à 1958 au Bas-Congo, plus précisément à Kisantu et ses environs. En 1958, il a été désigné répétiteur et fut envoyé à l'école A.M.I. de Léopoldville en remplacement de Paul Bolya.

Dieudonné Mutombo est né en 1928. Il a commencé ses études d'assistant médical à l'école A.M.I. de Kisantu. Pour des raisons inconnues, il fut chassé en 1952. Il sollicita une inscription à l'école A.M.I. de Léopoldville la même année. En décembre 1954, il décrocha son diplôme d'assistant médical. En 1955, il servit dans un hôpital-dispensaire près de Coquilhatville (Mbandaka) en qualité d'assistant médical. En 1956, il travailla pour le compte d'une société des huiles. Il accompagnait en même temps son médecin qui effectuait des recherches dans une léproserie aux alentours de Coquilhatville. Il fut lancé dans l'enseignement médical moyen pour la formation des infirmiers à partir de 1957.

Jean Nkondi est né en 1928. Il a commencé ses études d'assistant médical à l'école A.M.I. de Kisantu en 1944-1945. Il les a terminées en 1952. Pendant quatre ans, il a servi comme répétiteur à l'école A.M.I. de Kisantu. En 1956, il fut embauché par l'Université Lovanium pour s'occuper de travaux pratiques de laboratoire à la Faculté de Médecine.

Ntungila Kama est né en 1935. Il a commencé ses études en 1954 à l'école A.M.I. de Kisantu. En 1959-1960, il passait son stage de fin d'études à l'hôpital de Kisantu. C'est à ce titre qu'il a pu nous livrer son témoignage.

Alphonse Nzuzi Tsakala est né en 1937. En 1954-1955, il entrait à l'école A.M.I. de Kisantu. Il en est sorti en 1961-1962. Déjà en 1959, il effectuait son stage de fin d'études chez les Sœurs à Sonabata, au Bas-Congo.

ABRÉVIATIONS

A.M.I. : Assistants Médicaux Indigènes
Fomulac : Fondation Médicale de l'Université de Louvain au Congo
Foréami : Fonds Reine Elisabeth d'Assistance Médicale aux Indigènes
OTRACO : Office des Transports Coloniaux

BIBLIOGRAPHIE

Témoignages oraux

Aloïs Bodo (1934), interviewé le 14 août 2010, Kinshasa (76 ans en 2010).
Louise Kambanda (1932), interviewée le 14 août 2010, Kinshasa (78 ans en 2010).
René Lekie (1930), interviewé le 26 mars 2009 et le 16 mars 2010, Kinshasa (80 ans en 2010).
Mbete (1928), interviewé le 22 juillet 2010, Kinshasa (82 ans en 2010).
Dieudonné Mutombo Dapungu (1928), interviewé le 12 mars 2010, Kinshasa (82 ans en 2010).
Gilbert Ngandu Kabeya (1939), interviewé le 25 septembre 2008, Kinshasa (69 ans en 2008).
Jean Nkondi (1928), interviewé le 19 mars 2009, Kinshasa (81 ans en 2009).
Louise Nkwe (±1930), interviewée le 28 août 2010, Kinshasa (±80 ans).
Léonie Nsadisa (1943), interviewée le 30 septembre 2010, Kinshasa (67 ans en 2010).
Ntungila Kama (1935), interviewé le 6 avril 2009, Kinshasa (74 ans en 2009).
Alphonse Nzuzi Tsakala (1937), interviewé le 4 mars 2009, Kinshasa (72 ans en 2009).

Littérature

« Allocution d'ouverture de l'année académique ». *Bulletin des Anciens de Kisantu*, (1954) 10, 35-36.
Bourdelais, Patrice et Faure, Olivier (dir.). *Les Nouvelles pratiques de santé : acteurs, objets, logiques sociales (XVIIIe-XXe siècles)*. Paris : Belin, 2005.
De Craemer, Willy et Fox, Renée C. *The Emerging Physicians : A Sociological Approach to the Development of a Congolese Medical Profession*. Stanford : Stanford University Press, 1968.
Ernst, Waltraud (dir.). *Plural Medicine, Tradition and Modernity, 1800-2000*. London-New York: Routledge, 2002.
Faik Nzuji, Clémentine. *Tu le leur diras. Le récit véridique d'une famille congolaise plongée au cœur de l'histoire de son pays*. Bruxelles : Alice Editions, 2005.
Hardiman, David (dir.). *Healing Bodies, Saving Souls : Medical Missions in Asia and Africa*. Amsterdam-New York: Editions Rodopi B.V., 2006.
Hugon, Anne (dir.). *Histoire des femmes en situation coloniale : Afrique et Asie, XXe siècle*. Paris : Karthala, 2004.
Hunt, Nancy Rose. *A Colonial Lexicon of Birth Ritual, Medicalization, and Mobility in the Congo*. Durhan-London : Duke University Press, 1999.
Johnson, Ryan et Khalid, Amna (dir.). *Public Health in the British Empire : Intermediaries, Subordinates, and the Practice of Public Health, 1850-1960*. New York : Routledge, 2012.
Lambert, H. (s.j.). « Jésuites-missionnaires au Congo Belge : de 1893 à 1937 ». *Revue missionnaire des jésuites belges*, (août 1937) numéro spécial, 290-299.
Laverdiere, Lucien. *L'Africain et le missionnaire. L'image du missionnaire dans la littérature africaine d'expression française. Essai de sociologie littéraire*. Montréal : Les éditions Bellarmin, 1987.
Litt, Jean-Louis. *Analyse d'un processus d'acculturation. Les débuts de l'enseignement supérieur au Congo et la constitution d'une élite orientée vers le statut*. Mémoire de licence UCL. Louvain, 1970.
« Lovanium Centre Universitaire Congolais Kisantu ». *Lovania*, (1951) 18, 83-85.
Malengreau, Fernand. *L'enseignement médical aux indigènes du Congo Belge*. Louvain : AUCAM, 1944.
Noble, Vanessa. « Health is Much too Important a Subject to be left to Doctors : African Assistant Health Workers in Natal During the Early Twentieth Century ». *Journal of Natal and Zulu History*, 24 (2006) 1, 95-133.
Ronsse, Calixte (Dr.). « La formation des assistants médicaux indigènes ». *Lovania*, (1946) 9, 26-33.
Swartenbroeckx, Pierre (s.j.). « L'école, pivot de l'apostolat, au vicariat de Kisantu ». *Revue missionnaire des jésuites belges*, 6 (1932) 2, 70-74.
Vaughan, Meghan. *Curing their Ills : Colonial Power and African Illness*. Stanford : Stanford University Press, 1991.

Vellut, Jean-Luc. « La médecine européenne dans l'État Indépendant du Congo (1885-1908) » dans : Pieter G. Janssens, Maurice Kivits et Jacques Vuylsteke. *Médecine et hygiène en Afrique centrale de 1885 à nos jours*. Vol. 1. Bruxelles : Fondation Roi Baudouin, 1992, 61-81.

VIVRE (À) LA MISSION

MÉMOIRES INDIVIDUELLES, HISTOIRE COLLECTIVE

ELISABETH MUDIMBE-BOYI

Au XIXe siècle, la grande période d'évangélisation de l'Afrique coïncide avec l'expansion européenne sur ce continent et sa colonisation par les puissances européennes. Comme je l'ai montré par ailleurs, malgré la différence de projet, les grandes dichotomies du discours missionnaire pour représenter les peuples à évangéliser semblait reproduire les grandes dichotomies du discours colonial dans sa représentation des populations à coloniser. La mission qui avait pour but une conversion religieuse, apparaissait parfois comme aussi un projet de conversion culturelle. Cette interférence du spirituel et du culturel, non délibérée ou voulue mais inévitable sans doute dans le contexte de l'époque, permet ainsi de mettre en rapport la mission et les cultures locales. La religion chrétienne s'est en effet transmise en Afrique en assumant les représentations symboliques et les formes d'expression propres à l'Occident. Les missionnaires étaient les produits de leur environnement et d'un milieu culturel déterminé qui avait modelé leur horizon mental, spirituel et intellectuel et fourni des valeurs, des normes de références et de comportement. En leur temps, leur lecture de la culture locale ne pouvait se faire qu'à travers les signes de leur propre culture à partir desquels se constituera leur représentation de ces Autres que sont pour eux les Africains, et dont les voix sont absentes des discours qui les définissent[1]. Au Congo du XXe siècle sans doute comme suite à l'*Aggiornamento* inauguré par le Concile Vatican II, c'est à travers la réflexion des théologiens locaux que surgit une interrogation sur

1 Voir Mudimbe-Boyi, *Essais sur les cultures en contact*, 17-47.

le christianisme dans ses rapports avec les cultures locales[2]. Par ailleurs, le roman africain fait échos à ces interrogations, et fait également entendre des voix africaines sur l'évangélisation, son projet et ses rapports avec les cultures du continent. La littérature se fait donc véhicule d'une représentation de la mission, vue à partir du regard de l'Africain constitué comme personnage de roman, mais aussi comme sujet et acteur dans l'Histoire[3]. La mise en écriture s'instaure à la fois comme prise de parole, relecture et interprétation du passé à partir d'un discours décentré et recentré sur un lieu d'énonciation autre que celui à partir du regard colonial ou missionnaire.

Anxiété méthodologique : comment raconter?

La mémoire ou la recollection du passé peut revêtir diverses formes d'expression qui varient selon les individus, les périodes et les contextes sociaux-historiques : récits à la troisième personne tels que la biographie, récits à la première personne comme l'autobiographie, les mémoires, le témoignage ou le récit de vie : tous genres qui servent à actualiser un passé excavé de la mémoire[4] pour le faire échapper à l'oubli. Paul Ricœur définit et éclaire quelque peu le présent projet lorsqu'il écrit :

> Histoire, Mémoire et Oubli apparaissent comme trois modes de relations que nous entretenons avec le Passé bien réel, celui des êtres qui nous ont précédés, et qui ont été comme nous, agissant et souffrants, dans des circonstances qu'ils n'ont pas produites et avec des résultats voulus et non[5].

Aujourd'hui, maintes méthodologies opèrent comme vecteurs de construction ou de reconstruction mémorielle pour la conservation de la mémoire. Pour ce qui est du Congo, les travaux de Bogumil Jewsiewicki et ses collaborateurs ont fortement contribué à la promotion de mémoires locales : individuelles ou de groupes. Leurs travaux portent sur le milieu des femmes, des ouvriers, avec, bien souvent, comme narrateurs les sujets-parlant eux-mêmes. Leurs vies au quotidien et leurs expériences de vie sont relayées sous le mode de l'interview

2 Voir dans le domaine francophone : Collectif, *Des Prêtres noirs s'interrogent* ; Mulago, *Un Visage africain du christianisme* ; Lufuluabo, *Vers une théodicée bantoue* ; Eboussi Boulaga, *Le Christianisme sans fétiches*. Parmi la jeune génération, voir Mvuanda, *Inculturer pour évangéliser en profondeur* ; Santedi Kinkupu, *Dogme et inculturation en Afrique*.

3 Voir par exemple Chinua Achebe, *Things Fall Apart* ; Beti, *Le Pauvre Christ de Bomba* ; Mudimbe, *Entre les eaux*.

4 Voir aussi Vidal-Naquet, *Assassins de la mémoire* ; Le Goff, *Histoire et mémoire* ; Todorov, *Les Abus de la mémoire* ; Nora, *Lieux de mémoire* ; Halbwachs, *La Mémoire collective*.

5 Ricœur, « Histoire et rhétorique », 23-25.

oral, sous une forme autographique, ou encore de réponses à un questionnaire[6].

Ces récits reflètent ainsi des mentalités, des sensibilités et des manières de voir propres à des espaces et à des temps déterminés. Dans le domaine de la littérature, le roman africain et le roman antillais, par le biais de la fiction, se veulent et fonctionnent comme sites mémoriels et lieux de conservation de la mémoire[7]. Un roman tel que *W ou souvenirs d'enfance* de Georges Perec, instruit une manière d'écrire l'histoire basée sur des sources autrefois négligées : photos, documents d'état civil, témoignages des membres de la famille, et pas toujours concordants. L'histoire familiale ainsi reconstituée à travers diverses mémoires inscrit les personnages dans une histoire plus générale et plus large qui est celle du peuple juif, mais aussi celle de l'Europe à un moment de son histoire.

À la fois biographie, récit de vie, histoire et analyse de discours, le présent texte est confronté à un coefficient de subjectivité et au caractère sélectif du processus mémoriel. Il se trouve ainsi porté par une anxiété méthodologique dans la mesure où le moi-écrivant qui en est l'auteur se trouve par moment sujet et à la fois narratrice, située en dedans et en dehors des récits. Une incursion dans la sémiotique, ensuite dans d'autres réflexions théoriques pourrait, peut-être, éclairer le lieu d'énonciation à partir duquel s'exprime le sujet-écrivant que je suis et la proximité narrative avec les personnages de ces histoires. Gérard Genette rappelle que tout discours s'exerce dans une relation dialogique entre les composantes d'une triade : le récit ou la représentation qui se situe dans le présent ; *l'histoire* constituée de l'évènement, et le narrateur en charge de l'action racontée. Le processus narratif lui-même s'actualise en une autre triade : une voix narrative (qui parle : impliqué ou non dans le récit), un temps de la narration (quand raconte-t-on), et une instance narrative (par qui perçoit-on ce qui est raconté : à la première ou à la troisième personne)[8]. À partir de ce cadre théorique, mon discours, chronologiquement postérieur au passé des récits qui le constituent, revêt dès lors une fonction testimoniale : il est expression du lien et de la relation affective avec la narration et ses personnages. Il s'instaure donc comme un métadiscours qui intègre dans le présent du temps de sa narration ce qui est dit de ce qui avait été fait ou s'était passé. Ces concepts de Genette pour l'analyse du récit impliquent les catégories temps et espace qui permettent d'inscrire ce texte dans une démarche généalogique : généalogie étant à comprendre dans le sens d'une filiation biologique, mais

6 Voir Jewsiewicki, *Naître et mourir au Zaïre* ; Id. avec Montal, *Récits de vie et mémoires* ; Id. avec Dibwe dia Mwembu et Giordano, *Lubumbashi 1910-2010* ; Id. et Dibwe dia Mwembu, éds, *Le Travail hier et aujourd'hui*. Voir aussi Favarti, « Parcours de vie et mémoires familiales ».

7 Voir Mudimbe-Boyi, éd., *Écrivains africains et antillais : du roman comme Histoire*.

8 Genette, *Seuils*, particulièrement les pages 191, 261 et 252.

aussi dans sa signification foucauldienne de commencement et d'origine[9]. Si mon récit se situe dans une dimension spatio-temporelle qui recourt à la généalogie, je m'éloigne cependant du tracé généalogique comme linéaire, de même que la quête des origines comme fin en soi, homogénéité, continuum ininterrompu ou perfection. Si quête des origines il y a, elle a pour fin de se servir de celles-ci comme lieu à partir duquel interroger et comprendre le présent. Dans son commentaire sur Nietzsche, Michel Foucault écrit :

> Pourquoi Nietzsche généalogiste récuse-t-il, au moins en certaines occasions, la recherche de l'origine *(Ursprung)* ? Parce que d'abord on s'efforce d'y recueillir l'essence exacte de la chose, sa possibilité plus pure, son identité soigneusement repliée sur elle-même, sa forme immobile et antérieure à tout ce qui est externe, accidentel et successif. Rechercher une telle origine, c'est essayer de retrouver « ce qui était déjà », le « cela-même » d'une image adéquate à soi. [...]. La recherche de la provenance ne fonde pas, tout au contraire : elle inquiète ce qu'on percevait immobile, elle fragmente ce qu'on pensait uni ; elle montre l'hétérogénéité de ce qu'on imaginait conforme à soi-même[10].

C'est donc à partir d'une démarche portée par ce que j'appelle une généalogie ouverte, que j'ai voulu mettre ensemble des morceaux de vies qui me permettent de retrouver et de comprendre les personnages à travers les aléas de l'Histoire (colonisation, évangélisation) et dans leur contemporanéité. C'est à ces fragments divers, abrégé d'une histoire familiale transmise par l'écrit et par l'oral, que, dans ce texte, je cherche à donner forme et organisation. Sujet-narrant, je me trouve prise entre une filiation et une affiliation[11] : filiation qui établit une connexion biologique avec les personnages de ces histoires, affiliation qui, pour reprendre Edward Said, rattache plutôt à la culture et à la société, et dans le cas présent, à une discipline académique, à ses normes et à ses méthodes, mais aussi au système de l'écrit, puisque je ne peux, ici, négliger ou récuser la transmission orale.

Jan Vansina pour l'oralité, Ewa Domanska pour l'histoire et Maurice Halbwachs pour la mémoire, chacun d'eux à sa manière, permettent de résoudre la distance entre filiation et affiliation, ainsi que les interrogations et l'anxiétés méthodologiques que cette distance engendre. Reconnu comme celui qui a renouvelé l'historiographie africaine en accordant validité et légitimité à la tradition orale dans l'écriture de l'histoire, Jan Vansina écrivait [12] :

9 Foucault, « Nietzche, la généalogie, l'histoire ». http://www.scribd.com/doc/23506841/Foucault-Nietzsche-la gén..., Consulté le 25 Janvier 2012.

10 Ibid.

11 Said, *The World, the Text and the Critic*, 1-30.

12 À moins d'indication contraire, toutes les traductions sont les miennes.

> Oui, les traditions orales sont des documents du présent parce qu'elles sont racontées au présent. Cependant, elles incarnent aussi un message du passé, et elles sont donc en même temps des expressions du passé. Elles constituent des représentations du passé dans le présent, et l'on ne peut nier ni le passé, ni le présent en elles[13].

Ewa Domanska propose la notion de sincérité comme « une catégorie pour analyser et penser d'une certaine manière le passé »[14]. Pour ce, elle oppose « histoire conventionnelle (histoire académique » à « histoire non-conventionnelle »[15]. Celle-ci se veut représentation, celle-là explication et compréhension. Par ailleurs, l'une critique les origines, l'autre fétichise la genèse ; l'une est l'histoire des vainqueurs, l'autre celle des victimes de l'Histoire, l'une est essentiellement écrite et valorise l'objectivité, l'autre est orale et subjective. Enfin, l'une se veut être principe de vérité, et l'autre principe de sincérité[16]. Domanska reprend la signification que Bernard Williams donne à ce dernier terme : « La sincérité consiste en une disposition à s'assurer que ce que l'on dit exprime réellement ce que l'on pense. »[17] Cependant la sincérité ne peut s'exercer sans authenticité, c'est-à-dire, sans « être vrai avec soi-même »[18]. Si j'accepte l'opposition que fait Domanska entre histoire académique et histoire non-conventionnelle, plutôt qu'à une subalternisation de cette dernière, je préfère y voir non pas une position de subalterne, mais une méthode différente, comme le propose Edouard Glissant dans sa préoccupation pour la prise en charge par l'écrivain d'une écriture ou d'une réécriture de l'Histoire : non pas basée sur les faits exactement comme ils se sont passés, ni sur les dates exactes à la manière des historiens. Glissant préconise plutôt une Histoire qui serait davantage conscience historique et recherche de la trace mémorielle. Il ne rejette pas la discipline, mais en déplore ce qu'il considère comme rigueurs limitatrices :

13 Vansina, *Oral Tradition as History*, XII : « Yes, oral traditions are documents of the present, because they are told in the present. Yet they also embody a message from the past, so they are expressions of the past at the same time. They are the representation of the past in the present. One cannot deny either the past or the present in it. » Du même auteur : *De la tradition orale*. Voir aussi Perrot, éd., *Le Passé de l'Afrique par l'oralité* ; Thompson, *The Voice of the Past*.

14 Domanska, « Sincerity and the Discourse of the Past », 1 : « category for analyzing a certain way of thinking about the past ».

15 « conventional history (academic history) » versus « unconventional history ».

16 Ibid., 12.

17 Williams. *Truth and Truthfulness*, 96 ; cité par Domanska, « Sincerity and the Discourse of the Past », 6 : « Sincerity consists in a disposition to make sure that one's assertion expresses what one actually believes. »

18 Ibid. : « being true to one's self ».

> Dans un tel contexte, l'histoire en tant qu'elle est discipline et qu'elle prétend éclairer la réalité que vit ce peuple souffrira d'une carence épistémologique grave : elle ne saura pas par quel bout s'attraper. Le trouble de la conscience collective rend en effet nécessaire une exploration créatrice, pour lesquelles les rigueurs indispensables à la mise en schéma historicienne peuvent constituer, si elles ne sont pas dominées, un handicap paralysant. Les méthodologies passivement assimilées, loin de renforcer la conception globale ou de permettre de rétablir la dynamique historique par-delà ses ruptures subies, contribueront à leur tour à épaissir ce manqué[19].

Maurice Halbwachs, le promoteur du concept de mémoire collective, m'offre une perspective généalogique en situant aussi la famille comme cadre social de la mémoire, ainsi qu'il l'écrit dans différents passages de *Les Cadres sociaux de la mémoire* :

> Du moment, en effet, que la famille est le groupe au sein duquel se passe la plus grande partie de notre vie, aux pensées familiales se mêlent la plupart de nos pensées. Ce sont nos parents qui nous communiquèrent nos premières notions sur les gens et les choses. Du monde extérieur nous ne connûmes longtemps rien que par les répercussions des événements du dehors dans le cercle de nos parents[20]. [...] Outre ces règles communes à une société, il existe des coutumes et façons de penser propres à chaque famille, et qui imposent également, et même plus expressément encore, leur forme aux opinions et sentiments de leurs membres[21]. [...] dans toute société, s'il existe un type d'organisation qui s'impose à toutes les familles, dans chaque famille se développe d'autre part un esprit propre, parce qu'elle possède des traditions qui ne sont que les siennes. Comment en serait-il autrement, si la mémoire familiale conserve le souvenir non seulement des rapports de parenté qui unissent ses membres, mais aussi des évènements et des personnes qui ont marqué son histoire ?[22]

Il ne s'agit bien sûr pas d'une famille-prison ou oppressive, mais plutôt d'une communauté d'individus certes liés par le sang, mais peut-être davantage, par des liens affectifs et émotionnels tissés à partir d'une commune appartenance fondée sur un vivre-ensemble et des expériences communes. Halbwachs, sans entendre par là une forme de déterminisme, suggère assez clairement que c'est le milieu et le contexte social qui suscitent la mémoire individuelle lorsqu'il écrit :

19 Glissant, *Le Discours antillais*, 130.
20 Halbwachs, *Les Cadres sociaux de la mémoire*, 114.
21 Ibid., 112.
22 Ibid., 124.

> Si nous examinons d'un peu plus près de quelle façon nous nous souvenons, nous reconnaîtrions que, très certainement, le plus grand nombre de nos souvenirs nous reviennent lorsque nos parents, nos amis, ou d'autres hommes nous les rappellent. [...]. Cependant, c'est dans la société que, normalement l'homme acquiert ses souvenirs, qu'il se les rappelle, qu'il les reconnaît et les localise. [...] Le rappel des souvenirs n'a rien de mystérieux. Il n'y a pas à chercher où ils sont, où ils se conservent, dans mon cerveau, ou dans quelque réduit de mon esprit où j'aurais seul accès, puisqu'ils me sont rappelés du dehors, et que les groupes dont je fais partie m'offrent à chaque instant les moyens de les reconstruire, à condition que je me tourne vers eux et que j'adopte au moins temporairement leurs façons de penser. [...] C'est en ce sens qu'il existerait une mémoire collective et des cadres sociaux de la mémoire, et c'est dans la mesure où notre pensée individuelle se replace dans ces cadres et participe à cette mémoire qu'elle serait capable de se souvenir[23].

Ainsi, à la croisée des chemins, l'on éprouve sans doute quelquefois le besoin de s'arrêter, de faire le point. Mais en lieu des genres autoréflexifs que sont les écritures du « moi » (mémoires ou autobiographie, correspondance ou journal), je me propose plutôt de présenter dans les pages suivantes des éléments, des fragments d'histoires individuelles, d'accompagner une famille chrétienne congolaise à travers plusieurs générations. Ces histoires pourraient se fondre dans l'histoire plus large d'une région (le Kasaï), d'un pays (la République Démocratique du Congo), et d'une époque (coloniale et missionnaire). Elles ont essentiellement pour espace la mission de Mikalayi au Kasaï. Les sources principales en sont diverses : les témoignages oraux indirects, les témoignages écrits consignés mais non publiés et qui font partie des archives familiales, les informations livrées par notre frère aîné dépositaire de ces archives. Interviennent aussi les souvenirs surgis de ma propre mémoire et qui sont des noms de personnages régulièrement entendus à différents âges dans les conversations de nos parents, ou d'autres qui furent des acteurs dans la mission. Il faut, enfin, ajouter les informations que j'ai recueillies dans les archives de la Congrégation des Pères Scheutistes rassemblées dans le KADOC à Leuven[24]. En parlant de sincérité, Ewa Domanska citée plus haut rappelle la dimension éthique que supposent sincérité et authenticité. Dans cette perspective, la subjectivité, la proximité narrative et la charge affective qui portent ce texte ne peuvent échapper à cette exigence éthique, incontournable si l'on

23 Ibid., 66.

24 J'aimerais remercier sincèrement Patricia Quaghebeur et Bram Cleys pour leur assistance lors de mes recherches au KADOC. De même à Vincent Viaene qui, en m'invitant à la conférence de 2010 à Leuven, a créé l'occasion et donné l'impulsion pour la production du présent texte sur un projet encore en gestation. Mes remerciements également à notre frère aîné, le Docteur Raphaël Mbowa Kalengayi, gardien des archives familiales.

considère que dans toute narration où s'implique le sujet narrateur, s'établit d'emblée un pacte tacite de sincérité, similaire au « pacte autobiographique » qui lie l'auteur de l'autobiographie à son lecteur comme le rappelle Philippe Lejeune[25].

Générations

Première génération catholique : l'Aïeule maternelle

Misengabu Mukua Nsumpi[26] est née vers le dernier tiers du XIXe siècle. Elle est la première chrétienne de la famille. C'est à la mission de Mikalayi[27] ou Luluabourg Saint Joseph qu'elle fut baptisée dans l'Église catholique, avec comme prénom chrétien Anne. Si l'on ne connaît pas la date exacte de sa naissance (les registres d'état civil n'existaient pas à cette époque), ni les détails de sa vie avant son arrivée à la mission, ce qui est certain, c'est qu'elle est arrivée à la mission de Mikalayi jeune fille, fuyant comme tant d'autres les razzias de l'esclavage transsaharien. À la mission, l'Aïeule, avec d'autres femmes, était employée à la corvée d'eau nécessaire pour la construction de la cathédrale de Mikalayi (illustration 1), tandis que les hommes, eux, étaient chargés de la fabrication des briques et d'autres gros travaux de construction[28].

Anne épousera un de ces hommes regroupés également autour de la mission : Pierre Tshingomba, baptisé lui aussi à la même mission de Mikalayi où il travaillait. Plus tard, l'Aïeule sera pendant de nombreuses années employée de la mission dans une autre fonction : celle de *mulambi* (dans la langue locale, le Tshiluba : celle qui fait la cuisine). Les *balambi* (pluriel de *mulambi*) était un groupe de femmes chargées d'apporter chaque jour une partie de la nourriture (le *bidia*) aux élèves de l'École Normale de Mikalayi fondée en 1914. Je me souviens clairement de nos visites chez l'Aïeule que nous appelions *Baba Mukulu*, (littéralement « mère aînée », c'est-à-dire arrière-grand-mère). Vers cinq heures de l'après-midi, nous la voyions toujours partir à l'École Normale, située peut-être à dix ou quinze minutes de chez elle, portant sur sa tête un grand plateau chargé de plats de *bidia*.

25 Voir Lejeune, *Le Pacte autobiographique*.

26 Dans les ethnies du Kasaï, l'appartenance clanique pouvait aussi être désignation nominale individuelle. Ici, *Mukua* singulier (pluriel *Bakwa)* signifiant qui appartient au clan des Nsumpi.

27 Mikalayi est situé à une trentaine de kilomètres de Kananga, autrefois appelé Luluabourg, et la mission fut fondée le 7 décembre 1891 par le Père Emery Cambier de la Congrégation du Cœur Immaculée de Marie, communément appelée Scheut.

28 Ces faits sont consignés par notre père dans les archives familiales.

1. Cathédrale de la Mission de Mikalayi, ou Luluabourg Saint Joseph.
[Leuven, KADOC]

Si ma connaissance des esclavagistes Tipo-Tip et Ngongo Lutete s'est faite par l'apprentissage scolaire dans les cours d'histoire, le nom de Muana Bo, probablement un autre esclavagiste, revenait souvent dans les conversations de l'Aïeule. Elle parlait de lui en le décrivant, je m'en souviens, comme « diabolu menemene » (un « véritable diable » ou « le diable incarné », ou « le diable vrai de vrai »). De son époux, Pierre, ma génération nous n'en avons guère de souvenirs, sauf que l'Aïeule ne cessait de répéter une chanson que, avec mes *siblings*, nous connaissions tous par cœur à force de l'entendre : « mon mari était grand. C'était le plus bel homme, et voilà, que de toutes les femmes, il avait choisi pour épouse le petit bout de femme que j'étais. »[29] À l'époque, sans doute à cause de la naïveté et l'ignorance de l'enfance, nous riions de ses souvenirs que nous racontait l'Aïeule. Nous trouvions amusant qu'elle nous parle des évènements et des personnages de sa jeunesse qui, au jeune âge où nous étions, nous paraissaient tellement anciens qu'ils ne pouvaient pas vraiment avoir pu exister. Nous mettions ses récits que nous considérions comme des radotages, sur le compte de l'âge.

Un nom et une figure récurrente dans les histoires de l'Aïeule était le personnage de celui qui est inscrit dans les mémoires locales et dans la nôtre sous le nom de « Mumpere Nkanka ». Il s'agit du Père Emery Cambier : le

29 Ces souvenirs remontent à une époque antérieure à mon entrée à l'école primaire, et se situent donc vers les années 1948-1949.

fondateur de la mission de Mikalayi[30]. Enfants, nous avions entendu maintes fois parler de lui dans la famille : par l'Aïeule, par notre Père, par notre Mère, et peut-être, par d'autres personnes. Tous parlaient de lui comme un personnage intrépide, infatigable toujours en mouvement, et sillonnant la mission . L'Aïeule nous disait en Tshiluba « uvuamu utueku, utueku » (il allait et venait continuellement). Bâtisseur, charpentier, éleveur, homme-orchestre tel que on l'évoquait pour nous, le Père Cambier savait tout faire, y compris dispenser les soins médicaux : ce qui lui avait valu le surnom supplémentaire de *ngangambuka* (docteur) que la population locale lui avait attribué. L'Aïeule mourra en 1969 à Mbujimayi, tranquillement dans son sommeil, sans aucune maladie ni souffrance physique. Selon les personnes qui firent son eulogie, elle devait avoir entre 97 et 99 ans.

Deuxième génération catholique : nos grands-parents maternels

Avec eux (illustration 2), la religion chrétienne s'enracine comme une tradition familiale. Couple chrétien, l'Aïeule et son époux Pierre Tshingomba baptisent tous leurs enfants : Elisabeth Boyi, Jeanne Mbombo, Marie Kapinga. La fille aînée, Elisabeth épousera aussi un chrétien, Jean Ilunga. À l'occasion du troisième anniversaire de sa mort, un numéro de la revue *Nzubuetu* lui consacre quelques pages dans lesquelles Emeri Ngoyi rappelle sa biographie[31]. Jean Ilunga, déjà un jeune homme, arrive à la mission de Hemptinne avec sa mère qui elle aussi, fuyait les razzias esclavagistes[32]. Il est baptisé dans cette mission en 1903. D'après Emery Ngoyi, comme Jean Ilunga était un brillant élève dépassant tous les autres, il fut nommé catéchiste. En 1909 il entame des études en français à Nkanka. Il effectuera plusieurs déplacements, envoyé par les missionnaires pour les assister dans leur travail apostolique. Sorti de la première promotion des diplômés de l'École Normale de Mikalayi (cette même École Normale pour laquelle l'Aïeule a travaillé comme *mulambi*), Jean Ilunga, véritable notable de son époque, est un des premiers enseignants locaux à l'École Normale où il enseigne de 1918 à 1921 et y sera le Professeur de notre Père[33]. Plus tard, il enseignera aussi à l'École Moyenne des pères Joséphites de Luluabourg dont il deviendra le Directeur en 1922[34]. Il meurt le 30 juin 1937.

30 Il était courant que les missionnaires reçoivent des noms ou des surnoms en Tshiluba, en rapport avec leurs caractéristiques physiques ou morales. « Mumpere » est la forme indigénisée de mon Père (religieux), tout comme « mansere » est pour ma Sœur (religieuse).

31 Voir Ngoyi, *Nzubuetu*, 3 mai 1937, 26-30.

32 Nombreuses étaient les missions érigées au Kasaï par la Congrégation de Scheut. Par les routes qui permettaient l'accès d'une mission à l'autre, les missionnaires avaient en quelque sorte redessiné le cadastre de la région. Voir la contribution de Bram Cleys dans le présent volume.

33 Il figure sur la liste des Professeurs de l'École Normale dans l'ouvrage du Père Van Keerberghen, *Histoire de l'enseignement catholique au Kasayi*, 60.

34 Consigné dans les archives familiales.

2. Deuxième génération : Jean Ilunga et son épouse Elisabeth Boyi, 1927.
[Archives familiales]

3. Troisième génération : Bernard Kabese et son épouse Rose Ntumba, 1932.
[Archives familiales]

Troisième génération catholique : celle de nos parents

Jean Ilunga et Elisabeth Boyi baptisent tous leurs enfants : cinq fils et deux filles, dont notre Mère, Rose Ntumba, l'ainée, née en 1916. L'on peut imaginer que sa situation sociale comme fille de notable qui, de plus, était enseignant, a fait que notre Mère avait appris à lire et à écrire, chose rare parmi les femmes de cette époque. Elle accomplira quelques années d'école primaire dont le niveau le plus avancé à l'époque était la 4ème année primaire. Elle fréquentera plus tard le « Foyer Social » et y complètera sa formation. Ses frères iront dans les écoles missionnaires qui formaient les commis de la colonie, et trois d'entre eux émigreront au Katanga où ils deviendront des fonctionnaires commis de l'État colonial : ce qui, durant ces années, constituait une position sociale enviable et respectable. Le 1er juin 1932, Rose Ntumba épouse notre Père, Bernard Kabese.

Les éléments biographiques présentés sur notre Père Bernard Kabese dans les pages qui suivent proviennent essentiellement de sa brève biographie établie par notre frère aîné[35]. Kabese Tshilombweji est né à la mission de Mérode Saint Jean Berchmans (Tshilundu de son nom indigène) en janvier 1904. En 1912 il entame l'école primaire à la mission de Hemptine Saint Benoît (Bunkonde de son nom indigène) et reçoit le baptême le 13 mars 1913 avec comme prénom Bernard. Son parrain est, déjà cité, Emery Ngoyi : le père de Monseigneur Joseph Nkongolo qui sera le premier évêque noir de la province du Kasaï. Le nom de ce parrain nous était familier dans l'enfance, car il revenait plusieurs fois dans les conversations de notre Père. Au cours de ses différents cycles d'études, Bernard Kabese se montrera toujours brillant élève. Ayant terminé ses études primaires en 1918, vues son intelligence et son application aux études, il est choisi pour poursuivre sa formation à l'École Normale de la mission de Mikalayi où il étudie de 1918 à 1921. Pendant cette période, ses maîtres l'associent déjà non seulement à leur apostolat, mais même à l'enseignement comme remplaçant lorsque les circonstances l'exigeaient. Ayant terminé, encore brillamment, l'École Normale, il est sélectionné cette fois-ci pour le Petit Séminaire où il entre le 1er octobre 1921[36].

35 Voir Kalengayi, *Biographie de Kabese Bernard Tshilombweji Nkoladimwe. Tshilundu (Mérode) Janvier 1904 – Kinshasa 01 Octobre 81*. Kinshasa, 8 janvier 1983 (inédit). Cette biographie est constituée à partir des archives familiales. Elles comprennent essentiellement des informations et des documents rassemblés au cours des années par notre Père ou écrits par lui. Il faut y ajouter ses propres travaux de recherche sur la langue et la culture luba, ainsi que ses traductions de textes religieux catholiques.

36 À cette époque, les collèges d'enseignement secondaire n'existaient pas encore : les élèves brillants étaient sélectionnés et envoyés au séminaire. C'est de ce séjour au séminaire que provient l'amour de notre Père pour la langue latine. Le latin occupait visiblement une place importante dans le curriculum, ainsi que le montre Van Keerberghen, *Histoire de l'enseignement catholique au Kasayi*, 261. Les textes étudiés étaient : en 6ème latine : *Epitome Historiae Sacrae* ; en 5ème *De Viris illustribus urbis Romae* ; en 4ème *De Bello Gallico* par

À sa propre demande, il quittera le séminaire le 26 mars 1926, mais reste en contact étroit avec l'Église et se met à son service. C'est ainsi qu'il est affecté à la mission catholique de Kabinda où, pendant une année, il enseigne à l'école primaire, aux catéchistes et aux catéchumènes qui se préparent pour le mariage chrétien. Il est ensuite envoyé à la mission de Brabanta, où il poursuit les mêmes activités comme auxiliaire des missionnaires : encadrement et enseignement religieux à la population locale. Tel était son engagement dans le travail apostolique que, bien qu'il fût un laïc, la population locale l'avait surnommé *nsango muindu* (prêtre noir)[37].

En plus de ce travail missionnaire, Bernard Kabese était chargé de l'enseignement du français aux agents des Huileries du Congo, une société de la place. À son retour de Rome, Monseigneur Auguste De Clercq rappelle le « prêtre noir » à Mikalayi et décide de l'envoyer à Léopoldville pour y poursuivre les études d'assistant médical à l'École de Médecine dès 1927. C'était à l'époque une institution prestigieuse et qui offrait aux Congolais les études profanes les plus poussées et pour lesquelles il fallait passer un examen d'admission très rigoureux[38]. Les rapports de ses Professeurs signalent Bernard Kabese comme « intelligent, ordonné et distingué ». Il accomplit chaque année ses études avec « grande distinction »[39] et les termine en 1932, *major* de sa promotion qui est la deuxième de cette école. Durant ses études, notre Père réside à la mission catholique de Kintambo, un quartier de Léopoldville, où, fidèle à son apostolat laïc, il participe activement aux activités de la paroisse locale. Lorsqu'il retourne au Kasaï en 1932, Monseigneur De Clercq l'envoie à la mission de Hemptine pour seconder le Dr Cochaux. Rappelé de nouveau par l'évêque, comme avant lui Jean Ilunga, le Père de notre Mère, notre Père est à son tour nommé Professeur à l'École Moyenne des pères Joséphites à

Jules César et *Flores sanctorum* ; en 3ème *Bellum Iugurthinum* et *De Catilinae coniuratione* de Salluste; en classe de Poésie Tite-Live, Salluste, les *Odes* d'Horace, *L'Enéide* de Virgile, les Hymnes et les Psaumes liturgiques, et enfin en classe de Rhétorique *Les Actes des Apôtres*, Cicéron, Tacite et des extraits des Pères de l'Église. À part les textes religieux, ce sont ces mêmes textes latins qui étaient enseignés dans les collèges plusieurs décades après et que le frère aîné et moi avons étudiés à l'école secondaire dans la section des humanités gréco-latines dans différentes institutions catholiques d'enseignement secondaire : Collège de Kamponde, Collège Saint Louis de Luluabourg (où les garçons et les filles étudiaient ensemble pour les Humanités), Collège Albert de Léopoldville, Lycée des Dames du Sacré-Cœur de Léopoldville et, en Belgique, à l'Institut des Dames de Saint André à Charleroi.

37 A l'époque les prêtres étaient tous blancs. Le premier prêtre noir de la province du Kasaï, l'Abbé Charles Mbuya, est ordonné le 1er juillet 1934. Il célèbre sa première messe à la mission de Mérode le 28 juillet 1934. Ici aussi, je me souviens que notre Père nous en parlait toujours avec beaucoup de fierté.

38 Voir Bolya, « L'École AMI (pour Assistants Médicaux Indigènes) de Léopoldville ».

39 Signalé dans *Annales. Société belge de médecine tropicale*, 9-10 (1929) : « deuxième année : Kabese, Bernard Grande distinction » et 10-11 (1930) : « Kabese, Bernard Grande distinction Admis en stage 2 ».

Luluabourg où il enseignera de 1933 à 1936[40]. Le 1er juin 1932, il épouse dans le rite catholique Rose Ntumba notre Mère, fille d'Elisabeth Boyi et de Jean Ilunga, son ancien Professeur à l'École Normale de Mikalayi (illustrations 3 et 8).

Des conversations de nos parents, j'ai gardé en mémoire des noms qui revenaient régulièrement, sans que nous, leurs enfants, puissions vraiment les rattacher à quelque chose de concret dans notre monde de l'enfance : Mumpere Nkanka, Monseigneur Kettel, Monseigneur Demol, le Père Van Zandijcke (je me souviens que notre Mère, qui ne savait pas prononcer un nom en flamand, langue qu'elle ignorait, disait « Mumpere Vanzandeka »), Emeri Ngoyi, François Mpolesha, Abbé Charles Mbuya, les Joséphites (j'ai entendu notre mère dire souvent « patuvua mu ba Joséphites » (quand nous étions chez les Joséphites)), et surtout, l'inoubliable Monseigneur Auguste De Clercq, qui reste un personnage marquant dans la vie et la carrière de notre Père.

En mai 1936, Monseigneur De Clercq, évêque apostolique de la province du Kasaï, engage notre Père comme son secrétaire attaché à l'évêché. Parmi ses tâches essentielles, il y a les travaux de traduction (illustration 4). On lui doit de très nombreuses traductions en Tshiluba de textes religieux : les Évangiles, les encycliques papales, les lettres pastorales, *L'Imitation de Jésus Christ* (illustration 5), les livres des saints, les Psaumes, les lettres de Saint Paul. Cependant, les publications ne portent ni ne mentionnent son nom[41], comme c'était, hélas, souvent la pratique à l'époque. Une partie de ces documents et d'autres textes sur la langue et la culture luba se trouvent dans les archive familiales. J'ai trouvé dans les archives du KADOC de nombreuses pages dactylographiées ou écrites à la main par Bernard Kabese ; d'autres encore, portant des corrections manuelles à ses propres textes ou aux brouillons de l'évêque écrits en Tshiluba. Il semble que ce travail de traduction le passionnait. Je me souviens l'avoir entendu dire souvent que le travail de traduction était pour lui aussi un moyen d'approfondir sa connaissance des textes religieux et de réfléchir sur les structures de la langue luba, comme en témoignent les nombreux textes

40 Voir Van Keerberghen, *Histoire de l'enseignement catholique au Kasayi*, 198 : parmi les « professeurs laïcs », il cite Bernard Kabese.

41 Plus tard, quelques revues spécialisées mentionnent son nom, mais essentiellement au sujet de travaux de linguistique sur le Tshiluba : voir par exemple *Zaïre*, 4 (1950) 2, 755 ; *Aequatoria*, 25 (1962), 93 ; *Mémoires. Académie Royale des Sciences d'Outremer. Classe des Sciences morales et politiques*, (1949), 131 ; *Anthropos*, 73 (1978), 253 ; *Bulletin des Séances, Académie Royale d'Outremer*, 17 (1946), 257 où l'on peut lire: « Au cours de ses recherches en 1937, Mr Burssens a pu utiliser sur place les services de Bernard Kabese, secrétaire indigène de feu Monseigneur De Clercq ». Cette visite du Professeur Burssens et le travail d'information a été un moment important dans la vie de notre Père : voir Raphaël Kalengayi, *Biographie de Kabese Bernard* (inédit). Il existe actuellement à l'université de Gand (UGent), où a professé Monsieur Burssens, un departement African Studies / Langues et cultures africaines dans lequel a enseigné le Professeur Jean Ngo Semzara Kabuta qui a publié et mis en ligne un *Dictionnaire Français-Tshiluba*.

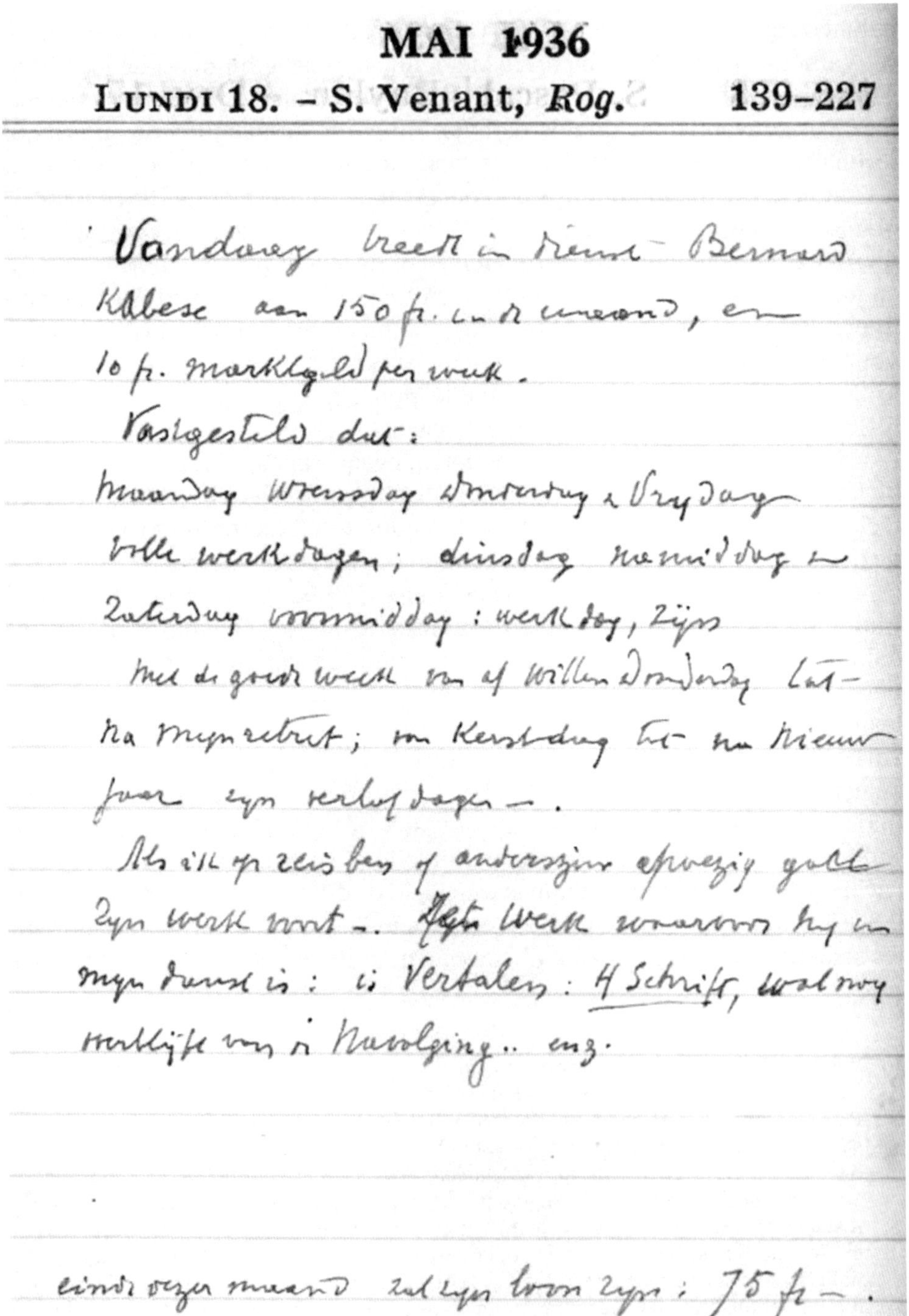

MAI 1936

Lundi 18. – S. Venant, *Rog.* 139–227

Vandaag treedt in dienst Bernard Kabese aan 150 fr. in de maand, en 10 fr. marktgeld per week.

Vastgesteld dat:

Maandag Woensdag Donderdag en Vrydag volle werkdagen; dinsdag namiddag en Zaterdag voormiddag: werkdag, zijn met de goede week van af Witten Donderdag tot na mijn retreat; van Kerstdag tot na Nieuw Jaar zijn verlofdagen –.

Als ik op reis ben of anderszins afwezig gaat zijn werk voort –. Het werk waarvoor hij in mijn dienst is: i) Vertalen: H Schrift, wat nog ontbreekt van d Navolging.. enz.

einde dezer maand zal zijn loon zijn: 75 fr –.

4. Dans l'agenda de Monseigneur Auguste De Clercq : concernant l'engagement de Bernard Kabese comme son secrétaire particulier et les conditions de son travail. (Ce texte flamand a été traduit pour moi par Bram Cleys.)
[Leuven, KADOC]

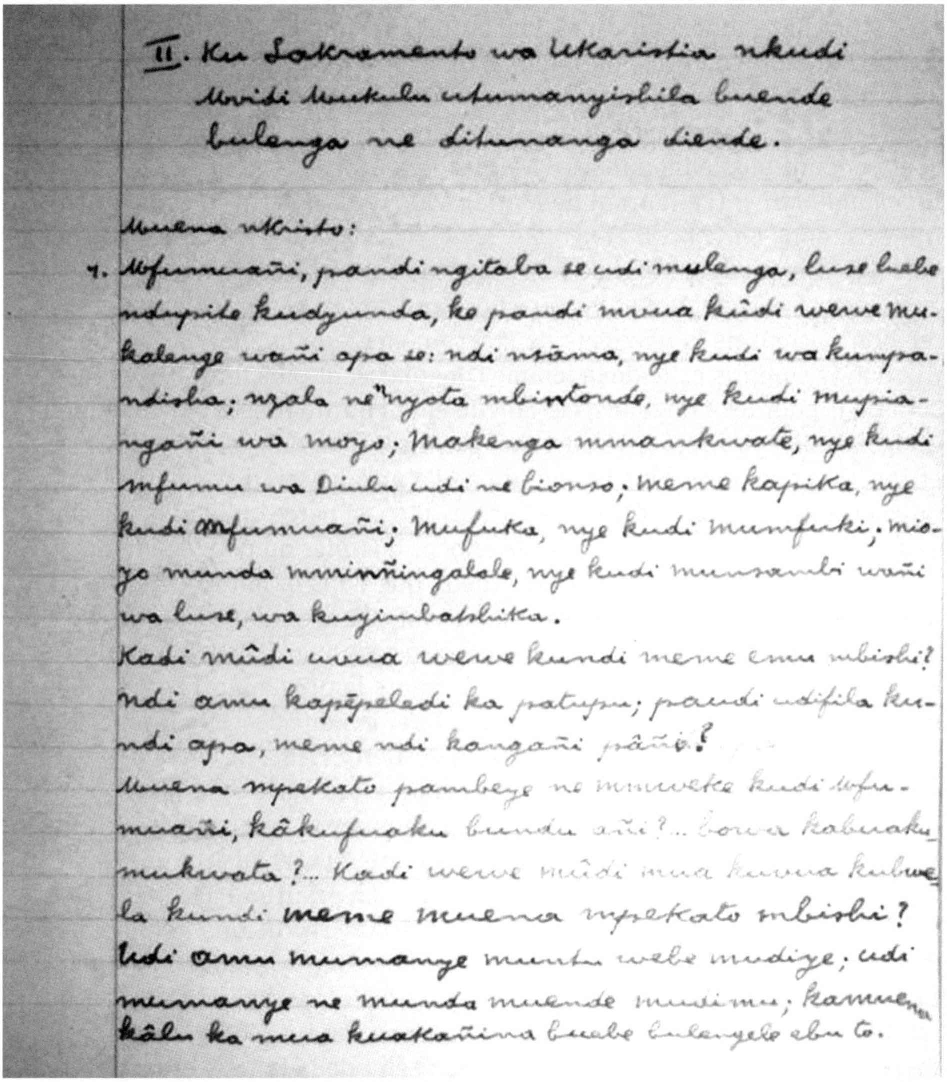

II. Ku Sakramento wa Ukaristia nkudi
Muidi Mushilu utumanyishila buende
bulenga ne ditumanga diende.

Muena nKristo:

1. Mfumuanï, pandi ngitaba se udi mulenga, luse luebe
ndipile kudyunda, ko pandi mua kûdi wewe mu-
kalenge wanï apa se: ndi nsâma, nye kudi wa kumpa-
ndisha; nzala ne nyota mbintonde, nye kudi mupia-
ngani wa moyo; Makenga mmankwatẽ, nye kudi
mfumu wa Diulu udi ne bionso; meme kapika, nye
kudi Mfumuanï; Mufuka, nye kudi mumfuki; mio-
yo munda mmimñingalale, nye kudi munsambi wanï
wa luse, wa kuyimbatshika.
Kadi mûdi muna wewe kundi meme emu mbishi?
ndi amu kapẽpeladi ka patyna; pandi udifila ku-
ndi apa, meme ndi kangani pãnï?
Muena mpekato pambeye ne mmuweke kudi Mfu-
muanï, kâkufuaku bundu anï?... bona kabuaku
mukwata?... Kadi wewe mûdi mua kuvua kulue
la kundi meme muena mpekato mbishi?
Udi amu mumanye muntu webe mudiye; udi
mumanye ne munda muende mudimu; kamuena
kâlu ka mua kuakanina buebe bulengelo ebu to.

5. Echantillon écrit de sa main de la traduction en Tshiluba par Bernard Kabese de *l'Imitation de Jésus-Christ.*
[Leuven, KADOC]

qu'il a produits, aidé à produire, et d'autres inédits. En plus de ces travaux de traduction, notre père a continué sans relâche son travail d'apostolat missionnaire. C'est à cette même période qu'il publie ses premiers articles en Tshiluba dans les périodiques missionnaires de l'époque dont il sera le Rédacteur en chef pendant plusieurs années : *Nkuruse* (La Croix), *Nzubuetu* (Notre Foyer), *Dibeji dia Mariya* (Le Journal de Marie). Plus tard, il écrira régulièrement, en français, dans *La Voix du Congolais*, revue des « évolués » publiée à Léopoldville. Les thèmes de ses écrits sont focalisés sur les sujets (parfois controversés et subversifs à l'époque) et les questions qui seront centrales dans sa vie : la religion (y compris la nécessité de créer un clergé indigène), la famille, l'instruction (y compris celle de la femme congolaise, et plus tard, l'enseignement supérieur pour les Congolais), la langue et la culture luba, l'émancipation du Congolais. Il signe Bernard Kabese ou parfois Berka. Plus tard, avec mes frères et soeurs, nous prendrons l'habitude de l'appeler Berry l'Ancien : sa sagesse nous le faisait comparer à Caton l'Ancien, et aussi parce qu'il aimait beaucoup la langue latine apprise pendant ces années d'études au petit séminaire. C'est sous ce surnom respectueux et affectueux que dans la famille, il reste connu jusque dans la génération de nos enfants et de leurs enfants.

Monseigneur Auguste De Clercq (1879-1939) se détache incontestablement dans la vie de notre Père comme la figure la plus importante de tous les missionnaires (illustration 6). Il existe certainement des biographies de cet évêque[42]. L'image que nous, les enfants de Berry l'Ancien, en avons gardée, c'est celle à travers notre Père qui nous en toujours parlé en termes positifs et affectueux. Monseigneur De Clercq était un homme généreux, à la curiosité intellectuelle toujours en éveil. Il accordait un intérêt réel aux pratiques, à l'histoire et à la culture des populations à évangéliser, et surtout à la langue locale, le Tshiluba. À cause de son intelligence et de son esprit constamment en état d'alerte, la population locale l'avait surnommé *kela katua* (couteau aiguisé). Notre Père qui était un puriste de la langue luba et un défenseur de la culture luba avait pu trouver en Monseigneur De Clercq un interlocuteur avec qui il a pu collaborer aussi sur le terrain profane : celui de la langue luba. L'évêque a publié de nombreux ouvrages (grammaires, dictionnaires, textes pastoraux et autres) sur et en langue luba : travaux auxquels avait visiblement contribué Bernard Kabese si l'on regarde la date de certaines de ces publications. Toujours à travers le regard de notre Père, Mgr De Clercq apparaît comme un homme d'ouverture et un missionnaire éclairé. Il y avait entre les deux personnalités un profond respect et une grande estime mutuels, ce qui avait rendu possible une collaboration soutenue jusqu'à la mort de l'évêque en 1939. Dans ses écrits, notre Père appelle Monseigneur De Clercq « étoile lumineuse de l'Afrique Centrale ». De l'évêque, il reconnaît l'« empreinte sur sa vie et sa

42 Parmi les plus récents, l'ouvrage de l'Abbé Prosper Omelokamba Tshoke, *Mgr Auguste De Clercq, (CICM 1870-1939) et la recherche d'une nouvelle impulsion morale.*

6. Mgr Auguste De Clercq, 1938.
[Leuven, KADOC]

carrière », son action apostolique missionnaire « éclairée » et « progressiste ». En effet, pour cette époque, certaines positions de l'évêque pouvaient sembler hors du temps, enclin qu'il était à croire que la « civilisation » ne devait pas nécessairement s'accompagner d'une aliénation totale des évangélisés vis-à-vis de leur culture. Ainsi écrivait-il :

> il leur faut des formes qu'ils puissent s'assimiler, qui puissent devenir des éléments reconstituants de la race que la race elle-même puisse s'appliquer et garder, de sorte que l'évolution qu'ils sont prêts à faire ou à subir ne leur enlève pas leur qualité de Luba[43].

Notre Père, sa vie, il l'a consacrée à la famille, à l'Église, à sa profession médicale et à la valorisation de la langue et de la culture luba. Malgré les changements apportés par les temps, les déplacements, et l'âge, ces quatre éléments sont demeurés ses lieux d'ancrage. Dans la généalogie familiale, Berry l'Ancien est sans aucun doute le personnage qui incarne le mieux l'enracinement à la fois dans la tradition chrétienne et dans la culture locale. Il sera pour notre génération la courroie de transmission non seulement des fondements et des idéaux de la religion chrétienne et de la modernité, mais aussi de la culture locale dont il aura toujours reconnu, valorisé les éléments positifs, cherché à les

43 De Clercq, « L'Attitude des Balubas vis-à-vis de la pénétration des idées européennes », 51.

7. Docteur Enoch Pourbaix et son épouse à leur arrivée à la Mission de Mikalayi en 1937.
[Leuven, KADOC]

sauvegarder et à les transmettre. Fidèles à une tradition africaine sur laquelle vient se greffer une tradition catholique semblable selon laquelle les enfants sont un don de Dieu, nos parents avaient fondé une famille nombreuse : quatre garçons et huit filles qu'ils envoyèrent tous, sans discrimination, dans les écoles d'élite de leur époque. Les témoignages individuels de mes frères et soeurs sur Berry l'Ancien, écrits pourtant indépendamment les uns des autres et à partir de lieux géographiques et de moments divers, concourent dans leur mémoire du Père : son profond engagement dans la foi chrétienne, l'importance de la famille, son intelligence et sa grande culture, la religion et la prière au centre de la vie, l'importance de l'éducation des filles comme celle des garçons, une grande sévérité à notre égard (il faut le dire, souvent atténuée par une douce intervention maternelle) et une détermination qui parfois tournait à l'obstination. Ce qui lui valut quelques « difficultés » et des « punitions » de la part des autorités coloniales[44] comme en témoignent certains moments de sa vie. Ayant terminé l'école de Médecine à Léopoldville en 1932, Bernard Kabese refuse son assignation par l'administration coloniale et décide de lui-même de rentrer travailler au Kasaï, où, disait-il, était sa place, puisque c'est l'Église du Kasaï qui l'avait envoyé aux études de Médecine. En représailles, l'administration coloniale le bannit de la Fonction Publique. C'est ainsi que Monseigneur De Clercq le récupèrera pour la Mission et, plus tard, fera de lui son secrétaire. En 1943, arrive à Mikalayi le Docteur Enoch Pourbaix (il-

44 Entre autres, le séjour forcé dans un hôpital psychiatrique. Le médecin belge responsable l'en fit sortir, estimant que le sujet n'était « pas fou », seulement « intelligent ».

8. 3ème génération: Rose Ntumba et son époux Bernard Kabese, 1950? [Archives familiales]

lustration 7). Il a besoin d'un assistant. L'administration coloniale se souvint alors d'un certain Bernard Kabese, fit appel à lui et l'intégra dans la Fonction Publique. De 1943 à 1958 il travaille dorénavant comme assistant médical (les colonisés, malgré leurs études en médecine, n'avaient pas le titre de docteur).

Les lignes qui suivent illustrent également la forte personnalité de Berry l'Ancien. Mes soeurs et mes frères, nous ne portons pas le même nom de famille. Contrairement à beaucoup d' « évolués » de son temps, notre Père a toujours résisté à donner le même nom, Kabese, à ses enfants : la patronymie n'étant pas traditionnellement de coutume chez les Balubas. Lors de notre inscription, une de mes jeunes soeurs et moi, à l'Institut Janua Coeli de Luluabourg, école jusque là réservée aux enfants des coloniaux, les religieuses nous avaient inscrites sous le même nom de famille : Kabese. Je me souviens que, malgré leur insistance, notre Père refusa notre inscription sous le patronyme et exigea que nous soyions inscrites sous les noms individuels que nous avions toujours portés. Je fus donc inscrite comme Elisabeth (Francesca) Boyi, du nom de ma grand-mère maternelle. Peu avant 1960, l'administration coloniale voulait mettre notre Père à la retraite anticipée pour se débarrasser de lui. Je me souviens également des conversations à ce sujet avec notre Mère et avec les plus âgés d'entre nous. Avec sa détermination habituelle, notre Père résista vigoureusement à cette mesure qu'il trouvait injuste et injustifiée et assaillit l'administration de nombreuses lettres et recours, si bien que la procédure prit du temps avant qu'une décision finale ne soit prise. Sur ce arriva l'indépendance du Congo Belge en 1960, et le procès s'arrêta de lui-même. Notre Père continua à exercer sa profession médicale jusqu'à la retraite normale en 1971.

Berry l'Ancien passait la plupart de son temps à la maison, à lire et à écrire. Cela ne l'empêchait pas de s'occuper de nous : il nous causait souvent, notre Mère ne connaissant pas le français, c'est lui qui nous aidait pour les devoirs (moi pour le latin), attentif à nos besoins à la maison, exigeant pour notre travail et nos résultats scolaires. Je me souviens aussi qu'il était plein d'attention pour notre Mère dont il ne manquait jamais de demander l'avis pour des décisions importantes concernant la famille. Par ailleurs, il ne cessait de nous encourager, filles et garçons, à aller toujours plus en avant dans les études, nous exhortant à refuser la médiocrité et à viser en tout l'excellence. Parmi les nombreux adages en latin qu'il aimait nous citer, revenaient régulièrement *excelsior* (toujours plus haut,) et *semper melius* (toujours le meilleur). À l'âge de la retraite, il demeure actif dans sa paroisse, Sainte Marie à Mbuji-mayi, où il sert comme diacre laïc et comme animateur de la communauté de base locale, le *Tshimuni tshia Kristo* (le flambeau du Christ). Des nombreuses distinctions honorifiques reçues, celle dont notre Père était le plus heureux, c'est la médaille d'or (*Nomisma Aureum Benemerenti de Re Catholica*) reçue du Saint-Siège sous Paul VI en 1963.

Nous avons connu Berry l'Ancien l'esprit toujours alerte, le corps actif, grand marcheur, jamais malade, jamais alité. Quand il le sera, ce sera pour la première et la dernière fois de sa vie. Hospitalisé aux Cliniques universitaires de Kinshasa, il meurt le 1er octobre 1981, après une brève maladie et muni des sacrements de l'Église qui avait toujours été la sienne. Les lettres de Saint Paul figurent parmi les nombreuses traductions en Tshiluba que notre Père avait faites pour l'évêché. Sa vie se conclut avec ces mots de l'Apôtre Paul repris par la famille en épitaphe sur sa tombe :

> J'ai combattu le bon combat, j'ai achevé ma course, j'ai gardé la Foi, et maintenant, voici qu'est préparé pour moi la couronne de justice, qu'en retour le Seigneur me donnera en ce Jour-là, lui le juste Juge, non seulement à moi, mais à tous ceux qui auront attendu avec amour son Apparition[45].

Très nombreux aux funérailles étaient venus ses anciens patients aussi bien que ses anciens élèves. Ceux-ci ont rappelé la mémoire qu'ils avaient gardée de lui : un Professeur « sévère, rigoureux mais par ailleurs généreux et juste ». Pour nous ses enfants, pour nos propres enfants et leurs enfants, il est inscrit et il survit dans notre mémoire comme Berry l'Ancien : nom qui résume à la fois le respect et l'affection de la famille envers celui qui, par bien des côtés et dans le contexte du pays à cette époque, s'était révélé être en avance sur son temps.

45 Saint Paul, 2ème épître à Timothée 4, 6-8.

Quatrième génération catholique : la nôtre

Elle est la mienne avec mes *siblings* : nous sommes nés entre 1934 et 1961. À cause de la proximité dans le temps et dans l'espace, notre génération est la plus marquée par les enseignements de notre Père. Il ne nous a jamais forcés à suivre telle ou telle orientation professionnelle. Nous constatons aujourd'hui que nos choix d'études et de professions rappellent quelque peu le grand-père maternel Jean Ilunga, et surtout, portent la marque paternelle : études de lettres et du latin, études de médecine, école d'infirmières. En effet, de notre génération sont sortis médecins, infirmières, pharmaciens et professeurs (le frère aîné Professeur de médecine, et l'auteur de ces lignes Professeur de lettres). Celle de nos enfants a produit des avocats, mais également des médecins et des infirmières. Ces professions, consciemment ou pas, nous ramènent à l'image du Père. De plus, comme pour répercuter son désir de garder à travers ses écrits les traces du passé, il y aura parmi les *siblings* une licenciée en histoire. Pour chacun et chacune de nous, l'élément important a été l'éducation : nos parents nous avaient envoyés dans les meilleures écoles (toutes catholiques) qui existaient à l'époque. Sur le plan religieux, nous sommes tous restés dans la tradition catholique familiale dans laquelle ont vécu et sont morts nos parents.

Cinquième et sixième générations : nos enfants et leurs enfants

De la génération de nos enfants sortiront également des médecins et des infirmières, aujourd'hui éparpillés sur trois continents (l'Afrique, l'Europe et les Amériques). Avec les années et la mobilité des temps modernes, la famille se disperse, et une distance géographique et temporelle s'établit entre les générations, et les liens s'estompent. Les descendants de l'Aïeule jusqu'à ses arrières-arrières-arrières-petits-enfants qui sont les enfants de nos enfants, ne l'ont pas connue. De même, ceux-ci n'ont point connu Berry l'Ancien, si ce n'est que de nom. Certains de ces petits-enfants qui l'ont connu quelque peu, disent se rappeler lui les uns plus, d'autres moins, et ont entendu beaucoup parler de lui par leurs parents. D'après les témoignages écrits de presque tous ces jeunes descendants (que j'ai recueillis entre 2008 et 2012), ce qu'ils ont appris sur Berry l'Ancien ou retenu de lui, ce sont ses « enseignements moraux », qu'il « était un lettré », qu'il accordait une « grande importance à l'éducation et à l'instruction », qu'il « était très sévère », et que la religion constituait « un élément important dans sa vie ». Certains de ces descendants ont cédé à l'attraction des nouvelles églises chrétiennes, heureusement, sans pour autant tomber dans le fanatisme et les dérives qui accompagnent certaines d'entre elles.

Interrogations et discours critique

Les études de lettres, tout comme la profession d'enseignante m'ont ouverte aux discours littéraires, exposée aux analyses critiques portant sur les identités, les relations de pouvoir, le contact des cultures. La jeune enfant que j'étais autrefois, ne pouvait analyser le discours paternel, ni les contextes culturels. L'entrainement à l'analyse et à la critique permet ici de prendre une certaine distance narrative et critique par rapport aux personnes et aux évènements, et ce, malgré mon engagement affectif avec les personnages.

Mikalayi était une belle et immense mission, avec de beaux et nombreux bâtiments. J'ai gardé une vive image de la cathédrale aux allures romanes, l'imposante demeure de l'évêque en briques rouges et en style mauresque, les demeures des prêtres et des religieuses, les bâtiments des écoles. La mission était de plus dotée de toute une infrastructure économique, routière et hospitalière. Elle fonctionnait en parfaite autarcie et s'érigeait en quelque sorte comme un état dans l'état. Aux premiers temps de la mission, tous les travaux furent effectués par les chrétiens rassemblés autour d'elle, supervisés par un missionnaire. L'on peut aujourd'hui poser des questions que notre Aïeule, réfugiée et accueillie à la mission comme tant d'autres, ne pouvait pas se poser. Semblable à celle du colonisateur, qu'en était-il, par exemple, de la position hégémonique du missionnaire que l'iconographie religieuse illustre bien dans l'ouvrage de Jean Pirotte ?[46] Dans le contexte de la Traite esclavagiste la mission constituait un havre de paix. Pourquoi donc y renoncer ? Comment, dès lors, s'opéraient les conversions ? Quelle en était la véritable motivation ? Par ailleurs, la main-d'oeuvre qui a construit la cathédrale de Mikalayi et tous les bâtiments de la mission était-elle salariée ou gratuite ? À quelle période devint-elle salariée ? Il est à supposer qu'à un certain moment notre Aïeule percevait un salaire de la mission, puisque à sa retraite, elle bénéficiait d'une pension. Je me souviens qu'à cause de son âge, elle ne se déplaçait plus guère, et c'est notre Père qui avait la charge d'aller à la mission toucher sa pension et de la gérer pour elle. J'ai entendu plusieurs fois l'Aïeule demander qu'on lui achète tel ou tel objet, ou telle autre chose pour ses petits-enfants (dont notre Mère) et ses arrières petits-enfants (nous autres) avec, comme elle disait, *fualanga ya penchio* (l'argent de la pension). Elle utilisait bien le mot "pension", mais, ne connaissant pas le français, elle prononçait le mot à sa manière et disait "penchio".

De mon enfance, je me rappelle aussi très clairement, que dans cette cathédrale de la mission de Mikalayi bâtie par les chrétiens locaux, parmi lesquels mes arrières-grands-parents, l'espace intérieur était ségrégué : les Blancs avaient tous leur place aux premiers rangs, hommes, femmes et enfants restaient ensemble. De plus, ils avaient droit à des chaises individuelles

46 Voir Pirotte, *Périodiques missionnaires belges d'expression française*.

et communiaient les premiers. Les Noirs se tenaient derrière eux. Ils avaient non pas des chaises, mais des bancs communs assez bas, sans siège ni dossier, juste pour s'agenouiller. Ils devaient rester séparés : les femmes et les enfants à gauche, les hommes à droite. Notre Père avait une place qui lui était réservée tout au fond de l'église, avec une chaise pliante individuelle. L'église se dit pourtant en Tshiluba *nzubu wa Mvidi Mukulu* (la maison de Dieu). Pourquoi alors cette ségrégation ?

Devenue adulte et rendue consciente par l'étude des textes que le comportement de certains missionnaires envers les populations locales reproduisait celui des colonisateurs, je me suis longtemps interrogée sur le pourquoi et sur ce qui faisait la force de l'adhésion, de la croyance, de l'attachement profond et de la fidélité inconditionnelle de notre Père à la foi chrétienne et à l'Église catholique, malgré l'attitude de certains missionnaires. À la maison, nous savions que, à cause de sa forte personnalité et de certaines de ses prises position, les missionnaires ne le portaient pas tous particulièrement dans leur cœur. Je me souviens que Berry l'Ancien nous répétait souvent que les missionnaires étaient des humains, donc susceptibles d'erreurs. L'adhésion à la foi, disait-il, se devait d'être envers Dieu et non pas envers les hommes. Il apparaît clairement que pour Berry l'Ancien, son adhésion à la religion chrétienne était profonde, réfléchie, et pleinement assumée. Cela serait-il dû au fait qu'il a côtoyé, travaillé et vécu dans l'entourage de Monseigneur De Clercq qu' il considérait comme un missionnaire « éclairé »? Celui-ci, d'une certaine façon, a été longtemps présent chez nous à la maison. Nos parents, surtout notre Père, en parlaient très souvent, et toujours avec un immense respect et une grande admiration. Pour nous, jeunes enfants, l'évêque était devenu une sorte de personnage mythique. Je peux sans doute mieux comprendre aujourd'hui que d'une certaine manière, par son ouverture, l'estime et le respect qu'il témoignait à notre Père, cet évêque a pu représenter pour lui une image de la religion chrétienne qui rachetait les « erreurs humaines » des missionnaires et lui permettait de les relativiser. Dans sa courte biographie de notre Père, notre frère aîné le résume en disant que celui-ci

> s'est forgé des convictions chrétiennes si solides que n'ont point ébranlées même certaines « erreurs » profondes de certaines époques missionnaires et qu'il décrit avec courage, lucidité et discrimination, faisant la part des choses entre doctrine de l'Église et comportement humain[47].

En même temps à sa manière et par sa préoccupation pour une valorisation de la culture locale, Berry l'Ancien relativisait, pour ne pas dire contestait, le concept d'une *tabula rasa* avant l'arrivée des Blancs. Il ne cessait de nous

47 Kalengayi, *Biographie de Kabese Bernard* (inédit).

rappeler que Dieu n'est pas un apport du colonisateur : nos ancêtres connaissaient et invoquaient un Dieu Unique comme en témoignent les différentes appellations qui le désignent en Tshiluba. Par ailleurs, dans un éditorial de la revue *Nkuruse*, Berry l'Ancien attire l'attention sur les savoirs endogènes locaux, souvent appropriés par le colonisateur sans en reconnaître la source locale :

> Bien des gens disent que nous pensions que les *malu* (nouvelles idées) qu'on nous écrivait venaient des Blancs ou de l'Europe, alors que ce sont des choses d'ici, connues de nous depuis longtemps, et provenant des *Tufike* (minables noirs) comme nous. [...] Ces Blancs dont vous parlez, s'ils n'avaient pas trouvé dans leurs recherches que les *malu* que vous suggèrent les minables voix comme vous sont exacts, ils ne pouvaient pas gaspiller leur argent pour les faire imprimer[48].

La mission comme entreprise spirituelle n'en avait pas moins une dimension culturelle. L'action missionnaire s'est parfois avérée être aussi une intervention dans la société et la culture et qui s'est actualisée dans la lutte des missionnaires contre la polygamie, les idoles, les fétiches et les pratiques « superstitieuses » : tous éléments qui faisaient partie d'une chaîne constituant le tissus social. Ce qui explique, par exemple, la colère du chef de village dans le roman de Mongo Beti *Le Pauvre Christ de Bomba*.

Pour autant que je m'en souvienne, Berry l'Ancien ne semblait pas être passé par un interrogation opposant religion et culture, ni par la « crise identitaire » présente dans les questions que se sont posées autrefois les prêtres noirs et qui ont suscité d'intenses discussions dans les colloques sur l'Afrique et le christianisme[49]. Je ne me souviens pas qu'il soit passé par les angoisses existentielles du personnage de Pierre Landu dans le roman de V.Y. Mudimbe *Entre les eaux* : « Est-il possible, ou comment peut-on être chrétien et Africain? » Je n'ai pas de souvenir d'une perception ou de discussion d'un Berry l'Ancien inquiet, partagé ou divisé entre deux traditions culturelles. Il avait apparemment vécu sans ce conflit, ayant intériorisé et intégré profondément

48 Kabese, « Kafundile ka mukanda wa Nkuruse », *Nkuruse*, janvier 1934, 1, 1-2 : citation traduite du Tshiluba par Kalulambi Pongo, *Etre Luba au XX*[e] *siècle. Identitité chrétienne et ethnicité au Congo-Kinshasa*, 144. Le titre de l'article pourrait être traduit par « La Raison d'être de Nkuruse ». Cette citation de Bernard Kabese fait allusion aux travaux anthropologiques des missionnaires et des administrateurs coloniaux sur les cultures et les populations locales. Il stigmatise ces travaux d'autrefois dont les auteurs européens omettaient généralement de reconnaître ou de citer les sources qu'étaient les informateurs locaux. Il y a une certaine ironie dans l'emploi du terme Tshiluba "Tufike" (minables noirs) pour reproduire l'attitude méprisante des coloniaux à l'égard des locaux.

49 Voir Sourou, *Comment être Africain et chrétien* ; Collectif, *Civilisation noire et Église catholique* ; Collectif, *Des Prêtres noirs s'interrogent*.

dans sa vie la religion chrétienne, tout en restant attaché à certains aspects de la culture locale. C'est ainsi que notre frère aîné a pu écrire :

> Il estimait avoir reçu beaucoup du Seigneur pour qu'il puisse témoigner de Lui. Il concevait sa vie comme un combat pour la Foi, la Foi pour la religion qu'il avait **adoptée**, la Foi pour son pays[50].

Les questions que je me posais sur l'engagement profond, la ferveur et la fidélité de notre Père envers la foi chrétienne ont un jour trouvé leur réponse. Elle m'est apparue, comme dans un moment d'illumination, dans un seul mot : **adopter**. Par une heureuse coïncidence, j'ai retrouvé ce verbe dans un séminaire de Michel Serres que j'ai suivi, et dont j'aimerais rappeler ici le commentaire. *Ad-optare*, opter pour. C'est, explique Serres, « comme le fait une mère adoptive », lorsqu'elle pense ou dit: « Je sais que vous ne m'appartenez pas, mais je vous choisis et désormais, vous m'appartenez, vous êtes mien. » L'**adoption**, continue Serres, est un choix et un acte d'amour immense. Elle échappe à toute généalogie et à tout lien biologique[51]. Aujourd'hui, j'ai enfin compris que pour notre Père, sa foi chrétienne et son engagement procédaient d'une véritable **adoption**. C'est ainsi qu'une religion complètement étrangère, venue d'un Ailleurs lointain, est devenue, et de manière indéfectible, la religion de notre Père à laquelle pourtant aucune généalogie culturelle ou biologique ne le rattachait. C'est dire que, bien longtemps avant tous les discours et toutes les théories sur l'identité et le métissage culturel, avant tous les débats des théologiens africains et d'autres sur « l'inculturation » du christianisme, notre Père avait dans sa propre vie trouvé une manière de vivre profondément sa foi chrétienne sans pour autant se renier comme Africain.

En guise de conclusion, l'on pourrait rappeler l'angoisse méthodologique du début, le caractère sélectif et non linéaire de la mémoire, ainsi que le vecteur de subjectivité qui marque le lieu d'énonciation de la narratrice que je suis. Sans doute que ma situation actuelle de Professeur Émérite m'interpelle-t-elle et m'invite à penser à ces mots de Halbwachs à propos de la remémoration et de la famille comme cadre social de la mémoire :

> C'est quand un père et une mère approchent de la vieillesse qu'ils songent le plus à leurs parents, en particulier à ce qu'ils étaient à leur âge, et que, toute raison de se distinguer d'eux tendant à disparaître, il leur semble que leurs parents revivent en eux et qu'ils repassent sur leurs traces[52].

50 Kalengayi, *Biographie de Kabese Bernard* (inédit). C'est moi qui souligne.

51 Serres, séminaire à Stanford University, mai 2011.

52 Halbwachs, *Les Cadres sociaux de la mémoire*, version électronique, 128.

Ma démarche de mise en écriture a abouti à ce texte hybride : naviguant entre subjectivité et objectivité, entre histoire familiale et histoire générale, ou encore, « entre histoire académique » et « histoire non-conventionnelle », entre filiation et affiliation. En même temps que désir d'appropriation de l'Histoire, cette démarche se veut aussi être la reconnaissance d'un héritage paternel et familial dont la religion catholique et son éthique, l'éducation et la culture constituent les paramètres essentiels. L'on pourrait rappeler aussi l'importance que revêt la mission dans la formation intellectuelle et morale de la génération de notre Père, de la nôtre et de celle de nos enfants. Elle porte incontestablement l'empreinte indélébile de la religion catholique véhiculée par la mission, combinée avec l'empreinte des éléments de la tradition locale que notre Père nous a transmis. C'est là un legs à la fois éthique, religieux et intellectuel qui a balisé les itinéraires de notre quatrième génération et nous a permis d'être ce que nous sommes aujourd'hui et de comprendre ce que nous sommes devenus.

Dans la reconstitution à travers les méandres de la mémoire de cette généalogie familiale comme micro-histoire, ce qui importe en fin de compte, c'est de retrouver les traces d'un passé vécu au quotidien et la manière dont les différents acteurs l'ont affronté et assumé. L'apparition de leur image, absente des chroniques de l'évangélisation et de la colonisation, de même que le surgissement ou l'échos de leurs voix et de leurs regards oubliés se concrétisent dans un décentrement du lieu d'énonciation officiel. Est ainsi rendue possible l'émergence d'histoires particulières et locales qui viennent s'inscrire dans l'Histoire plus large et plus globale qui est celle de la Mission au Congo, de la rencontre entre l'Afrique et l'Europe.

BIBLIOGRAPHIE

Achebe, Chinua. *Things Fall Apart*. New York : McDowell, 1959.

Beti, Mongo. *Le Pauvre Christ de Bomba*. Paris : Laffont, 1956.

Bolya, Paul. « L'École AMI (pour Assistants Médicaux Indigènes) de Léopoldville ». *La Voix du Congolais*, 6 (1950) 53, 465-475.

Civilisation noire et Église catholique. Paris : Présence Africaine (Société Africaine de Culture), 1978.

De Clercq, Auguste. « L'Attitude des Balubas vis-à-vis de la pénétration des idées européennes ». *Bulletin de l'Institut Royal Colonial Belge*, 2 (1931) 1, 46-51.

Des Prêtres noirs s'interrogent. Paris : Les Éditions du Cerf, 1957.

Domanska, Ewa. « Sincerity and the Discourse of the Past ». Paper presented at "Historical Studies : Disciplines and Discourses", an international conference on the History and Theory of Historical Studies, CEU, Budapest, 21-24 October 2004.

Eboussi Boulaga, Fabien. *Le Christianisme sans fétiches : révélation et domination*. Paris : Présence Africaine, 1981.

Favarti, Evelyne. « Parcours de vie et mémoires familiales » dans : Jean-François Guillaume e.a. *Parcours de vie. Regards croisés sur la construction des biographies contemporaines*. Liège : Les Éditions de l'Université de Liège, 2005, 91-108.

Foucault, Michel. « Nietzche, la généalogie, l'histoire » dans : *Hommage à Jean Hyppolite*. Paris : P.U.F., coll. Épiméthée, 1971, 145-172. <http://www.scribd.com/doc/23506841/Foucault-Nietzche-la gén...>. Consulté le 25 janvier 2012.

Genette, Gérard. *Seuils*. Paris : Seuil, 1987.

Glissant, Edouard. *Le Discours antillais*. Paris : Seuil, 1981.

Halbwachs, Maurice. *La Mémoire collective*. Paris : Albin Michel, nouvelle édition, 1997.

Halbwachs, Maurice. *Les Cadres sociaux de la mémoire* (1925). Version électronique par Jean-Marie Tremblay: <http://www/uqac.uquebec.ca/zone30/classiques des sciences sociales/index.html>. Consulté 4 février 2012.

Jewsiewicki, Bogumil. *Naître et mourir au Zaïre. Un siècle d'histoire au quotidien*. Paris : Karthala, 1993.

Jewsiewicki, Bogumil et Montal, Fabrice. *Récits de vie et mémoires : vers une anthropologie historique du souvenir*. Paris-Québec : L'Harmattan/Safi, 1987.

Jewsiewicki, Bogumil et Dibwe dia Mwembu, Donatien, éds. *Le Travail hier et aujourd'hui. Mémoires de Lubumbashi*. Paris : L'Harmattan, 2004.

Jewsiewicki, Bogumil, Dibwe dia Mwembu, Donatien et Giordano, Rosario. *Lubumbashi 1910-2010. Mémoire d'une ville industrielle. Ukumbusho wa mukini wa komponi*. Paris : L'Harmattan, 2010.

Kabese, Bernard. « Kafundile ka mukanda wa Nkuruse ». *Nkuruse*, janvier 1934, 1, 1-2.

Kalengayi, Raphaël Mbowa. *Biographie de Kabese Bernard Tshilombweji Nkoladimwe. Tshilundu (Mérode) Janvier 1904 – Kinshasa 01 Octobre 81*. Kinshasa, 8 janvier 1983 (inédit).

Kalulambi Pongo, Martin. *Etre Luba au XXe siècle. Identité chrétienne et ethnicité au Congo-Kinshasa*. Paris : Karthala, 1997.

Le Goff, Jacques. *Histoire et mémoire*. Paris : Gallimard, 1988.

Lejeune, Philippe. *Le Pacte autobiographique*. Paris : Seuil, 1975.

Lufuluabo, François. *Vers une théodicée bantoue*. Louvain : Église vivante, 1962.

Mudimbe, Valentin-Yves. *Entre les eaux. Dieu, un prêtre, la révolution*. Paris : Présence Africaine, 1973.

Mudimbe-Boyi, Élisabeth. *Essais sur les cultures en contact. Afrique, Amériques, Europe*. Paris : Karthala, 2006.

Mudimbe-Boyi, Elisabeth, éd. *Écrivains africains et antillais : du roman comme histoire*. Numéro spécial *Œuvres et Critiques*, 36 (2011) 2.

Mulago, Vincent. *Un Visage africain du christianisme : l'union vitale bantu face à l'union vitale ecclésiale*. Paris : Présence Africaine, 1965.

Mvuanda, Jean de Dieu. *Inculturer pour évangéliser en profondeur*. Bern : Peter Lang, 1998.

Ngoyi, Emery. *Nzubuetu*. 3 mai 1937, 26-30.

Nora, Pierre. *Lieux de mémoire*. Paris : Gallimard, 1997.

Omelokamba, Tshoke Prosper. *Mgr Auguste De Clercq, (CICM 1870-1939) et la recherche d'une nouvelle impulsion morale*. Paris : Edilivre, 2010.

Perec, Georges. *W ou souvenirs d'enfance*. Paris : Denoël, 1975.

Perrot, Claude-Hélène, éd, *Le Passé de l'Afrique par l'oralité*. Paris : La Documentation française, 1993.

Pirotte, Jean. *Périodiques missionnaires belges d'expression française. Reflets de cinquante années* d'évolution d'*une mentalité, 1889-1940*. Louvain : Publications Universitaires de Louvain, 1973.

Ricœur, Paul. « Histoire et rhétorique ». *Diogène*, (1994) 168, 9-26.

Said, Edward. *The World, the Text and the Critic*. London : Vintage, 1983.

Santedi Kinkupu, Léonard. *Dogme et inculturation en Afrique*. Paris : Karthala, 2003.

Serres, Michel. Séminaire à Stanford University, mai 2011.

Sourou, Jean-Baptiste. *Comment être Africain et chrétien : essai sur l'inculturation*. Paris : L'Harmattan, 2009.

Thompson, Paul Richard. *The Voice of the Past : Oral History*. Oxford : Oxford University Press, 1988.

Todorov, Tzvetan. *Les Abus de la mémoire*. Paris : Arléa, 1995.

Van Keerberghen, Joseph. *Histoire de l'enseignement catholique au Kasayi 1891-1947*. Kananga : Éditions de l'Archidiocèse, 1985.

Vansina, Jan. *De la tradition orale. Essai de méthode historique*. Annales, série in-8°. Sciences Humaines, 36. Tervuren : Musée Royal de l'Afrique Centrale, 1961.

Vansina, Jan. *Oral Tradition as History*. Madison : University Press of Wisconsin, 1985.

Vidal-Naquet, Pierre. *Assassins de la* mémoire. Paris : La Découverte, 1987.

Williams, Bernard. *Truth and Truthfulness : An Essay in Genealogy*. Princeton-Oxford : Princeton University Press, 2002.

THE CRISIS OF THE COLONIAL MISSIONS

LA CRISE DES MISSIONS COLONIALES

TEMPELS REVISITED

THE CONVERSION OF A MISSIONARY IN THE BELGIAN CONGO, 1930S-1960S*

PIET CLEMENT

Frans Tempels was born in Berlaar, Belgium, in 1906. In 1924, he joined the order of the Franciscan Friars Minor in Tielt and adopted the name of Placied (Placide). Ordained a priest in 1930, he left for the Belgian Congo in 1933, the start of a missionary life that would span three decades. Father Tempels is best known for his book *La philosophie Bantoue* (*Bantu Philosophy*), first published in 1945. To this day, no study that deals with "African philosophy" fails to discuss it.[1]

Father Tempels' life and works have been the subject of much scholarly work and textual analysis.[2] They have a continuing appeal beyond the obvious historical significance, both because Tempels' ideas have had an impact on the (re-)interpretation of Christianity in an African context, and because his personal trajectory epitomizes the evolution that the Roman Catholic Church and the missionary movement have gone through during the twentieth century.

* The author would like to thank the archivists and staff of the Archives of the Friars Minor in St.-Truiden and of KADOC in Leuven, as well as the organizers and participants of the colloquium *Religion, Colonization and Decolonization in Congo 1885-1960* (Leuven, 8-10 November 2010) for constructive comments to an earlier draft.

1 Wiredu, ed., *A Companion to African Philosophy*, 233-235.

2 Most notably: Fabian, *Jamaa : A Charismatic Movement in Katanga*; De Craemer, *The Jamaa and the Church*; Smet, "Le Père Placide Tempels et son œuvre publiée"; Id., "L'œuvre inédite du Père Placide Tempels"; Id., "La Jamaa dans l'œuvre du Père Placide Tempels"; Id., "Les débuts de la controverse autour de la Philosophie bantoue du P. Tempels"; Hansen, "De literaire nalatenschap"; Bontinck, *Aux origines de la Philosophie bantoue*; Ceuppens, *Congo Made in Flanders?*

This contribution does not focus solely on Tempels' *Bantu Philosophy*, but traces his intellectual and spiritual evolution throughout his missionary life and attempts to explain it in its specific historical context. Three distinct episodes are discernible: Tempels' early missionary life leading up to the writing of *Bantu Philosophy* (1933-1945); the actual publication of his book and the ensuing controversy that led to his temporary return to Belgium (1945-1950); and, finally, the second period of Tempels' missionary activity in the Congo, culminating in the start of the *Jamaa* movement (1950-1962). It will be argued that *Bantu Philosophy* should not be interpreted in isolation, but rather as a crucial, but by no means final, stage in Father Tempels' intellectual, and above all, practical missionary life.

Our key proposition is that Tempels' work and influence should be assessed first and foremost within their missionary context. *Bantu Philosophy* has been praised and sharply criticized on intellectual, philosophical, political and sociological grounds – quite often with good reason. But this risks missing the point that for Tempels *Bantu Philosophy* was foremost the expression of a profound reflection on the day-to-day practice of his missionary activity in the Congo. Tempels, after all, was not an armchair scholar with exalted intellectual ambitions. He was a very practical man, a man of action.[3] *Bantu Philosophy* was intended to provide deeper meaning and direction to this practical action. It was also an expression of Tempels' genuine interest in and admiration for the Congolese people he worked with.

In that sense, Tempels fits in well with two traditions that have had a profound impact on the missionary activities in the Belgian Congo. Firstly, that of the very practice-oriented monastic orders – such as the Friars Minor, the Benedictine Order or the Missionaries of the Sacred Heart – that were active in the Congo, and that typically recruited among the lower to lower middle classes (often in the then less-developed Flanders region of Belgium), and that alongside evangelization put a lot of emphasis on basic education, vocational training and economic activities. And, secondly, that of the Catholic Action movement that gained a lot of support in the Western world during the interwar period, seeking to expand Christian influence in society mainly through the apostolate among and by the popular or underprivileged classes. As we will show, among the influences that have had a major impact on Father Tempels, that of the magistrate Emile Possoz and, through him, of the Catholic Action ideals of Joseph Cardijn played a very significant, but in the literature often neglected, role. Seen from this angle, it is not surprising that these influences would take Tempels on a collision course with the ecclesiastical hierarchy in the Belgian Congo, which at that time largely subscribed to a traditional

3 He sometimes prided himself on his very practical missionary activity: "I have already helped build 15 schools this dry season," he wrote to his friend Possoz. KADOC, Archive Emile Possoz, 1: Letter P. Tempels to E. Possoz, 22 August 1943.

missionary ideal which postulated the absolute superiority of Western Christianity and actively supported the established colonial order.

What is interesting, and in many respects unique, is that Tempels, in his later life, took his ideas to their radical practical conclusion. Understanding and empathizing with the people he worked with was one thing. It meant, though, that he was still only an observer, an outsider. This to Tempels, in his day-to-day missionary activity, was highly unsatisfactory. He wanted to truly partake in the spiritual life of his Congolese faithful, as an equal, to become one of them and one with them. Inspired by his Catholic Action ideals, this eventually led to the creation of the *Jamaa*. Again this was a clear demonstration of how Tempels' ideas were always directly linked to his practical actions.

The research for this contribution is based mainly on contemporary and academic literature, on the published correspondence between Placied Tempels and Gustaaf Hulstaert and on the unpublished archives and correspondence of Emile Possoz, preserved at KADOC in Leuven, Belgium.

Learning to understand

Upon his arrival in the Belgian Congo in November 1933, Father Tempels was first sent to teach at the junior seminary of Luabo in the south-eastern Katanga province.[4] In 1935 he was appointed to the mission post of Lukonzolwa, on the shore of lake Moëro, where he set up a school for catechists and worked as an itinerant missionary, visiting the indigenous villages. In 1938 he was transferred to the mission post of Kamina, in western Katanga, where he would remain until the end of the Second World War.

Among the barely 20,000 Europeans that worked and lived in the Belgian Congo in the mid-1930s, the missionaries who 'worked the field' in the interior of the vast colony were undoubtedly among those that were in closest contact with the local population. As a peripatetic priest – reading Mass, baptizing newborns and converts, hearing confessions or administering the last sacraments – Father Tempels got to know the Congolese villagers intimately. He had a flair for languages and learned to speak and write not one but several Bantu idioms: Kiluba, Kibemba, Swahili. By way of the language, he developed an interest in how knowledge and ancestral wisdom were transmitted through the generations in an oral culture. While travelling, he collected popular songs, sayings and riddles, writing them down in little notebooks.[5] In short,

4 Biographical details taken from Bontinck, *Aux origines de la Philosophie bantoue*, 6-8 and De Roeck, *Beknopte geschiedenis van de Congo-missie*.

5 Smet, "L'œuvre inédite", 220-225. Also: Id., *Écrits ethnographiques du P. Placide Tempels*.

through his missionary work he started to develop a passion for anthropology and ethnology, a trait he shared with quite a few of his fellow missionaries.[6]

From early on, Tempels was very much aware of the specificity of the colonial situation, which postulated the superiority of the European culture, values and power structures. With time, reflecting on his own position and attitude, he was beginning to have doubts. Many years later, in a letter to his friend Emile Possoz, he would recall "the crisis that of necessity every missionary, priest or sister goes through after a few years of missionary work".[7] The lofty ideals that many of them doubtlessly shared when they boarded ship in Antwerp on their way to the Congo – saving the heathen for the true faith and spreading Christianity hand in hand with the blessings of Western civilization – were severely put to the test in the midst of the unfamiliarity and solitude of the Congolese bush. In reality, all too often, evangelization proved a failure: "And I think that it is fair to say that not only the natives are to blame for this failure; to a large extent it is the European who has failed".[8]

In Tempels' analysis, the evangelization effort in the Congo was jeopardized by its own insistence to impose a purely Western version of Christianity on the indigenous people. By doing this the Western Church demonstrated a sense of superiority – akin to that of the colonial administration – with which Tempels, and others like him, were increasingly ill at ease. They deplored that this approach resulted mostly in rather superficial conversions, as the chasm between the religious dogmas that the convert purported to have accepted on the one hand, and his inner convictions and spiritual experiences on the other, was simply too wide. Tempels became convinced that evangelization could only be successful and permanent on the condition that it started from and was respectful of the local population's own world view and experience. This would require an adapted catechism.

In early 1943, Placied Tempels was struggling with a first draft of such an adapted catechism when he was in Elisabethville (now Lubumbashi), capital of the Katanga province, to receive medical treatment. In the European hospital there he met Emile Possoz, a magistrate with the Elisabethville court of first instance. This chance meeting was the beginning of many years of close friendship and mutual influence.

Emile Possoz, born in Halle, Belgium in 1885, was twenty years older than Tempels.[9] In his youth he had been an intimate friend to his fellow townsman Priest Joseph Cardijn, who would later go on to create the Young Christian

6 To name but one, the Protestant missionary and ethnographer William Burton, who was active in the Belgian Congo from the 1910s to the 1950s: Maxwell, "From Iconoclasm to Preservation: W. F. P. Burton, Missionary Ethnography and Belgian Colonial Science".

7 KADOC, Archive Emile Possoz, 1: Letter P. Tempels to E. Possoz, 1 February 1944.

8 Ibid.

9 Rubbens, "Emile Possoz". Emile Possoz has left a detailed account of his life "Uit mijn leven" ("from my life"), KADOC, Archive Emile Possoz, 53. See also: Vinck, "Emile Possoz".

Workers movement and would end his life as a cardinal. The Catholic Action ideals of Cardijn and his genuine attention for what were then considered the lower classes, had a profound impact on Possoz. Possoz had first arrived in the Belgian Congo in 1926 and had spent most of his time at the public prosecutor's office in Coquilhatville (now Mbandaka), in the Equateur province. From early on he had been made responsible for supervising the functioning of the indigenous courts (*tribunaux indigènes*), which required him to spend a lot of his time in the villages and allowed him to gain valuable insights into the logic and concepts of customary law. His ethnological interest in the Mongo people of the Equateur province had brought Possoz into contact with Father Gustaaf Hulstaert, who in 1937, together with his fellow brother Edmond Boelaert, had started a periodic publication called *Aequatoria*, devoted to the study of the languages, culture and history of the Lomongo.[10] From 1938, Possoz regularly published articles in *Aequatoria*. Father Hulstaert was impressed with Possoz' intimate knowledge of the mentality and world view of the local population: "When speaking to the natives, they tell me that Mr Possoz is the European who understands them best, who really knows their legal system. Wherever he has been, the natives say this to me, and they express their astonishment that a European has succeeded in getting to know and understand them so well."[11]

In 1940 Emile Possoz was transferred to Elisabethville. There he quickly fell afoul of his superiors and of the ecclesiastical hierarchy. The Attorney General considered him to be a bit of a scatterbrain and unfit for administering justice because of "the originality of his ideas".[12] In addition, he incurred the wrath of the Church of the Belgian Congo, or rather of two of its most prominent leaders, Mgr Jean-Félix de Hemptinne (1876-1958), vicar apostolic of Katanga, and Mgr Giovanni Dellepiane (1889-1961), papal delegate to Leopoldville. Their clash had its origin in Possoz' attempts to propagate Cardijn's ideas in the Belgian Congo. Possoz had written two pamphlets that purported to translate Cardijn's Catholic Action ideals to an African context, and which extolled the role of laymen in the Church while attacking the traditional Church hierarchy. The pamphlets were banned by de Hemptinne and Delle-

10 Gustaaf Hulstaert (1900-1990) and Edmond Boelaert (1899-1966) were Fathers of the Congregation of the Missionaries of the Sacred Heart. One of their main mission posts was in Bamanya, 10 km east of Coquilhatville (Mbandaka). It houses to this day the *Centre Aequatoria* (library and archives – see: <www.aequatoria.be>). Vinck, "Le Centre Aequatoria à Bamanya". For a thorough and lucid account of missionary knowledge production at the Centre Aequatoria, and the role of Father Gustaaf Hulstaert in particular, see: Vinck, "Ideology in Missionary Scholarly Knowledge in Belgian Congo: Aequatoria, Centre de recherches africanistes".

11 Letter Gustaaf Hulstaert to Antoine Sohier, 27 October 1939, in: Vinck, "Société coloniale et droit coutumier", 51.

12 KADOC, Archive Emile Possoz, 2/1: Parquet de première instance d'Elisabethville, "Etat des notes biographiques Emile Possoz", 8 March 1941.

piane, who considered Possoz an iconoclast of the worst sort, bent on undermining the authority of the Church in the Congo.[13] Shortly afterwards, Possoz published an article in Hulstaert's periodical *Aequatoria* that was interpreted as an exaltation of customary matrimonial law and practices.[14] Mgr Dellepiane promptly imposed on *Aequatoria* a publication ban of anything written by Possoz. Around the same time, Possoz finalized a treatise on Congolese customary law, mainly drawing on his work in Coquilhatville. He published it on his own account in 1942 under the title *Éléments de droit coutumier nègre*. The basic assumption of his book was that in traditional Congolese society, as in other civilizations, a consistent philosophy of life formed the basis of a logically structured conception of law. A view that was certainly not universally shared at that time.

When Tempels and Possoz first met in early 1943 in the Elisabethville hospital for Whites, they immediately found they had a lot in common. Possoz gave Tempels a copy of his book on customary law. Their animated discussions in the hospital corridors were continued in an extensive correspondence once Tempels had returned to his mission post in Kamina. Possoz had advised Tempels to put his draft for an adapted catechism to one side and to focus instead on a description of the basic philosophical views, the ontology, of the Congolese. Tempels took this advice to heart. Indeed, he would remain grateful to Possoz for pushing him into this direction, because now he started writing the first pages of what would become his *Bantu Philosophy*.[15] In November 1943 he sent the first draft of an introductory chapter to Possoz, who in the meantime had been transferred to Inongo on the shore of lake Leopold II (now lac Mai-Ndombe). Possoz was impressed with the product of Tempels' pen and, without consulting the author, forwarded the text to Gustaaf Hulstaert, whom he knew well from his time in Coquilhatville. By this act, Possoz brought Tempels and Hulstaert in direct contact with one another. The two promptly took up a lively correspondence, that is a primary source for studying the genesis

13 Possoz had asked de Hemptinne to confer the official *imprimatur* on his pamphlets *L'Action catholique africaine* and *Pensées jocistes*. De Hemptinne refused because: "many excerpts of both works convey a sense of defiance, bitter criticism and even hostility against the ecclesiastical Authority". KADOC, Archive Emile Possoz, 2/3: Letter Mgr de Hemptinne, Elisabethville, 4 February 1941.

14 Possoz, "La refonte de la famille sur un plan nouveau?", 53.

15 "Before I met you, I was working on an adaptation of the catechism. I put that life's work aside to occupy myself with true ontology, not because of the natives, not of my own accord, but because ethnologists – you in particular – kept coming back to ontological questions or proposed ontological principles – like you did in your *Eléments* – with which I did not always agree. You were the one who provoked ontological discussions. You were the one who has asked me: 'what then is according to you the synthesis of native mentality?'" KADOC, Archive Emile Possoz, 1: Letter P. Tempels to E. Possoz, 10 September 1944.

of Tempels' *Bantu Philosophy*.[16] *Aequatoria* did publish Tempels' introductory chapter in 1944 under the rhetorical title "Should we search for a Bantu philosophy?".[17]

In early 1944, Possoz took a long holiday in South-Africa. Upon his return he fell ill and spent several months in the Elisabethville hospital. As chance would have it, Tempels too was once again hospitalized there at the same time. He showed his friend a short article in which he severely criticized the colonial power for its purely materialistic outlook and the baleful influence this was having on the morale and mentality of its Congolese subjects. Possoz immediately volunteered to translate the Dutch text into French and prompted Tempels to have it published in Elisabethville's reform-oriented newspaper *L'Essor du Congo*. Under the title "A philosophy of rebellion", it was later incorporated in a collection of essays criticizing the situation in the colony during the war.[18] Notwithstanding the occasional foray into polemical journalism, Tempels was by now completely absorbed by his work on the Bantu ontology and churned out the pages, in between his busy missionary work. He made a point of sending his drafts first to Emile Possoz: "I would not like to publish anything without you having first read and vetted it".[19] As Tempels wrote in Dutch, Possoz took it upon himself to translate his texts into French as he received them. In early 1945 the manuscript was as good as finished. By now, Emile Possoz had been allowed by the colonial administration to take early retirement on health grounds. As the war in Europe was nearing its end (Brussels had been liberated in September 1944), he returned to his home country in March 1945. For good, as it turned out. Tempels' final draft chapter reached him there. At that time, Tempels had already begun publishing the first chapters of his work in Dutch in the Flemish colonial periodical *Band* in Leopoldville. However, to guarantee the desired impact, a publication in French was a necessity. For this, Tempels eventually turned to Antoon Rubbens, a progressive lawyer who was a co-editor of *Lovania*, a periodical of the former students of the Catholic University of Leuven published in Elisabethville. Rubbens was not too happy with the translation provided by Possoz and decided to translate Tempels' Dutch manuscript all over again. It was published as a book by Lovania in October 1945 under the title *La Philosophie Bantoue*, with a print run of 1,500 copies. It carried a foreword by Emile Possoz, which Tempels had asked him to write as a show of recognition (and perhaps also to sweeten the bitter pill of the rejection of his earlier translation).

16 The correspondence Tempels-Hulstaert has been published in French, with annotations: Bontinck, *Aux origines de la Philosophie bantoue*.

17 Tempels, "Moeten we op zoek naar een Bantu-filosofie?".

18 Rubbens, *Dettes de guerre*. As Tempels wrote to Possoz: "You were the one who liked my little essay and forced me to have it published. Without you this would never have happened". KADOC, Archive Emile Possoz, 1: Letter P. Tempels to E. Possoz, 8 January 1945.

19 Ibid.: Letter P. Tempels to E. Possoz, 23 July 1944.

The history of a controversy

With his book, Tempels aimed to provide a coherent interpretation of the way of thinking and of the philosophy of life of the ethnic groups in Katanga (mainly Luba and Bemba) he knew so well through his missionary work. Moreover, he believed this interpretation to have a universal validity, i.e. not only for the Baluba or Babemba, but for all ethnic groups in the Congo and even beyond that for all so-called primitive peoples. Tempels claimed that the concept of vitality or life force is the fundamental value that is at the very basis of the Bantu ontology. If Western thinking in essence starts from a static concept of being, Bantu philosophy, by contrast, takes the dynamic concept of life force as its point of departure. From this insight, Tempels derives that for the Bantu being equals force, or, in his much-quoted formula: “Life force is being, being is life force”.[20] The life force is dynamic in the sense that it can grow or diminish, for instance as the result of magical or supernatural acts: “Existence is for the black man a matter of variable intensity”, Tempels cites Possoz.[21] All beings are characterized by life force: humans and animals, but also plants or minerals. Through this feature they all acquire a dynamic dimension (and are not purely static objects as in Western thinking). There is, moreover, a clear hierarchy of life forces, from weak to strong, and these life forces continue to be active even beyond death. By rigorously applying the theory of life forces, Tempels was convinced he could demonstrate that the thinking and outlook of the Congolese people he had worked with were firmly rooted in a logically coherent ontological system. One consequence was that many of the ritual acts, seemingly obscure opinions and frequent taboos, that were commonly held by many Congolese and that had traditionally been dismissed as the irrational expressions of primitive superstition, could instead be interpreted as rational, or at least meaningful, aspects of a logically structured world view.

The implications of *Bantu Philosophy* were potentially far-reaching. In Tempels’ view any attempt at evangelization that postulated the superiority of Western Christianity and ignored the intrinsic value of the spirituality and world view of the indigenous people was doomed to failure. Evangelization could only hope to achieve a real impact if it started from a profound understanding of the mentality and values of the Congolese, and explicitly built on everything good and valuable that was already present in the philosophy of the Bantu.[22] Indigenous

20 “La force c’est l’être, l’être est la force”. Tempels, *La philosophie Bantoue*, 32.

21 “l’existence est pour le nègre chose d’intensité variable”. Ibid., 37. Tempels cites Possoz’ *Eléments de droit coutumier nègre* (“son livre remarquable”) three times in his book.

22 “Everything from the Black people that appeared to be obscure or unintelligible, now becomes coherent; and at the same time this provides a solid, unique and indispensable basis for an effective catechism; without this, evangelization cannot be but a coat of varnish”. Letter Tempels to Hulstaert, 27 March 1944, in Bontinck, *Aux origines de la Philosophie bantoue*, 22.

customs ought not to be suppressed for being 'primitive' or 'superstitious', but instead had to be understood, respected and, where possible, integrated into the Christian faith. Tempels advocated a radical change in the way African culture and the Africans had so far been approached under colonialism. Obviously, this reversal also had political implications, as it was bound to call into doubt the traditional justification of colonialism – namely that it represented the triumph of Western civilization and of Christianity over obscurantism and heathendom. Emile Possoz put his finger on the sore spot when he wrote in his foreword to Tempels' book: "The civilized and Christian European has been exalted, while the primitive, the savage, the heathen has been denigrated. From this was born a colonization that threatens to collapse from all sides."[23]

It was hardly surprising, then, that once Tempels' book was out, he found himself in the eye of a storm. Mgr de Hemptinne took the lead, followed closely by Mgr Dellepiane. Tempels was not one to step aside when confronted head-on. He had a copy of his book delivered to the vicar apostolic of Katanga in Elisabethville and arranged to see him a few days later. His arguments fell on deaf ears. De Hemptinne lived up to his reputation and fired anathema at his interlocutor: "A dangerous book, from which the enemies of the Church will benefit. An all-out attack on our work of evangelization and colonization. A book that will corrupt for ever more every young missionary that reads it. (...) For me, customs are nothing, and to defend them is to play in the hands of Bantu nationalism."[24] Clearly, de Hemptinne was convinced that future nationalists might use Tempels' book as an argument against white dominance in the Congo and therefore against colonialism per se.[25] Tempels came away from his audience convinced that de Hemptinne would do anything in his power to have his book banned, despite the fact that it had already received the ecclesiastical *imprimatur* from his own order vicar. That fear did not seem groundless as shortly afterwards the papal delegate Mgr Dellepiane wrote to Mgr Stappers, the vicar apostolic of the Lulua-Katanga region, of which Tempels' mission post was part, to condemn *La philosophie Bantoue*.[26] He accused Tempels of letting himself be led by "certain persons, among them laymen, who in the area of ethnology adhere to non-orthodox theories" – without doubt a direct allusion to Emile Possoz. Gustaaf Hulstaert was convinced that Possoz' foreword to Tempels' book was one of the main reasons why de

23 Possoz, "Preface", in Tempels, *La philosophie Bantoue*, 2.

24 This version of de Hemptinne's diatribe was rendered by Tempels himself, in a letter he wrote on the same day to Hulstaert: "I have to tell you that I have passed a terrible hour at the vicar apostolic's residence". Letter Tempels to Hulstaert, 4 November 1945, in Bontinck, *Aux origines de la Philosophie bantoue*, 89-90.

25 Letter Hulstaert to Tempels, 7 March 1946, in Bontinck, *Aux origines de la Philosophie bantoue*, 103.

26 Smet, "Les débuts de la controverse".

Hemptinne and Dellepiane reacted so vehemently to it.[27] Their collision with Possoz in 1941-1942 had not been forgotten. Dellepiane made sure that *Aequatoria* would not publish a favourable review of Tempels' book. Predictably, all this commotion had the adverse effect: Tempels' book received extra publicity. Within six weeks over 500 copies were sold.

Tempels nevertheless worried that his book might still end up on the *Index*, for in his letter to Mgr Stappers, Mgr Dellepiane had threatened to take the case to Rome.[28] As a preventive action, Tempels began mobilizing his friends and sympathizers. One of the first he contacted was Dom Pierre-Célestin Lou Tseng-Tsiang (1871-1949), former minister of the Chinese Republic, who had converted to Catholicism and had entered the Benedictine monastery of Zevenkerken near Bruges after the death of his Belgian wife. At Tempels' request Dom Lou commended *Bantu Philosophy* to his friend of years, Mgr Celso Costantini (1876-1958), who had been the first apostolic delegate to China in the 1920s and who in 1935 had risen to the powerful position of secretary to the Congregation for the Propagation of the Faith (*De Propaganda Fide*) in Rome. Through Emile Possoz, Tempels had also a copy of his book delivered to the prominent French Catholic thinker Jacques Maritain (1882-1973).[29]

In October 1946 a Dutch version of the book was published in Antwerp. Emile Possoz' foreword had been dropped from this edition, probably because Tempels considered it to be unnecessarily provocative. A German translation would see the light in 1956 and an English one in 1959. It was, however, the second French edition of 1949 that definitely established Tempels' reputation as one of the founding fathers of an African philosophy. In 1947, the Senegalese intellectual Alioune Diop (1910-1980) had created the periodical *Présence Africaine*, one of the first Pan-African publications to give the African elite its own voice. In 1949 Diop and the poet and later Senegalese president Léopold Senghor (1906-2001) chose Tempels' *Bantu Philosophy* to inaugurate *Présence Africaine*'s own book series. This edition introduced the book to a much wider audience across French-speaking Africa.

While Tempels' book received many plaudits, it also received its fair share of criticism. Gustaaf Hulstaert for one, after his initial enthusiasm, became more critical and distanced himself from Tempels' work, particularly after his order colleague Boelaert had published a negative review in *Aequatoria*.[30]

27 Letter Hulstaert to Tempels, 7 March 1946, in Bontinck, *Aux origines de la Philosophie bantoue*, 101. This is confirmed by Dellepiane's seemingly soothing letter to Mgr Stappers of 25 November 1945: "What has given offense is probably the foreword and certain expressions in the introductory chapter that lead to confusion…", quoted in: Hansen, "De literaire nalatenschap", 17.

28 Letter Dellepiane to Stappers, 31 December 1945, in Smet, "Les débuts de la controverse", 171.

29 Letter Tempels to Hulstaert, 21 November 1946, in Bontinck, *Aux origines de la Philosophie bantoue*, 124.

30 Boelaert, "La philosophie bantoue selon le R.P. Placide Tempels".

Criticism also came from African quarters. Aimé Césaire (1913-2008), the poet-politician from Martinique and one of the founders of the *négritude*-movement, mercilessly squared up with Tempels in his famous *Discours sur le colonialisme* (1955). One of the recurrent points of criticism was that what Tempels described was in fact not philosophy – in the sense of a conscious epistemology – but rather metaphysics or ethnology. And, moreover, that it regularly confuses the implicit world view of whole groups with the explicit philosophical opinions of individuals. The Ivorian philosopher Paulin Hountondji has labelled Tempels' work "ethnophilosophy": "the imaginary quest for a collective and immutable philosophy common to all Africans, even if subconsciously".[31] Tempels' rather rash statement that the world view of the Baluba ethnic group that he had described had universal validity, not just for the Congolese population but for all primitive peoples, was naturally met with a fair dose of scepticism. Some also felt that Tempels tended to explain away or rationalize the influence of superstition, and in particular of witchcraft, somewhat too easily.[32]

Finally, while many later authors recognized that Tempels had been one of the first to openly stress the need for a better understanding of and respect for the customs and values of the Congolese, they also pointed out that he had done so with the ultimate goal to improve the chances of their successful conversion to Catholicism, and therefore their smooth assimilation into the Western colonial framework. The fact that it was a white missionary who felt confident enough to unravel and interpret the innermost philosophical beliefs of his African fellow man, while referring to a Western intellectual framework and using Western terminology, was cause for scepticism.[33] In his book Tempels did not explicitly denounce the colonizer's so-called civilizing mission, but rather sought to adapt it to the Bantu philosophy in order to increase its effectiveness, thereby lending credence to the criticism that in reality his ideas supported the colonial order.[34] Or, as Césaire put it sarcastically:

> And what about the Reverend Father Tempels? It may be the case that the Belgian colonizer pillages and tortures in the Congo, that he puts his hands on every riches, that he kills all liberty and oppresses all pride – may he go in peace. The Reverend Father Tempels does not object. But, watch out! You are going to the Congo? Then beware to respect, not, I say, indigenous property (the Belgian companies might not like this),

31 Hountondji, *Sur la philosophie africaine*, 21. Or: "an ethnological work with philosophical pretensions". Id., *African Philosophy*, xxi.

32 Which many missionaries continued to regard as a real scourge and a formidable obstacle to their missionary work. Eg. De Roeck, *Beknopte geschiedenis van de Congo-missie*, 317-318.

33 Hountondji, *Sur la philosophie africaine*, 15. Also: Mudimbe, *Tales of Faith*, 156-158.

34 Ceuppens, *Congo made in Flanders?*, 411-420.

> not the liberty of the natives (the Belgian colonists might take this for subversive talk), nor, I say, the Congolese fatherland (the Belgian government risks taking this badly), but, I say: if you go to the Congo, do respect the Bantu philosophy![35]

Even so, as his confrontation with the Church hierarchy in the Congo demonstrated, Tempels' *Bantu Philosophy* shook up some jealously guarded views, particularly within the conservative colonial establishment. The book was much-read and consequently made a contribution to the discussion on the legitimacy of Western civilization pretences vis-à-vis the non-Western world.[36]

In fact, the controversy that followed the publication of the book proved an emotional ordeal for the author: "Don't be too worried that I am psychologically done for. Yes, I am. These last few months I have lived in a state of tension, of exaltation, and in a furore that surpasses human force. The experience has been exceedingly hard."[37] As Tempels' position in the Belgian Congo had become difficult – exposed as he was to criticism from some of the most prominent local Church leaders – and in anticipation of a final verdict from Rome, the superiors of his order decided to recall him to Belgium. Tempels readily agreed as he felt that he could defend his cause more effectively from there. He left the Congo in May 1946. Back in Belgium, he resided in the monastery of his order in Hasselt. His friend Emile Possoz, who visited him occasionally and with whom he maintained a lively correspondence, urged him repeatedly to speak out, but, prompted by his superiors, Tempels resolved to keep a low profile: "can you understand that my silence is one that has been imposed upon me by circumstances, both internal and external?".[38] He had to wait until 1947 for the uncertainty to end, when finally word came from Rome that there would be no official condemnation. It was Father Albert Perbal (1884-1971), director of the Missionary Institute of the Congegration for the Propagation of the Faith at the Vatican, who broke the news to Tempels: "I knew that Mgr Dellepiane opposed your book vehemently: he talked to me about it at length when he was in Rome. But I also knew that his view was not shared by Mgr. Costantini [the Congegration's secretary], who asked me to write a report, and who told me formally that my report was in line with his views and satisfied him completely."[39] The threat of a public condemnation

35 Césaire, *Discours sur le colonialisme*, 44.

36 Mudimbe, *Parabels and Fables*, 34.

37 Letter Tempels to Hulstaert, 11 May 1946, in Bontinck, *Aux origines de la Philosophie bantoue*, 111.

38 KADOC, Archive Emile Possoz, 1: Letter P. Tempels to E. Possoz, 31 July 1947.

39 Cited by Tempels in his letter to Emile Possoz of 27 August 1947. KADOC, Archive Emile Possoz, 1. A full treatment of the position of the Vatican with regard to the *Bantu Philosophy* controversy will have to await the opening of the relevant Vatican archives (Pontificate of Pius XII).

had been removed, but Tempels' superiors judged it nevertheless better that, at least for a while, he would continue to lie low and not return to the Congo: "Your position would be quite impossible, because of the Apostolic Delegate there".[40] Eventually, Father Tempels would return to the Congo only in July 1950, after Mgr Dellepiane had left Leopoldville to take up a new appointment in Vienna.

A vital encounter

Back in the Congo, Placied Tempels was active as a missionary in western Katanga (Kayeye and Kabondo-Dianda), then, from 1953, as a parish priest and teacher of religion in the Union Minière parish of Ruwe, near Kolwezi, and, finally, from 1957, after a brief spell back in Belgium, in the nearby mining village of Musonoi. There he lived through the turbulent period immediately preceding and following Congolese independence on 30 June 1960. In April 1962, he left the Congo for good due to ill health.

This second prolonged stay in the Congo marked a new episode in Tempels' thinking and activities. In *Bantu Philosophy* he had sought to explain how the Congolese viewed the world and their place in it. Now he wanted to start using these insights as the basis for his own missionary work. During his 'exile' in Belgium, he had written a few pastoral texts, most importantly his long-anticipated *Catéchèse bantoue* (Bantu catechism) first published in 1948. It was a short guide on how best to penetrate the hearts and souls of the Congolese and "to discover in their thoughts and aspirations the Christ that is already present there".[41] But there was more to it. For Tempels it was not just a question of how best to teach Christianity to the Congolese, his goal was rather to find out together with the Congolese, as equals, what it meant to be a Christian: "A very strange thing has happened to me", he wrote to Hulstaert,

> As a European I have tried to understand the Blacks, to know their point of view. I thought I had succeeded and that I could, as far as I could tell, put myself in the skin of a Black. (...) First I thought that this was sufficient, that I only had to pull off this black skin to continue to teach religion, from White man to Black. I would stay on this side of the fence and I would talk to the Blacks on the other side, but I would talk to them in an appropriate language. Now, *post factum*, I notice that, spontaneously, in order to be able to communicate religion in an even more appropriate manner, I have wanted to remain in that black skin, to try to see, to express, to live Christianity myself like the native does.

40 Letter Tempels to Hulstaert, 16 May 1947, in Bontinck, *Aux origines de la Philosophie bantoue*, 152.
41 Tempels, *Catéchèse bantoue*, 5.

> This has been an enriching experience; I have acquired a much fresher look on Christianity. It was a rejuvenation cure.[42]

For Tempels this experience constituted his own personal conversion, for which he would remain grateful to his Congolese faithful until the end of his life.

By now, Father Tempels had developed his very personal style of evangelization, based on building a trust relationship through a dialogue that always started from the conceptions and aspirations of his conversation partners.[43] Harking back to his *Bantu Philosophy*, he maintained that when asked about their beliefs and aspirations, the Congolese always came back to the same three principles: the central importance of the concept of life force; the concern with fertility (paternity, maternity); and a strong desire of being one, of the individual not being on his own but always in unity, in communion with the others. Christian faith, Tempels argued, offered, very naturally, the responses to these three basic aspirations, in the sense that Christ had been the one who said "I am life", who promised fecundity until eternity, and who wanted his disciples to be one.[44] In the early 1950s, working in the mining villages around Kolwezi, Tempels began to attract something of a following. Typically, a few young adults or couples, without distinction of class or rank, would meet at a private home to discuss religion together with him and they would search for a common perception of their faith. It is from this basic encounter, as Tempels termed it, in which the priest put aside his own preconceptions, that came forth a true Christianity, one that the Africans not any longer considered to be an imported religion, something essentially alien, but that they were able to see and live as "a genuine Christianity that has become their flesh and their blood".[45] The spiritual experience of these encounters created a strong bond among the participants, who began to identify themselves by the term *Jamaa* (Kiswahili for "family"). The way in which Tempels and his converts explored and lived their faith found imitation throughout the Katanga province and beyond. This spread was helped by the fact that Tempels conveyed his views in a number of pastoral texts and articles that were collected in two volumes published in 1962 entitled "Notre rencontre" ("Our encounter"). Soon the *Jamaa* was considered by some to be a separate charismatic movement within the Congolese Church, something Tempels would always vehemently deny. To him *Jamaa* – a term which he rarely used – was a state of mind, a spirit, not a movement.[46] As such, and in a very general sense, the *Jamaa* has been quite

42 Letter Tempels to Hulstaert, 19 January 1947, in Bontinck, *Aux origines de la Philosophie bantoue*, 142-143.

43 Tempels, *Catéchèse bantoue*, 6-7.

44 Smet, "La Jamaa dans l'œuvre du Père Placide Tempels", 260-262.

45 Ibid., 264.

46 Ibid., 263.

influential in the Congolese Church.[47] In the narrower sense, there remain to this day some Christian communities that invoke the legacy of the *Jamaa* and continue its practices, particularly in the region of Lake Moëro, in South-eastern Congo.

There were some striking similarities between the *Jamaa* and the Catholic Action ideals propagated and put into practice by Joseph Cardijn when he founded the Young Christian Workers movement in Belgium in the 1920s. The *Jamaa* can be typified as a spiritual movement, in which lay apostolat played a key role. Just like Cardijn's Young Christian Workers movement, it was directed first and foremost to the working class and aspired to a spiritual renewal, a return to Christianity in its pure, authentic form.

Tempels had become familiar with Cardijn and his ideas shortly after the Second World War. Again it was Emile Possoz who acted as a catalyst. Possoz had been an enthusiastic supporter of Cardijn ever since the two had been schoolmates back in their hometown of Halle. From his very first encounter with Tempels in early 1943, Possoz had not stopped extolling Cardijn and his Young Christian Workers movement as an example to be followed. "Believe me, once you will have become a disciple of Cardijn, which I fervently hope, you will see things differently", he wrote to Tempels, and: "Go then, and make Young Christian Workers out of your Baluba".[48] Possoz never tired of praising Cardijn, even to the point of irritating Tempels occasionally: "Well of course, how would it be conceivable for you that there exists anything outside of Cardijn?".[49] Nevertheless, Tempels became more and more intrigued. Cardijn's motto for the Young Christian Workers movement – "See, judge, act" – must certainly have appealed to him, as it reflected well his own attitude. Shortly before Tempels returned to Belgium in 1946 he asked Possoz to introduce him to Cardijn.

A first meeting between Cardijn and Tempels took place at the latest in early 1948: "After I had spoken to him in Brussels, Cardijn told me: 'you are doing among the natives in the Congo exactly what I have started doing here with the young workers'."[50] Before long Tempels sollicited Cardijn's explicit support for his work. In 1949, when he was in doubt whether or not to return to the Belgian Congo, he sought Cardijn's advice.[51] Hulstaert, who knew both Tempels and Possoz very well, was explicit about Cardijn's influence in the evolution of Tempels' thinking and activities after *Bantu Philosophy*:

47 Banywesize, "Placide Tempels et le destin de la pensée africaine contemporaine". Also: Mulago, *Autour du mouvement de la "Jamaa"*.

48 KADOC, Archive Emile Possoz, 2/1: Letter E. Possoz to P. Tempels, 18 September 1943.

49 Ibid., 1: Letter P. Tempels to E. Possoz, 18 December 1944.

50 Ibid., 1: Letter P. Tempels to E. Possoz, 8 June 1948.

51 Ibid., 1: Letter P. Tempels to E. Possoz, 29 September 1948: "Cardijn has told me: that is it, continue like this and do your utmost, your utmost!" Letter P. Tempels to E. Possoz, 30 December 1948: "I have to talk to Cardijn on a matter of conscience".

> The Catholic Action movement was the primary concern of Possoz, which it manifestly also became for Tempels, who for years had been looking for an adapted pastoral and catechism. For these, Possoz provided him the model of the Young Christian Workers movement (JOC), founded by his old friend, the future Cardinal Cardijn. It is my personal conviction, based on my intimate knowledge of the individuals and events concerned, that all this quite naturally resulted in the *Jamaa*.[52]

After Tempels had returned to the Congo in 1950 he remained in contact with Cardijn, quite often through the intermediary of Possoz, sending him pastoral texts to read or asking him pastoral questions. His relationship with Cardijn would prove invaluable when, in the 1960s, Tempels found himself once more on a collision course with certain elements of the ecclesiastical hierarchy. This time the *Jamaa* got caught up in a controversy. The movement – which Tempels insisted was not a movement – was accused by some of showing sectarian tendencies and even, in some cases, of promoting promiscuity.[53] The publication of *Notre Rencontre*, considered by many as a kind of manifesto of the *Jamaa*, and the fact that Tempels had written some short texts on matrimonial spirituality and on spirituality for priests and nuns, may have played a part in this.[54] As a result of the controversy Tempels, who in 1962 had returned from the Congo for health reasons, was once again enjoined to silence by his superiors. But this time too he had powerful friends who spoke up for him. Cardijn, who in 1965 had been created a cardinal by Pope Paul VI, intervened on his behalf in Rome and obtained that Mgr Ottaviani, the prefect of the Congregation for the Propagation of the Faith, gave Tempels the explicit permission to return to the Congo and continue his work with the *Jamaa*.[55] It was not to be. Marked by illness he was forced to remain in Belgium. From there he continued to provide spiritual guidance to the *Jamaa* well into the 1970s, mainly by way of correspondence. Father Placied Tempels died in Hasselt, Belgium, on 9 October 1977.

52 Hulstaert, "Possoz et Tempels", 219-220.

53 The rumour that in certain *Jamaa* communities the faithful had shared one another's wifes had some currency in Lubumbashi in the 1960s. See for instance: Dibwe Dia Mwembu, *Faire de l'histoire orale dans une ville africaine*, 51-52. For a systematic analysis of the Jamaa and the criticism levelled against it: De Craemer, *The Jamaa and the Church*, particularly 136-174.

54 Hansen, "De literaire nalatenschap", 150.

55 Smet, "P. Tempels", 276; De Craemer, *The Jamaa and the Church*, 152-153.

Conclusions

Father Tempels would himself say that his missionary life had gone through three distinct phases: "The first, that of the priest – the leader, the master of his church – who knows all, while his faithful only have to listen and are expected to keep silent; the second phase, that of adaptation, during which I tried to teach in an adapted language; finally, the third phase, that of the encounter".[56]

Father Tempels' trajectory thus exemplified the debate between two schools of thought and colonial practice that raged in the Belgian Congo, as in other colonies, particularly between the 1930s and 1950s. On the one hand, the *assimilation* school held that the chasm separating colonizer from colonized – both materially and morally – was so wide that it fully justified the dominance of the colonizing power with the aim to gradually 'lift up' the Congolese to what was considered a desirable European level. In this view, the Congolese could only hope to achieve a 'civilized' state by renouncing their traditional way of living and those very customs that were 'holding them back', and instead fully embracing or 'assimilating' to the Western ways. In contrast to this, the *adaptation* school postulated a genuine interest in and respect for indigenous traditions and customs. Instead of 'destroying' tradition and customs to replace them with a 'higher civilization', it sought to adapt them, as harmoniously as possible, to the exigencies of the Western model that had been enforced on these communities. To achieve this, those who propagated Western dominance and civilization would by necessity have to adapt themselves and their methods to the specific circumstances and local traditions of the communities they sought to dominate or 'civilize'.

Father Tempels clearly belonged to the second school of thought. From early on it brought him into close contact with other proponents of adaptation, both in the missionary world (Hulstaert, Boelaert...) and in the colonial administration (Possoz, Rubbens...). Tempels was by no means the first to think through the contradictions of the colonial situation and to become a champion of the traditions and culture of the colonized. Nor the first to try to integrate as many elements of the indigenous culture as possible within the context of what he still believed to be the Europeans' "civilizing mission". Examples and precursors of adaptation in Father Tempels own order of the Franciscan Friars Minor were numerous. From Father Servaes Peeraar, who, in the 1930s, wrote an adapted catechism and prayer book in Kiluba, to Father Guido Haazen, who in the 1950s arranged and performed, with a choir of Congolese children from Kamina, a Latin Mass based on traditional songs from the Kasaï and Katanga

56 Smet, "La Jamaa dans l'œuvre du Père Placide Tempels", 252.

regions resulting in the famous *Missa Luba*.[57] The Belgian Jesuit Pierre Charles (1883-1954) had actively propagated the idea of *inculturation* – i.e. the adaptation of Church teachings to non-Christian cultures – from as early as the 1920s, when he took active part in the annual *Semaines missiologiques de Louvain*.[58] Guy Mosmans (1910-1983), a Missionary of Africa (White Fathers) active in the Congo, regarded adaptation as the very essence of Christianity.[59] In addition, and particularly from the 1950s, the resistance against the traditional colonial missionary doctrine and the demand for a truly adapted, Africanized evangelization were taken up by an increasingly vocal Congolese clergy, of which Joseph Albert Malula and Vincent Mulago were some early proponents.[60]

Moreover, the controversy over assimilation versus adaptation was not unique to the Belgian Congo. Already in the 1920s-1930s it had been central to the debates regarding the evangelization of China, which had led to the decision, taken by the Congregation for the Propagation of the Faith in 1939, to declare certain Confucian customs and rites, which proved hard to suppress, compatible with the Roman Catholic faith.[61] What complicated the debate in the colonial context of the Belgian Congo was its unavoidable political undertone. By praising, explicitly or implicitly, the ontology and customs of the indigenous people, the argument ran, an author like Tempels prepared the ground for Bantu nationalism to proclaim its fundamental equality with European civilization, and thus to question the legitimacy of colonial rule. The fact that church leaders, such as Mgr de Hemptinne and Mgr Dellepiane used this very argument in their opposition to Tempels' *Bantu Philosophy* tells us a lot about the role played by the ecclesiastical hierarchy in the political and ideological legitimation of colonialism.

For Tempels the story did not end there. In *Bantu Philosophy* he had sought to explain, in his own voice and to a Western audience, how the Congolese view the world and their place in it. These insights, he hoped, would help him adapt his teaching, to fit it more closely to the conceptions and aspirations of his faithful. Once the controversy over his book had settled down, though, he took his own views to what he felt to be their logical conclusion. His goal was no longer just to give a voice to his Congolese converts, but to learn from them, to be one among them, and to explore in communion what

57 De Roeck, *Beknopte geschiedenis van de Congo-missie*, 125 and 472-478. It should be noted, though, that Father Tempels also encountered disapproval, or at least reserve, within his own order, as witnessed by his superiors' decision to recall him from the Congo in the 1940s and to sanction him at the time of the Jamaa controversy in the late 1960s. See: De Craemer, *The Jamaa and the Church*, 150-154.

58 Pierre Charles would later welcome Tempels' work: Charles, *Études missiologiques*, 266-272.

59 Mosmans, *L'Église à l'heure de l'Afrique*.

60 Mukanya Kaninda-Muana, *Église catholique*, 56-62.

61 Dujardin, *Missionering en moderniteit*.

it meant to be Christians. Real adaptation meant going beyond adapting his language, his methods and the tools he used. For Tempels, real adaptation had to be an adaptation of his spirit to the spirit of his Congolese faithful.[62] This step reflected his character, being a man of action; a man for whom, at the end of the day, practical experience counted for much more than theory or abstract philosophy. Increasingly, Tempels began to regard the African world view and his encounters from man to man as a potential source of rejuvenation for Christianity. This ultimately led to the foundation of an informal spiritual and charismatic movement, the *Jamaa*, propagated by the Congolese faithful themselves. In the evolution of Tempels' thinking a clear line can be drawn from his *Bantu Philosophy* to the *Jamaa*, in which the influence of the Catholic Action ideals as given shape by Joseph Cardijn is clearly discernible.

BIBLIOGRAPHY

Archives

Leuven, KADOC-KU Leuven, Archive Emile Possoz.

Published sources and literature

Banywesize, Emmanuel M. "Placide Tempels et le destin de la pensée africaine contemporaine" in: Maurice Amuri Mpala-Lutebele, ed. *Lubumbashi, cent ans d'histoire*. Paris: L'Harmattan, 2013, 275-288.

Boelaert, Edmond. "La philosophie bantoue selon le R.P. Placide Tempels". *Aequatoria*, 9 (1946) 3, 81-90.

Bontinck, François. *Aux origines de la Philosophie bantoue. La correspondance Tempels-Hulstaert (1944-1948)*. Kinshasa: Faculté de théologie catholique, 1985.

Césaire, Aimé. *Discours sur le colonialisme*. Paris: Présence Africaine, 1955; edition 2004.

Ceuppens, Bambi. *Congo Made in Flanders? Koloniale Vlaamse visies op 'blank' en 'zwart' in Belgisch Congo*. Ghent: Academia Press, 2003.

Charles, Pierre. *Études missiologiques*. Brussels: Desclée de Brouwer, 1956.

De Craemer, Willy. *The Jamaa and the Church: A Bantu Catholic Mouvement in Zaïre*. Oxford: The Clarendon Press, 1977.

De Roeck, Hildebrand. *Beknopte geschiedenis van de Congo-missie der Vlaamse Minderbroeders, 1920-1985*. St.-Truiden: OFM, 2011 (CD-ROM).

Dibwe Dia Mwembu, Donatien. *Faire de l'histoire orale dans une ville africaine. La méthode de Jan Vansina appliquée à Lubumbashi*. Paris: L'Harmattan, 2008.

Dujardin, Carine. *Missionering en moderniteit, De Belgische minderbroeders in China, 1872-1940*. KADOC studies 19. Leuven: Universitaire Pers Leuven, 1996.

Fabian, Johannes. *Jamaa: A Charismatic Movement in Katanga*. Evanston: Northwestern University Press, 1971.

Hansen, P. Luitfried. "De literaire nalatenschap van P. Placied Tempels O.F.M." *Franciscana*, 38 (1983), 147-214; 39 (1984), 3-42 and 40 (1985), 41-83.

Hountondji, Paulin J. *Sur la "philosophie africaine". Critique de l'ethnophilosophie*. Yaoundé: Editions Clé, 1980.

Hountondji, Paulin J. *African Philosophy: Myth and Reality*. Bloomington - Indianapolis: Indiana University Press, 1996.

Hulstaert, Gustaaf. "Possoz et Tempels. Influences mutuelles?". *Revue africaine de théologie*, 7 (1983) 14, 215-221.

Maxwell, David. "From Iconoclasm to Preservation: W. F. P. Burton, Missionary Ethnography and Belgian Colonial Science" in Patrick Harries and David Maxwell, eds. *The Spiritual in the Secular: Missionaries and Knowledge about Africa*. Grand Rapids & Cambridge: William B. Eerdmans Publishing Company, 2012, 155-186.

Mosmans, Guy. *L'Église à l'heure de l'Afrique*. Tournai: Casterman, 1961.

62 Mudimbe, *Tales of Faith*, 155-156.

Mudimbe, Valentin-Yves. *Parables and Fables: Exegesis, Textuality, and Politics in Central Africa*. Madison: The University of Winsconsin Press, 1991.
Mudimbe, Valentin-Yves. *Tales of Faith: Religion as Political Performance in Central Africa*. London: Athlone Press, 1997.
Mukanya Kaninda-Muana, Jean-Bruno. *Église catholique et pouvoir au Congo/Zaïre. Enjeux, options et négociations du changement social à Kinshasa, 1945-1997*. Paris: L'Harmattan, 2008.
Mulago, Vincent. *Autour du mouvement de la "Jamaa"*. Leopoldville: Centre d'Études Pastorales, 1960.
Possoz, Émile. "La refonte de la famille sur un plan nouveau?". *Aequatoria*, 4 (1941) 3, 50-53.
Possoz, Émile. *Éléments de droit coutumier nègre*. Elisabethville, 1942.
Rubbens, Antoine. *Dettes de guerre*. Elisabethville: L'Essor du Congo, 1945.
Rubbens, Antoine. "Emile Possoz (1885-1969)" in: *Biographie belge d'outre-mer*, VII B. Brussels: Académie royale des sciences d'outremer, 1977, 307-308.
Smet, Alfons J. "Le Père Placide Tempels et son œuvre publiée". *Revue africaine de théologie*, 1 (1977) 1, 77-128.
Smet, Alfons J. "L'œuvre inédite du Père Placide Tempels". *Revue africaine de théologie*, 1 (1977) 2, 219-233.
Smet, Alfons J. "La Jamaa dans l'œuvre du Père Placide Tempels". *Cahiers des religions africaines*, 11 (1977) 21-22, 249-264.
Smet, Alfons J. "P. Tempels: vader van een Afrikaans kristendom". *Het Teken*, 50 (1978), 273-276.
Smet, Alfons J. "Les débuts de la controverse autour de la Philosophie bantoue du P. Tempels". *Revue africaine de théologie*, 5 (1981) 10, 170-179.
Smet, Alfons J. *Écrits ethnographiques du P. Placide Tempels ofm, 1935-1938*. Wezembeek-Oppem: Missieprokuur, 2000.
Tempels, Placied. "Moeten we op zoek naar een Bantu-filosofie?". *Aequatoria*, 7 (1944) 4, 143-151.
Tempels, Placide. *La philosophie Bantoue*. Elisabethville: Lovania, 1945.
Tempels, Placide. "Catéchèse bantoue". *Le Bulletin des Missions*, 22 (1948) 6, 258-279. Offprint: *Catéchèse bantoue*. Les Questions Missionnaires, 2e sér., 6. Bruges: Abbaye de St. André, 1949.
Vinck, Honoré. "Le Centre Aequatoria à Bamanya, cinquante ans de recherches africanistes". *Zaïre-Afrique*, 212 (1987), 79-102.
Vinck, Honoré. "Emile Possoz: bio-bibliographie et inventaire des papiers Possoz à Sint-Truiden". *Annales Aequatoria*, 10 (1989), 297-320.
Vinck, Honoré. "Société coloniale et droit coutumier. La correspondance G. Hulstaert – A. Sohier (1933-1960)". *Annales Aequatoria*, 18 (1997), 9-238.
Vinck, Honoré. "Ideology in Missionary Scholarly Knowledge in Belgian Congo: Aequatoria, Centre de recherches africanistes" in Patrick Harries and David Maxwell, eds. *The Spiritual in the Secular: Missionaries and Knowledge about Africa*. Grand Rapids & Cambridge: William B. Eerdmans Publishing Company, 2012, 221-244.
Wiredu, Kwasi, ed. *A Companion to African Philosophy*. Malden-Oxford: Blackwell Publishing, 2004.

DEVELOPMENTAL COLONIALISM AND KITAWALA POLICY IN 1950s BELGIAN CONGO

DOMINIC PISTOR

African independent religious movements were frequently viewed with suspicion by the Belgian colonial state. The mid-1950s saw a shift in colonial policy towards Kitawala, an African offshoot of Jehovah's Witnesses, in the Belgian Congo. Kitawala was a widespread, popular religious movement whose pastors prophesied a millennial event at which foreign rule and exploitation would end, heralding a time of equality amongst humans before God. They offered baptism, controlled witchcraft, and held clandestine meetings. Due to their repudiation of all other authority figures, Kitawalists frequently stood in tension with established power figures, African and European alike.

Shifts in officials' perceptions of Kitawala led to changes in colonial policy. What had previously been perceived by colonial agents as a unified and subversive politico-religious movement, came to be seen as diverse religious groupings, representing varying degrees of danger to the colonial state. At the same time, the state explored new ways of confronting the movement. The state's previous methods for dealing with Kitawala included surveillance, incarceration, banning, forced labour camps and even summary executions. To these were added primary schools, medical clinics, film screenings and agricultural development projects. These new, scarcely studied, approaches to combating the influence of Kitawala in the 1950s were predominantly led by the Belgian parastatal development agency *Le Fonds du Bien-Être Indigène* (FBI) (The Native Welfare Fund) and Belgium's socio-economic *Plan décennal* (Ten-Year Plan) for the Congo. How and why did this change of perception and strategy occur? How directly were the FBI and the *Plan décennal*, as manifestations of developmental colonialism, involved in the attempt to co-opt political and religious dissidence in the Belgian Congo in the post-war era?

There is significant scholarly debate on the extent to which Kitawala was a proto-nationalist and pan-Africanist movement.[1] However, it is not the purpose of this chapter to debate whether Kitawala was a precursor to nationalist sentiments in the Belgian Congo. Rather, drawing on publications and the Belgian colonial record, I seek to examine how and why developmental colonialism was perceived, implemented, and articulated with the anti-Kitawala agenda in the Stanleyville District of Orientale Province.[2] In achieving this objective, this chapter will fill the historiographic gap that exists for Belgian Kitawala policy in the 1950s, as detailed scholarship addressing colonial Kitawala policy has stopped short of the 1950s, focusing on the 1944 Masisi-Lubutu uprising.[3] I will also show that Kitawala continued to be viewed as a political threat to Belgian colonialism until Congolese independence in 1960, and that Kitawala did not become depoliticized in the 1950s, as some historians have suggested.[4] It is possible that many Kitawala congregations became relatively depoliticized in the last decade of colonial rule, but given the number and diversity of Kitawala groups it is hard to generalize Kitawala's evolution as a

1 Higginson, "Liberating the Captives"; Ngoy Kyungu Wa Nsungu, *Étude comparative*, 26; Cooper, *Africa since 1940*, 62; Fields, *Revival and Rebellion*; Ranger, "Religious Movements and Politics in Sub-Saharan Africa".

2 From 1947 to 1960 Orientale Province was composed of four districts. Stanleyville District was located in the south-west of the province, in the area around the provincial capital Stanleyville (today Kisangani). The district was composed of six territories: Bafwasende, Banalia, Basoko, Isangi, Opala, and Ponthierville (today Ubundu). The African Archives (AA) at the Ministry of Foreign Affairs in Brussels, Belgium. I also make limited use of Benedictine mission material from the Archives of the Abbey of Sint-Andries, Zevenkerken (Bruges).

3 De Mahieu, "Les Komo et le Kitawala"; Mwene-Batende, *Mouvements messianiques*. This lacuna was most likely due to a lack of access to official sources. Indeed, historian Sholto Cross explicitly stopped short of the 1950s in the Belgian Congo in his Ph.D. dissertation on African Watchtower, for lack of information, while Hans-Jürgen Greschat falsely concluded, based on the limited official documents available to him in 1967, that Kitawala became a mostly religious movement in 1956 and was legalized in 1957 before the end of Belgian rule. When Greschat conducted his research post-1914 was inaccessible in the United Kingdom, Belgium, Zambia and Malawi; Greschat, *Kitawala*, 4, 64; Cross, *The Watch Tower Movement*, 400. The colonial administration did not legalize Kitawala, although the possibility of fully legalizing Kitawala and Watchtower was discussed by leading colonial administrators in the 1950s; AA/AI/4737: Auguste Buisseret, ministre des Colonies, au Messieurs A. Kavila, A. Luyinu et D. Buluzeyi, "Objet: Association 'Les témoins de Jéhovah' à Léopoldville", 16 March 1957; J. Paulus, directeur, au ministre des Colonies, "Objet: Requête Watch Tower Bible Tract and Society de Léopoldville", ministère des Colonies, Brussels, 11 March 1957. In contrast, Kimbanguism was legalized in 1959 "presumably as a political concession in [the Bas-Congo] where passive resistance had reached alarming proportions"; Bustin, "Government Policy", 114.

4 Anyenyola Welo, "Le mouvement Kitawala en République du Zaïre", 15-16.

movement. Furthermore, my focus here is on colonial administrators' perceptions of Kitawala and the policies they strove to implement as a result of these perceptions.

The Belgian government's policies against Kitawala changed in accordance with post-war developmental colonialism, which sought to expand imperial resources while also re-legitimizing colonial rule in the post-war era.[5] Colonial officials' fears of Kitawala becoming a nationalist movement led to the continued repression of the movement, but also to the simultaneous attempt to address Kitawala's perceived social and economic causes. In the Congo, developmental colonialism took the form of the FBI and the *Plan décennal*, both of which were used as tools to co-opt Kitawala in Orientale Province in the 1950s.[6] As such, my examination of 1950s Kitawala policy reveals the role of developmental colonialism in the colonial regime's attempt to intensify state penetration and control of African society. The development of the Belgian Congo was undertaken to provide greater material benefits to the colony's population, but also to consolidate colonial rule in what has been called the 'second colonial occupation' of Africa.[7] However, the implementation of this second occupation was not straightforward and had serious limitations. Belgian colonial officials were divided on what they wanted and how to achieve it. As a result, there was an ambiguous relationship between the developmental and the anti-Kitawala agenda, one characterized by parallelism, convergence, conflict and ultimately failure.

Kitawala – origins and Belgian policy

'Kitawala' designates an offshoot of Jehovah's Witnesses or Watchtower that was introduced to the Belgian Congo by Africans from Northern Rhodesia in 1925.[8] The introduction took the form of a violent, if short-lived, witchcraft eradication campaign led by Tomo Nyirenda (aka Mwana Lesa) at the behest of the western Lala chief Shaiwila. Shaiwila, an unpopular chief whose au-

5 Cooper, *Africa since 1940*, 39. World War II was a turning point in the trajectory of colonial rule, shaking European self-confidence and revealing to Africans and Asians the contingency of foreign rule. Developmental colonialism sought to restore this confidence and re-legitimize colonialism; Bayly and Harper, *Forgotten Armies*, 463-646; Cooper, *Colonialism*, 187-188. Reforms to secure political and social democracy were considered essential in this climate and such considerations were particularly acute in the colonies; Freund, *The Making of Contemporary Africa*, 177.

6 Vanthemsche's 1994 study of Belgium's *Plan décennal* is a valuable resource which examines the origins, elaboration and intentions of the *Plan*, but does not claim to provide a detailed examination of the *Plan*'s application; Vanthemsche, *Genèse et portée du "Plan Décennal"*, 5.

7 Low and Lonsdale, "Introduction".

8 The movement was introduced to Africa by Joseph Booth in 1906.

thority had been weakened by colonialism, welcomed Kitawala as a means of eliminating political rivals and fulfilling his traditional responsibility of protecting his people from witchcraft.[9] A British and Belgian intervention stopped the eradication campaign, but Kitawala continued to spread into the Belgian Congo, although in a more peaceful manner. Nevertheless, Nyirenda's witch-hunt is significant for Kitawala policy in the Congo, as its violent nature influenced Belgian officials' hostile attitude towards pacifist manifestations of the movement in the 1930s.[10]

Kitawala's religious doctrine was characterized by the rejection of all established governments and religions, as well as the belief in a new, imminent and paradisiacal theocratic world order. Followers frequently refused to pay colonial taxes and to acknowledge both colonial administrators and African chiefs working for the state. As such, Kitawala was perceived as a xenophobic threat to colonial authority by state agents and missionaries, and followers were regularly arrested and exiled to remote parts of the colony.[11] The perceived Kitawala threat prompted officials to create a state secret service in 1932. In 1937 forced labour concentration camps were created for Kitawalists, with the strong support of Mgr de Hemptinne, apostolic vicar of Katanga.[12] In 1941 Kitawalists clashed with police and the *Force Publique* at Manono, and in 1944 Kitawalists rose up violently against colonial agents and African non-believers in the Masisi-Lubutu region of the eastern Congo.[13] The movement was progressively banned in the Congo's provinces between 1937 and

9 Fields, *Revival and Rebellion*, 156-185.

10 Verbeek, *Mouvements religieux dans la région de Sakania*, 140.

11 The success of Kitawala's expansion depended heavily on African chiefs' interest in the movement. In regions where chiefs welcomed the movement out of religious conviction or political tactic, Africans joined the movement *en masse*; AA/AIMO/1979: E. De Jonghe, directeur général, "Note en réponse à Monseigneur de Hemptinne", ministère des Colonies, Brussels, 10 March 1932. A 1934 conference in Elisabethville of various Protestant missions declared that Watchtower constituted a real menace to colonial law and order, and agreed to cooperate with all efforts to counteract the movement; AA/AI/1621: Administration de la Sûreté - Congo Belge, "Kitawala: Synthèse", 1955. The Catholic Church viewed Kitawala as a subversive movement that expounded thinly veiled xenophobia, and reported all Kitawala activity to the authorities; Zevenkerken, Archives of the Abbey of Sint-Andries, S.A. Kat. 5: Anon., "Note Annexe aux Statistiques 1932-1933", n.d. Missionary organizations played a significant role in both education and social movements in the Congo, but, aside from a few general examples, the role of these organizations, either as instruments of anti-Kitawala action or as mediators, is beyond the scope of this study.

12 AA/AI/1621, Administration de la Sûreté - Congo Belge, "Kitawala: Synthèse", 1955; AA/RA/CB/30: Anon., "Conseil de Province 1937. Séance du mercredi 31 mars à 14:30h. Objet: Sectes indigènes", Province d'Elisabethville, 1937.

13 The *Force Publique* was the Belgian Congo's official armed force and comprised African soldiers and Belgian officers.

1948, until both Watchtower and Kitawala were banned colony-wide in 1949.[14] Watchtower responded to this ban by addressing colonial administrators with a brochure which denied all connection between the two movements and portrayed Kitawala as anti-social and subversive.[15] Thus, while Kitawala doctrine was strongly influenced by Watchtower, Watchtower did not actively guide Kitawala.

Administrators and the *Sûreté* began to draw comparisons between the real or perceived subversive acts of the Kitawalists and the growing nationalist threat to colonial rule in the 1950s.[16] Fears of a nationalist Kitawala were fuelled by unsuccessful Kitawalist plots in 1955 in Stanleyville (today Kisangani) and Ponthierville (today Ubundu) in Orientale Province. Declaring solidarity with the Mau-Mau struggle in Kenya, Kitawala cells in the two cities planned to assassinate local colonial officials and to blow up the magazines of the Stanleyville garrison.[17] The plots are significant because they showed several Kitawalist cells working in concert in what officials like Assistant Principal Territorial Administrator R. Philippart saw as nationalism pure and simple.[18] Furthermore, there came the recognition that existing methods of repressing Kitawala, namely incarceration and banning, would never achieve tangible results by themselves.[19]

Evolution of Kitawala 'types' in the 1950s

It is evident from 1950s colonial government reports that administrators' perceptions of Kitawalists were changing. In the late 1940s and early 1950s Kitawalists were still viewed as they had been before the war: as a dangerously xenophobic movement with a unified anti-establishmentarianism and poten-

14 AA/AI/1621: Administration de la Sûreté - Congo Belge, "Kitawala: Synthèse", 1955; Cross, *The Watch Tower Movement*. For more information on Kitawala in the Congo, see Mwene-Batende, *Mouvements messianiques.*

15 Mwene-Batende, "Le Kitawala", 91. In neighbouring British possessions to the south Watchtower was permitted to send white missionaries to take control of African Watchtower groups in the 1930s. Despite these attempts, many African Watchtower groups remained independent from the Watchtower movement. Fields, *Revival and Rebellion*, 224-236; Cross, *The Watch Tower Movement*, 355-380.

16 The *Sûreté* was the Belgian colonial state's information service. AA/AI/1621: Administration de la Sûreté - Congo Belge, "Kitawala: Synthèse", 1955.

17 AA/AI/4737: Van Elsen, administrateur assistant principal, "Rapport sur les opérations contre la secrète Kitawala a Ponthierville durant les mois de novembre et décembre 1955", District de Stanleyville - Territoire de Ponthierville, Ponthierville, 3 January 1956.

18 AA/AI/4737: R. Philippart, administrateur territorial assistant principal, "Proposition de mise en résidence surveillée", District de Stanleyville, Stanleyville, 30 April 1956.

19 AA/AI/4737: M. Kreutz, commissaire de district, au gouverneur de la Province orientale, "Objet: Recrudescence Kitawala dans le district", District de Stanleyville, Stanleyville, 5 September 1956.

tial links to international communism. As a result, it was deemed necessary to make Kitawala the object of attentive state surveillance and repression.[20]

By the mid-1950s, however, colonial government reports show that the administration began organizing Kitawalists into different categories based on their alleged religiosity, political motivations and general threat to colonial order. A 1956 report based on imprisoned Kitawalists' behaviour by the Royal Inspector of the Colonies, Julien Van Hove, organized followers into three categories: religious Kitawalists, political Kitawalists, and members of the "Mulonda Mission".[21] Religious Kitawalists were said to be law abiding, although they still refused to enter into any contracts, while political and "Mulonda Mission" Kitawalists were described as being a continuing threat due to their hatred for all authority, whether lay or missionary, European or African.[22]

The same year, Paul-Ernest Joset, who as territorial administrator had accompanied the *Force Publique* in crushing the 1944 uprising, also produced a report stressing the heterogeneous nature of Kitawala.[23] Like Van Hove, Joset also interviewed many banned Kitawalists at the prison camp at Ekafera in Equateur Province. He concluded that some banned leaders were sectarian extremists, but that many prisoners were simply religious, wished to remain true to their beliefs, conceded that they had to work for the government, but also asked that the government be more tolerant towards Kitawala. Several prisoners from Katanga recognized that events at Masisi-Lubutu and Manono were caused by hotheads, not by the religious elements of Kitawala, and that they regretted the actions committed by these people.[24]

Van Hove and Joset's reports reveal the search for accommodation between the colonial state and Kitawalists. The comments by imprisoned Kitawalists expose real divisions amongst Kitawalists, although there is no indication of the context in which the interviews were held, and it is unclear whether

20 AA/PJ/D4582: "Exposé succinct du rapport confidentiel élaboré par la mission chargée de l'étude des mouvements subversifs", document attached to a letter from Governor General Jungers, Léopoldville, 5 December 1951; AA/AIMO/1611: Anon., "Note sur le 'Kitawala', le 'Watch Tower' et les 'Églises Indigènes'", n.d. However, the document's archival folder states that it is a reply to two letters dated 12 December 1937 and 1 January 1938.

21 The Mulonda Mission (aka the Watchman Healing Mission) was actually not Kitawala, but a different independent African religious movement which was introduced to southern Congo in 1946 and outlawed in 1954; Bustin, "Government Policy", 121-122. That Van Hove categorized members of the Mulonda mission as Kitawalists shows to what extent dissenting, or simply independent, African groups were falsely identified as being Kitawala. Given Kitawala's variability over time and space, such misattributions complicate researchers' attempts to understand Kitawala, but also reveal the paranoia of colonial administrators who assumed that independent African groups were clearly 'subversive' Kitawalists.

22 AA/AI/4737: J. Van Hove, inspecteur royal des colonies, "Extrait du rapport de mission de l'inspecteur royal des colonies "'Le Kitawala'", May-June 1956.

23 Mwene-Batende, *Mouvements messianiques*, 240.

24 AA/PJ/D4586: Paul-Ernest Joset, chargé de mission, "Synthèse des résultats de la mission", Léopoldville, 24 May 1956.

members' acceptance of armed struggle was the only criteria used by Joset to differentiate between "sectarian extremists" and "simply religious Kitawalists". Nevertheless, some imprisoned Kitawalists seem to have had relatively benign views towards colonial authorities, while others may have been eager to present themselves in a favourable light to a visiting colonial official in the hope of finding accommodation, including greater tolerance of the movement and perhaps their release from the prison camp. At the same time it is significant that colonial officials like Van Hove and Joset were beginning to discriminate between political, extremist, and religious Kitawalists. Recognizing that there were Kitawalists hoping to co-exist with the colonial state, Van Hove and Joset might have envisioned accommodation with the more moderate elements of the movement. Such differentiation was unprecedented and complemented the colonial administration's emerging Kitawala policy that sought to divide Kitawalists by repressing those deemed a threat to the state and co-opting those seen as mere adherents of a purely religious movement. Ultimately, the creation of a category of Kitawalists that could be accommodated or co-opted made room for the idea that development projects could depoliticize the communities where Kitawala was active. This is significant considering the climate of rising African nationalism and the need to consolidate the power of the colonial state. Nationalist independence did not seem inevitable in the mid-1950s, but, as we have seen, African nationalism was considered a serious threat that needed to be addressed.

What should be done? Repression, co-optation and accommodation

Following the discovery of the Stanleyville-Ponthierville plots in late 1955, the colonial state embarked on a new Kitawala policy that combined repression with co-optation and accommodation. In Orientale Province, Provincial Governor Schöller presided over a meeting in January 1956 at which it was decided that a special *Sûreté* team, charged with the surveillance of Kitawala, needed to be created.[25] The Specialised Political Team would centralize and coordinate government responses to Kitawala in Orientale Province and act in accordance with Kitawala policy recommendations made by Schöller in 1944. Following the Masisi-Lubutu uprising, Schöller, then acting royal prosecutor, recommended Kitawala repression coupled with gathering information on the movement and investing in "native" welfare.[26] As a result, Team agents, led

25 Vellut, *Guide de l'étudiant*, 130.

26 AA/GG/17.715: W.J. Carels, chargé de mission, "Mission d'information en Province orientale - Equipe spécialisée politique", Léopoldville, 3 March 1958. The recommendations were only adopted thirteen years later, when the Stanleyville-Ponthierville plots clearly showed that the state's purely repressive Kitawala policy was a failure.

by R. Philippart, were to engage in the study and surveillance of Kitawala, counterpropaganda and Kitawala repression. The Team had the objective of establishing an unofficial toleration of religious Kitawalists by colonial agents, while continuing to use the ban on Kitawala to legally pursue "political Kitawalists". Team agents had the authority to act as judges and used the intelligence they gathered to identify and sentence militant Kitawalists to sixty days forced labour, along with heavy fines ranging from 200 to 2000 Belgian francs. These targeted arrests were meant to depoliticize Kitawala cells, reducing them to "purely religious" entities. The Team employed these methods strategically to maintain a policy of containment, intended to prevent the further spread of the movement. While Kitawala meetings, baptisms and leaders were tolerated in "strongly contaminated" regions, provided that they did nothing to threaten public order and security, the Team took strong actions against meeting organizers and baptizers in areas where Kitawala had little or no influence.[27]

The establishment of the Team was complemented by the creation a vast development program whose purpose it was to eliminate the causes of discontent that were favouring Kitawala's rapid spread. This "social action" campaign was to include welfare, film projections, sports and scouts, and the establishment of economic, education, and medical projects. Officials hoped that these programs would improve Africans' quality of life in Kitawalist areas, co-opting Kitawala members and undermining the movement's generalized stance against the colonial regime.[28] The Team coordinated all "native" welfare related to Kitawala and Kitawala regions.[29] Thus, the Team's combined use of repression, cooptation and accommodation made it the embodiment of the new Kitawala policy.

In addition, the state worked to increase its presence in rural areas, following concerns in 1956 that a lack of contact between administrators and the local peoples undermined the legitimacy of the colonial regime, boosted Kitawalist influence and created the potential for an armed revolt like the Mau-

27 AA/GG/17.715: W.J. Carels, chargé de mission, "Mission d'information en Province orientale - Equipe spécialisée politique", Léopoldville, 3 March 1958. This policy of containment was also implemented in other provinces. In 1958 the policy was advocated on the orders of the Governor General in Equateur province – in contaminated regions Kitawala was to be coerced but also accommodated into being purely religious, while in uncontaminated regions Kitawala expansion was to be repressed regardless of the movement's nature; AA/GG/9322: I. Jadoul, secrétaire provincial, à tous les commissaires de district et tous les administrateurs de territoire de la province de l'Equateur, "Objet: Attitude à adopter envers le Kitawala et les mouvements apparentes. Instructions", Province de l'Equateur – Service des Affaires Indigènes, Coquilhatville, 9 June 1958.

28 AA/GG/17.715: W.J. Carels, "Mission d'information en Province orientale - Equipe spécialisée politique", Léopoldville, 3 March 1958. The decisions made at Schöller's meeting were seconded at a meeting of the Congo's governors in early February 1956.

29 Ibid.

Mau uprising in Kenya.[30] Starting in 1952, efforts were made to indoctrinate *évolués* at *évolué* clubs, at which pro-colonial texts were read and discussed under the supervision of colonial administrators.[31] Reforms were also carried out at Kitawala penal colonies, prisons and concentration camps. The state moved to be more accommodating towards "moderate" Kitawalists prisoners and allowed families to join inmates, improved hygiene, provided schooling for Kitawalist children and granted amnesty to both those who repented and the elderly.[32] Calls were also made to give some inmates trials, as they had been incarcerated without trial for over thirty years![33] Meanwhile, hardliners were separated from inmates deemed more moderate in their beliefs, and many of them were interned at the Kasaji penal colony, which after 1956 was upgraded to a concentration camp, complete with barb-wire enclosures.[34]

Post-war developmental colonialism in the Belgian Congo

Schöller's recommendation to invest in 'native welfare' reflected an increasing recognition, following the Masisi-Lubutu uprising, that socio-economic want was contributing to Kitawala's popularity and that development could potentially remedy this situation.[35] The growing administrative discourse on development as a tool against Kitawala was part of a larger move towards developmental colonialism in the post-war era. The economic crisis of the 1930s and World War II had revealed the colony's economic dependency on exports.

30 AA/PJ/D4586: Paul-Ernest Joset, "Désaffection du Service Territorial", 1956; AA/GG/17.715: W.J. Carels, "Mission d'information en Province orientale - Equipe spécialisée politique", Léopoldville, 3 March 1958.

31 AA/GG/5991, Directeur-Chef de Service, Service des AIMO, au directeur provincial, chef du Service des AIMO à Coquilhatville, "Objet: Causeries pour cercles", Léopoldville, 12 September 1955. The term *évolué* was used to designate western-educated Africans.

32 AA/AI/4737: J. Van Hove, "Extrait du rapport de mission de l'inspecteur royal des colonies 'Le Kitawala'", May-June 1956; AA/PJ/D4586: Paul-Ernest Joset, "Synthèse des résultats de la mission", Léopoldville, 24 May 1956; AA/RA/CB/113: R. Wauthion, gouverneur de province, "Rapport AIMO 1954", Katanga, Elisabethville, April 1955; J. Paelinck, gouverneur de province, "Rapport annuel AIMO 1955", Katanga, Elisabethville, 30 March 1956.

33 AA/PJ/D4586: Paul-Ernest Joset, "Synthèse des résultats de la mission", Léopoldville, 24 May 1956.

34 AA/AI/4737: J. Van Hove, "Extrait du rapport de mission de l'inspecteur royal des colonies 'Le Kitawala'", May-June 1956; AA/GG/18.354: Anon., "Compte rendu des réunions de Monsieur le Gouverneur Général avec Messieurs les Gouverneurs de Province les 6, 7, et 8 février 1956".

35 AA/GG/17.715: W.J. Carels, "Mission d'information en Province orientale - Equipe spécialisée politique", Léopoldville, 3 March 1958; AA/AI/4737: Anon., "Révolte de l'Utunda (Masisi) - Lubutu. Les causes", n.d.; AA/AI/4737: E. De Bruyne, ministre des Colonies, au gouverneur général à Léopoldville, 13 June 1945; AA/AI/4737: J. Van Hove, "Extrait du rapport de mission de l'inspecteur royal des colonies 'Le Kitawala'", May-June 1956; AA/RA/AIMO/167: Anon., "Rapport annuel AIMO 1953", Territoire de Ponthierville.

Furthermore, the administration's commitment to doubling production in support of the war effort placed considerable strain on existing infrastructure, and generally lowered Africans' living standards.[36] Wartime production meant a doubling of *corvée* labour days, massive recruitment drives for mining and agricultural enterprises, and increased production quotas for Africans. African workers' "material and social conditions were largely neglected [during this period], resulting in low salaries, makeshift housing, deplorable sanitary conditions and a general rise in the costs of living".[37] In the post-war period, the administration's close involvement in the management of the economy, as well as public finances bolstered by increased tax revenue, made development a viable option for addressing the Congo's socio-economic problems.[38] Meanwhile, Britain and France were putting into place important colonial development policies after World War II in the form of ten-year plans. Britain launched its Colonial Development Acts in 1940 and 1945, while France created its *Fonds d'investissement pour le développement économique et social des territoires d'outre-mer* (FIDES) in 1945.[39]

It is in this specific post-war context that Belgian developmental colonialism was organized under the FBI (1947-1963) and the *Plan décennal* (1949-1959).[40] Both the FBI's and the *Plan*'s projects were implemented colony-wide, although the FBI's actions were limited to "customary native society," and some expensive projects, like *paysannats*, could only be executed in target-regions.[41] A FBI publication asserted that the economic and social effects of

36 This commitment followed Japan's 1942 conquest of British Malaysia and the Dutch East Indies, the Allies main producers of rubber and other strategic resources; Mwene-Batende, *Mouvements messianiques*, 154. At the same time Africans' way of life also saw significant change with the number of male salaried workers nearly doubling from 480,000 in 1935 to 800,000 in 1945; Vanthemsche, *Genèse et portée du "Plan décennal"*, 7.

37 Mwene-Batende, *Mouvements messianiques*, 154. In Masisi Territory in Kivu, all Bakumu men were forced to gather 50 kilograms of wild rubber per year, a time intensive task requiring them to live in the forest in appalling conditions, unable to contribute to their families' subsistence; Mwene-Batende, *Mouvements messianiques*, 211-212.

38 Vanthemsche, *Genèse et portée du "Plan décennal"*, 7.

39 FIDES: Investment Fund for the Economic and Social Development of French Overseas Territories. Ibid., 8.

40 It is unclear from the colonial record whether some development projects were part of the *Plan*, the FBI, or whether they were independent projects conceived in the spirit of development colonialism.

41 "Création d'un fonds du bien-être indigène", 12. The *Institut national pour l'Étude agronomique du Congo belge* (INEAC) started experimenting in 1936 with a rural economy system called 'paysannats'. *Paysannats* included soil conservation methods and the 'rationalisation' of the traditional land holding system. INEAC's objective was to prevent the emigration of the rural populace to the cities, prevent soil erosion, increase yields, and integrate producers more thoroughly into the market economy in order to raise their incomes and thus also their living standards; Vanthemsche, *Genèse et portée du "Plan décennal"*, 18. Officials referred to non-urban, non-industrial African communities ruled by appointed African chiefs as "customary native societies."

World War II had heightened the inequality between rural and urban living conditions and that it was urgent to "give the rural communities living conditions equal to those enjoyed by Africans already integrated into the industrial economy".[42] The FBI's goal of creating a standard of living in "customary" areas, comparable in all respects to that of the industrial centres and cities, was later shared by the *Plan décennal*.[43] Indeed, the FBI was founded on 1 July 1947 by royal decree two years before the launch of the *Plan décennal*, but came to be considered a cornerstone of the *Plan* by Pierre Wigny, Minister of Colonies (1947-1950).[44]

Given the limited resources for its vast mandate, which included everything from bee-keeping to campaigns against falling birth-rates, the FBI's administrative council decided that it would concentrate the majority of its resources in five geographic zones seen as particularly in need of development.[45] In the FBI's first ten years of operation, twenty-six territories fell into "areas of intensive action" and even after the FBI officially discontinued this policy in 1958 the FBI continued to concentrate its resources in regions "considered to be of particular interest".[46] It is unclear whether Stanleyville District, influenced by Kitawala, was one of these regions, although the FBI repeatedly increased funding to the District and the neighbouring Territories of Lubutu and Walikale in Kivu Province because of the strong Kitawala presence in the region.[47] According to Henri Beckers, a civil engineer working for the FBI, "it was necessary to adjust one's will to one's power [in light of limited resources], keep in mind the wishes of the authorities, to position oneself within the programme laid out by the Ten-Year Plan, avoid problems closely linked to native policies which are the exclusive responsibility of the Government's services".[48] It shall be seen, however, that the FBI did not in fact avoid questions of 'native policy'; rather it worked extremely closely with the government especially in regards to policies towards Kitawala.

Wigny announced the decision to develop a ten-year plan for post-war development in the Belgian Congo in July 1947, the same month that saw the FBI's creation.[49] The *Plan décennal* officially went into effect in 1949 and broke

42 FBI, *A Work of Co-operation in Development*, 18-19.

43 Vanthemsche, *Genèse et portée du "Plan décennal"*, 30, 33.

44 Wigny, "Introduction", XVIII.

45 Beckers. *Le Fonds du Bien-être indigène*, 5-9; FBI, *A Work of Co-operation in Development*.

46 FBI, *A Work of Co-operation in Development*, 35-42.

47 AA/AI/4737, W. Van Remoortel, président du FBI, au ministre des Colonies, Brussels, 28 November 1956.

48 Beckers, *Le Fonds du Bien-être indigène*, 16.

49 The FBI and the *Plan décennal* were not the first Belgian attempts at colonial development. In 1921 Colonial Minister Louis Franck suggested a vast program of public works for the Congo. However, unlike the developmental colonialism of the 1950s, the "Franck Plan" did not include any welfare projects and ultimately was never implemented for lack of funding; Vanthemsche, *Genèse et portée du "Plan décennal"*, 8.

with previous policy by proposing a long-term socio-economic plan meant to affect all aspects of life in the Belgian Congo.[50] The *Plan* was meant to render the colony's economy less vulnerable to economic instability, stimulate the internal economy by integrating more Africans into the market economy, as well as modernize the African agricultural and artisanal sectors through a wide range of programs, including: soil conservation, value-added exports, electric and transport infrastructure, social programs, and industrial mechanization. These programs were to replace the "vicious cycle of misery" with the "virtuous circle of prosperity".[51] Economic and social development became an important goal for the colonial regime, and after 1950 officials were required to report on all 'social actions' undertaken in their regions.[52]

On the ground in Stanleyville District, the Kitawala Team coordinated all FBI and *Plan décennal* projects at every stage, from making project recommendations and requisitioning required materials, to monitoring the progress of projects and dealing with all relevant correspondence.[53] This close working relationship between development projects and the Kitawala Team demonstrates how intimately development was integrated with active Kitawala repression and counterpropaganda.

Kitawala and the politics of Belgian colonial development

Wigny explicitly stated in 1950 that the *Plan décennal* did not seek to shape the development of Congolese politics, nor the colony's political future. That the *Plan* included no provisions for political emancipation is unsurprising, as the possibility of political emancipation was at best a vague goal, to be accomplished in an indistinct future. Indeed, Léon Pétillon, Governor General (1952-1958) and later Belgian Minister of Colonies (1958), admitted that even in 1958 there was no plan for the Congo's independent political future in his administration.[54] Even so, when the completed *Plan* was presented to the Belgian parliament, critics expressed fears that the development of 'civilization' in the Congo, stimulated by the *Plan*, would accelerate political emancipation. Wigny reassured these critics that working for the welfare of the colony was "the best guarantee to ensure and retain the friendship of the [Congolese] population", echoing similar assurances made in 1947 that the FBI would make Africans

50 AA/GG/18.354: E. Warnier, directeur-chef de service, à Monsieur le directeur de la 1ère Direction de la 5e Direction Générale, "Kitawala en Province Orientale - Programme agricole", 9 September 1957.

51 Vanthemsche, *Genèse et portée du "Plan décennal"*, 10-30.

52 Vellut, *Guide de l'étudiant*, 142.

53 AA/GG/17.715: W.J. Carels, "Mission d'information en Province orientale - Equipe spécialisée politique", Léopoldville, 3 March 1958.

54 Stengers, *Congo*, 245.

into "conscientious and loyal associates to the Belgian colonial enterprise".[55] From these statements it is clear that developmental colonialism was to have a strong political role in maintaining Belgian hegemony in its colony. Belgium was not alone in using development in such a way, as French colonial development was also undertaken with the intent of maintaining French colonial rule.[56]

The *Plan décennal* was designed to politically reinforce Belgium's hold on the Congo at both the international and the colonial levels. Internationally, the *Plan* worked to justify continued Belgian colonialism in the face of criticism voiced by the United Nations and the United States, as well as to counter the USSR's anti-colonial rhetoric.[57] Ironically, the USA indirectly financed Belgium's developmental colonialism, as the Belgian economy was stimulated by the Marshall Plan from 1947-1951.[58] Furthermore, specific *Plan* projects, including the INGA hydroelectric project in the Bas-Congo, were to favour foreign investment to help legitimize Belgian colonial rule.[59]

The *Plan décennal* was also meant to strengthen Belgian control in the Congo itself by protecting the Congolese population from economic instability and raise its incomes in order to stymie the masses' "dangerous revolutionary potential".[60] Beckers saw development as essential in preventing the rapid creation of a large, impoverished, urban proletariat that would be susceptible to "subversive propaganda", the origin of which he did not specify.[61] Given officials' tendency to associate Kitawala with subversion, it is not unreasonable to conclude that this "subversive propaganda" included Kitawala's doctrines. Officials believed that impoverished conditions in "customary" areas contributed to both Kitawala's popularity and rapid urbanization. As a result, administrators believed that addressing poor living conditions in "customary" areas would both slow Kitawala expansion and prevent the formation of a radicalized, united front between Kitawalists from customary and non-customary regions.[62] Furthermore, officials hoped to eliminate Kitawala's secretive nature and create "a different ambiance with the goal of calming the population".[63]

55 Vanthemsche, *Genèse et portée du "Plan décennal"*, 32; Wigny, "Création d'un fonds du bien-être indigène - Rapport au Régent", 10.
56 Vanthemsche, *Genèse et portée du "Plan décennal"*, 32.
57 Ibid., 32.
58 80% of the *Plan* was to be financed by loans from the Belgian financial market; Ibid., 37.
59 Stengers, *Congo*, 200. The *Plan* undoubtedly also worked to legitimize Belgian colonialism in Belgium.
60 Vanthemsche, *Genèse et portée du "Plan décennal"*, 33.
61 Ibid., 30; Vellut, *Guide de l'étudiant*, 121-123, 127; Beckers, *Le Fonds du Bien-être indigène*, 23-24.
62 AA/GG/8604: J. Vandersmissen, commissaire de district assistant, à l'administrateur de territoire, "Objet: Politique contre les mouvements subversifs. Mission Marmitte", Province de l'Equateur – District du Congo-Ubangi, Lisala, 4 July 1951.
63 AA/GG/18.354: Anon., "Procès-verbal de la réunion tenue le 23 janvier 1956 au cabinet du gouverneur de la Province", Province Orientale. It is unclear from the colonial record whether these development projects and programs were funded by the *Plan décennal*, but the projects unmistakably corresponded to the development colonialist mindset of the post-war era.

To achieve this goal, officials foresaw a wide range of economic and social programs designed to "ameliorate the standard of living and the well-being of Africans in contaminated [Kitawala] regions by attending to the external causes for Kitawala's success".[64] A 1958 report about the Kitawala Team by agent W.J. Carels provides a good overview of these programs in Orientale Province. Programs ranged from the construction of schools and medical centres to an economic program seeking to increase African employment opportunities with the establishment of various plantations in Ponthierville, Bafwasende and Opala Territories. District commissioners and territorial administrators were to implement a welfare program comprising pro-Belgian propaganda in the form of "spontaneous" discussions and film screenings. State-organized leisure activities included athletic facilities and sports clubs at administrative headquarters, as well as rural theatre groups.[65]

Recreation programs were especially directed at African youth. Officials developed youth movements everywhere in Orientale, but gave particular importance to developing scouting in Kitawala regions. Carels stated that "healthy leisure activities" were essential to deter youth from subversive ideas and that scouting's rules were "the most appropriate to enthuse feelings of respect and loyalty in the youth for the [civilizing] mission" and to "prepare their future participation in this mission".[66] Scout groups were to be introduced to as many villages as possible with the aim of siding youths "on the side of the state and thus represent a serious advantage in the struggle against Kitawala".[67]

The FBI's services were applied strategically to co-opt perceived Kitawala threats. In November 1956 Buisseret, Belgian Minister of Colonies, contacted W. Van Remoortel, president of the FBI, to rally more financial support to combat the Kitawalist resurgence undermining colonial agents, chiefs and FBI projects in Orientale Province. According to Buisseret, the resurgence was the

64 AA/GG/17.715: W.J. Carels, "Mission d'information en Province orientale - Equipe spécialisée politique", Léopoldville, 3 March 1958.

65 Education projects were funded by the colony, the FBI and the *Caisses administrative des circonscriptions indigenes* (CACI); AA/GG/17.715: W.J. Carels, "Mission d'information en Province orientale - Equipe spécialisée politique", Léopoldville, 3 March 1958. The FBI funded medical dispensaries, social centres, surgical centres, new hospital wings, and maternity wards; AA/GG/18.354: Vice-Governor General to the Minister of Colonies, "Lutte contre le Kitawala, Personnel Territorial", 2 March 1957. A similar strategy for undermining Kitawala influence was used in neighbouring Equateur Province. Equateur's Djolu Territory had "an anti-Kitawala propaganda and social events" budget for building a sports club, two soccer fields, equipment for eight soccer teams and funds to cover the costs of moving the teams to their matches; AA/GG/5991: F.M. Dethier, directeur provincial des AIMO, à l'administrateur du Territoire de Djolu, "Objet: Propagande et loisir indigènes régions menacées par le Kitawala", Province de l'Equateur, Coquilhatville, 22 November 1956.

66 AA/GG/17.715: W.J. Carels, "Mission d'information en Province orientale - Equipe spécialisée politique", Léopoldville, 3 March 1958.

67 Ibid.

result of the poor economic and social conditions in the region. He entreated Van Remoortel to contribute 30 million francs to the region for the next three years to insure the construction of 452 primary schools in an act of 'public salvation'.[68] Van Remoortel heartily agreed explaining that, "given the gravity of the situation", the FBI's Administrative Council had not only decided to provide the requested subsidies, but to further increase the FBI's general activities in Stanleyville District and in the territories of Lubutu and Walikale.[69] The FBI's approval of Buisseret's plan is significant as, at 10 million francs a year, it constituted over three percent of the FBI's annual budget, and is testimony to the perceived seriousness of the Kitawala threat.[70]

FBI funding of anti-Kitawala 'development' only increased in the late 1950s and was avowedly political. In 1957 the Congo's vice-governor general, speaking of a FBI project, stated that "the political character of this [project] militates in favour of an urgent realization of the general program of the struggle against Kitawala" and Buisseret made further requests to increase the construction of schools in areas "contaminated" by Kitawala.[71] Van Remoortel followed Buisseret's recommendation for eight of Orientale's territories and the FBI increased the province's funding quota from 32 million to 46 million francs per year, in light of Kitawalist activity in Stanleyville District, to the detriment of the funding quotas of Leopoldville, Kivu and Kasai provinces.[72]

By raising rural living standards, both the FBI and the *Plan* projects' sought to hold Africans in their 'traditional' communities of origin, where they would continue to submit themselves to the power of their "customary" leaders. According to Vanthemsche, this constituted an implicit attempt to slow the political transformation of African society.[73] Officials sought to prior-

68 AA/AI/4737: Auguste Buisseret, ministre des Colonies, au président du FBI, "Intensification scolaire en province de Stanleyville", Brussels, 6 November 1956.

69 AA/AI/4737: W. Van Remoortel, président du FBI, au ministre des Colonies, Brussels, 28 November 1956.

70 FBI annual expenditure is estimated to have been 300 million francs until 1960; FBI, *A Work of Co-operation in Development*, 31-32.

71 The vice-governor general stated that this project would help stop "the propagation of evil in Orientale"; AA/AI/4737: Molneli [*sic*], vice-gouverneur général, "Objet: Lutte contre le Kitawala - Personnel Territorial", Léopoldville, 6 February 1957; AA/AI/4737: Auguste Buisseret, ministre des Colonies, au président du FBI, "Objet: Lutte contre le Kitawala", 17 October 1957.

72 Van Remoortel also justified this shift of resources in light of the spread of Islam "by external forces" and border influences from Sudan and Uganda; AA/AI/4737: W. Van Remoortel, président du FBI, "Objet: Lutte contre le Kitawala en Province Orientale", 19 November 1957. FBI provincial budget quotas were calculated in function of each province's "customary" population.

73 The desire to use development to maintain "traditional, customary" chiefly authority constituted a major contradiction in Belgian developmental colonialism, as the *Plan*'s economic and social projects would fundamentally change the foundation of "traditional" socio-political structures; Vanthemsche, *Genèse et portée du "Plan décennal"*, 33.

itize a "political action program" intended to shore up the prestige of appointed chiefs in Kitawalist areas. Stanleyville District Commissioner M. Kreutz opined that colonialism and Congolese society's "natural evolution towards humane democracy" and "Europeanism" had progressively stripped African chiefs of their autocratic powers, allowing Kitawalists to withdraw from chiefs' control.[74] Officials intended to prioritize restoring chiefly prestige by building administrative buildings as well as colonial agents' residences from durable materials and fitting all territorial headquarters with public address systems.[75] This prioritization demonstrates the colonial regime's dependency on the chiefs and the need to keep them both powerful and loyal as they constituted the regime's frontline in dealing with Kitawalists and the vast majority of the population.

Whatever resources and opportunities FBI and *Plan* projects did provide to their target population, projects also fulfilled an implicit political role by increasing state presence and surveillance in areas marked for development. The regular presence of colonial agents was needed to effectively realize projects and in 1956 Van Remoortel informed Buisseret that additional FBI program funding would be contingent on agents' increased, regular and long-term presence.[76] Colonial development projects were meant to provide various government services to the African population, but in the words of anthropologist James Ferguson, "'government services' are never simply 'services'... it may be at least as appropriate to think of 'services' which serve to govern".[77]

The dual purpose of development projects in the Congo is clearly shown by the *Plan*'s program to expand and modernize the colony's road network, ostensibly to boost export and internal trade.[78] One such road was to be constructed through Kitawala-influenced areas, linking Stanleyville with Costermansville (today Bukavu), via Ponthierville. A 1953 AIMO annual report stated that the road would enable greater territorial occupation, medical services and economic development in Ponthierville Territory, improving colonial agents' relations with African subjects and reducing customary authorities'

74 AA/GG/17.715: M. Kreutz, commissaire de district, "Note pour Monsieur le Gouverneur de la Province Orientale", District de Stanleyville, Stanleyville, 8 October 1956.

75 Ibid.; AA/GG/17.715: W.J. Carels, "Mission d'information en Province orientale - Equipe spécialisée politique", Léopoldville, 3 March 1958. Following World War I, officials in French West Africa expressed similar concerns over the need to restore chiefly authority in order to stabilize French rule and civilize Africans, contributing to the policy of *Association* from 1919 to 1930; Conklin, *A Mission to Civilize*, 174, 177, 185, 188-211.

76 Van Remoortel identified frequent agent transfers, excessive bureaucracy and insufficient personnel as a significant problem in the fight against Kitawala. Officials' irregular presence was helping Kitawala's popularity and the lack of official African contact was preventing the execution of FBI programs; AA/AI/4737: W. Van Remoortel, président du FBI, au ministre des Colonies, Brussels, 28 November 1956.

77 Ferguson, *The Anti-Politics Machine*, 253.

78 Vanthemsche, *Genèse et portée du "Plan décennal"*, 25-26.

reliance on Kitawala repression.[79] The imminent creation of the road would "firstly" have good results for 'native' policy, and "secondly" lead to economic improvements.[80] Officials also saw building roads as a question of security, as many parts of Ponthierville Territory influenced by Kitawala were only accessible by footpaths, limiting officials' and missionaries' access.[81] In 1956 Schöller insisted that the Stanleyville-Ponthierville road be completed to expedite travel between the two cities, improve surveillance, provide an alternative route in case the rail link was sabotaged and create the possibility for a new centre of European occupation in the region.[82] Schöller's list of benefits reveals the level of danger Kitawala was seen to present and by 1958 two roads were being constructed under the *Plan décennal* with another three roads planned for the proposed second *Plan décennal* (1959-1969).[83]

Officials consciously used FBI and *Plan décennal* projects as political tools to pacify Kitawala, but it is also important to note that Kitawala pacification may also have been a means to an end in terms of allowing projects to be carried out undisturbed. The colonial record is explicit about the desire to accommodate "subversive" religious groups in order to carry out development projects. For instance, in 1957 Paul-Ernest Joset wrote to Buisseret that a better policy vis-à-vis Kimbanguists was needed, especially as the government was planning to build parts of the INGA hydroelectric project in the heavily Kimbanguist Bas-Congo.[84] Colonial records making similar statements regarding projects in Kitawalist areas do not exist or are currently inaccessible, but it is not inconceivable that the accommodation and co-optation of Kitawalists was motivated by similar motives.

Thus, the development and integration of "customary" regions into the market economy can be seen as the pursuit of social, economic and political

79 *Affaires Indigénes et Main d'Oeuvre* (AIMO): Native and Labour Affairs.

80 The report's author wrote that road construction would lead to better native policy *d'abord*, either 'first' or 'foremost', and better economic conditions *ensuite*, either 'later' or 'secondly'. It is unclear whether the author meant to place these two results in order of importance or chronology; AA/RA/AIMO/167: Anon., "Rapport annuel AIMO 1953", Territoire de Ponthierville. New roads would also have eased Africans' access to new services like FBI-built medical clinics, and shows FBI and *Plan* programs' interdependence; AA/AI/4737: J. Van Hove, "Extrait du rapport de mission de l'inspecteur royal des colonies "'Le Kitawala'", May-June 1956.

81 AA/GG/17.715: W.J. Carels, "Mission d'information en Province orientale - Equipe spécialisée politique", Léopoldville, 3 March 1958.

82 AA/GG/18.354: A. Schöller, gouverneur provincial, au gouverneur général, "Objet: Kitawala", Province orientale, Stanleyville, 25 January 1956.

83 AA/GG/17.715: W.J. Carels, "Mission d'information en Province orientale - Equipe spécialisée politique", Léopoldville, 3 March 1958.

84 AA/PJ/D4586: Paul-Ernest Joset à A. Buisseret, ministre des Colonies, "Nouvelle politique à appliquer vis-à-vis des mouvements politico-religieux", Brussels, 15 June 1957. The electrification of the Congo was a key project in the *Plan*, as it would enable a rise in living standards, industrial growth, mechanization, etc.; Vanthemsche, *Genèse et portée du "Plan décennal"*, 25.

goals. Officials believed that development projects would raise African living standards and wages, hereby stabilizing and strengthening the colonial economy. At the same time, they sought to expand state services in peripheral "customary" areas in Orientale Province in order to co-opt and undermine threats to colonial authority and offset the advances of nationalism. Given the ambitious nature of these proposed projects, it is essential to examine their actual implementation in Stanleyville District.

Kitawala and the effectiveness of developmental colonialism

The colonial record does not clearly elucidate the overall patterns of change following the implementation of FBI and *Plan décennal* programs. Ultimately, no effects can be solely attributed to the new policies. Furthermore, as mentioned earlier, Kitawala was never a centrally-led movement and consisted of several relatively autonomous groups. This multiplicity is not reflected in the archival sources consulted discussing the effect of the new policies.[85] As a result, it is difficult to determine how individual Kitawala groups responded to the new policies, and the Kitawalist response is treated here in the same general terms found in the colonial archive.

Sûreté reports indicate that the Kitawala Team was relatively successful in containing Kitawala from 1956 to 1958 in Stanleyville District, but that Kitawala enjoyed resumed expansion from 1959 to Congolese independence on 30 June 1960. The years of decreased Kitawala activity saw frequent arrests of followers and deployments of the *Force Publique* in Kitawala areas.[86] The accuracy of reports declaring decreased Kitawalist activity can be questioned, however. To what extent was Kitawala's regression in the colonial record the result of a frightful, anti-colonial spectre disappearing simply as a result of a systematic investigation by the Kitawala Team? It is possible that administrators perceived a Kitawala retreat only because they had overestimated the movement's prevalence. Because of the shifting intensity of government surveillance, it is unclear whether Kitawala decreased its activities before 1959 as a result of developmental colonialism, targeted repression, increased surveillance or reasons internal to the Kitawala. As there was no indication that Congolese independence would actually occur before 13 January 1959, when

85 The African Archives includes documented attempts to map-out the filiations between various Kitawala cells, but none of the documents consulted elucidated the long-term effect of the new policies on specific cells; AA/GG/17.715: W.J. Carels, "Mission d'information en Province orientale - Equipe spécialisée politique", Léopoldville, 3 March 1958.

86 AA/AI/4733: Administration de la Sûreté, *Bulletin d'information*, no. 7 – du 1er janvier au 30 septembre, 9 February 1957, no. 12 – 4e trimestre 1957; AA/AI/4734: Administration de la Sûreté, *Bulletin d'information*, no. 15 – 3e trimestre 1958; AA/AI/4753: Administration de la Sûreté, *Bulletin d'information*, no. 18 – 1er trimestre 1959, no. 20 – 4e trimestre 1959.

the Belgian government and King Baudouin announced the beginning of the Congo's move towards independence, some Kitawalists conceivably sought accommodation, kept a low-profile or recanted.

Interestingly, but not unexpectedly, many of the state's development projects did not perform as expected or faced serious delays in execution, allowing us to question their potency in dampening Kitawala. Both FBI schools and roads constructed under the *Plan* produced mixed-results. The FBI was plagued by budget shortfalls and ultimately constructed only a fraction of its originally planned projects.[87] For example, in 1956 Buisseret called for the construction of 452 primary schools in Kitawala areas, but by 1960 only 242 primary schools had been constructed in the entire colony.[88] Although the FBI schools were meant to raise African living standards and indoctrinate youth in Kitawalist areas, FBI schools ironically heightened the anxiety of high-ranking colonial administrators. In 1956 Vice-Governor General Cornelis informed the provincial governors that the massive FBI intervention would result in the intensification of African primary school instruction in rural areas, causing serious problems for state surveillance, as European teaching inspectors could only irregularly visit the increased number of schools and their African instructors.[89] Thus, not only was the colonial state unable to intervene with FBI projects to the degree that it wished, but the development that was theoretically to converge with the anti-Kitawala agenda through socio-economic development, was concomitantly seen by some as standing in conflict with colonial security in practice.

Road construction through Kitawala areas brought similarly conflicting reports. Indeed, in early 1959 a *Sûreté* report stated that following the construction of the Stanleyville-Ponthierville road, Kitawala virtually ceased to exist in that region, although it did not explain the cause. It is possible that the additional state surveillance that the road represented pushed local Kitawalists to relocate their meetings to a more secure area. Meanwhile, it was predicted that the road would facilitate the transmission of Kitawala directives

87 AA/AI/4737: Molneli [*sic*], vice-gouverneur général, "Objet: Lutte contre le Kitawala - Personnel Territorial", Léopoldville, 6 February 1957. The *Plan décennal* was also plagued by budget shortfalls and an uneven implementation of its programs; see Vanthemsche, *Genèse et portée du "Plan décennal"*.

88 AA/AI/4737: Auguste Buisseret, ministre des Colonies, au président du FBI, "Intensification scolaire en province de Stanleyville", Brussels, 6 November 1956; Ministère des Affaires africaines, *Le Plan décennal*, 109. It is unclear from this book how many of the constructed schools were in Kitawala areas.

89 AA/GG/9322: Cornelis, vice-gouverneur général, au gouverneurs provinciaux de Léopoldville, Coquilhatville, Stanleyville, Bukavu, Elisabethville et Luluabourg, "Objet: Surveillance écoles primaires par autorités territoriales", Léopoldville, 16 June 1956.

from Lubutu and another report from late 1959 explained that Kitawala was spreading along a road into Mambasa Territory.[90]

At the same time, the scouting project was stalled by diverging priorities between officials and the Catholic missions. Carels noted with satisfaction that troops were performing as expected in Ponthierville, Bafwasende and Isangi, but lamented that the Catholic missionaries who received state funding in 1956 for mission scout troops did not understand that the funds were contingent on an anti-Kitawala agenda. As a result, the state funds were given to territorial administrators in subsequent years. Carels also deplored the cancellation of a special training camp in Stanleyville for scouts operating in Kitawalist areas after Catholic federation scout leaders were forbidden to attend. Despite officials' assurances that each scouts' creed would be respected, Catholic authorities did not want their followers to come into contact with Africans of other denominations.[91] The Catholic missions shared the state's opposition to Kitawala, but in this case the missions' concerns over their wards' religion took precedence over the anti-Kitawala struggle.

In a similar fashion, the *Plan décennal*'s construction of urban and public buildings took precedence over the political action programme to build up chiefly prestige in Stanleyville District. While the *Plan* expended the quadruple of the initial budget for "urbanism and public buildings", it was clear by early 1958 that the colony would not even spend enough to build sturdy administrative centres in rural Kitawalist areas.[92] Clearly, urban development took precedence over rural development.

Meanwhile, Carels' report attests that at least until 1958 Philippart's Kitawala Team was seen as exceeding expectations, having forced previously politicized Kitawala cells to "confine themselves to religious acts".[93] The Team's counterpropaganda film screenings were quite popular and were deemed effective, with between 400 and 1000 people attending each session and Kitawala leaders forbidding their members to attend. Moreover, the number of Kitawalists banned or jailed by the Team dropped precipitously between 1956

90 AA/AI/4753: Administration de la Sûreté, *Bulletin d'information*, no. 18 – 1e trimestre 1959; no. 20 – 4e trimestre 1959.

91 AA/GG/17.715: W.J. Carels, "Mission d'information en Province orientale - Equipe spécialisée politique", Léopoldville, 3 March 1958. The number of scouts in Stanleyville District is unclear. In neighbouring Paulis Territory in Orientale's Haut-Uele District scout troops counted 800 in mid-1957; AA/RA/CB/139: "Rapport annuel 1956", Province Orientale – AIMO, 22 March 1957.

92 Vanthemsche, *Genèse et portée du "Plan décennal"*, 44 ; AA/GG/17.715: M. Kreutz, commissaire de district, au gouverneur de la Province orientale, "Objet: Intensification action politique en district de Stanleyville", Stanleyville, 12 February 1957; F.M. Dethier, commissaire de district, au directeur provincial, "Objet: Construction centres administratifs", Stanleyville, 12 February 1958.

93 AA/GG/17.715: W.J. Carels, "Mission d'information en Province orientale - Equipe spécialisée politique", Léopoldville, 3 March 1958.

and 1958 from thirty to two.[94] Clearly, Carels defined success as Kitawalists' unwillingness to confront representatives of the colonial state.

Nevertheless, despite the Team's alleged success, Kitawala continued to be active until Congolese independence in 1960. In 1959, Territorial Administrator R.J.C. Somers reported rumours of Kitawalists withdrawing their children from state schools while other Kitawalists asserted that the Team supported Kitawala. Followers were claiming Team support because they had relationships with Team agents but did not receive any form of punishment for their religious beliefs.[95] The Team agents met openly with known Kitawalists in order to question them on recent activities, members not known to the authorities and new members.[96] This phenomenon led Kitawalists to conclude that they had the patronage of the "big bwanas" from Stanleyville and no longer had to heed territorial authorities. Kitawalists seem to have believed this despite the Team actively sentencing militant members.[97] Given that the Kitawalists knew that the Team was sentencing its members, one could conclude from these rumours that Kitawalists were perhaps hoping for accommodation with the colonial state, or at least for some leverage over local authorities. Kitawalists preached that one day Africa would belong to the Africans, but prior to 13 January 1959 there was no indication as to when independence would occur and some Kitawala members might have been searching for a way to co-exist with the state in the meantime. Alternately, if the news of steps being taken towards independence had travelled fast, Kitawalists might have assumed that the colonial administration now condoned Kitawalist ideas of independence.

When FBI projects and new territorial agents proved insufficient to stop what was seen as Kitawalist insubordination, the *Force Publique* was brought in to restore colonial order. *Force Publique* soldiers were deployed in Ponthierville Territory in 1957 when suspected Kitawalists openly defied colonial authorities by refusing to propose a new headman for their village, ignoring the summons of the local territorial administrator, chanting "go back where they came from, we no longer need Europeans here" and attacking a policeman.[98] The *Force Publique* was deployed five times between 1956 and 1958 in

94 Ibid.

95 AA/GG/14.432: R.J.C. Somers, administrateur de territoire, "Rapport sur l'état d'esprit des populations et sur le Kitawala en secteurs Bakumu et Barumbi (sauf le clan Mambodi)", Territoire de Bafwasende, Bafwasende, 29 January 1959.

96 AA/GG/17.715: W.J. Carels, "Mission d'information en Province orientale - Equipe spécialisée politique", Léopoldville, 3 March 1958.

97 AA/GG/14.432: R.J.C. Somers, administrateur de territoire, "Rapport sur l'état d'esprit des populations et sur le Kitawala en secteurs Bakumu et Barumbi (sauf le clan Mambodi)", Territoire de Bafwasende, Bafwasende, 29 January 1959.

98 AA/GG/22.231: A. Dereine, administrateur de territoire, au commissaire de district, "Objet: Situation politique. Groupement Limanga", Ponthierville, 22 February 1958.

Stanleyville District and neighbouring Lubutu Territory.[99] Apart from conducting manoeuvres to display the power of the colonial government, the *Force Publique* enforced the completion of public works. It is unclear whether these works were designed to be collective punishment or whether they were reason enough for military deployment. The interventions were coordinated by members of the Kitawala Team, who reported that these exercises produced schisms between Kitawalists and non-followers. Some non-followers stated that they were no longer afraid of Kitawala and denounced its members, while some Kitawalists recanted or reaffirmed their faith.[100]

Ultimately, there was great fluidity in Kitawalists' responses, both attempts at accommodation and confrontation, to the efforts to accommodate, co-opt or repress them. For instance, in January 1959 in Bafwasende Territory, four people publicly recanted their adherence to the movement, but another seven, including a former *Force Publique* soldier, openly affirmed their Kitawalist faith.[101] These public declarations do not inform us of the strength of Kitawala in the late 1950s in Bafwasende Territory, but they do permit some preliminary conclusions. The declarations could suggest that it was becoming socially advantageous to publicly reject the movement in light of the increased presence of colonial agents, as reported during *Force Publique* manoeuvres. Revocations might have been made to curry favour with these agents. At the same time, the possibility that devout Kitawalists reaffirmed their beliefs publicly as an act of religious defiance should not be discounted. Indeed, when Kitawalists in Mambasa Territory, in Orientale's Ituri District, reaffirmed their faith in late 1959, after having recanted in March of the same year, they were perhaps heartened by the knowledge that independence was only a matter of time.[102]

Conclusion

The *Plan décennal* and the FBI, manifestations of developmental colonialism, were used as a tool to co-opt Kitawala in Orientale Province in 1950s Belgian Congo. The creation of new categories of 'less-dangerous' Kitawalists, in light of rising nationalist threats to colonial rule and the search for accommodation, enabled the implementation of development projects which sought to

99 AA/AI/4733: Administration de la Sûreté, *Bulletin d'information*, no. 7 – du 1er janvier au 30 septembre 1956, 9 February 1957; no. 13 – 1er trimestre 1958.

100 AA/GG/17.715: W.J. Carels, "Mission d'information en Province orientale - Equipe spécialisée politique", Léopoldville, 3 March 1958.

101 AA/GG/14.432: R.J.C. Somers, administrateur de territoire, à Mr. Darrimont, "Note à Mr. Darrimont - c/o District Stanleyville", Territoire de Bafwasende, Madumbi, 19 and 22 January 1959; R.J.C. Somers, administrateur de territoire, à Monsieur le Commandant de la Cie. en S.T., "Objet: Kitawala", Territoire de Bafwasende, Madumbi, 19 January 1959.

102 AA/AI/4753: Administration de la Sûreté, *Bulletin d'information*, no. 20 – 4e trimestre 1959.

appeal to this segment of Kitawala. The FBI hereby serves as an example of a colonial parastatal development agency actively employed in accommodating and co-opting religious and political dissidents in the defence of colonialism. For the Kitawalists, this meant that they were watched, categorized and introduced to development initiatives with the agenda to govern, all while their communities were slowly furnished with new resources and relationships. Using available sources from the colonial record, I have attempted to show the effectiveness of the Kitawala Team and the development projects at depoliticizing or repressing Kitawala. A much more complete assessment of the impact of these new policies, however, could be made by taking into account African perspectives and experiences.

Belgium's use of development as a political tool in the Belgian Congo also raises the question as to how development was used for political purposes by other colonial powers. Indeed, one can draw some parallels with the Mau Mau "Pipeline" in Kenya, a detention and rehabilitation system which included confession, paid physical labour, craft training, recreation, and civic and moral re-education.[103] More generally, agricultural development in post-war colonial Kenya was also seen as the path towards an orderly and productive society free of cultural and racial tensions.[104]

Lastly, the opportunistic reinterpretation of social categories is constantly part of post-independence African politics, but the creation of multiple Kitawala categories in 1950s Belgian Congo shows that this phenomenon already occurred in the late colonial period.

ABBREVIATIONS

AI: Affaires Indigènes
AIMO: Affaires Indigènes et Main d'Œuvre
FBI: Fonds du Bien-Être Indigène
GG: Gouvernement Général
PJ: Papiers Joset
RA/AIMO: Rapport Annuel/Affaires Indigènes et Main d'Œuvre
RA/CB: Rapport Annuel/Congo Belge

BIBLIOGRAPHY

Archives

Brussels, Ministère des Affaires étrangères, Archives Africaines (AA).

Zevenkerken (Bruges), Archives of the Abbey of Sint-Andries.

Published sources and literature

Anyenyola Welo, Jacques. "Le mouvement Kitawala en République du Zaïre". *Problèmes sociaux Zaïrois*, 96-97 (1972), 3-26.

Bayly, Christopher and Harper, Tim. *Forgotten Armies: Britain's Asian Empire and the War with Japan*. London: Penguin Books, 2005.

Beckers, Henri. *Le Fonds du Bien-Être indigène*. Brussels: Éditions Universitaires, 1951.

Bustin, Edouard. "Government Policy toward African Cult Movements: The Case of Katanga" in: Mark Karp, ed. *African Dimensions: Essays in Honor of William O. Brown*. Brookline, Mass.: African Studies Center, Boston University, 1975, 113-135.

103 Elkins, "The Struggle for Mau Mau Rehabilitation", 38-39.
104 Cooper, "Mau Mau and the Discourses of Decolonization", 316-317.

Conklin, Alice L. *A Mission to Civilize: The Republican Idea of Empire in France and West Africa, 1895-1930*. Stanford: Stanford University Press, 1997.

Cooper, Frederick. "Mau Mau and the Discourses of Decolonization." *The Journal of African History*, 292 (1988) 2, 313-320.

Cooper, Frederick. *Africa since 1940: The Past of the Present*. Cambridge: Cambridge University Press, 2002.

Cooper, Frederick. *Colonialism in Question: Theory, Knowledge, History*. Berkeley: University of California Press, 2005.

"Création d'un fonds du bien-être indigène – Arrêté du régent du 1er juillet 1947 – Modifié par arrêté royal du 23 février 1953" in: *Fonds du Bien-être Indigène, établissement Public. Arrêté royal constitutif et arrêtés d'exécution*. [N.p.], 1954.

Cross, Sholto. *The Watch Tower Movement in South Central Africa, 1908-1945*. Ph.D. diss. Oxford, 1973.

De Mahieu, W. "Les Komo et le Kitawala". *Cahiers des religions africaines*, 10 (1976) 19, 51-66.

Elkins, Caroline. "The Struggle for Mau Mau Rehabilitation in Late Colonial Kenya." *The International Journal of African Historical Studies*, 33 (2000) 1, 25-57.

Ferguson, James. *The Anti-politics Machine*. Cambridge: Cambridge University Press, 1995.

Fields, Karen E. *Revival and Rebellion in Colonial Central Africa*. Princeton: Princeton University Press, 1985.

Fonds du Bien-Être indigène. *A Work of Co-operation in Development: Fifteen Years' Operation by the Native Welfare Fund in the Congo, Rwanda and Burundi, 1948-1963*. Brussels: Fonds du Bien-Être Indigène, 1964.

Freund, Bill. *The Making of Contemporary Africa: The Development of African Society since 1800*. 2nd ed. Boulder, Colorado: Rienner, 1998.

Greschat, Hans-Jürgen. *Kitawala: Ursprung, Ausbreitung und Religion der Watch-Tower-Bewegung in Zentralafrika*. Marburg: N.G. Elwert Verlag, 1967.

Higginson, John. "Liberating the Captives: Independent Watchtower as an Avatar of Colonial Revolt in Southern Africa and Katanga, 1908-1941." *Journal of Social History*, 26 (1992) 1, 55-80.

Low, D. Anthony and Lonsdale, John. "Introduction: Towards the new order, 1945-1963" in: D. Anthony Low and Alison Smith, eds. *History of East Africa*. Vol. 3. Oxford: Clarendon Press, 1976, 1-63.

Ministère des Affaires africaines. *Le Plan décennal pour le développement économique et social du Congo Belge 1950-1960. Investir c'est prospérer, les réalisations du plan décennal 1950-1959*. Avant-propos de G. J. Plumier. Brussels, [1959].

Mwene-Batende. "Le Kitawala dans l'évolution socio-politique récente". *Cahiers des religions africaines*, 10 (1976) 19, 81-105.

Mwene-Batende. *Mouvements messianiques et protestation sociale: Le cas du Kitawala chez les Kumu du Zaïre*. Kinshasa: Faculté de Théologie catholique, 1982.

Ngoy Kyungu Wa Nsungu, Jean-Marc. *Étude comparative de deux mouvements politico-religieux: Le Kimbanguisme et le Kitawala 1921-1960*. Ph.D. diss. Institut Supérieur Pédagogique Lumumbashi, 2001.

Ranger, Terence O. "Religious Movements and Politics in Sub-Saharan Africa". *African Studies Review*, 29 (1986) 2, 1-69.

Stengers, Jean. *Congo: Mythes et réalités*. Brussels: Éditions Racine, 2007.

Vanthemsche, Guy. *Genèse et portée du "Plan décennal" du Congo belge (1949-1959)*. Brussels: Académie royale des sciences d'outre-mer, 1994.

Vellut, Jean-Luc. *Guide de l'étudiant en histoire du Zaïre*. Kinshasa: Éditions du Mont Noir, 1974.

Verbeek, Léon. *Mouvements religieux dans la région de Sakania (1925-1931)*. Louvain-la-Neuve: UCL. Centre d'histoire de l'Afrique, 1983.

Wigny, Pierre. "Introduction" in: *Plan décennal pour le développement économique et social du Congo Belge*. Brussels: De Visscher, 1949.

Wigny, Pierre. "Création d'un fonds du bien-être indigène – Rapport au Régent" in: *Fonds du Bien-être Indigène, établissement public: Arrêté royal constitutif et arrêtés d'exécution*. [N.p.], 1954.

LES MISSIONS CATHOLIQUES ET LES ÉMEUTES DE LÉOPOLDVILLE 4 JANVIER 1959

ZANA ETAMBALA

Des émeutes sanglantes éclatent à Léopoldville le 4 janvier 1959. Une semaine de violence suffit à briser le sentiment de la douce euphorie qui flottait tant en Belgique qu'au Congo depuis la fermeture de l'Exposition universelle de Bruxelles de 1958 au sujet de l'eden congolais. Les émeutiers sont pour une large partie des chômeurs et des adolescents qui avaient été refusés dans des écoles surpeuplées et qui alors infestaient les rues des cités indigènes. En plus, depuis des années les rapports entre Blancs et Noirs s'étaient dangereusement détériorés. De multiples incidents s'étaient déjà produits en 1956 au cours desquels des Blancs avaient été lapidés. Les patrouilles spontanées du « Corps des Volontaires Européens », une espèce de milice blanche, pendant les émeutes ne vont pas améliorer les relations entre les populations noire et blanche[1].

Au terme de l'émouvante année 1959, l'Église kimbanguiste est officiellement reconnue après presque quatre décénnies de vie religieuse clandestine et de souffrances, malgré la campagne parfois très sournoise d'un des piliers de la trinité coloniale, l'Église catholique. En fait, cette reconnaissance n'était pas évidente vu la situation extrêmement difficile que vivait la colonie. Toute la région du Bas-Congo était en ébullition à cause de l'attitude hostile de la population à l'égard de l'Administration coloniale. Cette hostilité et cette indifférence étaient imposées par l'Abako (Alliance des Bakongo). En plus, il y avait de temps à autre, dans l'un ou l'autre centre urbain de la région, une émeute ou un grève dont les ngunzistes - kimbanguistes étaient accusés d'en être à

1 « Congo : Réflexions sur une situation », 11.

l'origine. À notre avis, le gouvernement colonial a donné une suite favorable à la demande du mouvement kimbanguiste parce qu'il espérait ainsi pouvoir amadouer les esprits qui étaient surchauffés dans le pays Kongo dont la très grande majorité des kimbanguistes étaient originaires[2].

La présente contribution envisage tout d'abord l'examen des regards que les missionnaires catholiques ont porté sur cette insurrection populaire qui, à leur avis, était sérieusement manipulé par des kimbanguistes et visait avant tout d'attaquer les intérêts de l'Église catholique. Pour cela, nous examinons quelques écrits des jésuites Joseph Van Wing (1884-1970), ancien missionnaire au Congo de 1911 à 1945 et membre influent du Conseil Colonial et professeur d'ethnologie, et Robert Roelandt qui est arrivé en 1958 à Léopoldville où il travaille d'abord à l'Institut Canisius à Kimwenza, puis, en 1959, au Collège Albert Ier (Boboto) à Gombe et ensuite, en 1960, à la Maison St Ignace toujours à Gombe.[3] Les analyses des événements de ces deux religieux étaient prises très au sérieux non seulement dans les milieux cléricaux. Il convient aussi de faire remarquer que leur Société était bien présente à Kinshasa.

Cependant, avant de céder la parole à ces deux éminents religieux, nous proposons quelques réactions sur ces événements que nous avons retrouvées dans la presse contemporaine et dans le Fonds Benoît Verhaegen qui sont conservés dans les archives de la section d'Histoire du temps présent du Musée Royal de l'Afrique Centrale. D'ailleurs c'est dans les Papiers Verhaegen que nous avons exhumé un document très intéressant et révélant la raison pour laquelle certains Kinois se sont pris aux missions catholiques.

Léopoldville, janvier 1959 : d'une manifestation sans histoire à une révolution « sociale »

Au courant de la deuxième semaine de janvier 1959, Léopoldville est le théâtre de pillages, de destructions et d'incendies. On pointe du doigt les sympathisants et les militants de l'Abako qui, après l'annulation d'un meeting de leur parti, auraient crié avec véhémence leur déception. Quand un commissaire blanc, qui avait le coup de poing facile et qui était détesté tant par les Blancs que les Noirs, tente de dégager l'endroit, la fureur de la foule atteint son comble. Ce commissaire Rotie fait arrêter trente-sept indigènes qui sont conduits au commissariat de la commune de Kalamu. Il donne un coup de point à un des manifestants qui lui résiste. Dès ce moment, le groupe se déchaîne et Rotie est frappé et jeté sur le sol et on risque de le piétiner ou peut-être même le lyncher.

2 Nous avons déjà étudié cette fin de la colonisation belge dans : Etambala, *Belgisch Congo 1958-1960* ; Id., « Congo 1959 ».

3 Le Père Robert Roelandt, né à Hornu (Hainaut) le 21 octobre 1925, est rentré définitivement en Belgique en 1990. Il vit actuellement à la Maison St Michel, des Jésuites, à Bruxelles.

Les deux commissaires de police et leurs agents auxiliaires doivent alors se battre en retraite tandis que le feu est mis à une de leurs jeeps[4].

C'est alors le début du soulèvement qui va s'amplifier par une coïncidence incroyable. Ce même dimanche 4 janvier, selon le journaliste du *Soir*, Fernand Demany (1904-1977), sort à ce moment du stade, à l'issue d'un match de football, des supporters surexcités qui ont entendu des coups de feu tirés par la police et qui vont répandre dans toutes les communes de la cité noire des bruits selon lesquels les Blancs sont en train de massacrer les Noirs. En conséquence, tout ce qui était européen – personnes et biens – n'était plus épargné. Même les missionnaires, poursuit-il, qui ont le plus souffert de ces émeutes, l'ont été non pas en tant que religieux mais comme blancs[5].

Les victimes qui ont été enregistrées officiellement, quarante-deux, sont toutes africaines. Certains cercles coloniaux ont même avoué soixante-deux morts. La rumeur publique indigène en cite toutefois plus de trois cents. Jamais aucune émeute n'a eu une telle ampleur et jamais aucune répression n'y avait fait autant de morts pendant la colonisation belge[6].

Lors des discussions à la Chambre des Représentants à Bruxelles, le député socialiste Georges Housiaux (1914-1988) exclame que l'opinion belge n'était pas préparée à de tels incidents et ignorait que le chômage sévissait à ce point à Léopoldville. Une situation sociale tragique lui avait été brutalement révélée et elle s'en est émue. Puis, il avoue que les Belges avaient été obnubilés par une formule qui consistait à donner le pas au progrès social et économique sur le progrès politique. En plus, ils ignoraient l'élan de liberté qui germait dans le cœur des autochtones. En ce qui concerne la répression, il se demande si les moyens d'empêcher efficacement et pacifiquement l'éclosion de l'effervescence existaient sur place[7].

Paul Van Zeeland (1893-1973), ancien Premier ministre, qui en ces jours sillonnait hardiment la colonie d'un bout à l'autre, attire l'attention, dans son récit de voyage, sur un problème capital : l'accroissement du chômage, fruit de la récession économique des deux dernières années, chômage structurel, chômage conjoncturel et chômage des jeunes. Le désœuvrement frappait surtout de jeunes gens sortis de l'école à treize, quatorze ou quinze ans et qui étaient laissés dans la cité indigène et ne trouvaient pas d'emploi. Van Zeeland note qu'ils avaient faim, qu'ils étaient impatients de vivre et qu'ils ne trouvaient même pas l'espoir devant eux. Mais, ajoute-t-il, la vie n'était pas facile non plus pour ceux qui avaient la chance d'avoir du travail :

4 Sur l'Abako : Verhaegen (avec la collaboration de Tshimanga), *L'ABAKO et l'indépendance du Congo belge*.

5 Demany, *S.O.S. Congo. Chronique d'un soulèvement*, 1959.

6 Cf. De Vos, *La décolonisation* ; Marres et De Vos, *L'équinoxe de janvier* ; Vanderlinden, *1959-1960 : La crise congolaise*.

7 *Congo et Afrique Noire*, 1 (5 au 11 janvier 1959) 20, 37.

> l'état de misère dans la cité indigène se trouve généralisé par la persistance d'une coutume en elle-même généreuse et utile, qui dérive de la pratique en milieu coutumier. Tout Noir qui se trouve dans le besoin peut aller s'installer, se loger et vivre chez un frère, un cousin, le frère du cousin, et ainsi de suite ... Il en résulte que ceux qui continuent à avoir un emploi sont obligés de se charger de l'entretien de chômeurs et de leur famille ; ils se trouvent, comme les autres, réduits à la misère ; le mécontentement devient aussi profond chez eux qui travaillent que chez ceux qui ne travaillent pas[8].

Pour Jan Hollants van Loocke les troubles sont le fruit ou le résultat d'une rencontre entre la masse insatisfaite au point de vue social et quelques leaders politiques opportunistes et ambitieux. Ces derniers présentaient des programmes à peine détaillés et jamais complets, mais s'appuyaient toujours sur une série de revendications essentiellement dirigées contre l'autorité coloniale. Ils voulaient essentiellement la participation au pouvoir et l'africanisation et ils

> ont eu facile à s'allier la sympathie d'une masse elle aussi de plus en plus revendicative et mécontente parce qu'incapable de satisfaire des besoins réels et nés de comparaisons avec le standing européen. Notons que ceci n'exclut pas l'existence d'une minorité de Congolais capables et raisonnables mais qu'une intelligente réserve écarte de l'arène. Au sein de ce front noir de plus en plus agressif, une surenchère entre hommes ou partis ne pouvait qu'activer l'éclatement qui s'est produit.
>
> L'INDÉPENDANCE, sommet de l'ambition politique de certains individus, n'était, pour la masse, qu'un paradis terrestre social où tous les maux s'évaporeraient. La conclusion de ce qui précède semble donc être que la réponse à donner est non pas un programme d'émancipation politique mais bien plus le pansement de plaies sociales réelles et simultanément un apprentissage politique réaliste c'est-à-dire progressif, solide et complet[9].

En faisant observer qu'un des aspects graves de la plaie du chômage à Léopoldville, était que les chômeurs soient à charge de leurs frères de race, des membres de leur clan qui, coutumièrement leur devaient aide et assistance, Jean-Pierre Paulus (1920-2000), président de l'Institut Supérieur des Études Sociales du Congo, reprend pratiquement la thèse de Van Zeeland. Les chômeurs étaient en fait toujours soutenus et ce au détriment de la partie laborieuse de la population. Cette aide et cette assistance, les Congolais les

8 Van Zeeland, *Notre mission en Afrique*, 6-7.

9 Tervuren, Musée royal de l'Afrique centrale (MRAC), VII-RDC/1959 n° 001/6 : Note personnelle de J. Hollandts, s.l., janvier 1959.

devaient sous peine de sanctions qui leur étaient infligées par les membres du clan[10].

Bien évidemment, les journaux belges ont également commenté les événements de Léopoldville. La presse belge n'ignorait pas que la capitale de la colonie était une poudrière et déclarait qu'elle n'était pas surprise de cette irruption de violence. *De Standaard* en donnait les explications suivantes :

> les troubles de Léopoldville ... doivent être vus dans le cadre social où se déroule la vie de la population indigène. Dans la capitale congolaise, quelque 350 000 Noirs habitent dans des conditions que l'on peut difficilement qualifier de satisfaisantes. Tandis que les 20 000 Européens de la ville résident dans de belles maisons entourées de jardins et de verdure, les Noirs sont entassés dans de misérables huttes recouvertes de palmes. Et parmi cette population indigène, le chômage sévit sur une grande échelle : un Congolais sur quatre en est la victime (non assistée). Tous ces chômeurs forment une masse de manœuvre idéale pour les agitateurs qui, sous prétexte de mouvement d'émancipation politique, cherchent à bénéficier des incidents et troubles qu'ils provoquent. Il n'est pas difficile au Congo, d'exciter un petit groupe de Noirs – la plaie de l'alcoolisme y aide – et d'organiser une émeute avec ce noyau d'excités[11].

Dans *Le Peuple*, Albert Housiaux s'exprime dans le même sens. Il souligne que depuis plus d'un an et demi, le chômage n'avait fait que s'aggraver dans la cité noire de Léopoldville, condamnant à la misère « une population prolétarisée ». *La Libre Belgique* conclut que l'aménagement humain et social de la cité indigène était pour le moins aussi urgent que la répression de l'émeute, à défaut de quoi d'autres « 4 janvier » risquaient de s'inscrire en lettres de sang dans l'histoire du Congo.

Il est vrai que de nombreux journalistes belges ont dénoncé le malaise dans lequel vivotaient ou survivaient les Congolais. Pour eux, le Congo était à tout point de vue à la dérive. Ils reconnaissent tous que les causes du soulèvement étaient la faim et la misère qui tous les deux étaient nés du chômage qui règnait à l'état endémique à Léopoldville. Fernand Demany ajoute sur cette liste aussi la « ségrégation » et la « discrimination » ou cette condition avilissante à laquelle le colonisateur belge avait réduit le colonisé congolais[12].

Il y a lieu ici de se demander comment les Congolais eux-mêmes ont interprété ces dramatiques événements ? *Le Drapeau Rouge* du 17 janvier reproduit l'opinion d'un Congolais, dont le nom n'est pas cité, et qui avaient formulé son opinion en ces termes :

10 Paulus, *Congo 1956-1960*, 109.
11 « Les événements de Léopoldville et la réaction de la presse », 47.
12 Demany, *S.O.S. Congo*, 57-59.

> Des manifestants, surtout les chômeurs et la jeunesse délinquante, profitèrent de l'occasion pour avoir de quoi se nourrir. C'est ainsi que les missions catholiques, foyers sociaux et magasins furent complètement mis à sac ... Quant à la destruction les endroits les plus atteints sont les missions catholiques. Elles ont bien connu ce sort parce qu'elles ont perdu la confiance de tous les Congolais pour la bonne raison qu'actuellement tout Congolais sensé se rend bien compte que les missionnaires catholiques ont trop servi les colonialistes, les capitalistes et les impérialistes belges à bien exploiter le Congo, ce qui fait la misère du peuple congolais[13].

Selon cet autochtone, des gens ayant les ventres et les poches vides avaient été responsables des pillages. Les pilleurs n'ont pas visé que les magasins des Portugais (à Foncobel) et d'autres Européens, mais aussi celles de leurs compatriotes congolais, boutiques attenantes aux grands marchés de Gambela, par exemple. Pendant ces actes, les pillards ne formulaient pas de revendications « indépendantiste ».

Une question s'impose. Pourquoi ces chômeurs et jeunes désœuvres ont-ils en beaucoup de cas ciblé des écoles, les foyers sociaux et autres établissements missionnaires ? Et surtout, qui étaient les auteurs de ces actes de vandalisme ? Nous avons trouvé une part de réponse dans un rapport inédit que quelques Congolais ont rédigé le 9 janvier 1959 :

> 1° / les écoles officielles et celles de la mission catholique furent attaquées, principalement, croyons-nous par les enfants renvoyés massivement et intentionnellement de ces écoles,
> 2° / les foyers sociaux subirent les attaques parce que les directrices de ces organismes, de par leurs contacts avec les femmes noires ont l'occasion d'entrer souvent dans les maisons sous prétexte de faire des cours pratiques de ménage, trouvent dans les maisons des Congolais des livres éducatifs interdits par le Gouvernement colonial et accusent les propriétaires indirectement d'où beaucoup de perquisitions dans les maisons des Congolais à Léopoldville,
> 3° / Les missionnaires catholiques tant hommes que femmes sont reconnus par les Noires pour des policiers de Sûreté du Gouvernement Colonial, d'où la raison pour laquelle ils subirent à leur tour le mauvais coup.
> Pour revenir aux incidents et à la situation qui règne à LÉOPOLDVILLE après ceux-ci, les Belges exercèrent une oppression impitoble [sic pro : impitoyable] à main armée, envers les Noirs qu'ils sont en train de massacrer inhumainement : des enfants à bas âge (5 ans) s'amusant au bord de la route sont fusillés, des femmes se rendant au marché sont

13 « Lettre de Léo : un Congolais décrit, en termes simples et pathétiques, la tuerie ».

> également abattues comme des bêtes, des hommes non manifestants se rendant à leur lieu de travail ou de retour sont tués.
> Dans les patrouilles de nuit, les soldats noirs sont exclus, parce qu'ils ne tuent pas. Restent donc les militaires blancs (belges) qui circulent dans toutes les cités africaines où ils tuent sans cesse[14].

Selon le témoignage congolais susmentionné, les citadins noirs, hommes et femmes tous confondus, s'en sont pris aux symboles de l'Église catholique à cause de sa très étroite collaboration avec l'Administration coloniale. Les fautes dont ils étaient rendus coupables dans l'imaginaire congolais étaient très lourdes. Les autochtones avaient complètement perdu la confiance tant dans l'Église catholique que dans la Force Publique.

Initialement, les pillages et les destructions des œuvres et foyers sociaux catholiques étaient pratiquement toujours incriminés aux kimbanguistes et ngunzistes[15]. En effet, l'opinion européenne essayait d'imputer tous ces actes de vandalisme aux disciples du prophète Simon Kimbangu dans l'espoir que cela soit un motif pour les autorités coloniales pour ne pas leur accorder les libertés de culte et de religion ; elle qualifiait le comportement des kimbanguistes de « anti-blanc », « anti-catholique » et « anti-belge ».

Il convient de dire ici que ce mouvement insurrectionnel a accéléré la conscientisation des Congolais pour les problèmes politiques auxquels ils sont confrontés. L'abcès étant crevé, ils ne tardent pas à exprimer leur mécontentement et à formuler leurs aspirations. Ils se disent surtout malheureux parce qu'ils manquaient des promotions parce qu'ils ne possédaient pas les bons diplômes et que l'on tenait pas compte de leur mérite. Ils regrettent ainsi que les Congolais n'avaient pas de possibilité d'intégrer dans l'Administration coloniale parce qu'il existait un bon nombre d'agents africains de l'Administration capables d'assumer des postes territoriaux, voir d'administrateurs territoriaux. Ils se disaient conscients qu'on allait leur objecter qu'ils ne possédaient pas les diplômes voulus. Mais pouvait-on les en rendre responsables, rétorquaient-ils ? Et ils se demandent :

> Aussi, qui a décrété qu'il fallait un diplôme de docteur en droit pour assumer les fonctions d'administrateur territorial ? Il n'y a pas si longtemps, le Ministère des « Colonies » ne se montrait pas aussi exigeant en matière de recrutement. Les Belges qui remplirent les fonctions d'administrateurs de territoire avant la guerre n'étaient pas tous porteurs d'un parchemin universitaire. On reconnaît un bon administrateur à

14 MRAC, Papiers Benoît Verhaegen : Rapport d'André Nsimba, Simon Eloko, Jean-Pierre Lufungula et Louis Tshibangu sur les événements du 4 janvier 1959, Léopoldville, 9 janvier 1959.

15 « Ngunzistes » signifie « adeptes des ngunza ». « Ngunza » en kikongo veut dire : prophète, messie, rédempteur.

> ses qualités de chef, à sa connaissance du peuple qu'il « gouverne », à la manière dont il remplit les missions et non aux qualités des divers et trop nombreux rapports qu'il envoie à l'Administration Centrale[16].

Dans le même ordre d'idées, les Congolais désirent que le plus tôt possible soient nommés de véritables commissaires de police congolais aux mêmes titres et aux fonctions égaux à ceux des commissaires européens. Ils sont convaincus que l'on pouvait en trouver tout de suite parmi les plus dynamiques des gradés d'élite congolais ou en dehors d'eux. D'ailleurs, expliquent-ils dans un article paru dans *Présence Congolaise*, les mérites de ces gradés d'élite étaient souvent égaux à ceux, des Blancs, qu'on leur envoyait de Belgique et pour le recrutement desquels on ne se montrait pas toujours aussi exigeants qu'on pourrait le croire[17].

Ils se demandent également à quand ils verraient le premier adjudant congolais ? De manière cynique, ils donnaient eux-mêmes la réponse : « dans 5 ans ? » Alors, ils proposent que l'on fasse passer des examens aux sergents noirs de manière à leur permettre d'accéder au grade qu'ils méritent. La valeur du soldat congolais étant confirmée dans des multiples publications de la Force Publique, devait lui valoir un meilleur grade. En outre, ils ne voyaient pas pourquoi des sous-officiers en Belgique pouvaient accéder au rang d'officiers uniquement à la faveur d'un départ au Congo et pourquoi des Congolais méritants ne pouvaient pas y arriver[18].

En attendant que des écoles de moniteurs deviennent des véritables écoles normales, qui confèrent de « vrais » diplômes d'instituteurs, il était urgent, croyaient les Congolais, de couronner les plus méritants de nos moniteurs, dont la formation et l'expérience valent celles de tous les instituteurs du monde, en leur donnant le titre et les émoluments d'instituteurs[19].

En dénonçant ces entraves politiques, économiques et religieuses qu'ils avaient à subir, les Congolais présentent une version beaucoup moins idéalisée des prestations matérielles des colonisateurs. Pour eux, l'Administration coloniale avait complètement échoué dans la formation d'instituteurs, de commissaires de police, de sous-officiers et d'agents territoriaux autochtones. En plus elle ne respectait que trop peu les mérites de ses collaborateurs congolais qui éprouvaient des barrières insurmontables dans les promotions. En d'autres termes, l'œuvre coloniale belge était jugée insuffisante.

Après ces émeutes, De Poorter, le président du Cadicec, bat, lors d'une conférence, une mea culpa ; il regrette que la colonisation belge s'était exclusivement appuyé sur le monologue des Blancs. Il reconnaît que dans l'ensemble

16 « Dans la Territoriale », 1.
17 « Dans la police », 7.
18 « Dans la Force Publique », 7.
19 « Dans les écoles », 7.

les Belges n'avaient aucun reproche sérieux à se faire, mais ils pouvaient toutefois se demander si la quiétude dans laquelle ils vivaient, à l'abri d'un paternalisme dont ils étaient les premiers à vanter les effets bénéfiques pour l'indigène, n'avait pas quelque peu émoussé leurs facultés d'observations et leur sens des réalités ? N'avaient-ils pas trop longtemps voulu faire le bonheur de nos travailleurs sans se soucier de leur opinion d'homme ? N'avaient-ils pas trop longtemps soliloqué alors que seul le véritable contact naissant d'un dialogue pouvait rapprocher réellement les Noirs et les Blancs ?[20]

Hélas, certains Blancs n'ont pas compris que le régime paternaliste belge avait mis une muselière aux Noirs. C'était là une fierté mal placée qui va coûter cher à la communauté blanche du Congo belge.

Certains coloniaux n'ont pas besoin de beaucoup de temps pour analyser les événements et arrivent souvent à des conclusions les unes plus fantaisistes que les autres. On peut lire, par exemple, dans *Le Stanleyvillois* du mardi 12 janvier 1959, qu'un agent colonial, qui avait pris l'avion après les émeutes du dimanche 4 janvier et avait fait escale à Lisbonne, a déclaré qu'à son avis les troubles de Léopoldville avaient été provoqués par des agents venus de l'extérieur. Il précise que trois personnes au moins venus d'Accra, se trouvaient, dimanche, à Léopoldville et étaient impliquées dans les incidents[21].

Le même journal cède, dans son édition du 12 janvier, la parole à ses lecteurs dont un explique que l'insurrection avait trois causes déterminantes. Celui-ci trouve, en premier lieu, qu'une bande de petits arrivistes Bakongo de l'Abako, racistes et rabiques, que l'on ne pourrait mieux comparer qu'à la VNV, groupement nationaliste flamand, qui avait profité de la guerre pour trahir la Flandre et la Belgique, avait mis le feu aux poudres. Les syndicalistes portent aussi, selon ce même lecteur, une partie de la responsabilité, mais on n'en parlait que peu. Pour preuve, tout le monde avait reçu dans sa boîte aux lettres la littérature d'un des membres de la FGTB, qui n'était qu'une lâche provocation, à son avis, à l'égard du peuple et un moyen facile de le lancer. Cette guerre sociale avait comme résultat certain de saper la confiance et les nouveaux investissements qui étaient actuellement le seul espoir des chômeurs[22].

Remarquons que, cette fois-ci, ce ne sont pas les missionnaires protestants, mais bel et bien les syndicalistes qui sont pointés du doigt comme les inspirateurs et manipulateurs de la masse indigène mécontente. Il faut avouer, toutefois, dans la plupart des analyses les Blancs sont disculpés et ce sont certaines forces « endogènes » de la communauté noire qui sont accusées d'être à l'origine de cette irruption de violence.

20 De Poorter, « La lettre du président ».

21 « Lisbonne : Les troubles de Léo ont-ils été préparés par trois agents provocateurs ? », 1.

22 « Nos lecteurs nous écrivent », 6.

Le Courrier d'Afrique, dans son édition du lundi 19 janvier 1959, est content de pouvoir annoncer que le gouverneur de la Province Orientale, Pierre Leroy, avait pris un arrêté interdisant l'Association « Frabako », celle-ci étant similaire à l'Abako et qu'il avait également interdit le « Kintwadisme », un mouvement apparenté au kimbanguisme[23].

Toute la presse étant d'accord à l'unanimité pour dire que des jeunes, des délinquants et des chômeurs avaient profité du désordre pour piller et détruire, elle ne croit que très difficilement dans la spontanéité de l'explosion de violence. Alors, deux forces « noires » sont dénoncées d'avoir téléguidé les insurgés : l'Abako et l'Église kimbanguiste. On pourrait croire en une campagne contre ces deux mouvements.

Les causes selon le jésuite Joseph Van Wing

Le 8 janvier 1959, le soulèvement a alors atteint son point culminant, paraît dans un journal francophone d'Anvers, *La Métropole*, un article intitulé « À propos des origines de l'A.B.A.K.O. ». Il est de la plume de Léon Anciaux (1893-1972), qui a signé par le pseudonyme « Cianaux ». Le même jour, il envoyait encore au Père Joseph Van Wing une lettre dans laquelle il se plaint du fait que son texte avait été amputé.

Dans ce courrier des lecteurs, Léon Anciaux présente l'Abako, premièrement, comme l'héritier du kimbanguisme dont les principes de base sont le racisme et la xénophobie et qui se caractérise par son attitude à la fois anti-belge et anticatholique. Il réfère directement aux dégâts qui avaient été causés aux missions catholiques. Il poursuit son opinion :

> L'A.B.A.K.O., aujourd'hui – et ce fut même son point de départ – s'appuie sur tous les tenants de ces sectes variées et dispersées. Un nouveau mouvement même les regroupe sous couleur de religion et grâce à l'A.B.A.K.O., a transporté son centre de gravité de la brousse à Léo.
>
> Il n'est pas étonnant dès lors que l'A.B.A.K.O. affecte de se faire passer pour un groupement plus culturel que politique. La radio y a insisté plus d'une fois ces derniers jours. Mais, à la lumière des dramatiques événements de Léopoldville, elle a clairement mis sa « culture » en lumière. Elle a voulu s'installer à l'Y.M.C.A. comme en pays conquis : c'est une tactique déjà vieille. Le Kibangisme n'a-t-il pas, depuis belle lurette, noyauté l'Armée du Salut ? Et, partant de l'Y.M.C.A. les hommes de main – qui eux, ne sont pas nécessairement des dirigeants de l'A.B.A.K.O. – s'en sont pris aux écoles et aux foyers sociaux et plus

23 « À Stanleyville : une association interdite », 8.

> particulièrement aux missions des religieuses et des Pères, laissant aux chômeurs le plaisir de piller les boutiques[24].

L'Abako est donc présenté comme un loup déguisé en brebis, mais les émeutiers ont trahi se caractère subversif du parti. Les termes pour décrire les actes des kimbanguistes ne laissent aucun doute à leurs intentions agressives : « conquis », « noyauté », « hommes de main », « s'en prendre à », etc. C'est de la rhétorique guérrière.

Dans cette lettre, Léon Anciaux reproduit les idées qu'il avait élaborées dans le passage que la rédaction de *La Métropole* avait enlevées. Les voici :

> Je faisais allusion au fait que ces soi-disant religions combien subversives ont bénéficié de la part du gouvernement Van Acker d'une reconnaissance d'égalité de droits avec les grandes religions reconnues (Je ne connais que trop bien le sinistre Brausch – homme de confiance de ministre Buisseret et ennemi avéré des religions chrétiennes). Ma conclusion était que si on instaurait une commission d'enquête parlementaire ou syndicaliste elle serait très mal reçue au Congo et qu'il était bien inutile de l'y envoyer puisqu'elle pouvait faire son enquête ici en Belgique en approfondissant le sujet auquel je viens de faire.
>
> Allusion : reconnaissance de ces sectes par le ministère Van Ackere.
>
> Je puis me tromper dans mes déductions (article métropole). Je serais heureux de connaître votre avis à ce sujet mais que je me trompe ou non, il me semble que politiquement parlant, de notre point de vue de Blancs, de « Coloniaux » de vieille roche, de chrétiens c'est un clou sur lequel il faut taper avec force. Vous surtout les missionnaires !
>
> Il n'est que trop claire que vous êtes les « bêtes noires » (excusez la trivialité de l'expression) de tous les kibanguismes et de tous les Abacoistes. Ce qu'ils ont saccagé à Léo prouve assez et leur hostilité et leurs mobiles (Les pillages de boutiques sont de caractère accesoire).
>
> Mais personnellement, si je plains les victimes (Retenons que les Noirs se sont surtout cassé la figure entre eux) : je me réjouis plutôt de ce qui vient de se passer. Voici l'abcès crevé. On sait aujourd'hui à quoi s'en tenir. Et les faits sont tels que c'est l'Autorité au Congo qui a la parole. La Force Publique surtout. Et dès lors on sait que tout rentrera dans l'ordre. Mais si la Belgique s'en mêle, les parlementaires, les syndicats ; si on tergiverse, si on discute, si cède tout sera perdu !

24 Cianaux (pseudonyme de Léon Anciaux), « À propos des origines de l'A.B.A.K.O. ».

> Avant-hier, à Bruxelles, dans une école de filles, n'a-t-on pas dit aux enfants : « C'est la faute des anciens coloniaux, qui ont toujours traité les Noirs avec brutalité. Pas étonnant qu'ils se révoltent »[25].

Apparemment, la direction de *La Métropole* avait jugé plus prudent, probablement pour ne pas provoquer une polémique politique, de sauter tous les passages référant à la politique coloniale du gouvernement anticlérical, de 1954 à 1958 dirigé par Achille Van Acker (1898-1975), qui avait été à l'origine de la tolérance de l'Administration coloniale à l'égard du kimbanguisme et de l'Abako.

Léon Anciaux était un colonel honoraire de la Force Publique qui, durant son séjour dans la colonie de 1916 à 1930, avait une fois fait la rencontre avec le Père Joseph Van Wing. Ce secrétaire général retraité et maître de conférences à l'Institut Tropical Prince Léopold à Anvers et professeur à l'Université Coloniale s'était rendu deux fois au Congo en 1958. Donc, personne ne doutait de son expertise ni de son expérience coloniales. En plus, il avait publié en 1949 un livre sur le problème musulman en Afrique belge. Notons qu'il avait présenté dans cette étude l'islam comme une religion subversive. Son regard négatif sur le kimbanguisme n'avait rien d'étonnant parce que tout ce qui n'était pas catholique était à ses yeux, indubitablement, séditieux ou subversif[26].

Il est vrai que quelques paroisses catholiques avaient été considérablement endommagées. Par ailleurs, les missions catholiques vont reconnaître que les pillages et les dévastations de leurs établissements avaient été l'œuvre de pauvres sans travail et de voyous. Mais elles avaient l'impression que ses œuvres avaient été ciblées. Il est alors évident qu'elles cherchent les agresseurs dans les milieux de ses ennemis jurés, les kimbanguistes.

Dans une brochure consacrée aux émeutes de Léopoldville, on retrouve le passage qui suit :

> C'est alors que les Kibangistes noyautent les groupes directeurs de cette prise de conscience politique. Le Kibangisme est une secte politico-religieuse. ... Son action a toujours été dirigée contre les Européens et contre les catholiques. Son fondateur, Simon Kibangu, est mort en prison à Élisabethville en 1951, converti au catholicisme peu de temps auparavant. Par diplomatie, il avait lié sa doctrine au sort des Bakongo, race forte de son pays d'origine, le Bas-Congo. Ce noyautage par les Kibangistes explique le fait que l'association culturelle des Bakongo de Léopoldville s'est muée si rapidement en association politique dirigée contre les Blancs et, souvent aussi, contre les catholiques. La rentrée

25 Leuven, KADOC, Archives de la Province belge et de la Province belge septentrionale de la Compagnie de Jésus (APBS), 17987 : Lettre de Léon Anciaux à Joseph Van Wing, Anvers, 8 janvier 1959.

26 Anciaux, *Le problème musulman dans l'Afrique belge*.

> en scène du Kibangisme doit être considéré comme une des principales causes des troubles[27].

Le texte non-signé est sans conteste de la plume du jésuite Joseph Van Wing. La référence à la conversion de Simon Kimbangu sur son lit de mort en 1951 oriente le soupçon dans cette direction. Mais l'idée que les Kimbanguistes avaient noyauté l'Abako, une association culturelle qui en quelques années s'était transformée en parti politique nationaliste Kongo, était très vivante dans les milieux européens de droite au Congo belge et en Belgique.

En tout cas, nous avons trouvé une autre brochure dont Joseph Van Wing est l'auteur et dans laquelle celui-ci essaie de situer cette explosion de fureur collective dans son cadre humain et social. Van Wing rappelle tout d'abord que la population de Léopoldville se constituait pour trois quarts d'immigrés récents venus des milieux coutumiers. Le nombre des habitants de la capitale de la Colonie avait monstrueusement gonflé de 49 000 en 1940 et 100 000 en 1945 à 350 000 en 1958. Non seulement toutes les infrastructures – scolaire, médical, urbain etc. – manquaient pour bien accueillir ces nouveaux venus, mais ceux-ci rencontraient aussi des difficultés presqu'insurmontables pour s'adapter au nouveau cadre social et moral[28].

Joseph Van Wing distingue plus particulièrement quatre catégories de gens qui avaient en quelque sorte des raisons pour participer aux pillages. La première se composait des « chômeurs » que l'on estimait en janvier 1959 à peu près à 30 000 personnes, y compris leurs femmes et leurs enfants : ils formaient presqu'un quart de la population. Et « ventre affamé n'a pas d'oreilles » était un vieux proverbe qui, à son avis, valait également dans une ville où tant de gens souffraient de la faim.

La deuxième catégorie était celle des enfants et des jeunes privés d'éducation, d'enseignement et d'occupations saines dont le nombre était estimé à quelques 12 000. Leopoldville souffrait du problème de la jeunesse délinquante car depuis plusieurs années elle était confrontée à des bandes comme les « Kompani Kitunga » qui étaient à l'origine de beaucoup d'insécurité[29]. Frustrés, ils n'attendaient que cette occasion pour participer à la destruction des écoles officielles et libres.

La troisième catégorie est celle de « la basse pègre » que récèle toute grande ville et qui est prête à faire n'importe quel mauvais coup quand l'im-

27 *Léopoldville dans la tourmente*, 15-16.

28 Van Wing, *Les événements de Léopoldville et la nouvelle politique congolaise*, 2.

29 « Kompani Kitunga » était le nom attribué à des « associations » ou « compagnies », c'est-à-dire des bandes de jeunes voyous dont la spécialité était d'arracher aux mamans des « kitunga » ou « paniers » (en lingala) aux multiples marchés de Léopoldville. Ce phénomène est connu depuis la Seconde Guerre mondiale.

punité est acquise. Mais c'est la quatrième catégorie qui nous intéresse le plus ici, celle des

> Kibangistes qui sont quelques milliers et des Watch Tower qui sont quelques centaines : membres appartenant à des sectes politico-religieuses où la xénophobie et même la haine raciale sont, ou ouvertement prêchées ou du moins favorisées par une ambiance spécifique d'opposition et de frustration. Si parmi eux il y a des éléments qui cherchent sincèrement une religion appropriée à leurs tendances foncières, d'autres se laissent conduire par un fanatisme morbidement raciste et anti-chrétien. C'est à ceux-ci qu'on pense, quand on cherche les auteurs de certaines profanations révoltantes commises à Léopoldville et dans le district des cataractes. En effet, un Congolais ne paraît pas capable de tels excès s'il n'a pas été intoxiqué par une propagande anti-religieuse et spécifiquement anti-catholique[30].

Quelques réflexions s'imposent toutefois à propos du passage susmentionné. Personnellement nous ne croyons pas dans le schéma un peu trop simpliste que propose Joseph Van Wing selon lequel les chômeurs et la basse pègre auraient pillés les magasins, les jeunes désœuvrés auraient saccagés les écoles et les kimbanguistes auraient profané les églises, les chapelles et les missions catholiques.

Il faut dire que nous avons eu sous les yeux un texte dans lequel le Père Van Wing ne généralise pas et avoue qu'il existait quand même quelques kimbanguistes « sincères » ! Mais, il ajoute immédiatement que les Congolais n'étaient pas « capables » à de tels excès contre les missions catholiques. En d'autres mots, ils avaient été influencés et manipulés – il ne les cite pas – par les missions protestantes.

La thèse selon laquelle les Abakistes sont « les boucs émissaires » et les kimbanguistes « les pêcheurs » est, en général, retenue dans un grand nombre de gazettes. La presse catholique va, de manière obsessionnelle, mettre pleins feux sur les méfaits de quelques kimbanguistes. *Horizons* les accuse, en décrivant la journée du lundi 5 janvier 1959, en ces termes :

> Profitant du désordre général, les membres des sectes (les communes de Dendale et de Ngirigiri en sont les véritables fiefs) entrèrent visiblement dans la scène. Ennemis acharnés de l'enseignement donné par les Blancs, ils détruisirent en plein jour les écoles des filles de la Paroisse Christ-Roi malgré que la direction de la Mission est confiée à un abbé congolais, M. le curé Malula, dispersèrent les missionnaires Chanoinesses de St Augustin et s'emparèrent ensuite de leurs biens. Il a fallu l'intervention des chrétiens alertés sur l'heure pour disperser les

30 Van Wing, *Les événements de Léopoldville et la nouvelle politique congolaise*, 2-3.

> pillards de la chapelle des Sœurs dont ils avaient entrepris le pillage systématique, s'emparant déjà des objets sacrés. D'autres pillards endossèrent sur place la robe des religieuses, criant partout : « indépendance, indépendance ! »
>
> Ces actes de vandalisme se manifestaient ainsi en maints endroits de la cité, et dans une autre cure, un pillard qui n'était autre chose qu'un kibanguiste notoire eut le culot d'endosser la chasuble et ciboire en main, se mit à danser sur la voie publique ! Ainsi donc, le bon peuple congolais était tourné au riducle le plus absolu à cause d'individus vraiment indésirables[31].

Horizons, un journal pour Congolais mais surveillé et géré par les missions de Scheut, consacre presque l'entièreté de son édition du dimanche 18 janvier 1959 au message royal et à la déclaration gouvernementale. Il revient bien entendu sur les événements dramatiques en intégrant une masse d'images photographiques, d'une part, et en distinguant plusieurs groupes d'émeutiers et de pillards : les Kompani Kitunga et autres groupuscules de jeunes bandits ; les sectes politico-religieux, des jeunes gens fauteurs de troubles ; un grand nombre de chômeurs[32].

Signalons qu'une photo, devenue très célèbre de surcroît, a été insérée dans la presse congolaise, montrant un Noir titubant dans une chasuble et gesticulant avec un ciboire dans la main. Nous n'avons trouvé aucun document révélant l'identité véritable de ce soi-disant kimbanguiste.

En ce début de 1959, la presse catholique profite donc de ces irruptions de violence pour lancer une ultime attaque contre le kimbanguisme. Elle présente l'insurrection comme le résultat néfaste de la politique de tolérance que l'Administration coloniale avait adoptée à l'égard de ces mouvements religieux depuis la fin de 1957. Elle rappelle que ceux-ci demeuraient extrêmement « racistes » ou « antiblancs », ébranlant l'influence de l'Église catholique et sapant l'autorité de l'Administration :

> Sectarisme et la Nation congolaise : Depuis décembre 1957 le Gouvernement prédédent a voulu tenter une expérience en tolérant le libre exercice des sectes politico-religieuses. Nous avions aussitôt formulé toutes nos réserves à ce sujet, dans les colonnes de notre journal. Nous n'avions pas manqué de mettre l'accent sur le caractère archi-raciste des sectes. Toutes leurs doctrines sont basées sur la haine du Blanc et de tous ses dérivés : les malades membres des sectes et leurs enfants ne peuvent pas être conduits à l'hôpital mais dans les lieux de prières où des grands-prêtres prient et dansent pour leur guérison ; on y tolère la polyandrie. Du reste, leurs réunions se tenant en privé, il est difficile de pénétrer le secret de ce qui s'y raconte.

31 « Le récit des événements », 4.

32 Ibid.

Une photographie rare de Simon Kimbangu (deuxième à partir de la droite) avec certains de ses compagnons de cellule et policiers dans la prison pour Congolais à Elisabethville (Lubumbashi) dans les années 1930.
[MRAC, Fonds Renée Fox : CP.2011.2.1]

> Comme il fallait s'y attendre, l'expérience des Autorités de Bruxelles a du coup donné la naissance à toute une série de sectes dont nous ignorons parfois le nom exact. Plusieurs de nos représentants congolais dans les conseils étant, soit membres, soit sympathisants, aussi les sectes prirent-elles une rapide extension dans toutes les communes et zones annexes de la capitale : kintuadi, kimbangu, kutwala [sic pro kitawala] ... Extraordinairement mystiques, les membres de sectes sont les auteurs des rumeurs et autres bruits puérils qui empoisonnent la cité de Léopoldville. C'est à l'occasion de leurs réunions secrètes desquelles font partie certaines personnalités congolaises que des plans ont vraisemblablement été mis au point en vue de la destruction systématique des établissements religieux qu'ils considèrent comme un obstacle à leur épanouissement.
>
> L'expérience menée voici un an a donc porté ses fruits : des morts, des blessés, des destructions spectaculaires évaluées à plusieurs millions de francs. Aux Autorités responsables de tirer les conclusions[33].

Les milieux catholiques lâchent une bordée d'injures contre les kimbanguistes. Disons qu'ils les reprochent de manque de transparance et de trop de dissimulation, de mystère et d'obscurantisme. Selon eux, le mouvement kimbanguiste colporte trop de rumeurs qui rendent les gens incertains et dubitatifs, voire même crédules.

33 Ileo et autres, "Réfléchissons maintenant », 5.

Durant cette période, Joseph Van Wing recevait de ses confrères de Léopoldville plusieurs lettres. Il convient de signaler ici que le Père Van Wing venait de publier dans la revue *Zaïre*, environ six mois plus tôt, un article intitulé « Le kibanguisme vu par un témoin ». L'auteur veut attribuer à son texte une valeur scientifique qu'il n'a pas après son analyse. Bien entendu, il avait connu pendant un quart de siècle la naissance et l'extension de ce mouvement dans le Bas-Congo où il avait été missionnaire. Et il avait eu l'opportunité de rencontrer Simon Kimbangu dans sa prison, lors de son passage à Elisabethville en 1947. Et il ajoute qu'en 1947, Kimbangu parlait déjà sur le ton d'un homme désabusé. En 1951 ses forces se mettaient à décliner et il recevait plusieurs fois la visite et le réconfort d'un prêtre catholique indigène. Il finit par lui demander le baptême de l'Église romaine et c'est comme membre de cette Église, que dans sa jeunesse il avait appris à mépriser et à combattre, qu'il a quitté la vie[34].

Nous reviendrons plus tard sur le rôle peu digne que Van Wing a joué dans l'expansion du faux bruit que Kimbangu aurait été baptisé au sein de l'Église catholique juste avant sa mort. Mais l'article est farci de toutes sortes d'expressions qui montrent son mépris et sa haine contre le kimbanguisme et tous les mouvements prophétiques plus ou moins apparentés : leur allure belliqueuse, leur fanatisme terroriste, leurs aberrations, leurs égarements, leurs prières de style ampoulé, leur attitude ambiguë, leur virulence, leurs excitateurs ... Ce langage témoigne d'une subjectivité extrême de la part de ce religieux.

Il est vrai qu'après son retour définitif en Belgique, il effectuait plusieurs visites dans la colonie et ses confrères du Congo continuaient à lui faire parvenir des renseignements sur ces sectes. Ainsi, il raconte que de passage à Yasa, dans le district du Kwilu, au commencement d'août 1954, le supérieur de la mission lui apprit que depuis des semaines les villageois lui demandaient de brûler leurs fétiches et de les leur remplacer par de « l'eau bénite ».

Mais fions-nous tout d'abord au diaire de la mission de Kimwenza qui n'était pas située au cœur des douloureux événements. Le 4 janvier 1959 il y est noté :

> Trouble sérieux à Léo et dans la région. Les magasins C.K., Piérart, Bolson à la gare de Kimwenza sont pillés. Les maisons Braconniers et Blondiau sont saccagées. Les émeutiers et les pillards auraient eu l'intention de venir à la mission ... En tous cas la Ste Vierge l'a protégée[35].

34 Van Wing, « Le Kibangisme vu par un témoin », 580-581.

35 Kinshasa, Archives des Jésuites de la Province d'Afrique Centrale : Diaire de la Mission Ste Marie de Kimwenza (15 août 1949 / 20 septembre 1964.

La mission de Kimwenza a été, quant à elle, entièrement épargnée pour une raison que le chroniqueur signale ci-haut, mais un grand nombre de commerce a été saccagé et pillé.

Un informateur très précieux était le Père Robert Roelandt qui n'aimait pas trop la langue de bois. Dans une première lettre, en date du 7 janvier 1959, il déclare sans ambages que la haine s'était installée des deux côtés, noir et blanc. Des excès des émeutiers avaient suscité la haine chez les Blancs, tandis que le fait que « les blancs lui ont tiré dessus comme sur un lapin », était la cause de la haine du citadin noir[36].

Selon le Père Roelandt, il y avait eu une bande d'excités dès le départ, c'est-à-dire dès le dimanche soir, puis à partir du lundi 5 janvier des chômeurs, des jeunes gens refusés aux écoles et des vrais voyous avaient pris la relève. Il y avait en général chez les Noirs, souligne-t-il, un immense mouvement de rancœur, d'amertume et de sentiment d'opprimés et d'esclaves qui s'était échappé que les Blancs et même les missionnaires risquaient de ne pas voir aveuglés qu'ils étaient par la colère. Même les chrétiens noirs qui avaient courageusement et efficacement protégé les missionnaires se sentaient désarmés devant certains arguments d'autres noirs, comme : est-ce que les Pères vous paient assez ? Ces Pères ne sont-ils pas solidaires avec les autres blancs ? etc.

Alors le Père Roelandt insiste que l'on traite de plus en plus le Noir comme un homme et qu'en tous domaines on accélère l'africanisation des cadres, fixant l'indépendance totale au but suffisamment proche. Le pire serait, poursuit-il, de mener une politique de force car le couvercle refermé violemment sauterait plus fort encore dans quelque temps. Et il se déclare favorable à une déclaration ministrielle hardie et généreuse, au renvoi de ces commissaires de police blancs qui avaient commis maintes gaffes. Pour lui, il était temps de donner une police aux bourgmestres noirs.

Le Père Roelandt avoue qu'il a beaucoup de peine de voir l'Église catholique se confondre avec le pouvoir colonial et il ajoute que :

> évidemment l'hostilité qui se manifeste partout à la cité, à notre égard, est due aux événements, à un certain kibangisme latent, mais aussi c'est la résultante d'un manque d'insertion de notre part dans la société africaine, d'un manque de respect et de vraie bonté à l'égard des Africains ; nous devrions être leurs frères ; nous ne sommes à leurs yeux que les intermédiaires entre eux et les maîtres blancs ; notre position sera toujours inconfortable, et de plus en plus ; le tout est de ne pas vouloir éviter, pour nos personnes cet « inconfort »[37].

36 APBS, Fonds J. Van Wing, 5 : Lettre de Robert Roelandt à Joseph Van Wing, Léopoldville, 7 janvier 1959.

37 Ibid.

Le Père Roelandt ne veut pas exagérer le rôle que les kimbanguistes auraient joué dans les émeutes ; il ne veut pas trop les culpabiliser. Au contraire, il est plutôt persuadé qu'il s'agit d'un mouvement de colère général chez les Noirs et qu'il ne serait pas malplacé d'adopter une attitude sévère et critique à l'égard des communautés coloniale et missionnaire même.

Le 11 janvier 1959, il revient sur la situation très tendue qui règne à Léopoldville. Il avait rencontré, la veille au soir, deux bourgmestres noirs qui lui avaient confié que tous les contacts étaient coupés entre eux et l'Administration coloniale. Il était aisé, selon le Père Roelandt, de deviner les causes profondes de cette rupture : ces bourgmestres se sentaient des vrais marionnettes aux mains des Blancs qui maintenant voulaient les employer à leurs fins alors qu'au moment des troubles ils les avaient abandonnés sans la moindre police. En outre, d'après un de ces bourgmestres, c'était un commissaire de police blanc qui avait été à l'origine de l'émeute parce qu'il n'avait pas su se maîtriser quand les gens avaient commencé à crier « indépendance » ; il aurait tiré très vite. Et quatre camions de police armés auraient été amenés exceptionnellement vite, ce qui aurait fort énervé la foule[38].

La situation était tout sauf calme dans la cité, poursuit-il. Les gens étaient hostiles aux Blancs et le manifestaient ouvertement. Certains racontaient même qu'ils étaient prêts à mourir pour l'indépendance ; d'autres trouvaient que les destructions des missions étaient une bonne leçon pour les missionnaires. Et le Père Roelandt se ralliait à eux, jugeant que certains Pères avaient mérité ce qu'il leur était arrivé. À l'heure actuelle il serait préférable, conclue-t-il, de renvoyer certains Pères en Europe et de fermer des missions ! Il supplie le Père Van Wing d'employer toute son influence pour une solution politique la plus libérale possible (élections générales, autorités exécutives africaines, assemblées législatives africaines, africanisation des cadres) ; il fallait que l'Église catholique se désolidarise coûte-que-coûte du pouvoir colonial, c'était capital. Il fallait nommer des évêques noirs au plus tôt, établir des diocèses ... tout cela était urgent.

Deux semaines plus tard, le 25 janvier 1959, le Père Roelandt s'étend de nouveau sur les délicats liens de fait entre l'Église catholique et l'État colonial. Il signale tout d'abord l'existence d'une lettre ouverte très violente et menaçante, adressée déjà en novembre 1958 aux évêques du Congo, qui circulait maintenant dans la communauté estudiantine de Lovanium. Elle emanait probablement d'un des milieux Kongo. Il y était fait allusion aux élevages de Mgr Alphonse Verwimp (1885-1964) et les missionnaires y étaient décrits comme des suppôts de l'État colonial et des commerçants[39].

Pour le Père Roelandt, il y a du « fundamentum in re ». En effet, il y avait, note-t-il, des missionnaires catholiques qui se comportaient comme des

38 Ibid., 11 janvier 1959.
39 Ibid., 25 janvier 1959.

agents de l'État. Illustratifs à ce sujet sont les exemples d'un Père qui aidait la Force Publique à faire un plan de défense de la région où il œuvrait et d'un autre qui assistait l'agent territorial à reprendre tous les fusils en possession des habitants du territoire. Certains religieux, continue-t-il, manquaient de qualité humaine, du sens de l'homme : pas de politesse, pas de vrai respect des Noirs. D'autres se révélaient des « colons du spirituel ». D'aucuns n'avaient le souci de découvrir des vrais leaders dans les communautés indigènes, au contraire :

> Nous n'avons pas formé de vrais leaders catholiques ; on en a parlé depuis quelque temps, mais dès qu'un type montrait du caractère, de l'initiative, de l'indépendance vis-à-vis des Pères, on lui a tapé dessus avec les autres Blancs ! Nos types d'Action Catholique, à quelques exceptions près, sont des gens « prudents », pas des leaders ![40]

Puis, il aborde la question du remue-ménage dans le clergé congolais qui tous avaient été bouleversés par les événements qui, par ailleurs, leur avaient ouvert les yeux. Ils commencent à comprendre de plus en plus qu'ils sont encore écartés de certaines œuvres, de certains postes plus centraux et que les missionnaires hésitent à leur faire de la confiance. Ils se demandaient par exemple pourquoi on ne leur permet pas des réunions apostoliques entre eux ; ou pourquoi Mgr Pierre Kimbondo (1914-1977), le premier évêque noir du Congo belge depuis 1956, est pieds et poings liés.

Le Père Roelandt entame ensuite la question kimbanguiste, faisant à ce propos la réflexion suivante :

> Dans la révolte, il y a eu, sans conteste, une influence kibanguiste ; Mr l'abbé Clément me l'a certifié, pour Ndjili, le centre kibanguiste de Léo ; bien que, là, l'abbé s'est fait respecter, aidé d'ailleurs magnifiquement par le nouveau bourgmestre. Pour ma part, je n'ai pas encore pu vérifier cette influence. Le Gouvernement y croit encore assez peu ; il a fait supprimer dans 'Horizons' un communiqué (beaucoup trop violent d'ailleurs) de la Délégation [apostolique] relativement au kibanguisme.
>
> Je ne crois pas encore à l'efficacité d'une interdiction ; il vaut laisser tout cela se développer au grand jour. Les kibanguistes ont-ils vraiment mené les pillages, des missions en particuliers. Le Congolais qui a reconduit le Père De Voghel, après son accident, lui a dit textuellement : « Mon Père, je suis kibanguiste, mais je ne puis admettre cela » !!![41]

40 APBS, Fonds J. Van Wing, 5 : Lettre de Robert Roelandt à Joseph Van Wing, Léopoldville, 25 janvier 1959.

41 Ibid.

Quant à l'implication des kimbanguistes dans les émeutes, l'opinion du Père Roelandt s'avère très nuancé. Il préfère relativiser le rôle qu'ils y ont joué. Mais il avait aussi lu la contribution que le Père Van Wing avait consacrée au kimbanguisme dans la revue *Zaïre*. Et il reconnaît d'avoir également aperçu chez les Bakongo et apparentés la constante d'un messianisme, d'un sauveur de leur misère, cette misère subie sous l'occupation blanche.

L'atmosphère était donc très lourde dans la cité où les gens étaient excités. Des masses de tracts y circulaient, tous violents et antiblancs. La foule semblait un peu déroutée à cause des multiples arrestations et des procès qui s'annonçaient. Il n'y avait plus de « vrais » leaders parce qu'ils étaient tous en tôle et les « faux » leaders avaient alors beau jeu. Et ce qui fâchait encore plus le Père Roelandt, c'est que le procureur général, Georges Lafontaine, qui sera nommé vice-gouverneur général le 24 avril 1960, rayonnait parce qu'il avait maintenant « son affaire en mains », une affaire qu'il avait déjà cru avoir il y avait une année et demie – c'était l'affaire « Congo ». Aux yeux du père, Lafontaine était un homme dangereux car suffisant et croyant qu'il était le seul à connaître la cité. L'Administration refusait aussi à renouer le contact avec les Bakongo. Symptomatique était le fait que le commissaire provincial Paquet avait, par exemple, fait des tentatives pour constituer avec des jeunes Bakongo une association ethnique, mais ses efforts s'étaient heurtés à une fin de non-recevoir absolu.

Le Père Roelandt avait entendu que le ministre Maurice Van Hemelrijck (1901-1964) avait dit au bourgmestre Ngoma qu'il voulait pour sa part collaborer avec les « types » en prison, ce qui était, selon lui, l'attitude la plus sage qu'il fallait adopter, parce que :

> L'Interfédérale n'a aucune influence ; l'Administration la manœuvre à son gré ; les gens le savent ; il n'y a là aucun vrai leader ... Il faut recommencer à neuf un dialogue avec eux, à un tout autre niveau qu'avant les troubles, sur un pied d'égalité et de véritable respect des personnes. Leurs leaders ne sont pas encore contre les blancs, mais les leaders de l'Abako, en prison, deviennent nettement anti-belges ; ceux-ci l'auront voulu ... ils veulent que ceux-ci soient pratiquement et partout des égaux simplement[42].

Le Père Roelandt met vraiment le doigt sur la plaie quand il déclare que tant l'Administration coloniale que les missions catholiques ont toujours rendu la vie difficile aux Noirs ayant la capacité charismatique de sensibiliser et de mobiliser la masse. Que l'on se rappelle que le leader in spe, Simon Kimbangu, en a fait les frais en 1921.

Une petite semaine plus tard, le 30 janvier 1959, suit la réponse du Père Roelandt à une lettre, que nous n'avons pas trouvée, du Père Van Wing. Dans

42 Ibid.

cette missive, il indique que les établissements protestants de Léopoldville n'avaient guère souffert au cours de l'émeute. Les baptistes anglais n'avaient pas eu de dégâts, mais l'Armée du Salut avait été attaquée à deux endroits à Kalamu et au Christ-Roi et « on dit qu'ici ce sont des catholiques qui ont pillé, en représailles ... mais impossible de vérifier pareille affirmation[43] ». C'était donc la preuve que parmi les pillards se trouvaient des protestants, des salutistes, des kimbanguistes mais aussi des catholiques.

Le Père Roelandt évoque alors les rumeurs bruyantes sur le nombre des morts et des blessés noirs :

> on dit, de source officielle (Sûreté) que 50% sont des kimbanguistes, et beaucoup parmi eux venant de Luozi, grand centre du kibanguisme. Il semble qu'à Matete, c'est un kimbanguiste qui a conduit la foule vers l'église.
> L'abbé Clément pense qu'il faut distinguer, parmi eux, entre les initiés (qui reçoivent des mots d'ordre plus précis) et les simples membres. Il semble aussi qu'on ait rencontré une action, toujours violente celle-là, des témoins de Jéhovah et du Kitawala[44].

Il faut dire que des bruits très persistants faisaient croire que certains kimbanguistes avaient participé avec joie aux attaques de quelques cibles catholiques. Peut-être que leur nombre n'était pas tellement grand ; de toute façon, tout porte à croire que cette minorité n'a pas cessé de vanter ces actes de vandalisme.

Le Père Roelandt reprend la plume quelques semaines plus tard. Dans la lettre qu'il envoie au Père Van Wing le 23 février 1959, il signale un raidissement et une crispation du côté des Blancs. Ceux-ci reprochent au ministre Van Hemelrijck de n'avoir aucune expérience et de jouer à l'autocrate. Il y a chez les Européens, note-t-il, quasi une impuissance psychologique de changer de mentalité. Ils sont persuadés que leurs intérêts économiques sont en jeu, mais au fond d'eux, c'est leur position de race dominante qu'ils ne veulent à aucun prix abandonner. Tout en exprimant le ferme espoir que le ministre tiendra bon dans politique, il voit cependant d'un mauvais œil toutes ces personnalités de la haute administration qui, selon lui, sont trop pâles ou trop liées aux intérêts en place au Congo.

Le correspondant du Père Van Wing s'est de nouveau informé sur les agissements des kimbanguistes. Mais il avoue que c'est extrêmement difficile de trouver des renseignements éclairants dans cette affaire. Il lui semble que tout y était très mêlé, le meilleur et le pire, la violence anarchique et une vraie

43 APBS, Fonds J. Van Wing, 5 : Lettre de Robert Roelandt à Joseph Van Wing, Léopoldville, 30 janvier 1959.
44 Ibid.

religion et qu'il y avait très peu de choses communes entre les divers lieux de prière et de rassemblements, du moins dans le rituel.

Évidemment, le Père Roelandt n'a pas été en mesure d'assister à une séance religieuse kimbanguiste, mais il se montre très admiratif devant la description que l'on lui en avait faite :

> On m'a cité un endroit (une chapelle au secteur Matadi, près de Kimwenza – très nombreux sont les kibanguistes ici ; presque plus personne à la messe le dimanche ...) où la cérémonie du dimanche est empreinte d'une dévotion réelle : les participants s'avancent dans la chapelle, pieds nus, poches vides (pas d'argent surtout, rien qu'un mouchoir) ; ils se rangent silencieusement ; puis quelqu'un entame une prière litanique ; tous les 'mpasi' [les souffrances] dans leurs vies ; puis c'est un chant, genre « negro spiritual », un cantique ; on m'a dit qu'il y en avait de très beaux (par exemple, dans l'un d'entre eux, on décrit d'abord la recherche de Simon pour la vérité, comment il a trouvé Jésus, et avec Jésus, la paix et le bonheur ; nous aussi, comme Simon, nous devons suivre Jésus) ; puis vient un prêche du « pasteur », un mot d'un autre, s'il se trouve quelqu'un qui désire parler, encore un chant.
>
> Il y a une interaction entre les protestants et certaines sectes dites kibanguistes, très vraisemblablement à côté de cela, les témoins de Jéhovah passent parfois aussi pour kibanguistes ; ils sont toujours violents, semble-t-il. En entendant tout cela, je me suis dit que nous avions encore un travail énorme à faire au point de vue de l'adaptation liturgique, et que c'était très urgent[45].

Pour ce missionnaire jésuite, il était grand temps que l'Église catholique se mette à adapter la liturgie aux rites africains. Il est rare de voir un missionnaire catholique prononcer une appréciation positive au sujet de la dévotion, des cantiques et des rituels kimbanguistes. Plus encore, il espère prudemment que les missions catholiques suivront cet exemple d'africanisation religieuse.

Quelle attitude le clergé « indigène » a-t-il adopté à l'égard des événements de janvier 1959 ? Digne de mention nous semble aussi la réaction du jeune évêque noir Pierre Kimbondo. Il existe une correspondance très abondante entre lui et le Père Van Wing. Son regard sur les événements est très intéressant. Il lui a fait part de ses impressions le 12 février 1959 en ces termes-ci :

> il y a partout une crise d'autorité et de confiance ... il y a eu des troubles dans les régions de Kipako et Mpese. À Kipako la maison des Mères [religieuses blanches] est gardé militairement. Les gens ne veulent pas payer l'impôt. L'avenir de l'Église catholique est inquiétant. La destruction de nos églises, écoles et objets de piété en sont témoin.

45 Ibid., 23 février 1959.

> C'est notre Église qui est visée. C'est Elle, dit-on, qui a retardé l'évolution du Congo. Songez tout simplement à la propagande qu'on a faite contre l'Église, les missionnaires ces dernières années. Jusqu'à présent tout est calme dans les régions de Kisantu, Lemfu et Ngidinga. D'après les dires des gens, le Kimbangisme désire envahir le Bas-Congo[46].

La situation était donc vraiment tendue dans le Bas-Congo où les villageois étaient en totale désobéissance à l'égard des autorités « blanches », accusant même les missionnaires catholiques de s'opposer à l'épanouissement du peuple Kongo. Ils refusaient de payer l'impôt et attaquaient les églises et les écoles catholiques. Les missions catholiques étaient même fort secouées par un réveil kimbanguiste.

Au début du mois de mai, le 7 mai précisément, le jeune évêque auxiliaire note qu'il avait cependant eu peur du mouvement kimbanguiste et quoiqu'il ne sache ce qui lui attendait, il ne perdait pas courage ![47]

Il frappe aux yeux que le jeune missionnaire jésuite, Robert Roelandt, n'a pas des a-prioris à l'égard du kimbanguisme. Il ne porte pas un regard stéréotype sur ce mouvement ; d'ailleurs, il se demande si son origine ne doit pas être cherchée dans l'échec des méthodes d'évangélisation appliquées par les missionnaires catholiques. Il apprécie même dans une certaine mesure le sens religieux d'un nombre de kimbanguistes. Il prévient que la violence n'est pas l'apanage des kimbanguistes, mais qu'il est plutôt juste de montrer les kitawalistes du doigt.

Hélas, le Père Joseph Van Wing était un missionnaire de la vieille époque et son anti-kimbanguisme était indéracinable. Il continuera à mettre en exergue la question des instructions secrètes et des pamphlets que diffuseraient encore les kimbanguistes. Dans un article qu'il publie encore en juin 1959 dans une revue ultra-colonialiste, *Eurafrica*, il formule son opposition contre le kimbanguisme du point de vue religieux, comme suit :

> Kibangu, non plus que ses successeurs, n'ont pas saisi le sens spirituel de l'Écriture Sainte qui resta pour eux lettre morte. Le Kibanguisme n'a pas élevé son enseignement sur le plan de l'esprit. Il est resté prisonnier de l'émotionnel, de l'irrationnel, et plus d'une fois de l'instinctif et du pathologique. Ni lui, ni ses héritiers, n'ont enrichi ni sublimé les croyances ancestrales des Bakongo. Au contraire, ils ont provoqué une prodigieuse prolifération de prophètes-escrocs, charlatans et magiciens, qui entretiennent dans la masse des sentiments opposés à toute élévation religieuse et à toute libération spirituelle[48].

46 APBS, Fonds J. Van Wing, 6 : Lettre de Pierre Kimbondo à Joseph Van Wing, Kisantu, 12 février 1959.

47 Ibid., 7 mai 1959.

48 Van Wing, « Le péril du kibanguisme », 18.

Pour Van Wing il ne fallait pas accorder créance aux déclarations officielles des dirigeants kimbanguistes qui, comme l'initiateur Simon Kimbangu, n'avaient rien compris du christianisme. Plus grave encore pour lui, ils n'avaient pas réussi à faire oublier les croyances ancestrales ni à les raffiner.

Il y a toutefois, une seconde raison pour laquelle Van Wing maudit ce mouvement : Kimbangu avait créé un mouvement « politique » qui s'était revêtu d'une secte religieuse :

> Kibangu n'a pas eu de devancier au Congo Belge. Non seulement il a éveillé le sentiment national imprégné d'un véritable racisme, mais il a créé, pour maintenir ce nationalisme raciste, un parti qui était en même temps une secte religieuse[49].

Jusqu'à sa mort, Van Wing considérera le kimbanguisme comme un maudit mouvement politico-religieux nationaliste, xénophobe, raciste, antiblanc, antibelge et anti-catholique. Et jusqu'à sa mort, il prétendra que Simon Kimbangu avait été baptisé au sein de l'Église catholique sur son lit de mort. Signalons que certaines de nos études ont déjà prouvé l'inexactitude de sa thèse[50].

Conclusion

Les émeutes de janvier 1959 à Léopoldville ont constituées de rudes épreuves pour les missions catholiques non seulement dans le domaine matériel. Il est vrai que leurs œuvres ont été en grande partie saccagées et pillées par de bandes de jeunes désœuvrés. En outre, elles-mêmes étaient persuadées que le mouvement kimbanguiste, contre lequel elles menaient une campagne impitoyable depuis sa naissance en 1921, avait profité de l'occasion pour se venger. Dans une autre étude, nous exposerons comment l'Église kimbanguiste s'est défendue et a clamé haut et fort son innocence.

Nous pouvons tirer deux renseignements de la présente étude. Premièrement, elle montre qu'après trois quarts de siècle de présence au Congo, les missionnaires catholiques n'étaient pas parvenus à pénétrer dans les âmes de la population locale qui doutait toujours de leur bienveillance à leur égard. La conviction que les missionnaires étaient des complices de « Bula Matari » ou de l'Administration coloniale était en ce début de 1959 encore tenace.

En second lieu, la correspondance entre les Pères Joseph Van Wing et Robert Roelandt et entre le Père Van Wing et le jeune évêque noir Pierre

49 Ibid.

50 Etambala, « Les missionnaires catholiques face au mouvement kimbanguiste » ; Id., « La question ».

Kimbondo fait comprendre que cette Église catholique missionnaire connaissait un moment de transition. Non seulement, le clergé « indigène » commençait prudemment à prendre la relève du clergé « étranger ». Autant important est la timide émergence de la nouvelle génération de missionnaires, représentée ici par le Père Roelandt, que le respect pour la culture Kongo rendait disposé à ne pas voir en tout la supériorité de la civilisation occidentale. Il avait même une certaine admiration pour des leaders congolais « charismatiques ».

Le Père Van Wing qui avait plus que le Père Roelandt étudié la culture Kongo et qui pourtant était parfois très dur pour l'arrogance de certains de ses confrères à l'égard des Congolais, restera jusqu'à la fin de sa vie farouchement opposée à toute dynamique culturelle et religieuse « endogène ». Quant au Père Roelandt, il deviendra le premier directeur de la revue *Documents pour l'Action*, fondée en janvier 1961 et rebaptisée ultérieurement *Congo-Afrique* et *Zaïre-Afrique*, dont l'objectif était d'inciter les laïcs à s'intéresser davantage et à s'engager activement dans la vie sociale, économique et politique du pays.

ABRÉVIATIONS

Abako : Alliance des Bakongo
APBS : Archives de la Province belge et de la Province belge septentrionale de la Compagnie de Jésus
FGTB: Fédération générale du travail de Belgique
MRAC : Musée royal de l'Afrique centrale
VNV : Vlaamsch Nationaal Verbond

BIBLIOGRAPHIE

Archives

Kinshasa, Archives des Jésuites de la Province d'Afrique Centrale : Diaire de la Mission Ste Marie de Kimwenza (15 août 1949 / 20 septembre 1964).

Leuven, KADOC-KU Leuven, Archives de la Province belge et de la Province belge septentrionale de la Compagnie de Jésus (APBS), Fonds J. Van Wing

Tervuren, Musée royal de l'Afrique centrale (MRAC)
VII-RDC/1959 n° 001/6 : Note personnelle de J. Hollandts, s.l., janvier 1959.
Papiers Benoît Verhaegen.

Sources publiées et littérature

Anciaux, Léon. *Le problème musulman dans l'Afrique belge*. Institut Royal Colonial Belge, XVIII-2. Bruxelles, 1949.

« À Stanleyville : une association interdite ». *Le Courrier d'Afrique*, Léopoldville, 19 janvier 1959, 8.

Cianaux (pseudonyme de Léon Anciaux). « À propos des origines de l'A.B.A.K.O. » *La Métropole*, Anvers, 8 janvier 1959.

Congo et Afrique Noire. Bulletin hebdomadaire interafricain (Belga), 1 (5 au 11 janvier 1959) 20.

« Congo : Réflexions sur une situation ». *Revue de l'Aucam*, février 1959, 11.

« Dans la Force Publique ». *Présence Congolaise*, Léopoldville, 31 janvier 1959, 7.

« Dans la police ». *Présence Congolaise*, Léopoldville, 31 janvier 1959, 7.

« Dans la Territoriale ». *Présence Congolaise*, Léopoldville, 31 janvier 1959, 1.

« Dans les écoles ». *Présence Congolaise*, Léopoldville, 31 janvier 1959, 7.

Demany, Fernand. *S.O.S. Congo : chronique d'un soulèvement*. Bruxelles : Éd. Labor, 1959.

De Pooter, F.M. « La lettre du président », dans ..., 4ième année, n° 2, Léopoldville, 1959, 4-5.

De Vos, Pierre. *La décolonisation : les événements du Congo de 1959 à 1967*. Bruxelles : Éd. ABC, 1975.

« Les événements de Léopoldville et la réaction de la presse ». *Congo et Afrique Noire – Bulletin hebdomadaire interafricain* (Belga). Bruxelles, 1 (du 5 au 11 janvier 1959) 20, 47.

Etambala, Zana. « Les missionnaires catholiques face au mouvement kimbanguiste à partir de la mort de Simon Kimbangu jusqu'à l'indépendance congolaise en 1960 ». *Revue Africaine des Sciences de la Mission*, 12 (2000), 128-207.

Etambala, Zana. *Belgisch Congo 1958-1960 : de teloorgang van een modelkolonie*. Leuven-Voorburg : Acco, 2008.

Etambala, Zana. « Congo 1959 : l'agonie d'une colonie modèle » dans : Henri Mova Sakanyi et Eddie Tambwe, éds. *50 ans de relations belgo-congolaises, rétrospective et perspectives*. Paris : Éd. RDC Cinquantenaire – L'Harmattan, 2011, 61-91.

Etambala, Zana. « La question kimbanguiste de la persécution à la tolérance (1945-1957) », dans : Pamphile Mabiala Mantuba-Ngoma, éd. *La Nouvelle Histoire du Congo – Mélanges eurafricains offerts à Frans Bontinck, C.I.C.M.* Cahiers Africains, 65-66-67. Paris : Musée Royal de l'Afrique Central – L'Harmattan, 2004, 365-390.

Ileo, Ngwenza, Lobeya, Essandja, Motingia et Mbaya. "Réfléchissons maintenant ». *Horizons*, n° 2-3, Léopoldville, 18 janvier 1959, 5.

Léopoldville dans la tourmente. Bruxelles : Procure des Pères de Scheut, 1959.

« Le récit des événements ». *Horizons*, n° 2-3, Léopoldville, 18 janvier 1959, 4.

« Lettre de Léo : un Congolais décrit, en termes simples et pathétiques, la tuerie ». *Le Drapeau Rouge*, Bruxelles, 17 janvier 1959.

« Lisbonne : Les troubles de Léo ont-ils été préparés par trois agents provocateurs ? ». *Le Stanleyvillois*, Stanleyville, 13 janvier 1959, 1.

Marres, Jacques et De Vos, Pierre. *L'équinoxe de janvier*. Bruxelles : Éditions Euraf-orient, 1959.

« Nos lecteurs nous écrivent : l'émeute et ses enseignements ». *Le Stanleyvillois*, Stanleyville, 12 janvier 1956, 6.

Paulus, Jean-Pierre. *Congo 1956-1960*. Bruxelles-Paris : Éditions Terre d'Europe, 1961.

Vanderlinden, Jacques. *1959-1960 : La crise congolaise*. Bruxelles : Éditions Complexe, 1985.

Van Wing, Joseph. « Le Kibangisme vu par un témoin ». *Zaïre*, 12 (1958) 6, 563-618.

Van Wing, Joseph. « Le péril du kibanguisme ». *Eurafrica*, 6 (1959).

Van Wing, Joseph. *Les événements de Léopoldville et la nouvelle politique congolaise*. S.l., 1959.

Van Zeeland, Paul. *Notre mission en Afrique : Impressions de voyage au Congo, décembre-janvier 1956-1957 & janvier 1959*. Bruxelles, février 1959.

Verhaegen, Benoît (avec la collaboration de Charles Tshimanga). *L'ABAKO et l'indépendance du Congo belge. Dix ans de nationalisme kongo (1950-1960)*. Cahiers Africains 53-54-55. Paris : Afrika Studies-CEDAF – L'Harmattan, 2003.

LE MOUVEMENT MULELISTE COMME THÉORIE ET PRATIQUE RELIGIEUSES EN DIOCÈSE D'IDIOFA (PROVINCE DU KWILU, RDC)*

SINDANI E. KIANGU

À partir du XIXe siècle, l'Afrique perd progressivement son autonomie politique, en même temps que ses cultures sont largement recomposées, qu'une nouvelle territorialité est érigée avec des frontières linéaires, et que ses ressources économiques sont pompées sans ménagement. C'est là un lourd tribut qui laisse exsangues et déstructurées l'ensemble des sociétés du continent soumises désormais à une géopolitique sur laquelle leurs capacités d'influer sont quasi nulles.

Issues de ces mutations, des forces nouvelles émergent au sein des sociétés africaines colonisées et contestent cet ordre des choses dans divers mouvements. Cette évolution s'accélère au lendemain de la Seconde Guerre mondiale qui modifie radicalement les données du problème. Des leaders charismatiques, à la tête de partis politiques adossés sur de vastes mouvements sociaux montent à l'assaut du système. Hélas, les fruits ne furent pas à la hauteur des espérances portées par les pétales éblouissantes de l'indépendance. Bien vite, il ne resta pas grand-chose de l'enthousiasme des années 1950 qui avaient accouché de la nouvelle nation congolaise.

En effet, les puissances de l'Europe résistèrent et manœuvrèrent, comptant sur l'hétérogénéité des intérêts, des approches, des bases théoriques et sociales des forces contestataires enfermées dans l'étroitesse des territoires

* Après avoir été évangélisé par les pères de Scheut, l'espace ventilé par Ipamu fut cédé aux pères jésuites en 1921, puis aux pères oblats de Marie Immaculée en 1931. C'est en 1937 qu'il devint préfecture apostolique, puis vicariat apostolique en 1948 et enfin diocèse en 1959. En 1960, le siège fut transféré d'Ipamu à Idiofa.

issus des règles du partage de l'Afrique établies à Berlin en 1885. C'est forcées au retrait par la poussée vigoureuse des forces contestataires et le contexte géopolitique international, qu'elles cédèrent néanmoins le pouvoir aux leaders, mais de préférence à ceux les plus favorables à la préservation de leurs intérêts. Au cours du processus, les leaders politiques les plus à même de porter une rupture radicale furent au moins marginalisés et, au pire, éliminés, souvent par leur assassinat. Ce fut le cas de Patrice Emery Lumumba, le président du Mouvement National Congolais (MNC) et premier ministre de juin 1960 à janvier 1961.

Avec cet assassinat, elle devint sans appel pour le Congo, bien avant la lettre, cette question de Fama Doumbouya, le héros désabusé de Ahmadou Kourouma, *Les soleils des indépendances* (1970) : « À quand la fin de l'indépendance ? ». Le projet nationaliste qui avait promis l'indépendance, le développement et l'unité au Congo, se trouva vite dans l'impasse. La carte nationale d'identité, la carte du parti, l'hymne national, le drapeau et souvent la prison, symboles empruntés aux puissances coloniales et qui faisaient peu de sens pour l'écrasante majorité des populations du Congo, les firent se demander si l'indépendance avait jamais eu lieu. En effet, le pillage des ressources par le capital néocolonial et la soumission à une nouvelle domination (américaine) boucha totalement l'horizon des contestataires des pouvoirs.

Au Kwilu, Pierre Mulele, fondateur en 1959 et secrétaire général du Parti Solidaire Africain, fidèle lieutenant de Lumumba et ministre de l'Éducation nationale dans le premier gouvernement central du Congo à partir de juin 1960, refusa de s'avouer vaincu ; il décida de renégocier les règles d'être et entama en 1963 une guérilla dont il alla apprendre la technique en Chine. Ces hommes dits « de gauche » ne pouvaient en effet que s'aligner sur Moscou, Pékin ou Cuba ; Mulele tentera de prendre contact avec Che Guevara lors du passage de ce dernier au Congo.

Si nous ne focalisons pas cette revisitation de la rébellion sur son histoire, c'est-à-dire la façon dont fut menée la petite guerre (guérilla) dans sa théorie et sa pratique, c'est parce que pour qui a vécu cet événement dans une mission comme moi, la rébellion sembla, de prime abord, orientée contre la religion chrétienne. En effet, les destructions les plus mises en exergue concernèrent ses agents et ses structures ; la première section en fait une synthèse.

La question est donc de savoir d'abord le pourquoi de ce traitement particulier réservé à l'Église : « une simple propension à la facilité car les postes de mission étaient sans défense ou plutôt une volonté de détruire l'establishment chrétien au titre de symbole de la domination occidentale dite 'impérialiste' ?». Il s'agit ensuite de se demander dans quelle mesure cette agression impacta la pratique diocésaine subséquente.

Pour répondre à cette question, il a fallu revisiter l'ambiance locale qui a vu naître la rébellion. De façon lointaine, la secte Lakus humecta le territoire d'Idiofa d'une odeur contestataire que ne purent éliminer la répression et les textes législatifs et réglementaires subséquents. Plus près de la rébellion, dès 1960, quand il devint clair que le soleil de l'indépendance n'apporterait pas le développement tant attendu, cette soif de liberté et de progrès se cristallisa dans un mouvement dit de développement communautaire fondé sur le principe d'auto-prise en charge.

Concernant ce mouvement, il est important de souligner que le contexte de 1960 était celui de la fin des relations sociales verticales et de la libération de la voix paysanne s'exprimant désormais librement même sur les choses de la foi. Dès lors la volonté que manifesta le diocèse d'Idiofa à partir de 1961 de réduire ce mouvement laïcaliste en une structure cléricaliste diocésaine mit l'Église catholique au ban de la société paysanne, qui eut désormais tendance à l'associer aux actes de pouvoir d'un gouvernement congolais qui avait fait de ces paysans des laissés-pour-compte.

C'est ce cadre qui prépara l'accueil de Mulele au multiple titre de chef paysan, de sage et de saint. La rébellion fut dès lors vécue par les partisans comme une religion ayant sa doctrine et sa morale (la révolution), ses dogmes (les *bansiku* ou normes pour la vie), son catéchisme (la leçon politique) et ses vestales (les cadres).

Les missions, une cible privilégiée pour les partisans ?

Le petit séminaire de Kinzambi, sur la rive gauche du Kwilu, où je vécus les années de la rébellion muleliste, était certes au point d'essoufflement du mouvement. Pourtant y régnait une atmosphère étouffante entretenue par les rumeurs angoissantes d'une invasion toujours imminente, par le camp des réfugiés, par la présence des policiers nous protégeant, puis des para-commandos de l'ANC en *battle dress* appelé vulgairement « tâche-tâche »[1].

L'évacuation des missionnaires et les nouvelles venant des autres postes missionnaires détruits, nous convainquirent que les missions étaient dans le collimateur de la rébellion. La belle mission de Kikombo devint le symbole du martyr chrétien. Non seulement sa rageuse destruction fut fixée dans cette complainte musicale populaire mbala : « Mission Kikombo igasala mayumbu buna » (La mission de Kikombo n'est plus que ruines), mais aussi un fait di-

1 Stanford, Leland Stanford Junior University, Hoover Institution Archives, Herbert F Weiss Papers, Conseil National de Libération (Zaïre) Collection (HIA/CNL), 281 : *Rapport Général, Ngonda ya Mai 1964*, Équipe n°1022 Camp Inongo (il couvre la période du 10 mai au 21 juin 1964) : « Na mission Kinzambi ikele ba militaires ve, kaka bapolices 7 » (À la mission Kinzambi il n'y a pas de militaires, seulement 7 policiers). Et puis : HIA/CNL, 289 : *Ngonda ya Mai 1964. Rapport Général*, Équipe n°1082 Kinkasa : « Bapoliciers ikele kuna nsambwadi » (Il y a là-bas 7 policiers).

vers de type nouveau et effrayant lui fut associé, à savoir le viol de telle sœur annonciade d'Heverlée par une équipe de partisans.

De fait, les missions chrétiennes ne furent pas épargnées des attaques et du pillage dès le lancement du mouvement. En effet :

07 janvier: des cocktails Molotov sont lancés à la mission Laba.
16 janvier : la mission d'Atene est complètement isolée.
19 janvier : la mission Banda est évacuée.
22 janvier : la mission Kilembe est incendiée et trois prêtres OMI sont tués.
23 janvier : - plusieurs missions [catholiques] sont occupées, la mission protestante de Kandale est incendiée.
- les missions Koshimbanda et Belo sont attaquées.
24 janvier : - les 7 missionnaires américains protestants de Kandale et Mukedi sont évacués par l'ONU.
- le président provincial du Kwilu [Leta] ordonne l'évacuation des missions de l'intérieur.
- Irène Ferrel, missionnaire protestante, est tuée à Mangungu BMM.
- les missions catholiques Belo, Intshwem, Lashim, Matshi, Ngoso et Kasanza sont encerclées et inaccessibles d'Idiofa.
27 janvier : - les derniers missionnaires évacuent Idiofa.
- la situation est critique à Kisandji et Kahemba, deux missions dans le Kwango.
- la mission Mbeo est attaquée.
31 janvier : les missions de Lashim, Ngoso, Kisandji et Kahemba, ainsi que l'abbaye trappiste de Kasanza, sont évacuées.
22 février : la mission Makungika est évacuée.
24 février : le collège de Makungika est attaqué et deux professeurs européens sont tués.
07 mars : la mission de Kikwit Sacré-Cœur est attaquée et deux religieuses sont blessées.

Au 31 janvier 1964, tous les missionnaires et civils européens de 26 sur les 30 missions du diocèse d'Idiofa étaient évacuées par l'ONU, à l'exception de celles situées dans le territoire de Port-Francqui (Mikope, Brabanta, Mwemba et Banga) et au nord du territoire d'Idiofa.

Au diocèse de Kikwit, certains postes de mission furent pillés (Totshi), évacués (Feshi, Kikombo et Atene), placés sous protection de l'ANC (Kinzambi, Pindi, Tango, Leverville, Soa et Bulungu) ou défendus par des élèves, ouvriers et villageois (Kingandu, Nkara et Pindi).

Cette image anti-chrétienne de la rébellion se raffermit avec les travaux du CRISP-INEP, notamment de Benoît Verhaegen soucieux de montrer le ca-

LA SITUATION DES MISSIONS AU DÉBUT DE LA RÉBELLION

Diocèse	Postes de mission	Situation (janvier-mai 1964)
Idiofa	Mwilambongo	
	Ipamu	Evacuée
	Mateko	Non évacuée
	Mokala	Non évacuée
	Mbeo	Attaque le 27 janvier, évacuée vers Mokala; non encore occupée en mai
	Mutoyi	Non évacuée
	Béthanie	Evacuée; non encore occupée en mai
	Kilembe	Attaque dans la nuit du 22 au 23 janvier: 3 belges tués, 1 congolais en fuite
	Brabanta	Non évacuée (Territoire Ilebo/Port Franqui, Kasai)
	Mwemba	Non évacuée (Territoire Ilebo/Port Franqui, Kasai)
	Banga	Non évacuée (Territoire Ilebo/Port Franqui, Kasai)
	Mikope	Non évacuée (Territoire Ilebo/Port Franqui, Kasai)
	Banda	
	Belo	Attaque dans la nuit du 23 au 24 janvier
	Koshimbanda	Attaque dans la nuit du 23 au 24 janvier
	Ngoso	Encerclée le 24 janvier. Sauvetage des missionnaires le 31 janvier par l'ONU
	Iwungu	Sauvetage des missionnaires le 30 janvier par l'ONU
	Ngashi	
	Kimwanga	
	Banga-Banga	Evacuée par le Kasaï vers Bandundu
	Lakas	Evacuée par le Kasaï vers Bandundu
	Laba	Evacuée par le Kasaï vers Bandundu
	Ipamu	Evacuée par le Kasaï vers Bandundu
	Mangai	Evacuée par le Kasaï vers Bandundu
	Intshwem	Encerclée le 24 janvier
	Lashim	Encerclée le 24 janvier
	Matshi	Encerclée le 24 janvier

MISSIONS PROTESTANTES (CIM = Congo Inland Mission; BIMI = Baptist International Mission; BMM = Baptist Mid-Mission)

Postes de mission	Situation
Mangungu BMM	Miss Irene Ferrel tuée le 26 janvier
Kandale CIM	Incendiée le 23 janvier. Evacuation sur Tshikapa
Tshene BIMI	Entièrement détruite
Kintshua BIMI	Entièrement détruite
Mukedi BAPTIST	

Diocèse	Postes de mission	Situation (janvier-mai 1964)
Kikwit	Makungika	Evacuée le 22 février
	Gungu	Non évacuée
	Totshi	Pillée par l'ANC
	Feshi	Evacuée
	Kahemba	Evacuée
	Kinzambi	Non évacuée. Menacée. Mise sous la protection de l'ANC
	Kikombo	Evacuée
	Kasanza	Non évacuée
	Kisandji	Evacuée
	Kingandu	Ouvriers et élèves repoussent les partisans
	Pindi	Villageois et élèves repoussent les partisans ; sous la protection de l'ANC
	Nkara	Villageois repoussent les partisans
	Atene	Evacuée
	Tango	Non évacuée. Menacée, d'où mise sous la protection de l'ANC
	Leverville	Non évacuée. Menacée, d'où mise sous la protection de l'ANC
	Soa	Non évacuée. Menacée, d'où mise sous la protection de l'ANC
	Bulungu	Non évacuée. Menacée, d'où mise sous la protection de l'ANC
	Kikwit Sacré C.	Attaquée le 7 mars

ractère illégal et désordonnant socialement de la rébellion, puis ceux de Ludo Martens apologisant le caractère légitime d'une révolution consécutive à l'oppression coloniale à laquelle participèrent les missionnaires.

Herbert Weiss a eu le mérite de sauver une partie des archives de la rébellion. Il m'a incité, puisque l'autorisant, à retourner aux acteurs eux-mêmes, tel qu'ils la vécurent de l'intérieur. En effet, je m'étais convaincu que seuls ces acteurs, avec leurs intérêts et leur subjectivité [mémoire], étaient à même d'offrir les explications majeures du rapport au religieux qui marqua la rébellion.

Il est intéressant de noter que les Kwese originaires de Kikombo portèrent leur colère contre le père jésuite Dassenoy plutôt que contre la rébellion elle-même. Ils étaient convaincus que Kikombo fut détruit non pas parce que mission religieuse, mais bien en tant que point d'appui pour les soldats appelés par ledit prêtre. Plus tard, nous sûmes que Banda paya pour avoir offert son véhicule à la police et qu'à Mukedi, le chef de la mission protestante eut du mal à « convaincre la foule que les missionnaires n'étaient pour rien dans l'envoi des troupes de l'ANC »[2].

En fait, les partisans n'associaient pas automatiquement à l'Administration, des missionnaires jouissant d'une relative bonne réputation. La population les avertit du danger ou même les protégea contre les « extrémistes », comme à Intshwem. Les violences elles-mêmes étaient sélectives dans les postes, telle communauté étant attaquée, l'autre protégée[3].

Il est indicatif que les ecclésiastiques Congolais ne fussent pas tués. Le prêtre noir OMI (Oblat de Marie Immaculée) Paul Macream de Kilembe « se sauva » et le frère OMI Célestin Ivami de Koshimbanda rejoignit Idiofa à pied, laissant la VW à huit missionnaires. Lors de l'attaque de Kikwit Mission, les frères joséphites Congolais André Kazitediko (qui perdit ses lunettes dans la fuite) et Théotime Langangina (qui parla en mbuun) ne furent pas inquiétés, tandis que leur confrère Célestin Kapemb qui était perçu comme un anti-Mbuun, était activement recherché.

Il est aussi utile de noter que là où ils le purent, les jeunesses mulelistes continuèrent à faire fonctionner les postes de mission en tant que points d'encadrement social pour les masses populaires. Ainsi, le dispensaire et la maternité de la mission protestante de Kandale continuèrent à fonctionner en tant que tels.[4]

Ainsi, pour comprendre la violence à l'endroit des missions, il est important de savoir qu'il s'est agi d'une révolution populaire et prolétarienne dont la ligne de force était la libération et qui voulait changer toutes les structures sociétales, refusant toute accommodation du système pour donner le pouvoir au peuple : « Tous ceux qui travaillent avec les Blancs partiront avec les Blancs »[5]. En clair, la destruction des missions n'était pas un but en soi.

Sans doute les missions ont été attaquées parce qu'une proie facile pour les équipes des mulelistes très peu armées, leur pillage étant le fait de débordements des partisans excités. Et Mgr Toussaint notait : « Tous ceux qui, malgré le pillage de la mission et les graves vexations dont ils étaient l'objet, ont voulu rester à leur poste ont été poussés finalement de s'enfuir devant des bandes de plus en plus menaçantes auxquelles la population locale ne pouvait plus résister »[6].

Mais surtout il fallait obliger les missionnaires à décrocher, les leaders rebelles ayant peur que la présence des missionnaires blancs serve d'excuse à

2 Verhaegen, *Mulele et la révolution populaire au Kwilu*, 93.

3 Antoine Fimbo criait à Kilembe : « Que personne n'aille toucher aux sœurs ni aux élèves ; notre mission est à la cure, et vous les élèves, ne sortez pas, ne bougez pas, restez dans vos dortoirs ». Ibid., 92.

4 *Le Rapport du mois d'avril 1964* établi par Mufufu, titulaire a.i. du dispensaire, note que durant ce mois d'avril, 484 cas anciens et nouveaux y furent traités, donnant une idée exacte des maladies qui sévirent durant cette rébellion et qui finalement vinrent à bout d'elle.

5 Avis muleliste lors du lancement du mot d'ordre de grève générale le 20 janvier 1964.

6 Verhaegen, *Mulele et la révolution populaire au Kwilu Mulele*, 106.

une intervention occidentale. Mgr Toussaint estima que l'ensemble respectait les instructions de la hiérarchie, et que donc le massacre de quelques missionnaires, ainsi que le pillage et l'incendie des centres religieux participaient des consignes bien précises visant à « laisser derrière elle le vide le plus complet »[7].

Quelles furent ces consignes si jamais elles existèrent? Dès lors des questions subsidiaires viennent à l'esprit : dans sa contestation, Mulele se levait contre la pratique religieuse chrétienne ou plutôt contre le message chrétien ? Recherchait-il une pratique orthodoxe du message, un syncrétisme religieux ou un éclectisme religieux ?

Quoi qu'il en soit, en évacuant ou protégeant les missionnaires, l'ONU et le gouvernement congolais cristallisèrent leur image d'étrangers. Et puisque ces « opérations de sauvetage » faisaient des victimes parmi les insurgés sur qui, pour les tenir à distance, les hélicoptères de l'ONUC, appuyés par les avions Harvard de l'ANC, durent tirer à Kandale, une haine s'installa contre l'Église parmi une population hantée par le désir de se prendre en charge elle-même.

Le cadre religieux local

Une question : quelle fut la spécificité religieuse (manifestations religieuses) qui marqua la société kwiloise et surtout d'Idiofa jusqu'au moment où survint la rébellion muleliste et qui représente une source du radicalisme mbun/pende ?

Le refus du statut de dominé

L'augmentation de la dégradation du pouvoir d'achat et les travaux imposés ne pouvait qu'aboutir à une protestation sociale[8]. Cette résistance à la colonisation se radicalisa à la faveur de l'alourdissement de la situation sociale consécutive à la mobilisation civile décidée par l'ordonnance du 10 mars 1942 et prit des couleurs sectaires (10% entre 1940 et 1943, 60,8% entre 1944 et 1946). Et ces sectes étaient le reflet de la montée de la conscience sociale de la nécessité et de la possibilité de renverser la situation contre les Belges déjà défaits. Zambwa Modio et Léon de Saint Moulin faisaient remarquer :

> En outre, le fait que 15,8% des relégations furent encore prononcés de 1947 à 1957, dans les années les plus favorables de la période coloniale, montre que la protestation contre une situation particulière-

7 Verhaegen, *Mulele et la révolution populaire au Kwilu Mulele*, 99.

8 Citons le complot des clercs en 1944-1945 à Lubumbashi, les mutineries de février 1944 au Katanga et au Kasaï, les grèves de la fin 1945 à Kinshasa et au Bas-Congo.

> ment opprimante est secondaire dans les sectes par rapport à la prise de conscience du caractère injuste aux yeux de Dieu de cette situation[9].

Au Kwilu, la révolte pende fut sous-tendue par le mouvement des *Tupelepele*. Beaucoup d'élèves pende de Kikwit Mission s'en retournèrent au village en 1931, répondant ainsi à l'appel de Mundele Fundji et refusant de continuer à chercher « l'argent des Blancs ». Leur mémoire collective coloniale consistait dans les corvées (caoutchouc et huile de palme), le bloc (prison) et le fouet, toutes causes immédiates de la révolte[10].

En même temps naissait dans la vallée de la Kamtsha, le *Lakus* (secte du serpent), un mouvement xénophobe nettement anti-européen, prônant l'expulsion des Blancs avec l'aide des ancêtres, le boycott des impôts et des obligations légales. La dissolution de la secte en 1937[11] n'amena aucun répit pour la colonisation puisque déjà essaimait en territoire d'Idiofa, le kimbanguisme sous la forme du mouvement Nzambi-Malembe, avant de s'étendre dans les territoires de Masi-Manimba et Banningville (1953), puis de Kikwit (1954). Il y eut aussi les sectes Mwana-Maye, Kabenga-benga, Ngunzisme, Lupambula, Bumu Mopepa, etc.[12]. Les années cinquante virent la naissance de la secte Mpeve, mouvement politico-religieux exerçant ses activités dans le territoire d'Idiofa et interdit en 1962 par un édit voté par l'Assemblée provinciale du Kwilu.

En deçà de ces mouvements structurés, il y eut énormément d'actions isolées en territoire d'Idiofa, mais transpirant cette même soif de libération. Ainsi, à Mwilambongo, le dimanche de Pâques 1940, un Pende venu de la région de Kipuku sur la rive droite de la Lubue, se présenta comme Jésus, menaçant de sa machette les pères Charles Simon et François Xavier Deville, ainsi que les frères Corneille et Albert, les accusant de tromper le peuple. Son message annonçait le départ des Blancs pour que les Noirs les remplacent.

Quelques années plus tôt à Ngoso, par une chaude soirée d'un dimanche de l'année 1937 ou 1938, le couple Albert Vermesch, agent commercial de Madail à Dibungu Nzombo, poste à 5 km en aval de Ngoso, sur la rive gauche de la Kamtsha, se fit agresser par Lusanga Henri de Mankondo, Mben Benjamin de Lazumu, Kindeke Eugène de Mwefo, Iwanga Clément d'Isiengi, etc., tous « enfants de la mission ». Ils lui reprochaient de ne jamais s'associer aux prières (messes, salut) alors qu'il passait tous ses dimanches avec les pères Novalet Dieudonné, Louis Simon et autres. Peut-être parce que la religion chrétienne était fausse ! En tous les cas, il n'y eut pas de coupables faute de témoins.

9 De Saint Moulin et Modio, « La signification sociale des sectes au Zaïre », 254.

10 Cf. récit de vie Jean Ngwangwa, Kinshasa, 28 septembre 1995 ; Willame, *Les provinces du Congo*, 22.

11 Arrêté n°427 du 16 novembre 1937 (*B.A.* 1937, 692) modifié par l'Arr. n°32 du 14 février 1938 (*B.A.* 1938, 213) et n°327 du 2 novembre 1939 (non publié). Voir Strouvens et Piron, *Codes et lois du Congo Belge*, 823.

12 Voir De Saint Moulin et Modio, « Liste des relégués de l'ancienne province de Léopoldville ».

Il en fut de même dans cette autre affaire ayant pour drame l'incendie des classes primaires des garçons de cette mission, à la même époque. Le coupable pourtant connu de la communauté noire, à savoir Charles Mulamba d'Isiengi, ne fut pas dénoncé aux Blancs[13].

En fait, sous la colonisation, l'évangélisation légitimait une optique chrétienne et sa position fut celle de jouer le rôle d'une religion civile, c'est-à-dire d'agent de sacralisation du système social qui se mit en place. Ainsi écrivait le vicaire apostolique du Kwango :

> Le Gouvernement de la Colonie s'est ému à la vue des mouvements séditieux et xénophobes qui ont éclaté en divers endroits du Congo. Il s'est adressé aux Autorités religieuses pour obtenir le concours des missionnaires, dans la lutte contre (…) ces manifestations qui peuvent néanmoins cacher un nationalisme encore inconscient et servir de véhicule innocent à des menées xénophobes et à des organisations hostiles (…). Pour ce faire, un contact avec l'Administration est nécessaire et recommandé[14].

La question qui se pose est celle de savoir si la majorité des populations congolaises ne trouvait pas son compte dans les organisations chrétiennes à qui elle permettait de tenir ensemble. Un témoin des événements de soixante regretta que très peu de missionnaires ne pensèrent à faire leur propre introspection quand, peu de jours après la proclamation de l'indépendance, le Congo bascula dans les sécessions et que la jeunesse dite lumumbiste armée des arcs et des flèches s'attaqua en particulier à l'Église catholique, à ses symboles et à ses pasteurs[15]. Les missionnaires attribuèrent cette attitude à de la haine, aux préjugés, au noyautage par les kimbanguistes, à la consommation du haschisch.

Le père Sinforiano Lucas, assistant général des OMI, qui visita canoniquement les communautés du vicariat apostolique d'Idiofa du 15 mars au 15 juillet 1958, prédit cette remise en question, quand il stigmatisa une certaine façon de traiter les Noirs contrastant avec les attentions pour les Blancs et marquée par des relations inhumaines : la frappe, le ton de la voix, les gestes pour les éloigner, la distance à faire garder par les Noirs chez les Blancs, des expressions blessantes et certaines épithètes utilisées sous la colère, la façon de gronder, même dans l'église. Dans son rapport, il écrivit notamment :

13 Témoignage Daniel Palambwa, 19 mai 1995.

14 Archives des Frères Joséphites de Kinzambi : Mgr Henri Van Schingen, *Avis aux Missionnaires du V.A. du Kwango*, Kinzambi, 10 avril 1944.

15 Greggio, *Nel Congo*, 78. Quand la rébellion éclatera en 1963, les protestants ne furent pas épargnés et leurs missions détruites aussi.

> Il faut, d'abord, se mettre devant la réalité du mouvement nationaliste plus encore que de la simple indépendance, qui s'étend partout. Un mouvement nationaliste oublie facilement les faveurs reçues, mais il n'oubliera jamais la plus petite des humiliations. Il faudra vous faire aimer à tel point par les noirs que quand ils parlent contre les blancs, ils ne pensent pas aux missionnaires. Il faut surtout les regarder comme nos frères, rachetés, comme nous, par le sang de Notre Seigneur[16].

Cette remise en question qui allait donc de soi, non sans résistances ou repentirs, était apparentée aux exigences radicalement subversives de l'Évangile[17]. Elle représentait un renversement de perspectives et était à la base d'un mouvement de conscientisation libératrice en tant que critique par des croyants sur le rôle de l'Église dans la société.

Quelques visionnaires avaient perçu très tôt le danger du lien intime existant entre la colonisation et la christianisation, c'est-à-dire entre l'exploitation et la « civilisation ». Citons notamment Mgr Pierard, vicaire apostolique de Beni, qui écrivit au père Tempels :

> Votre livre vient à point pour nous permettre de faire un sérieux examen de conscience sur notre attitude envers les noirs. Les uns et les autres, nous nous rendons compte que nous avons plus ou moins perdu contact avec les indigènes, que nous allons entrer dans une crise... Votre livre aidera longtemps tous les hommes de bonne volonté – ici à la colonie – tant missionnaires que laïcs à se rapprocher de l'indigène, en saisissant mieux les points de contact qui existent réellement entre lui et nous. Ce n'est que dans la mesure où l'on se comprend qu'on finit par s'aimer. Après la « loi de la crainte », qui régissait, semble-t-il,

16 Lucas Sinforiano, *Rapport de visite*, cité par Ribaucourt, *Un évêque de transition*, 167. « Qu'ils partent » : telle est la formule laconique par laquelle a été résumé le sentiment des partisans par rapport à l'institution catholique au sortir de la colonisation (Martens, *Pierre Mulele*, 238 et suiv.). Il faudrait dire ici que les prêtres OMI n'étaient pas toujours aimants pour leurs ouailles. Nous pensons au cas survenu à Mwilambongo où un jeune homme venu rendre visite à sa fiancée se vit asséner un coup sur la figure par un missionnaire ; il en mourut (cf. témoignage Musumbi OMI, Kinshasa, 1 juillet 2000). Ou encore et surtout ce cas rapporté par le P. Paquet OMI, survenu à Kilembe où un prêtre rossa à mort une mère de famille pour avoir confessé un péché grave ; elle en mourut à la maison et un arrangement fut pris avec l'A.T. pour déclarer cette mort naturelle. Le P. Paquet écrivit à cet effet, une lettre de dénonciation au supérieur général qui resta sceptique, arguant en substance que si cela avait été vrai, beaucoup d'autres prêtres l'auraient aussi écrit. Et quand, du Chili où il alla révolté, il apprit le déclenchement de la rébellion et surtout le massacre de trois pères OMI à Kilembe, il écrivit au père supérieur général pour lui dire : « Voilà le résultat » (cf. témoignage Edouard Ndundu, Kinshasa, 1 juillet 2000). Quant à Palambwa, en 1943, il fut presque abandonné en pleine brousse, près de Nkwomo, par le frère OMI Cock qui le débarqua de son véhicule pour l'obliger de gagner à pied, 40 km, Ngoso où il se rendait pourtant (Kiangu, *Papa Daniel Palambwa Andzwa Empak*, 27).

17 Sur cette problématique de la dimension libératrice de l'Évangile, lire Cosmao, « Le salut d'après la théologie de la libération », 94.

> jusqu'à présent la colonie, vous vous faites l'annonciateur des temps nouveaux de la « loi de la charité »[18].

Au Kwango, ce danger produisit un grand maître jésuite, Joseph Guffens, qui tira la sonnette d'alarme dès 1927, quand il écrivit :

> 20. Le problème de l'avenir : Et la question se pose pour nous. Faut-il par une instruction appropriée, rendre nos élèves aptes à travailler chez les Blancs et, par là, favoriser indirectement leur exode vers les centres où leur foi, leur vertu, leur persévérance sont menacées ? Faut-il surtout les mettre à même d'y exercer des fonctions importantes ? Ou vaut-il mieux – comme le voudraient certains Européens un peu jaloux de leurs prérogatives – mesurer prudemment à l'indigène la formation intellectuelle ou technique, pour mieux le garder en tutelle ?
> 21. Réponse urgente : La réponse est urgente et ne peut être esquivée ; elle doit tenir compte non seulement du présent, mais surtout de l'avenir. Au contact des idées européennes, la mentalité du Noir évolue. Réflexions et comparaisons fermentent dans les cervelles, et le jour n'est peut-être pas si lointain où, poussés par des agitateurs venus d'Amérique ou du Cap, les nègres, conscients de leurs droits et de leur force, réclameront une part au moins dans l'administration de leur pays[19].

Le regard de Guffens était donc tout tourné vers l'avenir et son action organisée autour de la préparation de l'élite devant guider l'évolution historique, c'est-à-dire l'indépendance du Congo. Ce combat pour l'instauration d'une élite ne fut assumé officiellement qu'en 1948 quand le père Jules Misson écrivit :

> L'évolution extrêmement rapide dans laquelle se trouve engagée la population du Congo – quelle que soit l'opinion que nous ayons de son opportunité – nous fait un devoir de tenir compte, pour une période

18 Mgr Pierard, « Lettre au Père Tempels », Beni, avril 1946, dans Tempels, *La philosophie bantoue*, 117-118. Le livre du père Placide/Frans Tempels fut interdit par le pouvoir colonial, mais diffusé à Paris par Alioune Diop, fondateur et directeur de *Présence africaine*. Il poussa les autorités ecclésiastiques à réfléchir sur la position de l'Église vis-à-vis de la situation des Congolais.

19 Guffens, *Au rythme des pagaies*, 25. Lire aussi : Id., « Un monde qui s'éveille ». Guffens était l'émule de Mgr Van Hée, vicaire apostolique du Kwango de 1928 à 1936, qui s'était convaincu qu'un peuple qui travaille dur économiquement sentira tôt ou tard, de façon incoercible, qu'il a droit au fruit de son labeur, et que la prédication évangélique déposait dans le cœur des Noirs un germe de fierté et de libération que plus rien ne pourra étouffer. Sa conviction : « Nulle puissance au monde ne maintiendra dans la servitude des masses entières qui veulent devenir libres et qui sentent qu'elles ont en mains le pouvoir de le devenir » (Archives des Frères Joséphites de Kinzambi : Mgr Sylvain Van Hee, *Travail et civilisation*, 12).

> assez rapprochée, de la nécessité d'un groupe de dirigeants nombreux qui devront un jour conduire le pays vers ses destinées[20].

Mais cela était tard et quand survint l'indépendance douze ans plus tard, Guffens dut écrire :

> Les événements actuels qui viennent ternir la joie de l'indépendance, montrent ce qui arrive quand l'histoire irréversible s'impose ; mais que ne sont pas préparés les hommes noirs qui doivent guider l'évolution historique. Les vigoureux efforts tentés là-bas et ici depuis de longues années, n'ont pu ébranler les résistances regrettables d'hommes blancs en charge, qui ne voyaient pas clair, n'osaient pas ou ne voulaient pas s'aligner aux faits[21].

En accueillant Mulele dans le cadre académique de Kinzambi qu'il créa, Guffens lui fournit insidieusement des garde-fous dans son rapport au colonial et au religieux chrétien. À la suite de son maître, il intégra pleinement la remise en question de l'ordre colonial et son refus de la vacuité missionnaire qui s'évertuait à limiter le but de la formation à la production de bons citoyens justes bons à rendre service à l'Église et au pays[22].

De fait, la raison immédiate du renvoi de Mulele de Kinzambi en 1947, fut d'avoir critiqué publiquement la politique missionnaire consistant à retenir les adultes catéchumènes pendant six mois, sinon deux ans, les faisant travailler comme des esclaves. Guffens pouvait-il refuser la demande du père Emile Deshayes frustré ? Et pourtant, ce faisant, Mulele ne faisait qu'amplifier ce que Guffens disait lui-même tout bas à ses ouailles, comme il l'écrira plus tard : « des catéchumènes qu'on exploitait par ailleurs très largement pour des travaux de tout genre sans bourse délier »[23].

20 Archives des Frères Joséphites de Kinzambi : Jules Misson, *Circulaire aux Pères Jésuites du Kwango*, Kinzambi, 9 octobre 1948. Misson était alors le supérieur régulier des jésuites du Kwango.

21 Ibid. : Mgr Joseph Guffens, *Lettre aux Frères Joséphites de Kinzambi*, Bruxelles, 8 juillet 1960.

22 Ibid. : Libbrecht, *Commentaire des directives de S.E. Mgr le Vicaire Apostolique aux frères joséphites à Djuma*, Djuma, 1942, 2 : « Voilà la question : apprendre à être un bon chrétien, un bon citoyen, à rendre service à l'Église et au pays, selon vos capacités (et puis selon vos goûts). Pour cela étudiez ce qu'on vous dit d'étudier. Travaillez comme on vous le dit. Obéissez, soyez dévoués, observez les commandements et priez comme on vous dit de le faire. »

23 Ibid. : Joseph Guffens, *Faire le point sur la démission*, Kimwenza, 1954.

Le mouvement de développement communautaire

L'histoire au territoire d'Idiofa a été, à partir de 1960, dominée par la volonté de construire une histoire religieuse plus laïcaliste et locale que strictement diocésaine, comme en témoigne le mouvement de développement communautaire en tant qu'exigence de libération lancé dans le diocèse d'Idiofa à peine l'indépendance acquise[24]. Et cette problématique du développement communautaire qui organisa la vie des paysans semble être une tentative de s'aider soi-même à la base, dans le cadre communautaire naturel, en mettant en valeur leur vraie richesse, à savoir leur capacité de travail, sous l'animation des meilleurs d'entre eux, en vue de réaliser des objectifs adaptés à leurs besoins réels et à leurs possibilités, avec les moyens dont ils disposaient réellement.

Le cadre de cette histoire locale fut aussitôt balisé par les treize « *nsiku* » (normes de vie) édictés en 1960 par Savoir-Vivre sous la direction de Flavien Mbelabuni[25], chacun devant être incarné par un des treize premiers membres appelés « apôtres », en discours et en action, devenant ainsi des outils mnémotechniques indispensables à l'oralité villageoise :

1. le respect envers Dieu et la religion [donc, pas d'athéisme] ;
2. le respect et l'amour d'autrui ;
3. l'art de commencer ;
4. l'art de conserver l'argent ;
5. la lutte contre le défaut d'orgueil ;
6. l'accueil des étrangers [donc, pas de xénophobie] ;
7. la concordance entre la vie moderne et les règles des anciens [donc, pas de traditionalisme] ;
8. les questions relatives au mariage ;
9. la politesse dans le boire et le manger ;
10. les règles de propreté et d'hygiène ;
11. comment vivre en famille ;
12. comment élever du petit bétail ;
13. comment organiser son travail.

Le choix que, en ce moment critique de l'histoire du Congo, ces initiateurs firent en nommant leur mouvement « Savoir-Vivre » est indicatif en lui-même. C'était là retenir tout un programme et ses principes constituèrent plus qu'un code de bonne conduite, plus qu'une éthique de la relation, plus qu'un code

24 Le chapitre 6 de notre livre : Kiangu, *Le Kwilu à l'épreuve du pluralisme identitaire*, 289-330 est consacré à ce sujet. Parmi les initiatives les plus marquantes, citons dès 1960, la Bourse d'études chez les Lori de Sedzo et Savoir-Vivre chez les Mbun de la « route de Laba », puis le Mouvement de Développement Communautaire chez les Dinga de la Kamtsha, le FACO chez les Ngoli de Mangai et le COOMA chez les Dinga d'Ipamu à partir de 1964.

25 Voir Kiangu, *Le Kwilu à l'épreuve du pluralisme identitaire*, 294.

de communication, « autant de stratégies de prévention et de protection destinées à faciliter les relations sociales »[26], mais bien un facteur de cohésion du groupe né dans un contexte de désarroi social et de malaise économique. Comme point d'ancrage, il devint pour eux une valeur refuge, une manière de reconstruire l'univers de manière à ne pas se laisser surprendre par l'imprévu. De ce point de vue, le mouvement se voulait un univers rationnel, très bien structuré, dans lequel il fallait se positionner pour éviter d'être mal à l'aise, et permettait d'éviter toute ambiguïté avec l'ancien régime en se fondant sur l'opposition libération/progrès.

La conception de l'école Savoir-Vivre est très indicative de ce que recherchaient les initiateurs. Ces paysans de Laba, en récupérant les jeunes de 15 à 20 ans en rupture avec l'enseignement classique, justifiaient ainsi la création de cette école :

> Quand le Blanc est venu, il nous a appris à lire et à écrire, mais il a abandonné ce qui venait de l'école des anciens. Ceux qui ont fréquenté cette école ne savent plus travailler de leurs mains et demeurent paresseux. Et ils traitent d'ignorants tous ceux qui n'ont pas été à cette école. Il faudrait que l'école « S.V. » s'inspire des programmes et de l'initiation ancestrale et apprennent aux jeunes un métier[27].

C'est dire qu'à leurs yeux, la conscience de ce qu'on est prévalait toute la science que l'on pouvait acquérir et les actions qui en découlaient. C'est dans cette perspective que fut choisi le double objectif du Savoir-Vivre, à savoir :

1) créer une grande communauté sociale et économique au sein de laquelle tous le membres vivraient heureux grâce au travail d'un chacun ;
2) fonder le développement non sur l'argent, mais sur l'effort commun et la participation de tous au travail collectif.

Pour comprendre ce mouvement, il faut comprendre ce qui se jouait dans la rencontre sociale. L'enjeu profond semble avoir été de sauvegarder le contact avec l'Église et l'État avec le maximum de gain et le minimum de risque, c'est-à-dire être reconnu pour ce qu'on est et éviter de gêner ou d'être envahi par eux. Mais pouvait-on faire marcher une telle machine totalement ?

Le soin apporté par le groupe, dès le début, dans ses relations internes, puis avec les différentes classes d'âge d'Impini et des villages voisins, avec le secteur administratif de Banga à une dizaine de kilomètres, et enfin avec le séminaire de Laba dès la Noël 1960, intégrait une triple démarche. Il y avait la

26 Paillardet, « Haro sur le malapris ! », 58.

27 J. Meert, *Document de travail (24-62)*, 7, cité par Ongel, *Le développement communautaire*, 40.

présentation collective au public congolais et blanc, une authentification du thème de la libération par tous les acteurs potentiels et une interrogation sur les problèmes de méthode en développement. Mais la production collective du développement communautaire n'eut pas lieu et son implication dans la réalité devint bicéphale, aboutissant à la récupération du mouvement car son autonomie était dangereuse pour le diocèse dans ce vent de liberté.

Et Kuyunsa de tout ramasser dans une merveilleuse formule empruntée à Ribaucourt : « Tout cela sous une motivation d'humanisme chrétien »[28]. Mais était-ce une préoccupation pour les « gens de la route de Laba » ?

Ainsi, le passage en début septembre 1961, de Jacques Meert[29] sur invitation de Mgr Toussaint pour animer une semaine d'études pastorales destinée aux abbés, pères, frères, sœurs et demoiselles, soit un total de quatre-vingts personnes, représenta le premier jalon d'une longue et pernicieuse récupération. Lecteur attentif des signes du temps, il était à l'affût des métamorphoses du pays et le mouvement Savoir-Vivre était tout indiqué pour intégrer la structuration en cours d'une action syndicale congolaise.

Pour Mgr Toussaint, préoccupé par la réalisation et la promotion des communautés vivantes où chacun devait prendre une conscience plus nette de ses responsabilités propres et où la participation des laïcs à l'apostolat était une exigence fondamentale, la semaine d'études pastorales n'était qu'un prétexte pour permettre à Meert de comprendre le petit mouvement sur lequel, sans avoir eu le temps d'arriver sur la route de Laba, il produisit un petit document[30]. Le glas avait d'ores et déjà sonné pour Savoir-Vivre, et un plan d'action fut même proposé par Meert pour le rejoindre sur son propre terrain.
Ce plan était organisé en quatre axes :

1) animer et éduquer les masses : remplacer les sentiments de fatalisme et de haine par la volonté, la confiance de travailler, par ses propres efforts, au progrès personnel et commun ;
2) concerter les riches bonne volonté : leur faire découvrir la misère du peuple, rétablir un contact fraternel avec la masse ;

28 Kuyunsa, *Analyse sociologique de l'engagement de l'Église catholique*, 328. « Tout cela » résume l'ardeur au travail, les initiatives à la collaboration et l'esprit de service recommandés par le mouvement.

29 Jacques Meert faisait partie en 1925 du premier secrétariat général de la Jeunesse Ouvrière Catholique (JOC). Ce mouvement s'appelait dès 1919, la Jeunesse syndicaliste dont l'idée-force était : « Les ouvriers doivent être les apôtres des ouvriers », et l'enjeu : « reconquérir leur milieu social (mines, usines, etc.), en le pénétrant d'esprit chrétien ». Il assuma jusqu'en 1955 diverses fonctions : trésorier général, intendant, constructeur, organisateur et conseiller. En 1955, il vint au Congo pour lancer le service extension-workers de la JOC qui avait commencé à Kinshasa en 1932 avec le père Gangler. Mgr Toussaint était un de ses fidèles correspondants, et les syndicalistes Jacques Massa et André Bo-Boliko ses disciples (cf. Ribaucourt, *Un évêque de transition*, 225-226).

30 Mgr Toussaint numérota ce travail : 61-12.

3) créer et développer des corps intermédiaires : coopératives, mutualités, associations syndicales et culturelles ;
4) promouvoir une saine démocratie politique, en commençant par les échelons inférieurs.

En contactant les initiateurs sur le terrain en fin août 1962, l'objectif de Meert semble avoir été de mesurer les chances qu'avait le mouvement de s'épanouir[31]. Il constata certes l'authenticité d'un tel développement communautaire, d'autant plus que les initiateurs avaient découvert les principes fondamentaux sans que personne les leur ait enseignés. Mais surtout il était très vulnérable pour deux raisons.

D'abord il devait inévitablement déboucher sur un conflit avec une administration en pleine réorganisation dans le cadre des nouvelles provinces et des tribunaux très corrompus, nécessitant une structure d'auto-défense des masses rurales, alors que le développement communautaire ne pouvait donner des fruits réels que s'il était intégré dans une planification économique et sociale, laquelle ne pouvait être le fait que des autorités du pays et des provinces[32].

Ensuite le diocèse était-il prêt à s'appuyer dans sa lutte contre le recul de la moralité, sur un tel mouvement dont l'influence économique, sociale, morale et religieuse pouvait être décisive, car les causes naturelles de l'immoralité étaient l'ambiance générale de découragement, de déception et d'aigreur dans laquelle vivaient les populations ? L'envie était forte de cléricaliser cette action sociale, et le diocèse y succomba d'autant mieux que Flavien Mbelabuni, le père du Savoir-Vivre, n'avait pas l'étoffe d'un champion capable de résister au dictat de l'aumônier, père Jean-Marie Ribaucourt. Le diocèse ne retint du mouvement que les leçons qui le confortaient, notamment l'importance décisive de l'animation dans les relations vraiment valables sur le plan économico-social :

31 J. Meert, *Une semaine dans les villages Laba. Le Mouvement Savoir-Vivre : expérience de développement communautaire rural*, 21 p. stencilées. Mgr Toussaint le numérota : 62-24. Cité par Ribaucourt, *Un évêque de transition*.

32 Dans le gouvernement du Kwilu fut créé effectivement un ministère du Plan, Coordination économique et Développement communautaire au regard duquel l'édit organique n°41/63 du 5 novembre 1963 déterminant l'organisation de l'administration centrale du Kwilu, créait, parmi les dix-neuf, une direction de développement communautaire (cf. De Beaune, « La constitution provinciale du Kwilu », 23). Ce ministère fut confié à Bernardin Mungul'Diaka dont la seule véritable réalisation en cette matière fut une étude dont les extraits ont été publiés, avec le plan-type de regroupement : « Projet de regroupement des villages en centres ruraux ». Ce projet ne connut aucun début de réalisation, c'est-à-dire ni la persuasion des populations quant à son utilité, ni la création subséquente, à titre expérimental, de deux centres par secteur.

> Pour découvrir, susciter et développer ces vocations sociales, sur qui faudra-t-il compter en ordre principal, si pas exclusif, et en particulier dans les régions rurales, si ce n'est sur le clergé ? Cela semble s'imposer surtout au démarrage. Une fois que le branle sera donné, les laïcs engagés seront, à leur tour, des éveilleurs de vocations sociales. Le rôle du clergé restera très important dans la mesure où il se réalisera dans l'ambiance voulue, sans cléricalisme, mais aussi sans laïcalisme de la part des laïcs[33].

C'est dire que, certes, dans la mesure où son code en tant que facteur de cohésion de ce groupe entendait s'appuyer sur des principes communs à la civilisation chrétienne, ce mouvement était à soutenir. Cependant Savoir-Vivre fut perçu comme un moment où l'Église locale risquait de passer du stade de chrétienté à celui d'église d'élite. Dès lors cette « classe sociale » qui voulait se démarquer de la masse et se dotait d'un code était à récupérer. L'expérience en Occident avait démontré qu'un tel groupe souvent prenait le pouvoir.

La perspective diocésaine évacuait, marginalisait les fondements de type existentiel de la vie villageoise au profit de la productivité fondée sur les désirs de progrès auquel Meert tenta de réduire Savoir-Vivre lors de ses nombreuses et longues rencontres tant avec les villageois qu'avec Mbelabuni. Les thèmes majeurs étaient en effet l'habitat, la pompe à eau avec tuyaux, le tissu du raphia, l'amélioration de l'agriculture et du petit élevage, l'introduction du gros bétail, la commercialisation, le foyer social, la réduction des impôts et des corvées, etc. L'avenir fut donc envisagé sur des principes actualisant le projet léopoldien de promotion agricole et pastorale du monde rural à la base des fermes-chapelles au début du XXe siècle, sous-tendus par une perspective d'histoire rationaliste ne prenant en compte que les facteurs objectifs, délaissant les facteurs subjectifs (sentiments, etc.) nés des quatre-vingts ans de colonisation et d'évangélisation.

Cette actualisation s'appuya sur quelques principes que nous résumons par l'expression « effet Meert » fondé sur ces principes d'autant plus pernicieux qu'ils consistaient en constatations et réflexions dégagées justement des conversations au cours des visites de Jacques Meert dans les divers villages, à savoir :

1) le bonheur est entre nos mains ;
2) l'avenir du pays est d'abord dans l'agriculture ;
3) le bonheur est d'abord au village et pas dans les centres ;
4) la prospérité du village est dans le travail de tous ;
5) il faut s'instruire, mais pour apprendre à vivre ;
6) pour être heureux, il faut s'unir et collaborer tous ensemble[34].

33 J. Meert, *Une semaine dans les villages Laba*, cité par Ribaucourt, *Un évêque de transition*, 254-255.

34 J. Meert, *Le mouvement... art. cit.*, 90-92, en fait leur commentaire.

Mais l'idéal pour eux était de voir Savoir-Vivre passer de la libération à l'assistance, écorchant son idéal indépendantiste. D'ores et déjà le premier numéro du bulletin devenait le miroir de ce compromis compromettant, reflet d'une lutte inégale : un aumônier étranger, une prière du matin en kibunda et des nouvelles lui donnant l'allure d'une presse missionnaire[35].

En effet, Savoir-Vivre atteignit avant même d'essaimer, les limites au-delà desquelles le mouvement s'essoufflait et la communauté perdait l'initiative. La pratique ecclésiale devint pour lui une fin de course possible, sinon obligée, et la maîtrise du code linguistique, la voie royale vers l'exclusion des lieux où s'élaborait désormais le nouveau discours grâce aux échanges d'expériences et aux visites sur terrain. Et cela, au profit d'experts ayant encore à prendre conscience des problèmes ruraux, surtout de la jeunesse[36]. Dès lors, que comprendre par l'insistance tant des évêques réunis en Assemblée plénière en 1961[37] que de l'encyclique *Mater et Magistra* sur l'impossibilité de développement économique, de progrès social et de relèvement culturel dans les milieux ruraux sans les agriculteurs eux-mêmes ?

Les villageois comprirent seulement que le diocèse tentait de leur voler l'initiative. Aussi refusèrent-ils de se laisser emballer par la collaboration non sollicitée en début août 1963, des collégiens d'Idiofa pour la construction des maisons villageoises, le moulin, la machine à bois, etc., rappelant à l'Église que le développement communautaire qu'ils avaient en vue ne pouvait venir de l'extérieur. Le camp de jeunes du 11 septembre 1963 représenta une réponse claire sur ce que l'Église comprenait de Savoir-Vivre : certes comme un art de vivre, mais plus comme un mieux-vivre dans la perspective occidentale. Dès lors le groupe Ba Tailleurs[38] qui vit le jour le 10 octobre 1963, ne pouvait essaimer, car enfermé dans la circularité des sept initiateurs puisque bâti sur la logique occidentale de communauté d'intérêts.

Le projet d'adduction d'eau[39] lancé par Savoir-Vivre en octobre 1963 pour fournir l'eau à son camp, représenta cet événement majeur qui souligna avec force les limites du mouvement. Non seulement un tel investissement de

35 Cf. *Savoir-Vivre*, n° 1, novembre 1962.

36 Nous pensons ici à la session sociale de Kananga organisée du jeudi 18 au vendredi 26 juillet 1963 par le Mouvement International de la Jeunesse Agricole et Rurale Chrétienne (MIJARC), ainsi qu'à un autre congrès organisé en même temps à Kinshasa. Savoir-Vivre ne put y participer car Flavien Mbelabuni « ne s'en tirait pas fort en français » (Ribaucourt, *Un évêque de transition*, 283 et 285).

37 Le chapitre IX du rapport porte le titre « Pour une christianisation du milieu rural », 221-232, et le développement communautaire y est fondé sur trois principes : *Felt Needs*, *Selfhelp* et *Voluntary Leadership*.

38 Ribaucourt, *Un évêque de transition*, 286.

39 Conçu par Savoir-Vivre pour fournir l'eau à son camp, ce projet de 400 000 FB fut agrandi à 10 000 000 FB par le FBI qui lui donna un autre enjeu : capter l'eau aux sources bouillonnantes de la rivière Laba et, par simple gravitation, servir tous les villages sur 17 km jusqu'au séminaire de Laba (Est), la ligne des villages aboutissant à Banga-Banga (Sud) et les populeux villages menant à la mission de Laba-Fatima (Nord).

400 000 FB nécessitait une reconnaissance nationale comme ASBL, mais aussi il ne se pouvait sans une aide extérieure, en l'occurrence le Fonds du Bien-Etre Indigène (FBI). Ainsi le savoir-faire occidental prenait le pas sur le savoir-être local[40], sur la base tant de l'idée que les uns et les autres se faisaient de la communauté (de vie contre de l'action) et donc de son étendue, que de ce que signifiait pour les uns et les autres vivre mieux : la liberté pour les villageois, le progrès pour les missionnaires. Le mariage était donc incestueux.

Les visites répétées, parfois avortées, au Savoir-Vivre par Jacques Meert et Henri Muzongo, chef d'arrondissement de Kalanganda avec résidence à Elom-Esala, celle du 1er janvier 1964 de l'abbé Mayala Antoine, secrétaire national de la Commission épiscopale des laïcs, celle avortée du père Maurits Carlier, aumônier de la Jeunesse Agricole Chrétienne (JAC) de Ndekesha, celle des 20 et 21 janvier 1964 du père Joseph Segers[41] et plusieurs professeurs font poser la question de savoir si, pour l'Église, il pouvait y avoir œuvre de développement autre que celle enchâssée dans les relations ecclésiales et administratives.

Pour les paysans devenus entretemps partisans mulelistes, ces visites témoignaient de la trahison de Flavien Mbelabuni qui, jugé à Eyene en 1964 pour « avoir vendu la terre des ancêtres à des étrangers », fut mis à la commande. Sa mort le 15 février 1966 à Mokala où il avait été amené par Mgr Toussaint pour participer à une session du Mouvement Progrès Populaire, fut ressentie comme le juste aboutissement d'une ambiguïté existentielle. Mais Savoir-Vivre pouvait-il échapper à la récupération par les forces dominantes ? La relance était impossible car les actions des successeurs de Mbelabuni ne gardèrent que ses aspects extérieurs fondés sur le progrès[42]. Le cœur ne battait plus au rythme de la vie ! Et c'est ce que voulait sans doute le diocèse d'Idiofa.

C'est dans cette perspective dépendantiste qu'eut lieu le lancement du Progrès Populaire diocésain. En mi-1964 et dans les franges de la rébellion en panne, virent le jour de façon concomitante, le Fonds d'Aide Communautaire (FACO) à Mangaï (Ngoli) et le COOMA à Ipamu (Dinga), créés respectivement

40 Cette vision apparait clairement dans la *Notice sur le développement du Territoire d'Idiofa*, édictée en mars-avril 1968 par le diocèse d'Idiofa. Les secteurs de ce développement se ramenèrent à l'élevage du gros bétail, aux ateliers coopératifs de menuiserie et aux foyers sociaux. Sans être exhaustive, cette énumération témoigne d'une réduction du développement à des actions du progrès.

41 Le père Segers fut attaché par les évêques du Congo en 1967 à la Commission « Pour le Développement, service du monde » dirigée par Mgr Toussaint, au titre de secrétaire. Voir ses textes parus dans *Congo-Afrique* n°21 et *Le progrès populaire de la région d'Idiofa*, dossier de la commission épiscopale pour le développement, Kinshasa, 1968, où sont abordées les activités du FACO et de quelques villages.

42 Le magasinier Boniface Mupingu qui lui succéda, relança dès 1966 le dispensaire central, l'atelier de confection avec dix tailleurs, le moulin à manioc et la machine à bois, tandis que les enseignants investirent leurs arriérés de salaire pour créer un Fonds de Développement (une caisse) des Enseignants qui échoua, et entamer une action concrète et modeste.

par l'abbé Valère Banga-Banga et le père Macream. Ils périclitèrent vite à cause des pièges de l'aide. En 1967, Mgr Toussaint lança le Centre de développement agricole (CDA) de Laba sur les cendres de Savoir-Vivre et de la rébellion, et sous la direction d'Alexandre Lampungu, un ancien ami et collaborateur de Mbelabuni dont il fallait exploiter l'aura passé qui jamais plus ne reviendra.

Dès lors, faire une histoire de l'intérieur, au ras du sol, du Progrès Populaire diocésain qui remplaça le « mouvement » populaire de développement revient à chercher à comprendre comment les revendications, les aspirations, l'itinéraire des populations locales d'Idiofa et de la Kamtsha-Loange durent se plier aux pressions externes.

En effet, en privilégiant ces dernières, l'Église se condamna à affirmer avant même d'avoir traité le sujet, que le progrès communautaire n'était qu'une mascarade visant à contenter les populations en leur faisant quelques concessions bon marché et à introduire quelques améliorations dans les domaines de l'agriculture, de l'enseignement, de la médecine, etc. Ces populations n'avaient fait des doléances à personne, mais n'avaient pas non plus connaissance des « conseils » de la CIA de William Colby sur base de son expérience vietnamienne, à savoir rassembler les populations dans des villages étroitement surveillés, exterminer les cadres révolutionnaires et enfin gagner les cœurs des paysans[43].

De ce point de vue, le Mouvement Progrès Populaire fut une façon pour les pères Ricaille et Ribaucourt de conquérir ces cœurs, aux fins de récupérer la révolution à laquelle aspirait la population d'Idiofa, ceux du nord-ouest d'abord, les autres ensuite. La conjoncture longue les rattrapa, enjambant l'histoire locale, et les territoires des environs de Mangai, Mokala, Mbeo, Mateko et Mutoy sortis de la rébellion en 1964 rentrèrent rapidement dans les rangs.

Mais surtout sauta le mythe de l'apologie du christianisme qui serait venu en sauveur auprès d'une population déboussolée[44] et l'action diocésaine de développement fut soulignée comme un effort pour récupérer le mouvement en faveur de l'Église catholique. C'est sur cette frustration que vint se construire la rébellion en territoire d'Idiofa.

La « révolution » comme « religion » du partisan et des masses populaires

Le terme « religion » est utilisé ici, non pas pour se référer à un principe supérieur dont dépend la destinée humaine et donc à Dieu (conviction religieuses), mais, de façon très laïque, en tant que système de croyances et de pratiques

43 Cf. Martens, *Pierre Mulele*, 248.

44 Thèse défendue par Kuyunsa, *Analyse sociologique de l'engagement de l'Église catholique* ; et Ribaucourt, *Un évêque de transition*.

propre à un groupe social. Et sans que cela signifiât un choix pour l'athéisme, le communisme ou l'a-religion. En d'autres termes, le problème de la croyance se vit non pas par rapport à Dieu, mais plutôt par rapport à la valeur salvifique du discours ecclésial, à la dimension subversive du message[45].

Un chapitre entier de la biographie de Mulele que Benoît Verhaegen a réalisée en 2006, est consacré au rapport de la rébellion à l'ordre religieux issu de la colonisation, qui est au cœur de cet article[46]. Il va sans dire que les acteurs à qui il a donné la parole (Maurice Zanga, Théophile Bula-Bula, Constant Ndom, les abbés Placide Tara, Bartholomé Sieta, Eugène Biletshi, Robert Delhaze, Gabriel Houyoux, etc.), ainsi que les pièces conservées à la Section d'Histoire du temps présent du Musée royal pour l'Afrique centrale à Tervuren (Belgique) et aux Archives nationales britanniques, « apportent des précisions importantes sur la réalité quotidienne de la rébellion, vécue de l'intérieur ». Hélas ces précisions ont été produites d'en haut, c'est-à-dire par l'establishment politico-religieux qui justement combattit la rébellion et dont le discours est forcément réflexif et analytique, débouchant sur la thèse : « Mulele Traître ».

Les archives Weiss totalement ignorées, sont celles qui permettent de construire un discours en retrait de la politique publique, qui, elle, est prescriptive et normative. C'est dire que notre discours ne concerne pas la rébellion en tant qu'institution dans ce qu'elle édicta comme politique religieuse à travers les lois, les décisions judiciaires et les mesures gouvernementales. Notre discours s'intéresse plutôt au débat politique destiné à plaider la cause de la rébellion, à convaincre les autres à s'y joindre, car les valeurs y défendues constituent la toile de l'idéologie. La réponse à la question mille fois posées de ce qu'il fallait comprendre par le mot « révolution », était indispensable car ses valeurs conditionnaient, en aval, les actions[47] destinées à faire que la politique soit le reflet de ces conglomérats de valeurs.

C'est la révolution qui, en tant que doctrine et morale, représentait la voie vers le salut. Le manuel de ses enseignements ne pouvait qu'être désigné par le terme « catéchisme ». À l'école du soldat, on parlait du « catéchisme du tirailleur », du « catéchisme du patrouilleur », du « catéchisme de la sentinelle », du « catéchisme de l'éclaireur » et du « catéchisme du pelleteur »[48].

Cette référence à un mot aussi « sacré » dans un Congo chrétien où l'accent était mis sur l'utilisation du catéchisme et particulièrement sur sa méthode fondée sur la mémorisation, avait pour but de souligner l'importance de ces enseignements. En effet, en procédant par jeu de questions et réponses, un

45 Cf. Ela, *Le cri de l'homme africain*.

46 Verhaegen, *Mulele et la révolution populaire au Kwilu*, 87.

47 HIA/CNL, 1165 : Lettre du chef Mwamushiko à Pierre Mulele, Mushiko, 25 mai 1964. Le chef Mwamushiko pose la question à Mulele, s'il était vrai que la Révolution voulait que toute personne qui était agent de l'État devait être tuée.

48 Voir HIA/CNL, 834B : *Combat militaire. École de soldat*, s.d., s.l.

catéchisme permettait de garder inaltérés les enseignements établis par des théologiens éminents et donc non controversables dont les premiers furent Alcuin, un savant anglais du VIIIe siècle, Notker Labeo, un moine de l'Abbaye de Saint Gall en Suisse, et Otfried of Weissenburg, un moine allemand de l'Alsace au IXe siècle. Pendant la Réforme, le catéchisme devint important à cause de Martin Luther (1520) et plusieurs éminents théologiens protestants.
En ce qui concerne l'Église catholique, l'on peut lire :

> In the Roman Catholic Church, the first official catechism, prepared by the Council of Trent and published in 1566, was known as the Roman Catechism, or the Catechism of Pius V. It was not a textbook, but a compendium of doctrine for the guidance of pastors and teachers. Catechisms for popular use were prepared by the German Jesuit Peter Canisius and published in 1555-58. In the United States, a committee of American bishops of the Third Plenary Council of Baltimore, Maryland, published the Baltimore Catechism in 1885[49].

C'est sans doute pour cette raison que la façon dont les leçons étaient menées, était largement calquée sur les leçons du catéchisme. Hélas, cela ne diminuait en rien la désacralisation dont il était frappé.

La leçon politique comme « catéchisme »

Une remarque s'impose : l'on doit noter ici que sur le front de l'Est, l'instruction était exclusivement militaire et qu'aucune leçon politique[50] n'était prévue comme c'était le cas au Kwilu[51]. Et que donc la Zone II (Kwilu) du Conseil National de Libération (CNL) se différenciait des autres zones essentiellement par la place qui était réservée aux leçons politiques. Dès lors une question s'impose : « La leçon politique, qu'est-ce à dire ? ».

L'essentiel était pour Mulele s'inscrivant dans la pensée maoïste, c'était de former avant tout un appareil partisan dans le maquis – et non dans les grandes villes qu'il se refusa de prendre, de façon que s'il advenait que la rébellion soit détruite avec lui, il ne fût pas possible de détruire sa pensée qui

49 « Catechism ».

50 On peut lire dans les lettres de l'Équipe Pombo n°538 au 3ème Bureau de la Région Militaire du Sud Ouest du 31 mai 1964 : HIA/CNL, 227 : « Commissaire na beto ke longaka leçon politique mene-mene ti na pezela » et HIA/CNL, 327 : ces leçons concernent aussi bien les hommes que les femmes.

51 Cf. Yavua, « Programme de la base Luluabourg, 10 janvier 1965 ». Même au plus fort des batailles, la leçon politique reste une préoccupation pour les responsables des équipes (voir HIA/CNL, 340A : Rapport mois d'avril 1964, de l'Équipe n°801, Village Kisenda, Secteur Mukoso). Voir aussi HIA/CNL, s 1133 et 1160.

continuait celle de Lumumba dans son mouvement et dans son énergie[52]. Dès lors, ce fut une séance de catéchisme, c'est-à-dire un enseignement de la doctrine et de la morale révolutionnaires fondé sur les (textes sacrés =) cahiers.

Dans la mesure où les leçons politiques étaient identiques pour tout le monde et composées à partir du Central, chaque leçon[53] représente une excellente vitrine pour savoir ce que la rébellion dans son ensemble pensait, était censée penser de l'Église. Force nous est de constater que cette « théorie à partir d'en haut » ne fait jamais allusion à l'Église et aux missions.

Cette théorie à partir d'en haut peut cependant se déduire à partir d'en bas. Et tout de suite, tout originaire du Kwilu est sensible au nom local donné à la leçon politique elle-même : *malongi ya révolution*[54]. Le mot « malongi » est celui-là même utilisé par les missionnaires pour désigner les leçons du catéchisme qui préparent au baptême ou/et à la première communion, à l'entrée consciente dans l'Église catholique.

Aller au *malongi*, c'est donc se préparer à entrer dans la grande famille des partisans et masses populaires ainsi présentés comme des catéchumènes apprenant gratuitement les arcanes de la Révolution.

On lit aussi *malongi ya politique*[55], puisque c'est ce qu'étudiaient les commissaires politiques. Autrement, la Révolution, puisqu'elle rime avec la Politique, c'est l'art de gérer les affaires publiques en fonction d'une certaine morale sociale ayant ses euphémismes et ses tabous. C'est sa connaissance qui donne le droit d'organiser une équipe et donc d'entrer dans la nomenklatura.

Il est intéressant de noter que dans les ordres donnés aux partisans, il leur est demandé, non pas de prendre de nouveaux territoires, mais bien d' « aller là où la révolution n'est pas encore »[56]. Voilà un ordre qui donne du commissaire politique, une image plutôt de prosélyte : comme dans les débuts de la religion chrétienne, le nouveau converti à la religion révolutionnaire doit chercher à la propager auprès de nouveaux « catéchumènes ».

52 « Mulele déclare que la révolution durera longtemps et ceci même s'il mourrait ; elle continuera jusqu'à son résultat défintif » (Verhaegen, *Mulele et la révolution populaire au Kwilu*, 106, selon l'interrogatoire d'un conseiller de Mulele par le directeur de la Sûreté provinciale de Kikwit). Il est toutefois possible que cette option paysanne se renforça ou devint unique à cause de l'échec des offensives contre les centres de Kikwit, Idiofa et Gungu.

53 Voir HIA/CNL, s 120-124, 125 et 129.

54 HIA/CNL, 221D : Rapport n°3 de l'Équipe n°354, Kavuya le 31 mai 1964 ; HIA/CNL, 225T : Rapport du mois mai 1964, Équipe n°1235, Village Mutondo-Lubambo, 1 juin 1964 ; HIA/CNL, 290 : Rapport du mois de mai 1964, Équipe n°1219-245, Village Mwatshi, Secteur Mukoso ; HIA/CNL, 334 : Rapport du mois de mai 1964, Équipe n°1283, Village Ngoma, 6 juin 1964 ; HIA/CNL, 992X : Rapport du chef de Groupement Munda-Munda, mai 1965.

55 HIA/CNL, 229T : Lettre de l'Équipe n°692 du 31 mai 1964 à la Direction générale.

56 HIA/CNL, 229T : « kusala ngolo yanene na kati na beto, to na kuenda kusosa bantu wapi révolution me kukota ntete ve ».

La leçon politique traduit le désir de Mulele de créer une communauté s'appuyant sur des croyances partagées, sur une culture commune, grâce au refus de la contrainte au profit de la persuasion. En fait, objectivement, la révolution sans les paysans était absurde. Mais, subjectivement, fallait-il les embrigader de force ? Les âmes et les esprits restent rebelles à l'action forcée. Du reste, cette contrainte soutenue par des règlements ne pouvait s'exercer que dans les cas connus de l'autorité, et encore que cette exécution se butait à la difficulté de trouver des sanctions efficaces. Il fallait donc les persuader, ce qui revenait à répandre la révolution.

Elle est indicative, cette lettre : « Vous nous aviez instruit de garder les prisonniers en vie et de vous les amener pour les instruire »[57]. Autrement dit : « La contrainte n'est pas la solution pour amener les autres à la révolution ». Mulele avait tracé le chemin ; il ne restait plus qu'à le suivre : « La bataille n'a pas eu lieu. Les partisans de ce coin-là nous ont demandé de rentrer, le temps qu'ils restent raisonner le chef Kamoyion et tous ses hommes »[58].

Cette persuasion, les partisans espéraient la voir agir aussi sur les soldats tant les notes des *malongi politique* qu'ils propageaient et saisies par les soldats, épatèrent ceux-ci[59]. Quoi qu'il en soit, elle était utilisée pour renforcer la répulsion de la population vis-à-vis des soldats ; les fugitifs des rafles militaires sont aussitôt instruits en politique révolutionnaire[60].

L'on peut déduire que Mulele était conscient qu'il était impossible de faire fonctionner le pouvoir comme la théorie l'aurait voulu sur l'espace du Kwilu, parce que trop religieux. Et dans leur effort d'aller à la pratique qui, elle, était loin de cette théorie, ses commissaires politiques eurent beaucoup à faire avec les populations locales (« partisans » d'un côté et « masses populaires » de l'autre) sur lesquelles la rébellion devait s'appuyer[61].

Les leçons politiques s'en trouvèrent revalorisées, puisque, en définitive, faire la rébellion, c'était tout simplement faire la révolution. Et les responsables des équipes d'écrire tout simplement : « Le travail de la Révolution marche très bien parmi les partisans et les masses populaires »[62]. Ou encore :

57 HIA/CNL, 330 : Lettre de l'Équipe n°1089 à Pierre Mulele, juin 1964 : « Beno tubaka nde kana beno kusimba bantu, beno kunata bau ya moyo sambu na kulongisila bau ».

58 HIA/CNL, 231A : Rapport de l'Équipe n°79, 31 mai 1964 : « Ibuna guerre kusalamaka ve. Ba camarades ya ndambu yina kuna, bau kutubaka nde : 'Beno vutuka, beto bika kulongisila ntete Mfumu Kamoyion ye bantu na yandi yonso ».

59 HIA/CNL, 237B : Lettre de l'Équipe n°917 au Central, s.d.

60 HIA/CNL, 346 : Rapport des chefs de l'Équipe n°1523 sur l'Équipe n°1227, Ngulungu, 1964.

61 Dans le HIA/CNL, 225T : Rapport du mois mai 1964, Équipe n°1235, Village Mutondo-Lubambo, 1 juin 1964, on peut lire : « Malongi ya Revolution ke kutambula mbote na kati ya mabwala, Masse populaire ti ba Partisans ».

62 Cf. HIA/CNL, 245C : Rapport du mois de mai 1964, par l'Équipe Bakwanga n°1228, Mutshinda, 22 juin 1964 : « Kisalu ya Révolution ikele kutambula mbote na kati ya ba partisans et ba masses populaires ».

« Nous avons introduit la révolution en Secteur Mwenzila »[63]. De la même façon, refuser de prendre part à la rébellion revenait à « refuser la Révolution »[64]. Dès lors, le mot leçon politique en vint à être le lieu non pas seulement d'une communication, mais surtout d'un débat puisqu'il fallait compter avec la contre-révolution constituant le fond du discours des officiels désormais montés aux créneaux, tel l'agent régional Gérard Kwatu de Feshi[65].

C'est dire que faire la géographie de ce refus/acceptation reviendrait à tracer les vraies limites (espace d'assimilation de la théorie) de cette rébellion ; mais tel n'est pas notre objectif dans cet article. De toute façon, les partisans ne se considéraient nullement en rébellion et c'est comme tel que Mulele lui-même appelaient les partisans : « révolutionnaires ». Le pouvoir en place, il les qualifiait tout simplement : « mauvais pouvoir/gestionnaires »[66]. La révolution se situait donc au niveau de la politique et non de la foi. Elle est indicative, cette demande formulée par les partisans : « Envoyer les Blancs de Moscou pour qu'ils viennent faire le commerce sur mes terres, pour qu'ils nous donnent des habits, du savon et du sel »[67].

Cette demande appelle deux remarques. La première est liée au terme « mindele » (Blancs, Occidentaux). En clair, ces partisans n'avaient pas une aversion xénophobe, raciale ; ils jugeaient tout un chacun à ses actes, se posant la question de ce qui était JUSTE pour eux. C'est dire que les partisans étaient conscients que la Révolution n'était pas un repli sur soi, aucun pays au monde ne pouvant se développer sans l'apport du sang étranger. Il n'y avait aucune gêne, ni quelques chose de contraire à l'esprit indépendantiste, à recevoir des biens (habits) de la part des Blancs, à condition de ne pas « vendre le pays aux BaMindele », comme le fit Kasa-Vubu. Car la Révolution est tout un esprit d'indépendance.

La deuxième remarque consiste à se demander quelle connaissance de la géopolitique avait ce chef de groupement avant le lancement de la rébellion. En fait, il y avait la loi des contraires : les partisans n'avaient d'expérience que celle occidentale, seuls les Belges et les Américains que les leçons politiques citaient du reste comme les *mauvais blancs* ayant eu une visibilité directe dans l'histoire du pays. C'est eux qui furent atteints (tués) ; il fallait donc essayer les autres, ceux qui ne furent pas colonisateurs.

63 HIA/CNL, 340B : Rapport de l'Équipe n°801, mois de mai 1964, Village Kisenda, Secteur Mukoso : « Beto kukotisaka révolution na secteur Mwenzila ».

64 HIA/CNL 285A : Rapport n°1 envoyé à Pierre Mulele par l'Équipe n°243, camp Kianza par Tshikapa, s.d. : « Tshihuta [village tshokwe] kuzola ve Révolution ».

65 HIA/CNL, 340B : Rapport de l'équipe n°801, mois de mai 1964, Village Kisenda, Secteur Mukoso.

66 HIA/CNL, 111 : Lettre circulaire de Pierre Mulele aux villages libérés, Léo-Limete, 26 juin 1964 : « Bulamatadi ya mbi ».

67 HIA/CNL, 962 : Lettre de Munda-Munda (chef de Groupement Tshitshiri) à Mulele, Kindu, 4 juin 1964 : « Tinda beto bamindele ya Moscou, bau kuisa sala ki commerçant na ntoto na mono. Sambu bau kupesa beto nlele, savon ti mungwa ».

Si donc les missions ont été attaquées, c'est parce qu'elles étaient perçues comme partie intégrante de l'impérialisme contre lequel était dirigée la Révolution. « Comment faire la politique parmi les impérialistes ? », demandait le commissaire politique M. Muyaya à la haute hiérarchie[68]. C'était lui la grande contradiction et le malheur de la religion chrétienne fut de n'être pas parvenue à se présenter totalement en indépendante par rapport à l'establishment politique.

La « révolution » comme mode de vie

Il est important de souligner le fait que certains partisans étaient affectés au 6ème Bureau pour s'y atteler à la dictée des textes des leçons aux cadres ; ils avaient même droit à un régime spécial : « repos chaque jour de 10 heures à 12 heures et de 15 heures à 16 heures »[69]. Tel des moines copistes du Moyen Age chrétien, ils étaient astreints à reproduire fidèlement la « Bible » du mouvement, ces enseignements qui conféraient aux partisans un savoir-être et un savoir-faire spéciaux.

La lettre ci-dessous est très claire sur la place de ces cahiers numérotés :

> Nous avons l'honneur de venir vous demander de nous donner des cahiers politiques A, B, D, 5 et 6 pour nous assurer la bonne marche du service partisannal, comme nous le manquons, donc aucune idée politique ne sera suggérée à nos partisans. À l'obtention de ces cahiers, nous sommes sûrs d'assurer un bon ordre dans notre service[70].

C'est cette conscience qui fit poser la question suivante au chef de bureau Affaires intérieures : « Qu'est-ce qui arrive si les militaires prennent un des cahiers de politique ? »[71].

L'on comprend l'importance et le mythe qui entouraient ces notes qui enseignaient cette Révolution que, dans plusieurs lettres et rapports, ces hommes simples qu'étaient les partisans écrivaient révérencieusement avec un « R » et non un « r »[72]. Sans doute, en cela, ils emboîtaient le pas aux grands

68 HIA/CNL, 998 : Lettre du commissaire politique M. Muyaya à Pascal Mundelengolo, Lukamba I, 25 mai 1964.

69 HIA/CNL, 351 : Ngolo, Lettre n°6/BKD/OO./cl.F.365.M/1964 relative à la répartition du travail au 6ème Bureau Études et Documentation, Léo-Kalina, 1964.

70 HIA/CNL 1192 : Lettre du Campement Soudan au président de et à Berlin, Ngonga, 13 mars 1964.

71 HIA/CNL 998 : Lettre du commissaire politique M. Muyaya à Pascal Mundelengolo, Lukamba I, 25 mai 1964.

72 Voir les HIA/CNL, 219, 225T (op. cit.), 245C (op. cit.), 285A (op. cit.), 334 (op. cit.), 342 (Journal de route du chef militaire Fernand Kiboba, mois de juin 1964) et 973 (Lettre de l'Équipe de B.N. Union Centrale n°720 à Pierre Mulele, 17 juin 1964.

chefs[73]. Mais ceci révèle aussi la place qu'eux aussi entendaient donner à ce mot porteur de libération. Les chansons partisanes ne se terminaient-elles pas par un vibrant « Olel ngwa nda kayibal » ! Mulele est venu dire la vérité.

Cette vérité est le contenu ordinaire du « *malongi ya leçon politique* » (formation politique) dont les thèmes abordés étaient les suivants[74] :

1. Kikuma ya révolution, ye nki mpila beto imene kundima yo (mission ya ba partisans).
2. Tactique de la guerre du partisan (Gymnastique ye mpila ya kusala combat).
3. Nki mpila bafwete kutomisa na bwala.
4. Nki mpila bankento fwete sadisa ba partisans na bisalu na bau.
5. Kusala rapport (1 séance).

Contrairement aux préceptes chrétiens, cette révolution devait se vivre dans les espaces où l'homme est en quête de cette liberté, de ce mieux-vivre. Pascal Mudelengolo, responsable des Affaires politiques, écrivit cette note à faire lire à tous les villages[75] :

> (Trad.) La Révolution est la guerre que nous menons contre des ennemis qui confisquent notre pays et changent les fils du pays en leurs esclaves. Pour mener à bien cette guerre, il nous faut respecter quelques règles :
> I. Accepter d'être vigile (sentinelle) et obéir au chef de poste.
> II. Accompagner les femmes aux champs pour éviter la disette.

Cette Révolution avait des allures d'une Jihad internationale : universaliste comme dans le christianisme, dans la fraternité avec toutes les autres révolutions, au-delà du Kwilu, du Congo, même si le combat était forcément lié à une terre. La chanson ci-dessous est toute indicative[76] :

> Si j'avais tant d'argent dans mon pays,
> Je paierais le ticket de l'avion

73 HIA/CNL, 356 : Bengila Théodore, *Avis na ba Chefs d'équipe yonso*, Direction Centrale, 1964. Ou encore l'annotation de Pascal Mundelengolo sur le HIA/CNL, 994 (lettre de Michel Nsomotene au Camarade Pascal Mundelengolo, Musenge-Munene, 31 mai 1964) : « La Révolution continue… Travaillons pour notre Révolution ».

74 HIA/CNL, 353 : « Malongi ya leçon politique », Journal n°1, Équipe n°1212, Village Makala Kibanda, (31) mai 1964, et 367 : Rapport d'un commissaire politique, avril-mai 1964.

75 HIA/CNL, 1002 : Note circulaire du chef du 2ème Bureau Politique Intérieure à tous les villages, Léo Kalina, 2 juin 1964.

76 Chanson révolutionnaire (composée) par Camarade Kasshiam (HIA/CNL, 413). Cette mélodie était aussi exécutée en dehors du territoire sous contrôle rebelle.

Et je ferai le tour du monde entier
Pour comprendre Révolution

REFRAIN :

(solo) Au Congo (tous) révolution avance vivement
(solo) Katanga (tous) révolution avance vivement
(solo) A Kivu (tous) révolution avance vivement
(solo) A Lulwa (tous) révolution avance vivement
(solo) Au Kwilu (tous) révolution avance vivement
(solo) Tout partout (tous) révolution avance vivement

Il est étonnant de constater que jamais, dans leurs lettres, rapports et chansons, les partisans ne parlent des missions, de la religion chrétienne (doctrine et dogmes). On note plutôt cette formule plus que de salutation puisqu'elle est introduite par un Bonjour formel (*Mbote mingi na nge*) : « Je vous salue au nom de notre Révolution »[77], plutôt que « alleluia » ou « au nom de Jésus », comme cela se dit aujourd'hui entre chrétiens ; il y a comme un soulignement. Et cette autre de référence : « Au nom de la Révolution »[78] car, habituellement, c'est Dieu que l'on prend à témoin et l'on jure en disant : « na zina ya Nzambi » ou plus simplement : « Nzaaaambi ».

Mais cela n'empêche pas le même chef de bureau écrivant au même camarade, de se confier à la volonté de Dieu : « Si Dieu nous garde en vie dans les jours à venir »[79], ni les partisans de respecter le dimanche comme jour de repos puisque jour du Seigneur[80]. En outre il est aussi indicatif que personne n'a jamais renié son prénom chrétien, en commençant par les plus hauts cadres du mouvement : Pierre Mulele, Théodore Bengila[81], Louis Kafungu, Pascal Mundelengolo, Pierre-Damien Kandaka[82], Laurentin Ngolo[83] etc.

77 Cf. HIA/CNL, 219, 31 mai 1964 et HIA/CNL, 239, 29 juin 1964 : Lettres de l'Équipe de Brazzaville n°1296, Nord Kwenge, à Pierre Mulele : « Mono imene kupesa beno mbote na zina ya Révolution yai ya beto ».

78 Voir HIA/CNL, 75 : Lettre du chef de bureau Raphin Henri Kuziya à Paul Masandji, Léo-Kalina, 19 décembre 1964 et HIA/CNL, 239: « na zina ya Révolution ».

79 HIA/CNL, 74 : Lettre du chef de bureau Raphin Henri Kuziya au camarade Paul Masandji, Léo-Kalina, 4 janvier 1965 : « Kana Nzambi zingisa beto ti ntwala ». Voir aussi la lettre HIA/CNL, 1015 écrite par Sosola à Pascal Mundelengolo, un des plus proches lieutenants de Mulele, en 1964 : « Beto kusamba Nzambi » (Prions le Seigneur). Ou encore le HIA/CNL, 1020.

80 Voir HIA/CNL, 221F : Rapport de l'Équipe Liberia n°354 Kavuya, Secteur Mukoso : Journal de mois de mai, 31 mai 1964. Les 1125 et 1150 (journal de route du chef militaire et du commissaire politique de l'Équipe Kitota n°242, mois d'avril et mars 1964) sont clairs : le dimanche est jour de repos, même pour les leçons politiques.

81 HIA/CNL, 356.

82 HIA/CNL, 1137.

83 HIA/CNL, 820.

C'est comme si l'Armée Nationale Congolaise, poste de Gungu, prenait la Révolution au mot quand, dans ses tracts pour inviter la population à regagner les villages, elle commence par écrire : « Na ngolo ya Yesu » ou terminait par : « Mu me pesa beno mbote na kumbu ya Yesu Christu »[84].

Que signifie dès lors ce titre qui lui est attribué : « Camarade Sauveur »[85] ? Ou encore cette prière dédiée à Mulele :

> Notre prière à Bembele Busongo
> Mulele bien-aimé, vous êtes un bon chef, je vous aime infiniment, je veux faire la guerre, donnez-moi la force ; que je sois votre enfant, je crois fermement dans ce que vous avez révélé, je ne veux plus retourner chez Kasa-Vubu [celui-ci étant l'incarnation du pouvoir central][86].

Au regard de sa non-récurrence, il sied de dire que la foi en Dieu et, plus précisément, le christianisme en lui-même n'était pas en jeu. C'est plutôt sa pratique missionnaire qu'il fallait évacuer de la vie partisane. Une façon d'affirmer que le salut, le « vivre-mieux » est dans la Révolution et, sans doute aussi, non plus dans la religion chrétienne.

Il y a donc lieu de noter ici que la Révolution était une espèce d'église, c'est-à-dire l'ensemble de personnes appelées partisans, qui étaient unis dans une communion particulière.

La révolution avait aussi une dimension conciliatrice et réconciliatrice, concrétisée dans un ensemble de *bansiku* (normes pour la vie). Ainsi, les tiraillements paralysant les partisans de la région de Ngungi donnèrent au commissaire politique Kianze l'occasion de leur rappeler ce qu'était la Révolution, ou du moins ses valeurs au titre des « lois pour se réconcilier »[87] qu'approuvèrent tous les autres commissaires politiques et militaires, à savoir :

- faire connaître aux populations ce qu'est la révolution ;
- éviter le kimpala (jalousie) ;
- obéir à tous les ordres de mobilisation pour le combat ;
- ne pas faire souffrir les papas et mamans (civils);
- utiliser la réconciliation et non la force pour régler les différends entre équipes ;

84 HIA/CNL, 948B et D : Avis de l'ANC Gungu aux Jeunesse, 21 avril 1964.

85 HIA/CNL, 50 : Lettre à Pierre Mulele par l'Équipe n°46, Camp Luluabourg, Luse 29 mai 1964. Le commissaire politique Dominique Mimpembe y sollicitait une affectation comme cadre à la Direction générale.

86 HIA/CNL, 991 : Prière composée par Gabriel Mungoy, délégué PSA, GML : « Kisambu ya beto na Bembele Busongo : E Mulele amo, ngeye una mfumu mpwena, ngeye kaka itonda kimakulu, mono nzolele inwana vita, unganete ngolo ; ikala mwana aku, makieleka maku ma utendula kwikila ikwikila, kizolele diaka ko vutuka ku Kasa-Vubu ».

87 Cf. HIA/CNL, 230T : Rapport pour le mois de mai, Équipe n°692, Village Ngungi, 31 mai 1964 : « bansiku sambu na kuwakana ».

- se montrer disciplinés vis-à-vis des gardes ou sentinelles de chaque bivouac (les partisans en mission) ;
- partager (la nourriture) avec les équipes plus démunies.

C'est au nom de tous ces principes que plusieurs plaintes furent déposées auprès du Bureau de Pascal Mundelengolo, dans une situation où beaucoup pensent que la rébellion était sans loi ni foi, la seule loi étant celle du plus fort. En plus d'être un église, la révolution était aussi une institution avec ses normes de vie : « Obéir aux lois de la révolution »[88].

La révolution était aussi une « nation », celle-ci étant entendue comme communauté politique jouant comme une unité de référence pour les individus[89]. Elle constitua une *persona ficta*[90] à laquelle les individus purent accéder par une représentation consciente ou inconsciente, par rapport à laquelle ces individus se reconnaissaient en fonction des normes de conduite, d'un territoire, d'un parler et d'autres symboles.

Cette communauté nationale était bâtie sur un laïcalisme partageant des évidences s'articulant autour de l'axe de la libération. La grande résidait dans la mise au clair de ce qu'il fallait faire ou ne pas faire dans la vie concrète au nom de la révolution. Comme cela est le cas dans les sociétés secrètes, les villageois, tels des Nicodèmes, voulaient absolument savoir de leurs chefs si l'on pouvait[91] :

- tuer ou/et manger le serpent ;
- ne pas se tresser les cheveux (femmes) ou aller chez le coiffeur (hommes) ;
- ne pas avoir des relations sexuelles avec sa femme ;
- ne pas consommer les animaux sur pied (*mbisi ya maboto*) et le *nzombo*.

Ces interdits liés à la Révolution, rappellent ceux du christianisme, notamment quand il fut question de savoir si les nouveaux devaient être circoncis, comme les Juifs. La question finale était celle de savoir qui était rebelle et qui ne l'était pas. Et puisque présentée comme « religion », la révolution fut combattue en tant que tel, sur un plan culturel.

88 HIA/CNL, 911 : Lettre de Pascal Kasanga à Pascal Mundelangolo, Ndungu, le 11 juin 1964 : « kulemfuka na nsiku ya libération de Révolution ».

89 HIA/CNL, 973 : Lettre de l'Équipe de B.N. Union Centrale n°720 à Pierre Mulele, Village Banga, 17 juin 1964) : « Beto tuzodila ngolo ye kikesa kinene na kuluka nsi eto Congo mvimba muna nzila yo impwena yi nge usolele ye beto zola mpi diata kumosi y enge na kuyimbila kumosi ye bambuta beto bakulu ye baleke mpi mu ndinga imosi ye ingolo, nde : Vive la Révolution. Vive Mulele dans son pays. » Ou encore : HIA/CNL, 974 : Lettre du chef de village Banga à Mulele, 17 juin 1964 : « Vive Mulele Pierre, vive les partisans d'équipes et de villages du Congo ».

90 Le terme est de Guiomar, *La notion de l'histoire et la raison*, 22.

91 HIA/CNL, 913 : Lettre du délégué Mubulu à Mundelengolo, Lakas II, 20 mai 1964.

Les limites de cette nouvelle « religion »

Une première question : cette révolution était-elle acceptée ? Le vrai problème réside dans le fait que le Central (Mulele) était censé être le pourvoyeur de tout. Le manque de succès et donc des moyens (contrairement au christianisme) ne pouvait qu'entraîner la perte de cette foi en Mulele et sa révolution.

Une deuxième question : Syncrétique ? Eclectique ? Il est difficile de ne pas poser cette question quand on note, de façon récurrente, la référence à des pratiques d'amulettes : « Je vous ai envoyé un os du léopard et un os du 'nina' (poisson) »[92].

On peut aussi se poser des questions sur le rapport sur la sorcellerie qui fut fait à Damien Kandaka, commandant des Affaires militaires pour la région de Kandale. On y lit : « C'est Mulebela qui avait envoyé la foudre dans le but de tuer les partisans »[93].

Une troisième question : Qui étaient les vestales de cette nouvelle religion ? La rébellion vécut une réelle crise d'hommes, l'obligeant à recourir à des enfants (élèves) pour être des cadres « chefs d'équipe politique »[94], même si « en principe, les élèves n'occupent pas de poste de responsabilité en raison de ce fait qu'ils ont des connaissances encore disparates ». Ces cadres avaient la tâche de donner notamment les leçons politiques. La classe devant transmettre la « religion » ne put faire son travail. Certes le christianisme fit de même avec des enfants catéchistes, mais il y avait les missionnaires pour les encadrer.

Une quatrième question : Millénarisme ? Deuxième indépendance ou deuxième naissance ? La rébellion se nommait elle-même la « deuxième indépendance ». Elle venait terminer l'œuvre inachevée de Lumumba, de la même façon que l'Église de Jésus-Christ par son prophète Simon Kimbangu (EJCPSK), l'Association pour l'Unification du Christianisme Mondial (AUCM) et le Message du Graal présentent respectivement Simon Kimbangu, le Révérend Moon et Abd Rushim comme venant achever l'œuvre commencée, mais inachevée du Christ.

92 HIA/CNL, 867 : Lettre du délégué Mubwili à Pascal Mundelangolo, Ndungu, le 11 juin 1964 : « Mono imene fidisa beno mukwa ya ngo ye mukwa ya nina ». Il lui fut envoyé les mêmes produits de Kalanganda-Musenge, peu de temps après (HIA/CNL, 987).

93 HIA/CNL, 1000D : *Rapport ya Bandoki* par l'Équipe 1078, Léo Sud, 30 avril 1964 : « Mubebela yandi muntu kutindaka nzazi ina, ye yandi muntu kusalaka yau sambu na kufa ba partisans ».

94 HIA/CNL, 820 : Lettre circulaire de Laurentin Ngolo à tous les commandants de région militaire, 23 mai 1964.

Conclusion : au-delà de la rébellion, la transformation de la pratique diocésaine

L'histoire du mouvement muleliste a été combinée ici avec l'histoire de l'Église catholique dans la mesure où elle permet de comprendre la transformation de cette dernière durant la même période. En clair, une question : « Quel lien établir entre ces deux histoires ? ».

Si notre propos s'est longuement attardé sur la colonisation et le mouvement communautaire, c'est dans le but de souligner le fait que le succès du mouvement muleliste et son acharnement contre l'Église ne peuvent se comprendre sans cet ancrage dans ce passé récent, son cadre mémoriel. Et cette rébellion a irrémédiablement marqué l'histoire du diocèse d'Idiofa.

Une des vitrines de cet impact est la difficulté toujours présente de réaliser une africanisation heureuse à la tête du diocèse, ce qui lui a valu d'être par deux fois placé sous administration apostolique (1994-1997 et 2006-2009), dans un contexte où il y a un pléthore de prêtres diocésains et des prêtres oblats de Marie Immaculée.

En effet, Mgr Eugène Biletshi (1970-1994), puisque de l'ethnie Mbun et donc « frère » à Mulele, ne fut pas accepté par les gens du Nord. Les Dinga furent blessés pour avoir été marginalisés (Mulele leur retira leur *Direction*, et Mgr Toussaint leur « *vola* » leur mouvement de développement communautaire au profit d'Idiofa la mbun), tandis que les Ngoli ne pardonnèrent pas la destruction d'Ipamu par les rebelles mbun, cristallisant leur frustration remontant à l'abandon d'Ipamu comme siège apostolique au profit d'Idiofa. Il ne vécut pas non plus en odeur de sainteté avec les Pende du sud, eux qui eurent à souffrir de ce qu'ils considéraient comme une trahison des Mbun avec l'éviction de leur champion muleliste, Pierre-Damien Kandaka.

Son successeur Mgr Mbwol (1997-2006), bien que prêtre OMI déplacé du diocèse d'Isangi (Province Orientale) pour Idiofa, chez lui, dans l'espoir que la paix sociale y revienne grâce à lui, ne fut pas épargné. Puisque de l'ethnie Dinga, il ne fut en rien respecté par des Mbun très pleins d'eux-mêmes. On vit même un abbé arracher les clés de contact des mains de ce vicaire du Christ qui, comme avant lui Nestor Lepina, cet autre Dinga amené à Idiofa à la tête du mouvement communautaire, fut contraint à renoncer à sa charge.

Depuis 2009, la hiérarchie s'est résolue à faire appel à un prêtre étranger au diocèse, à savoir Mgr José Moko Ekanga, de l'archidiocèse de Kinshasa, originaire du territoire de Bagata, en diocèse de Kenge.

La rébellion impacta aussi l'Église catholique d'Idiofa de façon positive. Et la principale transformation réside dans le fait que les chrétiens se convainquirent totalement que le salut résidait dans une prise en charge autonome, en la pratique d'une certaine « théologie sous l'arbre » où le Christ doit être vécu dans ce qui fait la vie ordinaire de l'homme.

Concrètement, il y eut un refus d'un enfermement dans la paroisse-station. Enferment qui, dans le diocèse voisin de Kikwit, conduisit à la mort des postes de mission désertés par les chrétiens y vivant au *makwela* (quartier des ouvriers), préférant désormais la normalité des centres anciens ou nouveaux les jouxtant : Kibwari à Djuma, Bwalayulu à Yasa, Zacharie et Leta à Kingungi, Kimbongo II à Kimbongo, Kikwit II à Kinzambi, etc.

En optant résolument pour des communautés villageoises, Idiofa réussit à faire coïncider l'hinterland des stations chrétiennes avec des espaces identitaires. En d'autres termes, la paroisse-espace devint une communauté de vie parce que démultipliée en plusieurs réelles unités :

- unités de large parenté esquissant une équation entre la polarisation sociale et la communauté ecclésiale, de telle sorte que si celle-ci arrivait à se fragmenter, elle se recomposerait sur le nouveau site ;
- unités de résidence en tant que points de polarisation de l'espace comportant des œuvres para-paroissiales en rapport avec tout ce qui fait la vie sociale ;
- unités foncières en même temps qu'unités économiques marquées dans le paysage géographique par les activités agricoles, commerciales, industrielles.

Voilà une optique toute guffensienne[95] à laquelle conduisit la rébellion muleliste, elle-même tributaire du mouvement de développement communautaire et, avant, de la colonisation/décolonisation. Les années consécutives à la rébellion furent celles de la grande vitalité du diocèse d'Idiofa : la musique liturgique chère à l'abbé Yakim, les pratiques anti-sorcières du père Daniel Delabie alias Oles à Mba et de l'abbé Minengu, eurent un grand écho dans le pays. Certes elles ne purent éviter la crise de croissance, sans doute aussi d'identité, à ce diocèse. Mais on ne peut pas ne pas être optimiste quant à l'avenir. Car, comme disent les Mbun d'Idiofa : « Dans une calebasse où il y a eu du poivre, il y a toujours l'odeur du poivre ».

95 Mulele fut, entre 1943 et 1947, élève du futur évêque Joseph Guffens à Kinzambi où il se destinait à la vie religieuse dans la congrégation des frères joséphites créée par ce vénérable prêtre. Voir Kiangu, « Mgr Joseph Guffens ».

ABREVIATIONS

ANC : Armée Nationale Congolaise
ASBL : Association Sans But Lucratif
BIMI : Baptist International Mission
BMM : Baptist Mid-Mission
CIA : Central Intelligence Agency
CIM : Congo Inland Mission
COOMA : Coopérative Makream
CRISP : Centre de Recherche et d'Informations Socio-Politiques
FACO : Fonds d'Aide Communautaire
FBI : Fonds du Bien-Etre Indigène
GML : Groupes marxistes léninistes
HIA/CNL : Hoover Institution Archives, Conseil National de Libération (Zaïre), Collection.
INEP : Institut National d'Études Politiques (anciennement IPC (Institut Politique Congolais))
OMI : Oblat de Marie Immaculée
ONU : Organisation des Nations Unies
ONUC : Organisation des Nations Unies au Congo
PSA : Parti Solidaire Africain

BIBLIOGRAPHIE

Archives

Kikwit et ailleurs, Archives des Frères Joséphites de Kinzambi
Guffens, Joseph Mgr. *Lettre aux Frères Joséphites de Kinzambi*. Bruxelles, 8 juillet 1960.
Guffens, Joseph. *Faire le point sur la démission*. Kimwenza, 1954.
Libbrecht. *Commentaire des directives de S.E. Mgr le Vicaire Apostolique aux frères joséphites à Djuma* (1942).
Misson, Jules. *Circulaire aux pères jésuites du Kwango*. Kinzambi, 9 octobre 1948.
Van Hee, Sylvain Mgr. *Travail et civilisation*. Ronéo, 1931.
Van Schingen, Henri Mgr. *Avis aux missionnaires du V.A. du Kwango*. Kinzambi, 10 avril 1944.

Stanford, Leland Stanford Junior University, Hoover Institution Archives, Herbert F. Weiss Papers
Conseil National de Libération (Zaïre) Collection (HIA/CNL).

Témoignages oraux

Musumbi OMI, témoignage, Kinshasa, 1 juillet 2000.
Edouard Ndundu S.J., témoignage, Kinshasa, 1 juillet 2000.
Jean Ngwangwa, récit de vie, Kinshasa, 28 septembre 1995.
Daniel Palambwa, témoignage, Kinshasa, 19 mai 1995.

Documents écrits

« Catechism » dans: *Microsoft Encarta Encyclopedia 99*. © 1993-1998 Microsoft Corporation.
Cosmao, Vincent. « Le salut d'après la théologie de la libération » dans : *Libération en Jésus-Christ*. Actes de la XIIème Semaine Théologique de Kinshasa. Kinshasa, 1980, 94.
De Beaune, R.J. « La constitution provinciale du Kwilu du 26 avril 1963 ». *Études Congolaises*, 7 (juin-juillet 1964) 6, 23.
De Saint Moulin, Léon et Modio, Zambwa. « La signification sociale des sectes au Zaïre » dans : *Sectes, cultures et sociétés. Les enjeux spirituels du temps présent. Actes du quatrième colloque international du CERA, Kinshasa, 14- 21 novembre 1992*. Cahiers des Religions Africaines, 27-28 (1993-1994) 53-56. Kinshasa : Facultés catholiques de Kinshasa, 1994, 247-267.
De Saint Moulin, Léon et Modio, Zambwa. « Liste des relégués de l'ancienne province de Léopoldville pour cause d'appartenance à une secte » dans : Konde Ntedika et alii. *Les nouveaux mouvements religieux : évangélisation et développement. Considérations sur le 4ème Colloque International du C.E.R.A. et bibliographie sélective*. Coll. Bibliothèque du Centre d'Études des Religions Africaines, 15. Kinshasa : Facultés catholiques de Kinshasa, 1997, 119-157.
Ela, Jean-Marc. *Le cri de l'homme africain. Questions aux chrétiens et aux églises d'Afrique*. Paris : L'Harmattan, 1981.
Greggio, Giuseppe. *Nel Congo al 5° parallelo sud. Decennio d'opere*. Bergame : Instituto Beato Palazzolo, 1964.
Guffens, Joseph. *Au rythme des pagaies*. Leuven : Xaveriana, 1927.
Guffens, Joseph. « Un monde qui s'éveille ». *Missi*, 9 (novembre 1950), 258-259.
Guiomar, Jean-Yves. *La notion de l'histoire et la raison*. Paris : Payot, 1990.

Kiangu, Sindani. « Mgr Joseph Guffens (1895-1973) : une expérience enrichissante pour l'Église d'Afrique aujourd'hui ». *Revue de spiritualité africaine*, 1 (1995) 1, 79-95.

Kiangu, Sindani. *Le Kwilu à l'épreuve du pluralisme identitaire*. Paris : L'Harmattan, 2009.

Kiangu, Sindani. *Papa Daniel Palambwa Andzwa Empak. L'école de mon patelin*. Kinshasa : Lomami, 2016.

Kuyunsa, Bidum. *Analyse sociologique de l'engagement de l'Église catholique dans le développement d'Idiofa*. Thèse de doctorat UNAZA, Lubumbashi, 1980.

Martens, Ludo. *Pierre Mulele ou la deuxième vie de Patrice Lumumba*. Berchem (Anvers) : EPO, 1985.

Ntedika, Konde ; Djongongele, Otshudi et Modio, Zambwa. *Les nouveaux mouvements religieux : évangélisation et développement. Considérations sur le 4ème Colloque International du C.E.R.A. et bibliographie sélective*. Coll. Bibliothèque du Centre d'Études des Religions Africaines, 15. Kinshasa : Facultés catholiques de Kinshasa, 1997.

Ongel, Kampah Oboubou. *Le développement communautaire et la promotion des communautés rurales. Cas du D.P.P. d'Idiofa*. Travail de fin d'études, CIDEP, Kinshasa, 1982.

Paillardet, P. « Haro sur le malapris ! ». *La Vie*, 28 décembre 1995, 58-59.

Le progrès populaire de la région d'Idiofa. Dossier de la Commission épiscopale pour le développement. Kinshasa, 1968.

« Projet de regroupement des villages en centres ruraux ». *Études Congolaises*, 4 (mai 1963) 5, 32-42.

Ribaucourt, Jean-Marie. *Un évêque de transition. René Toussaint, 1920-1993. Missionnaire au Congo-Zaïre*. Kinshasa : Baobab, 1997.

Strouvens, Léon et Piron, Pierre. *Codes et lois du Congo Belge. Textes annotés d'après les rapports du Conseil Colonial, les instructions officielles et la jurisprudence des tribunaux*. 6e éd. Bruxelles : Larcier, 1948.

Tempels, Placid Franz. *La philosophie bantoue*. Paris : Présence Africaine, 1949.

Verhaegen, Benoît. *Mulele et la révolution populaire au Kwilu*. Cahiers africains, 72. Paris : L'Harmattan, 2006.

Willame, Jean-Claude. *Les provinces du Congo. Structure et fonctionnement. I. Kwilu-Luluabourg-Nord Katanga-Ubangi*. Cahiers Economiques et Sociaux. Collection Études Politiques, n°1. Léopoldville : Université Lovanium, 1964.

Yavua, Roger Commandant. « Programme de la base Luluabourg, 10 janvier 1965 » dans : Jules Gerard-Libois et Benoît Verhaegen. *Congo 1965. Political Documents of a Developing Nation*. Princeton : Princeton University Press - CRISP, 1967, 149-150.

INDEX

AUTHORS / AUTEURS

Marie Bryce is senior research fellow in the Faculty of Health, University of Plymouth (UK). Her research focuses on the healthcare professions, including regulation and performance management, professional education, and healthcare workforce policy.

Piet Clement, PhD in modern history (KU Leuven, 1995), is head of archives of the Bank for International Settlements, Basel, Switzerland, since 1995. He has published extensively on the history of international monetary and financial cooperation in the twentieth century and also has a keen interest in African colonial history, and has published i.a. "The land tenure system in the Belgian Congo, 1885-1960, Actors, motivations and consequences" (in Frankema, E and F Buelens (eds.), *Colonial Exploitation and Economic Development, The Belgian Congo and the Netherlands Indies compared*, Routledge, 2013); and "Agricultural policies and practices in the Belgian Congo, The origins and implementation of the 'indigenous peasantry' scheme,1917-1959" (in Vanderlinden, J (ed.), *The Belgian Congo between the two World Wars*, Royal Academy for Overseas Sciences, 2019).

Bram Cleys is project coordinator of Mundia, a platform of actors working from the city of Leuven on global justice. He was trained as an historian and has done extensive research on the (spatial) history of missionary work in the Kasai area of DR Congo.

Anne Cornet, docteur en histoire, est chef de travaux au Musée Royal de l'Afrique centrale, maître de conférence invitée à l'Université de Namur et membre associée de l'Académie royale d'Outre-Mer. Elle est l'auteur de plusieurs publications traitant de l'action missionnaire en Afrique centrale coloniale.

Jan De Maeyer is emeritus professor of church history at KU Leuven and honorary director of KADOC KU Leuven. He is author of several publications on political and social Catholicism, material Christianity, and the development of religious institutions.

Zana Etambala est historien, affilié à la KU Leuven et au MRAC (Tervuren). Ses recherches portent sur l'histoire coloniale belge. Sa dernière publication est *Veroverd, bezet, gekoloniseerd. Congo 1876-1914* (Conquis, occupé, colonisé. Congo 1876-1914) (2020). Il est membre du groupe d'experts auquel la Commission spéciale de la Chambre des représentants a chargé la mission de lui faire des propositions de méthodologie pour mener à bien ses futurs débats sur le passé colonial de la Belgique (2020).

Anne-Sophie Gijs est professeure d'histoire de la construction européenne et d'histoire de l'Afrique subsaharienne à l'UCLouvain. Ses recherches analysent les multiples facettes économiques, politiques, culturelles, religieuses et stratégiques des relations Europe-Afrique, depuis l'époque coloniale jusqu'à nos jours.

Miguel Bandeira Jerónimo (PhD King's College London, 2008) is an associate professor of history at the University of Coimbra (Faculty of Arts and Humanities) and a senior research fellow at the Centre for Social Studies-University of Coimbra, Portugal. He has been working on the historical intersections between internationalism(s) and imperialism(s) (19th & 20th centuries), and on the entanglements between idioms and repertoires of development and coercion in European late colonial empires. Among other publications, he is the author of *The "Civilizing Mission" of Portuguese colonialism (c.1870-1930)* (2015), and the co-editor of *Resistance and Colonialism: Insurgent Peoples in World History* (2019) and *Education and Development in Colonial and Postcolonial Africa Policies, Paradigms, and Entanglements, 1890s-1980s* (2020).

Emery M. Kalema est chercheur post-doctorant à la Chair in Historical Trauma and Transformation à Stellenbosch University en Afrique du Sud.

Sindani E. Kiangu est professeur ordinaire d'histoire sociale au Département des Sciences Historiques, Université de Kinshasa (UNIKIN), R.D.C. Il est aussi le secrétaire permanent de l'Antenne Nationale du CICIBA (Centre International des Civilisations Bantu) en R.D.C., et responsable du projet Patrimoine Filmé de la R.D.C. à l'UNIKIN.

Elisabeth Mudimbe-Boyi is professor emerita of French and comparative literature at Stanford University. She is the author of several articles and books; i.a. *Jacques-Stephen Alexis: une écriture poétique, un engagement politique* (1992); *Essais sur les cultures en contact. Afrique, Amériques, Europe* (2006); *Beyond Dichotomies: Histories, Identities, Culture, and the Challenge of Globalization* (editor, 2002), *Remembering Africa* (editor, 2002); *Empire Lost: France and It's Other Worlds* (editor, 2009) and *Pour une histoire en partage. Images, mémoires et saviors* (co-editor with Isidore Ndaywel, 2006).

Dominic Pistor is a public high school teacher in New Westminster, Canada. "Developmental Colonialism and Kitawala Policy in 1950s Belgian Congo" is the result of his Masters' degree research.

Jean-Luc Vellut a étudié l'histoire et les relations internationales à l'UCLeuven/Louvain et à l'Australian National University (Canberra). En 1968, l'Université Lovanium de Kinshasa lui confia la création d'un département d'Histoire de l'Afrique, plus tard transposé à l'Université de Lubumbashi. À partir de 1976, il a poursuivi cette spécialisation en histoire de l'Afrique centrale, cette fois comme professeur à l'Université catholique de Louvain-la-Neuve. Sa dernière publication, *Congo. Ambitions et désenchantements, 1880-1960*, est parue à Paris, chez Karthala, en 2018.

Vincent Viaene studied history and international relations at KU Leuven, the Sorbonne, and Yale University. He was a postdoctoral researcher and lecturer at KU Leuven, a senior Fellow at KADOC and a Marie Curie Fellow at Oxford University. Having joined the Belgian diplomatic corps, he was posted in Nairobi and (from 2015 to 2018) he was seconded to the Belgian Royal Household as Advisor of H. M. King Philip. He is currently Deputy Head of Mission at the Belgian Embassy in Tunis.

COLOPHON

FINAL EDITING
Luc Vints

COPY EDITING
Lieve Claes

LAY-OUT
Alexis Vermeylen

KADOC
Documentation and Research Center on Religion, Culture and Society
Vlamingenstraat 39
B - 3000 Leuven
www.kadoc.kuleuven.be

Leuven University Press
Minderbroedersstraat 4
B - 3000 Leuven
www.lup.be